KUNST · BAU · ZEIT

1914 · 2014

Stanislaus von Moos und Sonja Hildebrand (Hrsg.)

Das Zürcher

Universitätsgebäude

von Karl Moser

Scheidegger & Spiess

Inhalt

Andreas Fischer
Ein lebendiges Haus der Wissenschaft 8

Stanislaus von Moos und Sonja Hildebrand
Kunst. Bau. Zeit. 10

Peter von Matt
Im Kräftefeld der Zeit 20

Bilderatlas 25

Legenden und Kommentare 120

I. Stadtkrone

Stanislaus von Moos
Stadtkrone?
Schule, Staat und Repräsentation 148

Thomas Gnägi
Ein Hochhaus für die Stadt 172

Verena Huber Nievergelt
Solitär im Grünen?
Notizen zu ausgewählten Fotografien des Hauptgebäudes
der Universität Zürich 184

II. Baukunst und Wissenschaft

Sonja Hildebrand
Merkorte und Denkräume
Karl Moser, Architektur und Wissenskultur um 1910 196

Stanislaus von Moos
Rendez-vous im Lichthof 232

III. Kunst und Publikum um 1915

Matthias Vogel
Idylliker als Skandalkünstler
Die Wandbilder von Paul Bodmer und Hermann Huber
für das neue Universitätsgebäude 270

Franz Müller
Meditieren statt repräsentieren
Der skulpturale Bauschmuck der Universität 294

IV. Weiterbauen

Arthur Rüegg
Weiterbauen an der Zürcher Universität:
Von Karl Moser zu Gigon/Guyer 314

Adrian Schiess im Gespräch mit Philip Ursprung
«Höhlenmalerei»
Zum Hörsaal der Universität von Annette Gigon und
Mike Guyer Architekten 328

Pipilotti Rist im Gespräch mit Philip Ursprung
«Die Federn sind so konzipiert, dass man auch hüpfen könnte!»
Zum Denkmal für Emilie Kempin-Spyri
im Lichthof der Universität 334

Insert

René Burri
Tischbombe 342

Anhang

Ausgewählte Quellentexte
Karl Moser, «Das neue Universitätsgebäude» 353
Karl Moser, [Zur Ausmalung der Universität] 356
Ferdinand Vetter, «Die Malereien im neuen Zürcher Universitätsgebäude» 363
August Egger, «Wege zur Kunst» 371

Kurzbiografien Künstler, Architekten, Akteure 380

Daten zur Baugeschichte 386
zusammengestellt von Thomas Gnägi und Arthur Rüegg

Kurzbiografien Autorinnen und Autoren 389
Dank 391
Index der Personen 392
Index der Orte und Bauten 395
Abkürzungen 396
Bildnachweis 397

Ein lebendiges Haus der Wissenschaft

Vorwort

Das Kollegiengebäude der Universität, auf der Hangkante über der Stadt Zürich thronend, gehört zweifellos zu den eindrücklichsten Universitätsbauten Europas. Es strahlt nach aussen, denn mit seinem markanten Turm ist es nicht nur von der Stadt selbst, sondern auch von weitherum sichtbar. Und es ist ein architektonisches Gesamtkunstwerk, das seinen Zweck als Haus des Forschens, Lehrens und Lernens und als räumliches und ideelles Zentrum der Universität seit seiner Eröffnung ausgezeichnet erfüllt hat. Seit fast dreissig Jahren gehe ich hier ein und aus, ich habe hier gelehrt und gearbeitet. Sooft ich das Kollegiengebäude betrete, berührt und beeindruckt mich besonders der Lichthof mit den umlaufenden Bogengängen auf eine ganz besondere Weise. Manchmal, vor allem frühmorgens oder am Abend, wähne ich mich in einem mittelalterlichen Kloster, wo in Kreuzgängen ruhig gewandelt und studiert wird. Ein anderes Mal fühle ich mich durch hektische Betriebsamkeit nach Venedig versetzt, in den um einen Innenhof gebauten Fondaco dei Tedeschi, wo einst deutsche Kaufleute ihre Geschäfte abwickelten. Und dann erscheint mir der glasüberdachte weite Raum auch plötzlich wieder als elegante Bahnhofshalle, in der sich die Studierenden für ihre Reise in die berufliche Zukunft bereit machen.

Erst mit der Zeit wurde mir klar, dass das Nebeneinander unterschiedlicher Assoziationen in der Architektur Karl Mosers bewusst angelegt ist. Das Kollegiengebäude ist voller kulturgeschichtlicher Anspielungen und bildet doch ein harmonisches Ganzes, das dem Wesen und dem Anspruch moderner Wissenschaft entspricht. Nicht die Nachahmung einstiger Grösse steht im Vordergrund, sondern eine lebendige Gegenwart, die ihre vielfältigen Wurzeln kennt.

Ein Jahrhundert ist es nun her, seit die Universität Zürich den Südflügel der Eidgenössischen Technischen Hochschule verliess und gleich nebenan ihr eigenes stolzes Haus bezog. Ich lade Sie ein, dieses faszinierende Bauwerk auf den folgenden Seiten auch für sich persönlich neu zu entdecken.

Prof. Dr. Andreas Fischer

Rektor 2008–2013
Projektleiter «100 Jahre Hauptgebäude der Universität Zürich»

Kunst. Bau. Zeit.

Einleitung

Die Überschrift mag befremden. Die Universität Zürich ist weder eine Kunstakademie noch eine Bauschule; die entsprechenden Disziplinen haben nie zu den Fächern gehört, die unter ihrem Dach gelehrt werden. Bildende Kunst, Tanz, Fotografie, Film und Musik sind an der Hochschule der Künste beheimatet, die Architektur an der benachbarten ETH. Was die «Zeit» anbelangt, so ist sie als solche kein universitäres Fach. Dies im Gegensatz zur Kunstgeschichte: Als Heinrich Wölfflin 1924, von München herkommend, seine Zürcher Professur übernahm – die letzte, die er innehatte –, schien ihm die Diskrepanz zwischen dem grossartigen Auftritt der Archäologie im «Heiligen Hain» des Erdgeschosses und den damals noch mehrheitlich leeren Regalen im bescheidenen Arbeitsraum des Kunstgeschichtlichen Seminars (im heutigen «Wölfflin-Zimmer») auffallend genug, um in der Antrittsvorlesung mit einer «launigen Bemerkung» gestreift zu werden, wie die *Neue Zürcher Zeitung* vom 17. Juni 1924 meldete. Mithin war auch die Kunstgeschichte in Zürich nicht Kerndisziplin, selbst nicht zu Wölfflins Zeiten.

Lässt sich der Titel des Buches unter diesen Umständen überhaupt rechtfertigen? Dass «Kunst», «Bau» und «Zeit» als Konzepte vorangestellt werden, ergibt sich, wie der vorliegende Band zu zeigen versucht, aus seinem Gegenstand und ist insofern ein Tribut an die Denkweise, die sich in dem inzwischen hundertjährigen Moser-Bau konkretisiert hat. Im Rückblick gleicht der «Plot», der dem Baugespann «Universität» zugrunde lag, einer bildungspolitischen Quadratur des Kreises. Soll die bauliche Gestalt der Universität in erster Linie den wissenschaftlichen Fortschritt verkörpern, dem die Zeit ihre spektakuläre, wenn auch, wie sich ab Juli 1914 zeigen sollte, nicht eben stabile Prospe-

Abb. 1: Karl Moser mit Studenten und Assistenten im Zeichnungssaal der ETH Zürich, im Hintergrund eine Schauzeichnung von Mosers Projekt für die Verdopplung der Universität von 1917

rität verdankte? Oder soll sie eher die Kontinuität mit der Tradition zum Ausdruck bringen?

Technik und Industrie hatten das Zusammenleben der Menschen im 19. Jahrhundert auf neue Grundlagen gestellt oder waren im Begriff, es zu tun. Ein namhafter Teil der Bildungselite reagierte auf den globalen Prozess dieser zivilisatorischen Umwälzung mit der Proklamation eines künstlerischen Zeitalters, das nunmehr auf das wissenschaftliche folgen müsse. Dem Geist der wissenschaftlichen Analyse müsse jetzt der Wille zur künstlerischen Synthese Platz machen. An den Hochschulen sei etwas Anderes und Höheres gefordert als positivistische Gelehrsamkeit. Der wissenschaftliche «Spezialismus», der zwar den «Fortschritt» in Gang halte, jedoch den Blick auf die grossen Zusammenhänge verstelle, müsse einer ganzheitlicheren Vision Platz machen.

«Wendung zur Kunst»

Die Frage, in welcher Weise solches Denken den Wissenschaftsbetrieb in der deutschsprachigen Welt oder auch nur an der Zürcher Universität damals geprägt beziehungsweise beflügelt oder aber behindert hat, wäre ein Thema für ein eigenes Buch. Die Vision einer epochalen, deutsche Kultur und Bildung erfassenden «Wendung zur Kunst» lag seit Julius Langbehns 1890 erschienenem Kultbuch *Rembrandt als Erzieher* in der Luft.

Zu meinen, man würde die entsprechenden Belege in den Bauakten finden, wäre naiv. Die Künste halten sich nicht an Textvorgaben. Dazu aufgerufen, der Zeit ihren Spiegel vorzuhalten, erwiesen (und erweisen) sie sich jedoch als umso empfänglicher für die Flügelschläge dessen, was man um 1900 den «Zeitgeist» nannte. Und es waren die Künste, unter ihnen in erster Linie die Baukunst, denen die Aufgabe zufiel, das öffentliche Gesicht der Universität zu modellieren. Sie taten es mit Erfolg. Mindestens insofern, als sich das Gebäude inzwischen über vier Generationen als Arbeitsinstrument für die sammelnden, forschenden, wissenden und Wissen weitergebenden Nutzerinnen und Nutzer, die dem Wissenschaftsbetrieb ihren alltäglichen Stempel aufdrücken, bewährt hat.

Damals und heute

Erst unter den kulturellen Vorzeichen der Postmoderne wurde es möglich, das Universitätsgebäude als ein Hauptwerk der Schweizer Architektur im 20. Jahrhundert anzuerkennen. Der Begriff «Arbeitsinstrument» trifft denn auch die Sache nur halb. Diese Architektur will nicht als ein blosses Vehikel für Forschung und Lehre verstanden werden. Sie sucht das Monumentale, und sie scheut sich nicht vor dem Pathos der sinnlichen Betörung und Beschwörung. Sie beschwört, wenn nicht alles täuscht, ein im Grunde anti-positivistisches Bildungsideal.

Die Gegenwart scheint über eine gewisse Hellhörigkeit für solche kulturellen Strategien zu verfügen. Gerade die sichtbarsten unter den Eingriffen aus der jüngeren und jüngsten Vergangenheit offenbaren zumindest eine irritierende Korrespondenz der künstlerischen Interessen von damals und heute. Dass die beteiligten Künstler keineswegs naiv an Mosers Baukultur anknüpften, zeigen die Gespräche, die Philip Ursprung für dieses Buch mit ihnen führte. Die pinkrosa und apfelgrün eingefärbte «Unterwelt» des Kollegiengebäudes und das Neo-Louis-XV der Chaiselongue von Pipilotti Rist verkörpern Postmoderne als Haltung, nicht als Stil. Sie reflektieren das Anliegen, die Grenzen zwischen Highbrow und Lowbrow durchlässig werden zu lassen, den Gegensatz von Kunst und Kommerz in einem neuen, post-puritanischen und multimedialen Ästhetizismus aufzuheben, in dem es auch Platz für Spass und sinnliche Verzauberung gibt, also Dinge, die man hierzulande fast gewohnheitsmässig mit der *Expo.01* (realisiert als *Expo.02*) verbindet und mit der Vision ihrer ersten künstlerischen Leiterin Pipilotti Rist (siehe S. 334–339).

«Übergangszeit»

Als Karl Moser 1936 starb, würdigte ihn Le Corbusier als «le père de l'architecture moderne en Suisse» (*Neue Zürcher Zeitung,* 8. März 1936). Alfred Roth, Mosers Student an der ETH und späterer Mitarbeiter Le Corbusiers, hielt rückblickend fest, der Architekt sei «für die Schweiz, was H.P. Berlage für Holland, Otto Wagner für Österreich, Peter Behrens für Deutschland bedeuteten, nämlich der Begründer der modernen Schweizer Architektur und der Lehrer jener Architektengeneration, die die neuen Ideen in seinem Sinn und Geiste zum endgültigen Durchbruch brachte» (*Begegnung mit Pionieren,* 1973).

Solche Ehrbezeugungen können nicht ganz verhehlen, dass der Architekt, der den «endgültigen Durchbruch» zur Moderne doch nicht ganz geschafft hat – oder nur, gemessen an seinem ausserordentlich umfangreichen Œuvre, mit ganz wenigen Werken –, in den Augen der Corbusier-Nachfolge vor allem eine «Übergangszeit» repräsentiert. Seit den Siebzigerjahren des 20. Jahrhunderts ist allerdings gerade diese «Übergangszeit» als ein Kernbereich der Moderne ins Visier der Architekturgeschichte geraten, und damit auch Mosers frühe und reife Produktion aus der Zeit von 1890 bis 1918. In fast allen europäischen Ländern begann man sich auf die architektonischen Leitfiguren aus dem frühen 20. Jahrhundert zu besinnen: in Deutschland auf Peter Behrens und Heinrich Tessenow, in

Frankreich auf die Brüder Auguste und Gustave Perret, in Spanien auf Antoni Gaudí und Domènech i Montaner, in Österreich auf Otto Wagner, Josef Hoffmann und Joseph Maria Olbrich, in Tschechien und in der Slowakei auf José Plečnik, in den Niederlanden auf Hendrik Petrus Berlage, in Skandinavien auf Eliel Saarinen, Lars Sonck, Gunnar Asplund und Ragnar Oestberg.

Um Moser hingegen blieb es seltsam ruhig. Sicher, im Umkreis des Instituts für Geschichte und Theorie der Architektur (gta), wo Mosers Nachlass ruht, wurde beharrlich an dessen Aufbereitung gearbeitet. Von alledem drang jedoch nur wenig nach aussen (z.B. Ulrike Jehle-Schulte Strathaus, *Das Zürcher Kunsthaus,* 1982). Hing dies mit der an der ETH verbreiteten Neigung zusammen, die Architektur des 20. Jahrhunderts durch die Brille des Neuen Bauens zu sehen? Worin dann auch das unter Architekten verbreitete Vorurteil begründet wäre, dass die «Vormoderne» – wie schon der Ausdruck bezeugt – bestenfalls als historisches Zwischenspiel relevant ist. Die wichtigsten Forschungsimpulse kamen jedenfalls von anderer Seite.

Innerhalb der Schweiz hatten Joseph Gantner und Adolf Reinle der Neueinschätzung von Mosers Frühwerk schon in den Sechzigerjahren den Weg bereitet (*Kunstgeschichte der Schweiz,* Bd. IV, 1962). Wenig später rückte der amerikanische Architekturhistoriker Leonard K. Eaton die Firma Curjel & Moser als ein bedeutendes europäisches Scharnier in der Vermittlung amerikanischer Einflüsse ins Blickfeld; die Rede ist insbesondere von Henry Hobson Richardson und seiner Schule (*American Architecture Comes of Age,* 1972). Zu ausführlichen Würdigungen der Rolle von Curjel & Moser kam es im mehrbändigen *Inventar der neueren Schweizer Architektur 1850–1920* (1982 ff., speziell im Hinblick auf die Städte Baden, Basel und Zürich). In Karlsruhe zog dann Wilfried Rößling 1986 mit einer Ausstellung zum Thema «Curjel & Moser» nach, der im Zusammenhang mit den Fragestellungen unseres Buches eine Pionierrolle zukommt. Die frühen Bearbeitungen des Universitätsgebäudes (Bruno Carl, Emil Maurer, Marco Crameri u.a., sowie Stanislaus von Moos, Thomas Gnägi, Thomas Manetsch etc.) werden an geeigneter Stelle weiter unten nachgeführt.

Den Höhepunkt der bisherigen Moser-Forschung bildet natürlich der zweibändige Œuvrekatalog, der 2010 erschien (Werner Oechslin und Sonja Hildebrand [Hrsg.], *Karl Moser. Architektur für eine neue Zeit, 1880 bis 1936*). Sie wäre ohne die grundlegende Aufarbeitung des Nachlasses durch Ernst Strebel gar nicht möglich gewesen. Spät, aber mit dem Gewicht von in langen Jahren gereiften Forschungsergebnissen, hat das Institut gta damit seinen Anspruch auf Diskurshoheit in Sachen Moser neu untermauert.

Krone

Manches von dem, was im Folgenden zur Sprache kommt, stützt sich auf die Erkenntnisse der hier nur flüchtig skizzierten Moser-Forschung; anderes wiederum ist auch im Gegebenen selbst und in dessen historisch vermittelter Wahrnehmung verankert. Von «Kranz» und «Krone» war um die Mitte des 19. Jahrhunderts die Rede, wenn es um Gottfried Sempers Polytechnikum und dessen bauliche Umgebung ging. Die Schönheit der exponierten Lage, an der auch Mosers Universitätsgebäude partizipiert, war seit der Entdeckung des Spaziergangs im 18. Jahrhundert unbestritten. Dass daraus bei Semper und Moser faktisch und bei Hermann Herter 1918 auch explizit eine «Stadtkrone» wurde, noch bevor der Begriff mit Bruno Taut 1919 in die Architekturgeschichte der Moderne einging, ist ein Thema dieses Buches (Stanislaus von Moos). Es ist wohl als ein Indiz für die Qualität von Mosers Bau zu werten, dass sich viele ineinandergreifende Kapitel mit ihm aufschlagen lassen. Die Repräsentation der staatlichen Bildungshoheit in der Stadt ist eines davon. Die Messlatte bildete dabei Sempers «Heiligthum der Wissenschaften und Künste», neben dem der Moser-Bau eine eindrückliche Präsenz im Stadtbild gewann (Thomas Gnägi).

«Naturhaftigkeit»

Die vielen Turmstudien belegen, wie sorgfältig Moser diese Präsenz kalkuliert hat. Er selbst stellte die Entwurfsgenese *ex post* als quasi natürlichen Prozess dar. «Bauland und Bauwerk» seien innig zusammengewachsen, der Turm sei «ohne Absicht zu einem Wahrzeichen der Stadt geworden» *(Universität Zürich. Festschrift,* 1914). Eine reichhaltige fotografische Tradition hat dieses Thema der «alpinen Architektur» und des «Solitärs im Grünen» anhand des Universitätsgebäudes aufgegriffen und weiterentwickelt. Auf diese Weise wird der ins 19. Jahrhundert zurückgehende Grünzug auf der Hangterrasse über der Altstadt, der «Lieblingsspaziergang für Einheimische und Fremde», in ein «Asset» der Universität umgedeutet (Verena Huber Nievergelt).

Die «Naturhaftigkeit» erweist sich denn auch als zentraler Aspekt der mit dem Zürcher Universitätsgebäude realisierten «Bildungsarchitektur». Karl Mosers Universität ist in der Hochschullandschaft schon deswegen singulär, weil sie das Kollegiengebäude mit dem Biologischen Institut als fast gleichwertigem Partner zu einer Einheit verbindet. Mit der derart prominent in Szene gesetzten Biologie teilt die «organisch»-plastisch geformte Architektur, der «beseelte Körper» des Bauwerks, den wesenhaften Bezug zum Leben (Sonja Hildebrand). Diese und andere Themen sind im Lichthof aufs Eindrücklichste verdichtet. Neben «Bio-Historizität» und «Bio-Form» war es dort vor allem der versunkene «Göttergarten» der Archäologischen Sammlung, der ihr eine besondere Aura und eine geschichtliche Tiefendimension verlieh, aus der Mosers Architektur in die zeitgenössische Höhe des lichten Glasdachs aufsteigt und sich als «Archi-Skulptur» zugleich anschickt, das überlieferte Medium Skulptur zu beerben (Stanislaus von Moos).

Kunstskandal und «Weiterbauen»

Im Versuch einer auch die Malerei umfassenden Synthese der Künste, und ebenso in Mosers Selbstverständnis als Promotor junger Kunst, ist das Zürcher Universitätsgebäude eng mit der künstlerischen Aktualität verbunden. Für die Malerei endete dies in einem handfesten «Kunstskandal» und mit der teils freiwilligen, vom Künstler selbst initiierten oder aber von der Universität angeordneten Übermalung besonders «stossender» Bilder (Matthias Vogel). Was an der Malerei der «Jungen Wilden» von damals besonders irritierte, war der Verstoss gegen die bildungsbürgerliche Erwartung einer korrekt wiedergegebenen Figürlichkeit und des schönen Handwerks. Den Bildhauern blieb eine ähnliche

Ächtung wohl vor allem deshalb erspart, weil sie in dieser Hinsicht unbescholtener arbeiteten, obwohl sie ihre charakteristische Wissenschaftsferne und ihre Tendenz, Zeitgenossenschaft in der Sprache einer abgehobenen Idealität vorzuführen, weitgehend mit ihren Malerkollegen teilten (Franz Müller).

Die im Anhang als Quellen zum «Skandal» zusammengestellten Originaltexte aus den Jahren 1914–1916 dokumentieren Karl Mosers eigene, recht holzschnittartig vorgetragenen Überlegungen zur Frage der «Kunst am Bau». Andere Kostproben illustrieren einerseits den bildungsbürgerlichen Tenor der Kunstschelte aus dem (Um-)Kreis der Professorenschaft und andererseits die Überlegenheit der politisch argumentierenden Replik von August Egger (Rektor der Universität, 1912–1914).

Auch nach hundert Jahren erfüllt Mosers Universität ihre Funktion als Verwaltungszentrum und zentrales Unterrichtsgebäude. Im Lauf der Zeit hat der Bau Um- und Einbauten von teils grosser Kraft integriert. Sie fügen sich in ihre Umgebung ein, als gehörten sie an diesen Ort. Ja sie komplettieren ihn in einer ähnlichen Weise, wie dies Mosers Universitätsgebäude im Dialog mit der Zürcher Landschaft gelungen war (Arthur Rüegg).

Lesebuch? Bilderbuch?

Wie lässt sich die «Aktualität» des Moser-Baus und der Wandlungen, die er in den nunmehr hundert Jahren seines Bestehens durchlebt hat, in Buchform darstellen? Sollte das Format eines prächtigen Bildbandes anvisiert werden? Oder eher das äusserlich bescheidenere, in der Sache anspruchsvollere Format einer wissenschaftlichen Essaysammlung?

Schon die ersten Gespräche mit unserem Auftraggeber und wichtigsten Gesprächspartner auf Seiten der Universität, Alt-Rektor Andreas Fischer, wiesen in die Richtung eines illustrierten Lesebuches. Wir können nur hoffen, dass das jetzt vorliegende Resultat den Erwartungen gerecht wird. Vaclav Pozarek unternahm es, das bewusst bescheiden gehaltene Buchformat mit der Karl Moser geschuldeten Bildkraft aufzuladen. Die *Raison d'être* des Bandes bildet ein eigenständiger Bilderatlas. Dieser gibt neben aktuellen Aufnahmen von Katherine York u.a. vor allem Einblick in den ungewöhnlich reichen Bestand an historischen Bilddokumenten zum Bau im Wandel der Zeit und der Nutzung. Ziel war nicht, mithilfe dieser Bilder eine «Geschichte» nachzuerzählen. Uns reizte vielmehr die Idee, ihnen in diesem Atlas ihre Autonomie als visuelle Artefakte zurückzugeben und sie so ihrem eigenen, von Vaclav Pozarek moderierten Diskurs als *Bilder* zu überantworten. Eine Reportage des grossen Schweizer Fotografen René Burri führt die Leserin, den Leser am Schluss des Buches wieder in die Gegenwart zurück.

Dank

Ein Buch wie das vorliegende herauszubringen, wäre ohne die bisherige, im Institut gta der ETH Zürich getätigte Moser-Forschung gar nicht möglich gewesen. Als beinah noch unverzichtbarer erwies sich die tatkräftige Hilfe, die wir von den Mitarbeiterinnen und Mitarbeitern dieses Instituts erfuhren. Immer wieder waren sie für uns unterwegs, halfen bei der Spurensuche und eröffneten noch gar nicht bedachte Perspektiven. Besonders Daniel Weiss und Filine Wagner schulden wir Dank, ebenso Dieter Weidmann, von dessen profunden Archivkenntnissen wir mehrfach profitieren durften. Auch in anderen Archiven wurden uns die Türen hilfsbereit geöffnet, insbesondere durch Silvia Bolliger und Inge Moser (Universitätsarchiv Zürich) sowie durch die Mitarbeiterinnen und Mitarbeiter des Staatsarchivs Zürich. Die Kantonale Denkmalpflege Zürich stellte uns eine beträchtliche Zahl von Abbildungsvorlagen unentgeltlich zur Verfügung; für die damit verbundenen Recherchen danken wir Erika Löffler und Nina Hüppi. Roger Fayet ermöglichte es uns, erste Ergebnisse und offene Fragen in einem Autoren-Workshop im Schweizerischen Institut für Kunstwissenschaft (SIK-ISEA) zu diskutieren. Mit seinen Mitarbeiterinnen und Mitarbeitern stand uns das SIK von Anfang an auch beratend zur Seite; es verstärkte dann mit Franz Müller und Mario Lüscher nicht nur das Autorenteam, sondern wurde mit Philipp Hitz auch Partner in einer Fotokampagne. Unverzichtbare Hilfe gewährten sodann unsere Projektassistenten Pietro Del Vecchio und Michael Zimmermann. Die Türen in der Universität selbst schloss uns stets hilfsbereit Thomas Tschümperlin auf. Elias Moser (New York), Paul Moser (Zürich) sowie weitere Nachfahren Karl Mosers gewährten uns von allem Anfang an bereitwillig ideelle und andere, nicht weniger wichtige Unterstützung.

Die Idee, das Jubiläum des Universitätsgebäudes durch Veranstaltungen künstlerisch und wissenschaftlich zu umrahmen, gehört zu den bleibenden Hinterlassenschaften des Rektorats von Andreas Fischer. Es war eine Freude, mit dem vorliegenden Buch zu diesen Aktionen beizutragen, und dies im kollegialen Dialog mit Andreas Fischer sowie seinen Mitarbeitern Peter Collmer, David Werner und dem Generalsekretär Kurt Reimann. Im Verlag lag das teils diffizile Lektorat in den Händen von Aline Rinderer und Monique Zumbrunn. Guido Widmer hat das künstlerische Konzept von Vaclav Pozarek mit der ihm eigenen Sensibilität in digitale Form überführt. Thomas Kramer hat das Buchprojekt nicht nur mit Begeisterung aufgenommen, sondern die sich eröffnenden gelegentlichen Engpässe mit der ihm eigentümlichen Mischung von Fröhlichkeit, Unerbittlichkeit und Effizienz überwunden.

Stanislaus von Moos und Sonja Hildebrand

Im Kräftefeld der Zeit

Peter von Matt

Der steinerne Soldat steht schräg gegenüber der Universität, jenseits der Rämistrasse, und zieht mit grimmiger Entschlossenheit seine Uniformjacke an. Das Werk hat eine Botschaft. Es fordert Tatbereitschaft und Todesmut. Die erste Fassung war eine Ikone der Landesausstellung von 1939 und hiess *Wehrbereitschaft*. Dass man eine der vielen Varianten, die damals entstanden, im Blickfeld der Universität Zürich aufstellte, war eine pädagogische Aktion. Die Studenten sollten aufgerüttelt werden, täglich.

Der Künstler Hans Brandenberger hatte das symbolische Motiv von Ferdinand Hodler bezogen. Auf dessen Wandbild in der Universität Jena brechen die deutschen Studenten in den Krieg gegen Napoleon auf, und einer schlüpft mit expressiver Geste in den Waffenrock. Diese Pathosformel liess sich leicht ins Schweizerische übertragen und sicherte dem Bildhauer den Erfolg – den einzigen übrigens, der ihm längerfristig beschert war. Im Gegensatz zur nervösen Eleganz von Hodlers jungem Krieger ist Brandenbergers Soldat allerdings klobige Propaganda, mehr Dokument als Kunstwerk.

Auch für die Aula im neuen Hauptgebäude der Universität Zürich sollte Hodler das Wandbild schaffen. Der Architekt Karl Moser betrieb die Integration von Bildhauerei und Malerei in sein Bauwerk mit leidenschaftlicher Anteilnahme und stand auch hinter der Anfrage an Hodler. Dieser starb dann zu früh. Es sind nur Ideenskizzen überliefert, aber sie sind aufschlussreich. Während das Jenaer Bild von 1909 sich wie eine unheimliche Vision des kommenden Krieges ausnimmt – die Studenten verwandeln sich in die gesichtslose Masse einer marschierenden Kolonne –, zeigen die meisten Skizzen für die Zürcher Aula einen Reigen naturseliger Frauen, der an die rituellen Tänze um Rudolf von Laban und Mary Wigman auf dem Monte Verità gemahnt. Moser hat auf dieses Konzept, wie man annimmt, keinen Einfluss genommen. Aber dass Hodler damit dem Geist entsprach, der das neue Bauwerk und seinen Bilderschmuck durchwehte, ist unverkennbar. Man könnte ihn als gezielt unheroisch bezeichnen, nicht auf Handeln ausgerichtet, sondern auf Betrachtung und Versenkung. Die Durchgänge durch die steinerne Balustrade, die den Universitätsbezirk grossenteils umzieht, sind mit Sitzenden oder Liegenden geschmückt, meist Mann und Frau, deren nachdenkliche Untätigkeit programmatisch wirkt. Auch im Innern ist viel aufblühende Jugend zu sehen, gemalt oder im Relief, die in diesem Aufblühen – «Floraison» nannte Hodler sein Projekt für die Aula – die höheren Wahrheiten mühelos zu empfangen scheint, einzuatmen mehr als zu erarbeiten. Keiner schreibt. Ein Buch ist nirgends zu sehen, ebensowenig ein wissenschaftliches Instrument. Bildung, muss man vermuten, geschieht durch das reine Hiersein, im unvergleichlichen Leuchten dieses Lichthofs. Insofern gewinnt die Erscheinung des aufbrechenden Kämpfers draussen am Strassenrand den Charakter eines kontrastiven Signals.

Das mag tendenziös tönen und ist doch der Versuch, einem ausserordentlichen Bauwerk näher zu kommen. Als Moser die neue Universität konzipierte und verwirklichte, war Europa, waren insbesondere Deutschland und die Schweiz bewegt von den vielfachen Strömungen der sogenannten Lebensreform. Diese betrieb eine sanfte Revolution in vielen Bereichen des täglichen Lebens: die Nahrung, die Kleidung, das Verhältnis zu Körper und Natur, der Tanz und die Gymnastik, aber auch das Wohnen, die Dinge des Alltags, nicht zuletzt das Bauen wurden von diesen Programmen erfasst. Es ist schwierig, darüber zu schreiben, weil alles sich in die unterschiedlichsten Gruppierungen und Bekenntnisse ausfächerte. Ein Hauch von Mystik und Sonnenkult lag über dem Ganzen, aber neben unverkennbar religiös geprägten Gemeinschaften wie der Anthroposophie oder der Mazdaznan-Bewegung gab es auch rein praktisch ausgerichtete Bemühungen um eine vernünftigere Lebensführung. Die Künste und die Architektur nahmen vieles davon auf, oft nur spurenweise und ohne sich explizit zu einer der zahllosen Lehren zu bekennen. Daneben entstanden eigentliche Kolonien von jeweils Geistesverwandten mit markanten architektonischen Zeugnissen wie die Mathildenhöhe in Darmstadt, die Gartenstadt Hellerau bei Dresden, der Monte Verità bei Ascona oder die Siedlung um das Goetheanum in Dornach. Der Synkretismus der diversen Bünde und Allianzen spiegelt sich darin, dass es im Bereich der Künste keinen eindeutigen «Reformstil» gibt. Was wiederum zur Folge hat, dass man die Bedeutung der Gesamtbewegung für die Kunst- und Architekturgeschichte vermutlich unterschätzt. Das gilt übrigens auch für die Literatur.

Hermann Hesse ist ohne diesen Hintergrund nicht zu verstehen; der indische Gedanke, der ihn so sehr bewegte, war in den Reformbewegungen weithin lebendig. Und dass ein so radikaler Künstler wie Franz Kafka sich brennend für diese Lehren interessierte, auch verschiedene Einrichtungen besuchte und sich einmal bei Rudolf Steiner persönlich Rat holte – die groteske Szene ist im Tagebuch dokumentiert –, zeigt die Macht, welche der zeittypische Trend noch auf die eigenwilligsten Köpfe ausübte.

Licht und Luft und Innerlichkeit – wie sehr sich diese Vorstellung in der atmosphärischen Inszenierung der Universität halten konnte, belegt das Aula-Bild von Paul Bodmer von 1933, ein leicht surreales Monument des meditativen Nichtstuns. Und als Pipilotti Rist 2008 ein Werk zum Gedenken an die grosse Juristin Emilie Kempin-Spyri in den Lichthof stellen durfte, scheint auch sie wieder von der Aura des Ortes erfasst worden zu sein. Sie errichtete ein gigantisches Ruhebett, das sich nur über abenteuerliche, symbolische Exegesen mit der tragischen Kämpferin Kempin-Spyri in Verbindung bringen lässt. Aber es hat dem Hohelied der schöpferischen Versenkung nach jenem Aula-Bild eine weitere, etwas fröhlichere Strophe angefügt.

Dieser Lichthof hat sein Geheimnis. Wer die Universität durch den Haupteingang betritt, sieht sofort sein entferntes Leuchten. Man steht in der eher dunklen Eingangshalle neben den schwarzpolierten Marmorsäulen und wird angezogen vom Licht. Man erwartet, auf eine Treppe zu stossen, die hinein- und hinunterführt in den lockenden Raum. Doch dann steht man an der Brüstung, schaut in die heitere Tiefe und weiss nicht, wie man dahin gelangt. Keine Treppe ist sichtbar, als wäre es ein Ort für Eingeweihte. Die enormen Dimensionen des Raums und das energische, aber schattenlose Licht machen das Ganze zu einer Innenwelt, die auf kein Aussen angewiesen scheint. Dazu passt, dass die Säulenpaare in den Öffnungen des ersten Wandelgangs auf die Kreuzgänge der mittelalterlichen Klöster verweisen – urbildliche Orte der Meditation. Auch die Brunnen, auf die man überall stösst und die ihr Wasser so behutsam in die Becken fallen lassen, erinnern an jene frommen Hallengänge, die gleichzeitig drinnen und draussen waren.

Karl Moser, der Architekt, war kein Ideologe. Aber er hatte ein immer waches Sensorium für das, was in der Luft lag. Wenige seiner Zunft dürften so viele stilistische Metamorphosen durchgemacht haben wie er. Die Wandlungsfähigkeit war ein grundlegendes Element seiner Kunst, und ein Künstler war er durchaus. Seine überzeugendsten Werke wirken modelliert, wie von sensiblen Bildhauerhänden geformt. Es mag unpassend sein, so etwas zu sagen, weil es den Aspekt der Konstruktion und Berechnung unterschlägt, aber für einen Betrachter, der nicht Architekturhistoriker ist, drängt sich bei einem so gelassen und mit spielerischer Asymmetrie in den alten Hügel hineinkomponierten Baugefüge wie dieser Universität die Vorstellung einer bildenden, im Bilden suchenden Hand auf. Durch den leichten Höhenunterschied zwischen Biologie- und Kollegiengebäude wirkt das Bauwerk wie hingelagert; es kann einen die Assoziation an ein ruhendes Tier streifen. Als ein plastisches Kunstwerk für sich erscheint auch der Eingang an der Karl Schmid-Strasse gegenüber der ETH, dessen Wölbung weit ins Dach hineinschneidet und der in seiner expressiven Geste mit den riesigen Doppelsäulen bereits an das ähnlich frappante, ähnlich frei gestaltete Tor von Mosers berühmter Antoniuskirche in Basel erinnert. Vielleicht war es dieser Mut zu einem ganz eigenen und unerschrockenen Künstlertum, was Moser für den heutigen Betrachter unverwechselbar macht. Er war kein doktrinärer Avantgardist, und er bediente sich bei vielen Richtungen seines Fachs, aber alles, was er übernahm, wurde anverwandelt. Am besten sieht man das im Lichthof, wo die Zitate aus Barock und Mittelalter den Charakter einer historistischen Adaption völlig verlieren und zu lebendigen Teilen einer grossen, pulsierenden Einheit werden.

Im Portikus des Eingangs auf der Stadtseite findet sich im rechten Bogen ein kleines, unter den vielen verspielten Reliefs kaum beachtetes Geviert. Eine in Stein gehauene Papierrolle trägt die Inschrift: ZU BEGINN DES GROSSEN KRIEGES VOLLENDET OKT 1914. Die neue Universität war im Augenblick ihrer Fertigstellung zu einem Zeugnis der «Welt von Gestern» geworden, um Stefan Zweigs wehmütigen Titel zu zitieren. Das Bekenntnis zum unheroischen Denken war plötzlich aus der Zeit gefallen. Im Rückblick auf die blutigen Jahrzehnte, die darauf folgten, zögert man allerdings, ihm jede fortdauernde Gültigkeit abzusprechen.

Bilderatlas

Legenden und ausführliche Bildkommentare auf S. 120–144

1

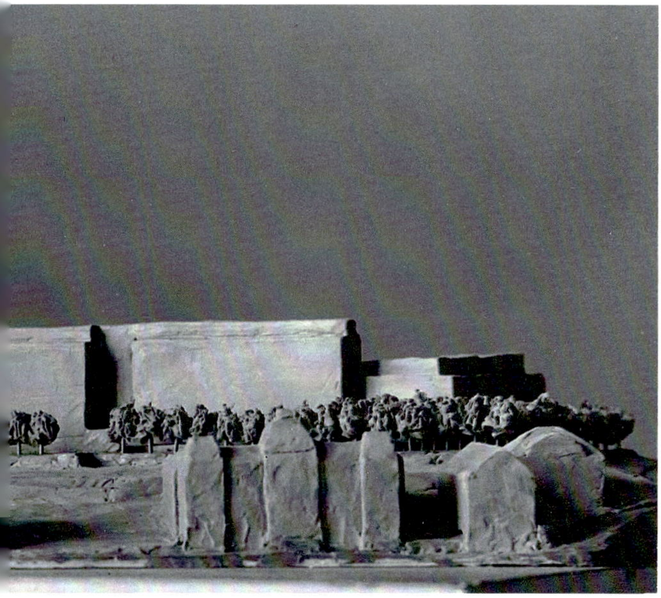

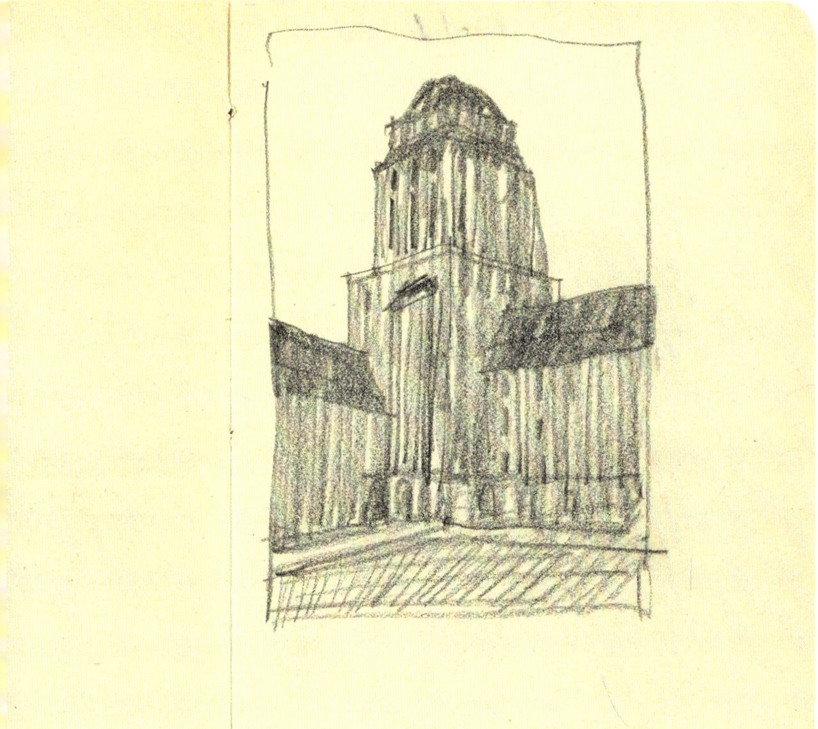

Die Hochschulbauten in Zürich.

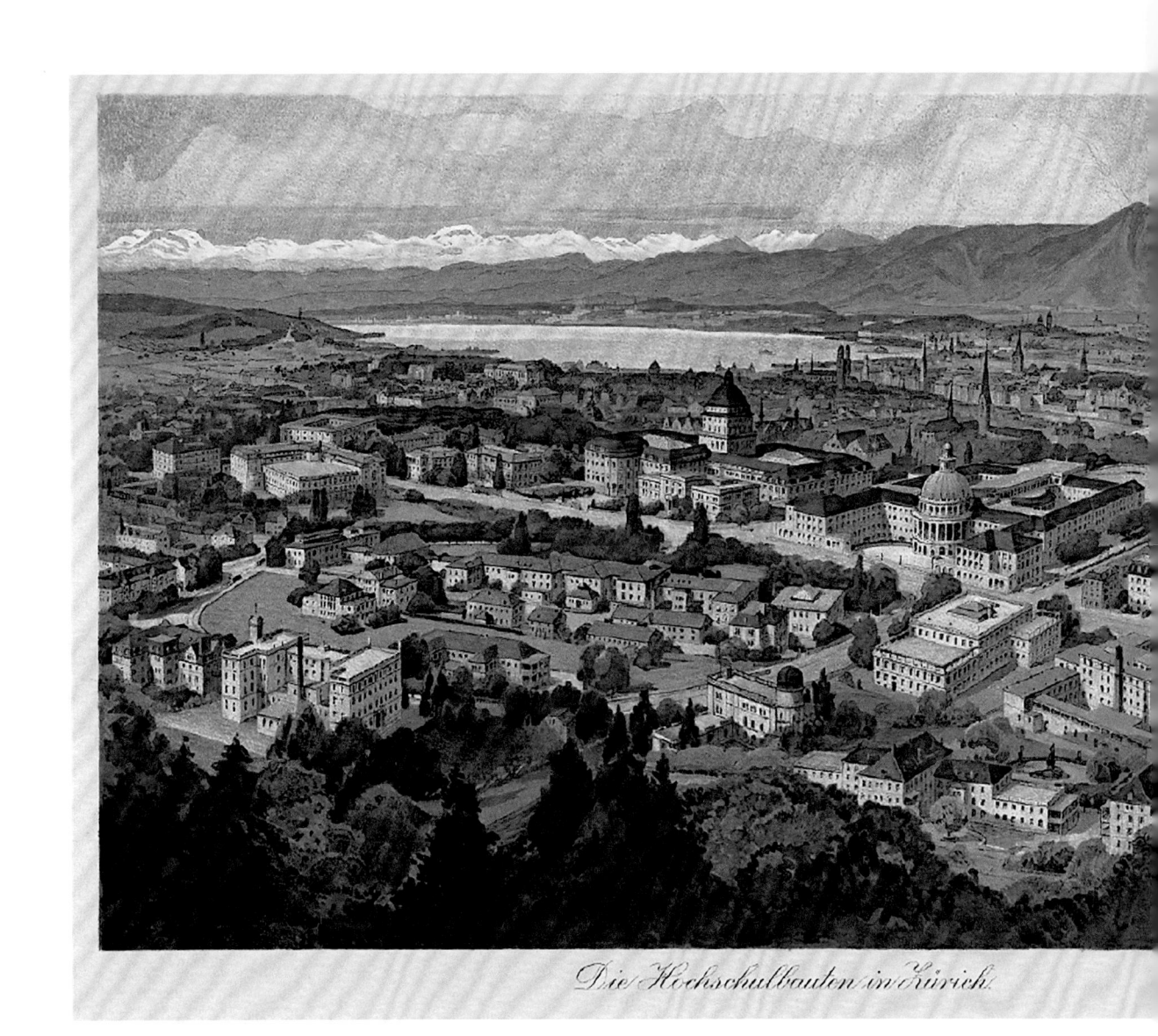

30 ct.

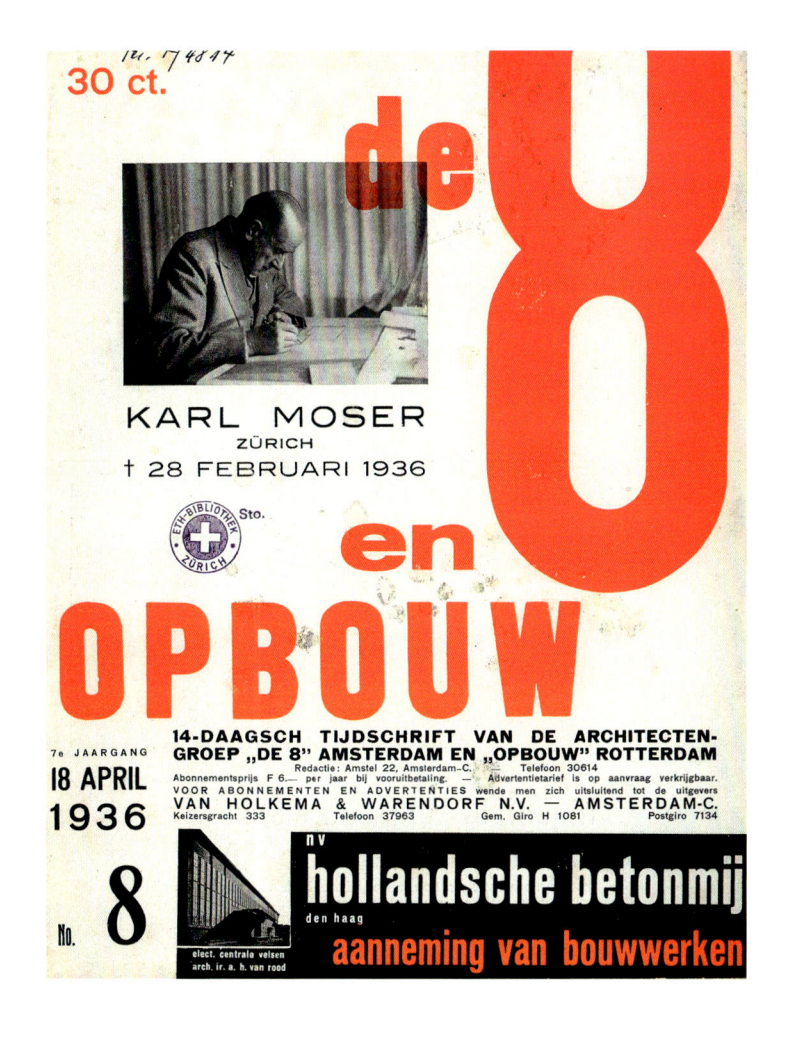

KARL MOSER
ZÜRICH
† 28 FEBRUARI 1936

de 8
en
OPBOUW

14-DAAGSCH TIJDSCHRIFT VAN DE ARCHITECTEN-
GROEP „DE 8" AMSTERDAM EN „OPBOUW" ROTTERDAM

7e JAARGANG

18 APRIL
1936

No. 8

Redactie: Amstel 22, Amsterdam-C. Telefoon 30614
Abonnementsprijs F 6.— per jaar bij vooruitbetaling. — Advertentietarief is op aanvraag verkrijgbaar.
VOOR ABONNEMENTEN EN ADVERTENTIES wende men zich uitsluitend tot de uitgevers
VAN HOLKEMA & WARENDORF N.V. — AMSTERDAM-C.
Keizersgracht 333   Telefoon 37963   Gem. Giro H 1081   Postgiro 7134

n v hollandsche betonmij
den haag
aanneming van bouwwerken

elect. centrale velsen
arch. ir. a. h. van rood

4

Aufrichtung

Eben sehe ich von meinem Studierzimmer (Rigistrasse 50) aus, dass auf dem Dachgerüst des Turmes der neuen Universität die Fahne in Zürcher Farben gehisst wird.

Samstag 28. Juni 1913
Nachmittags 3½ – 4 Uhr

2034 - Zürich
Stadthaus-Arkaden gegen Polytechnikum u. Hochschule

für ein Kunstwerk erster Güte zu halten. (Zeichnung von Karl Czerpien)

Motto: Weiter runter geht's nicht!

Ein Entwurf, der leider zu spät eingereicht wurde, als daß er mit einem ersten Preis hätte ausgezeichnet werden können.

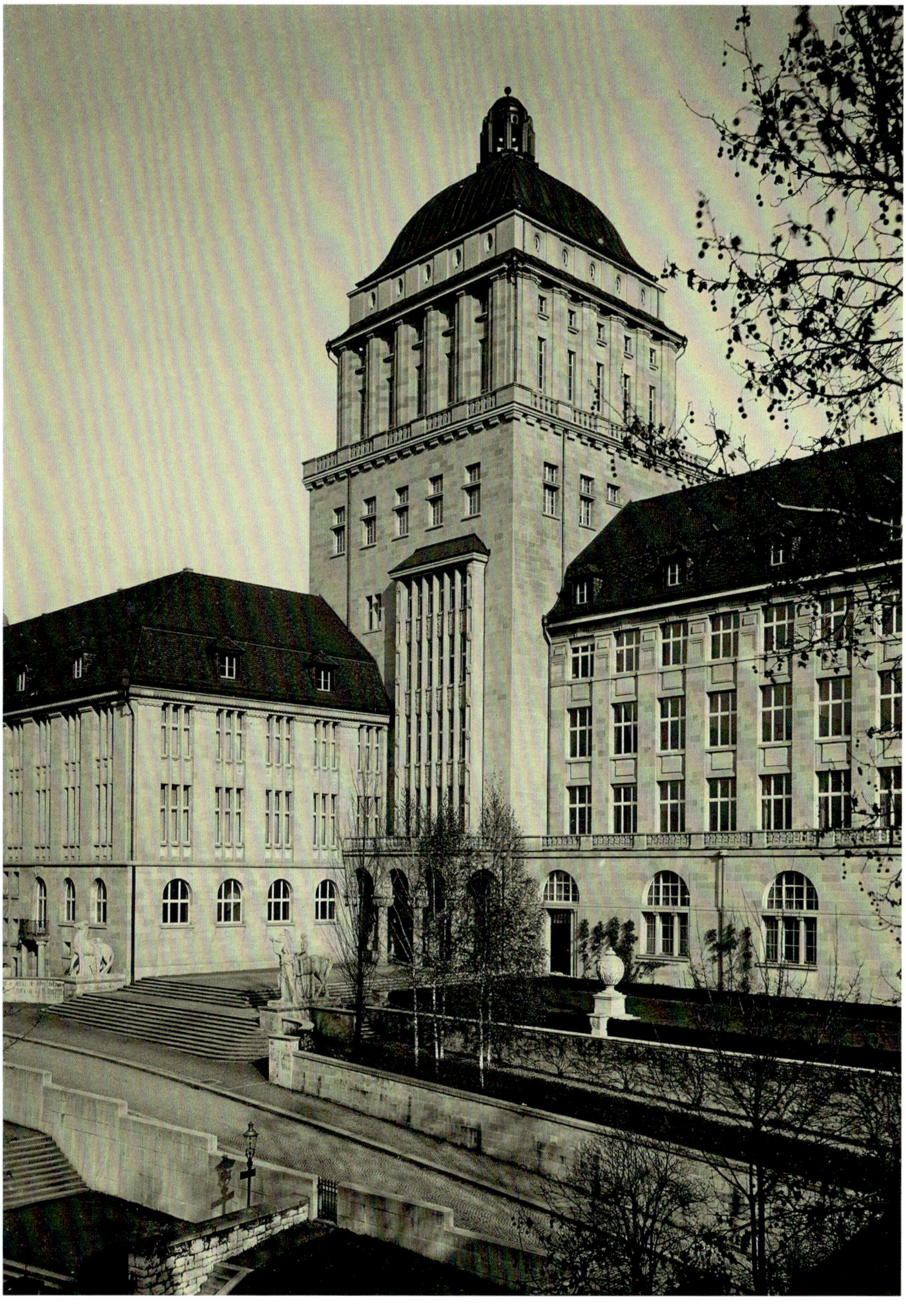

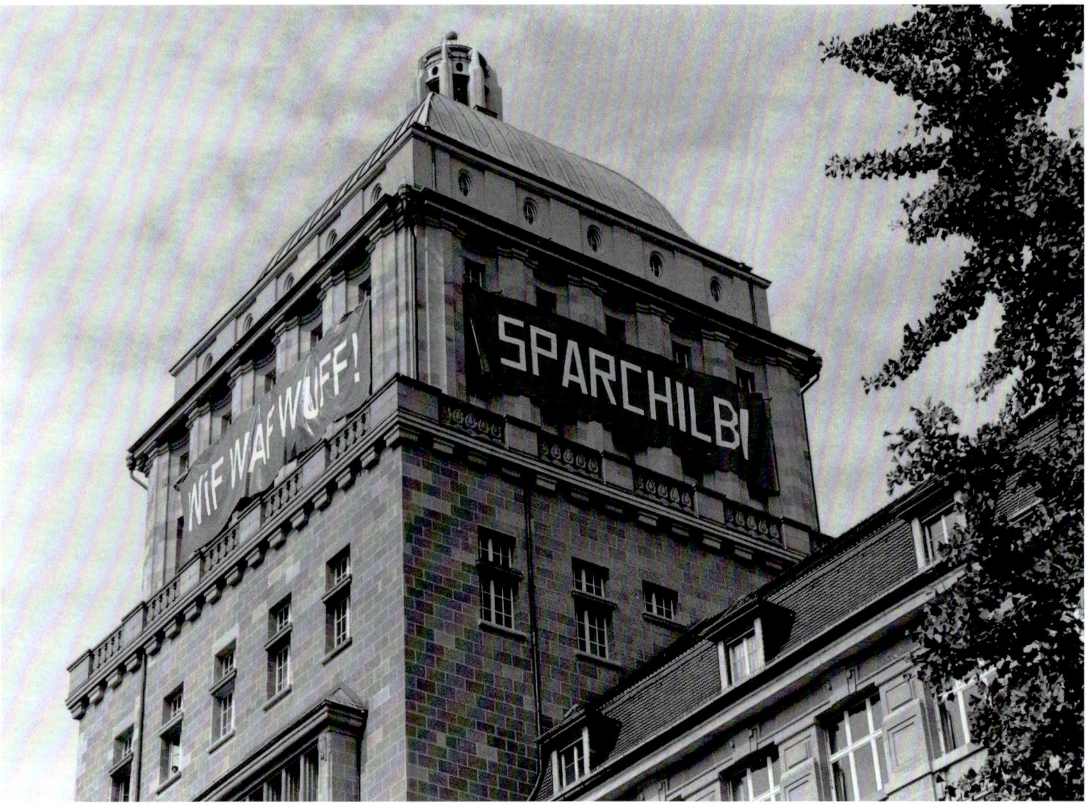
WIF WAF WUFF!
SPARCHILBI

Officielle Festpostkarte
zur Einweihung der neuen Universität
Sechseläuten 1914
Zürich 20. April.

Die Wappen der Zünfte

SÜDSEITE

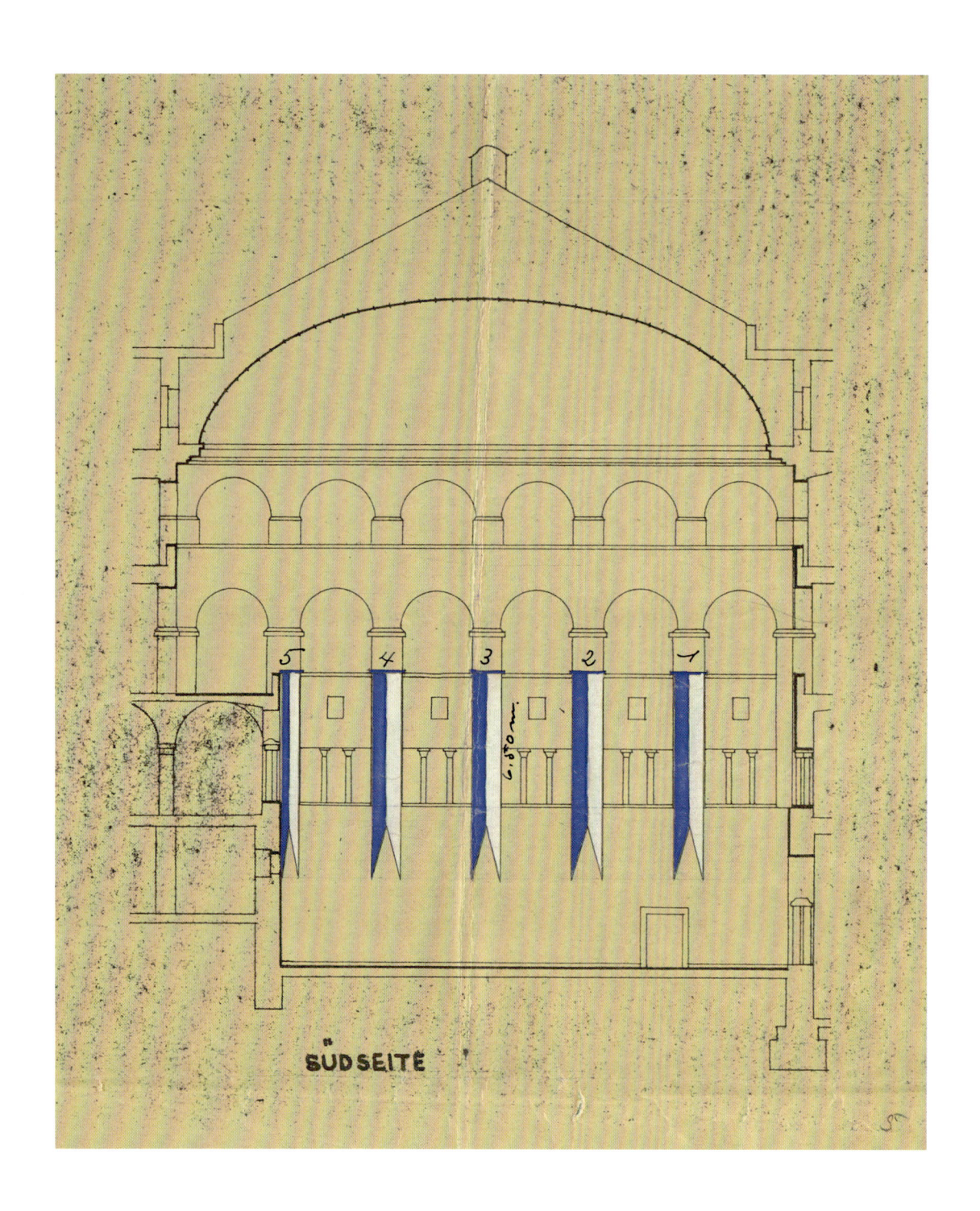

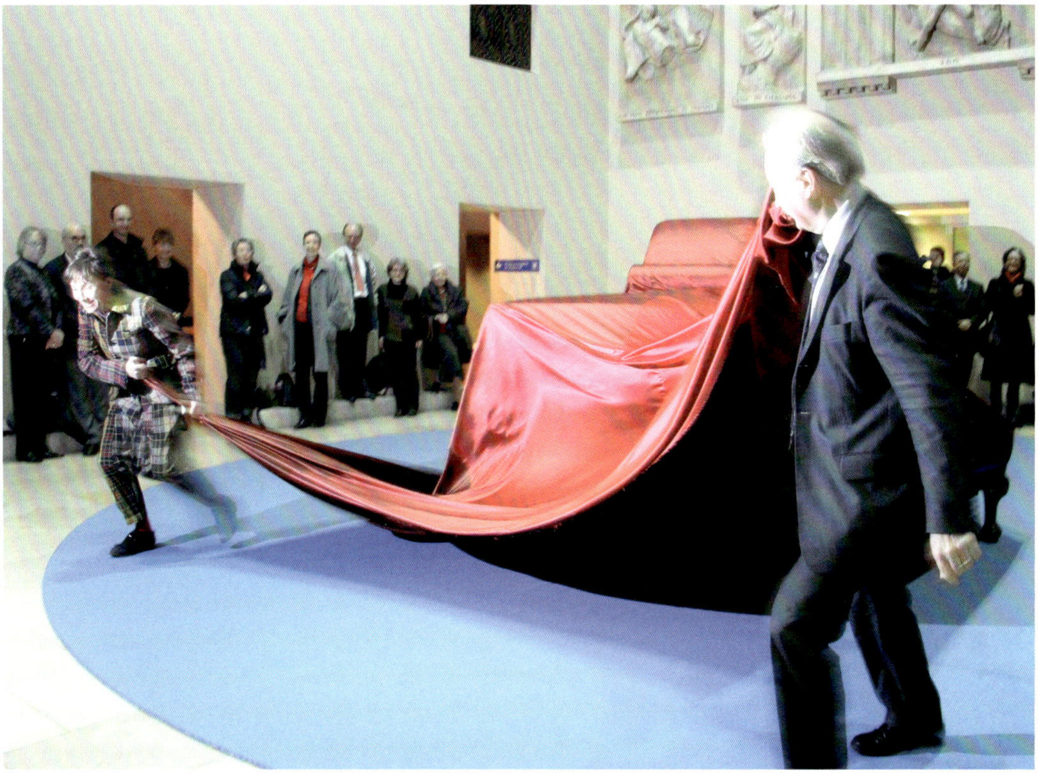

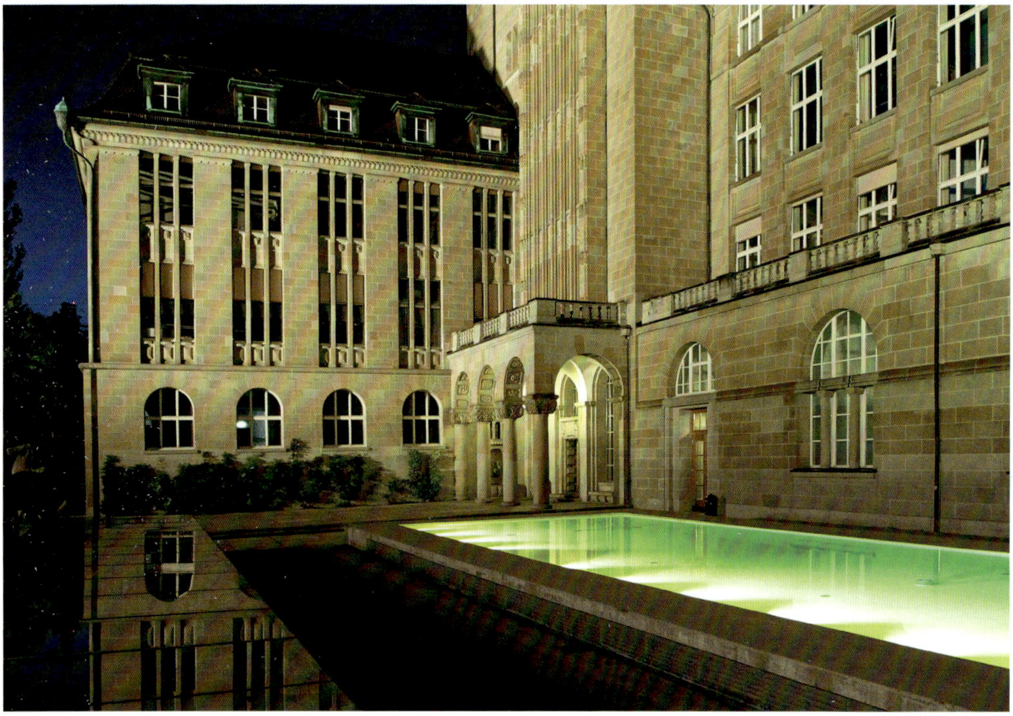

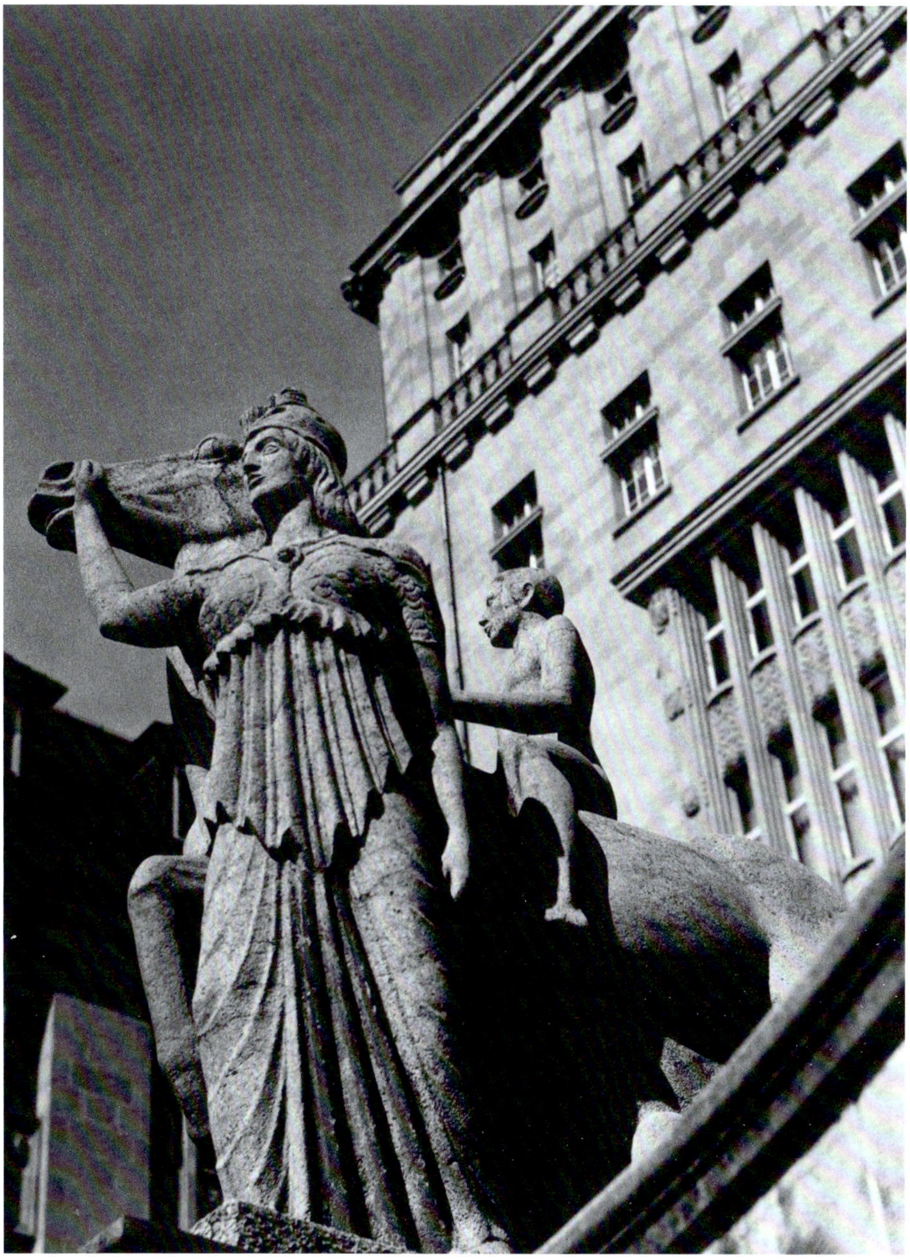

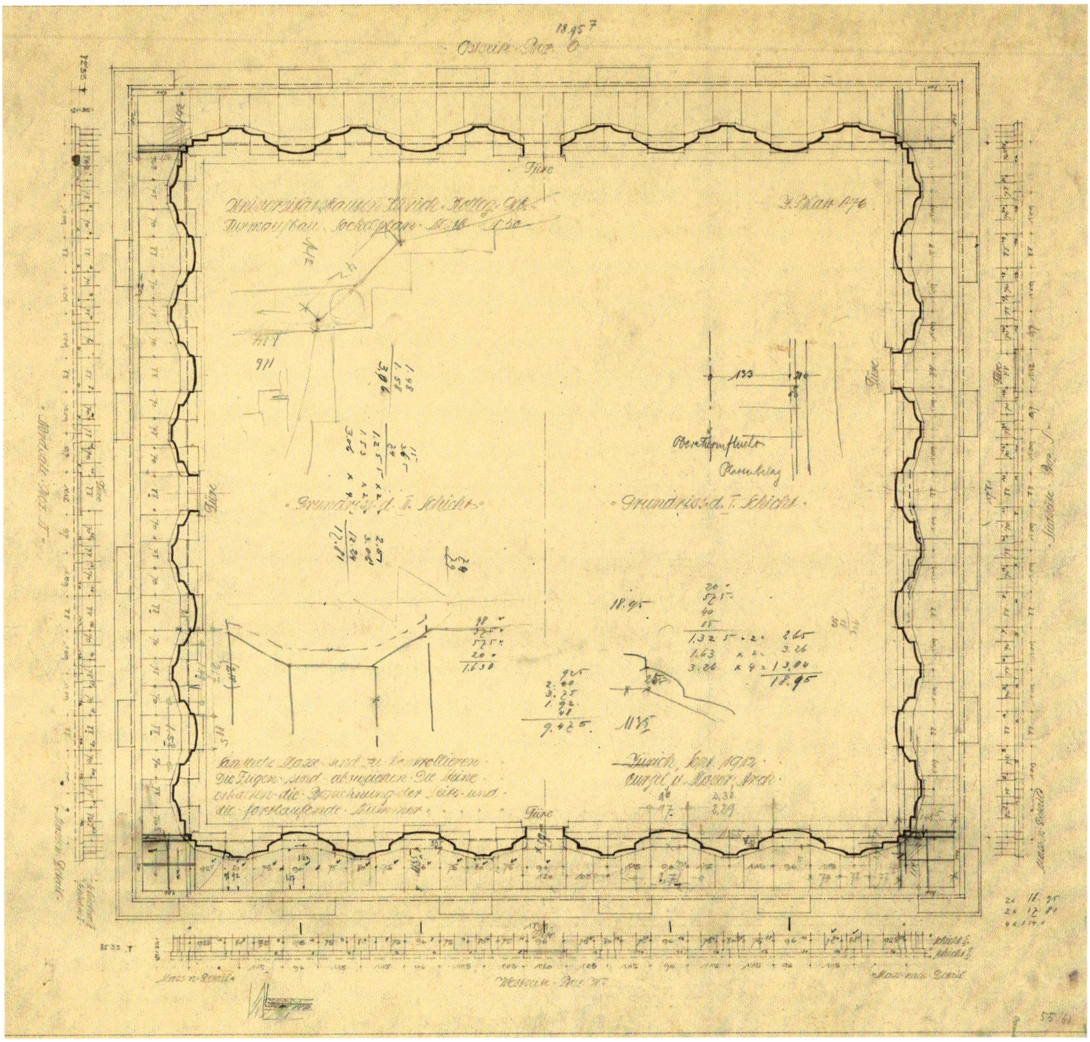

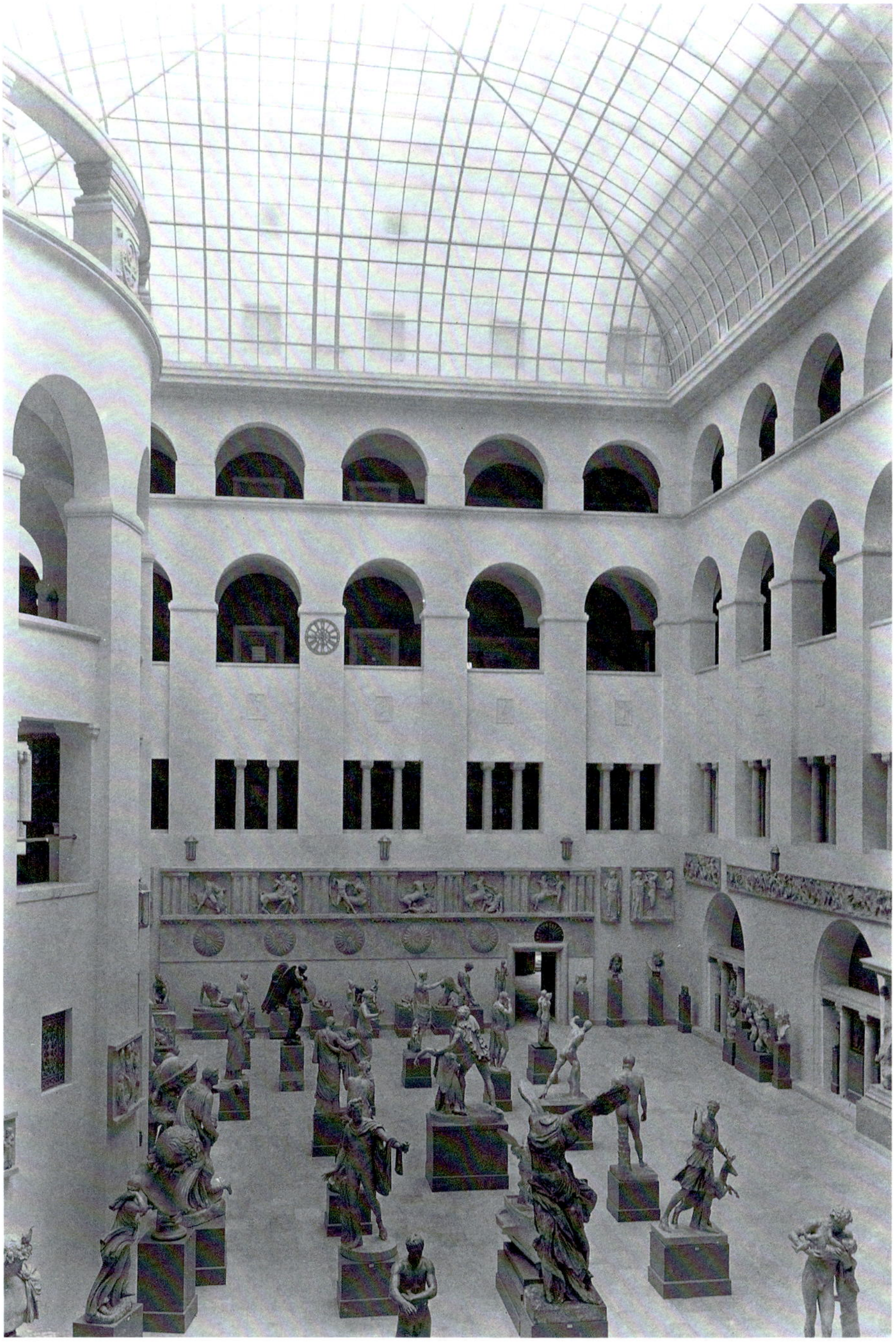

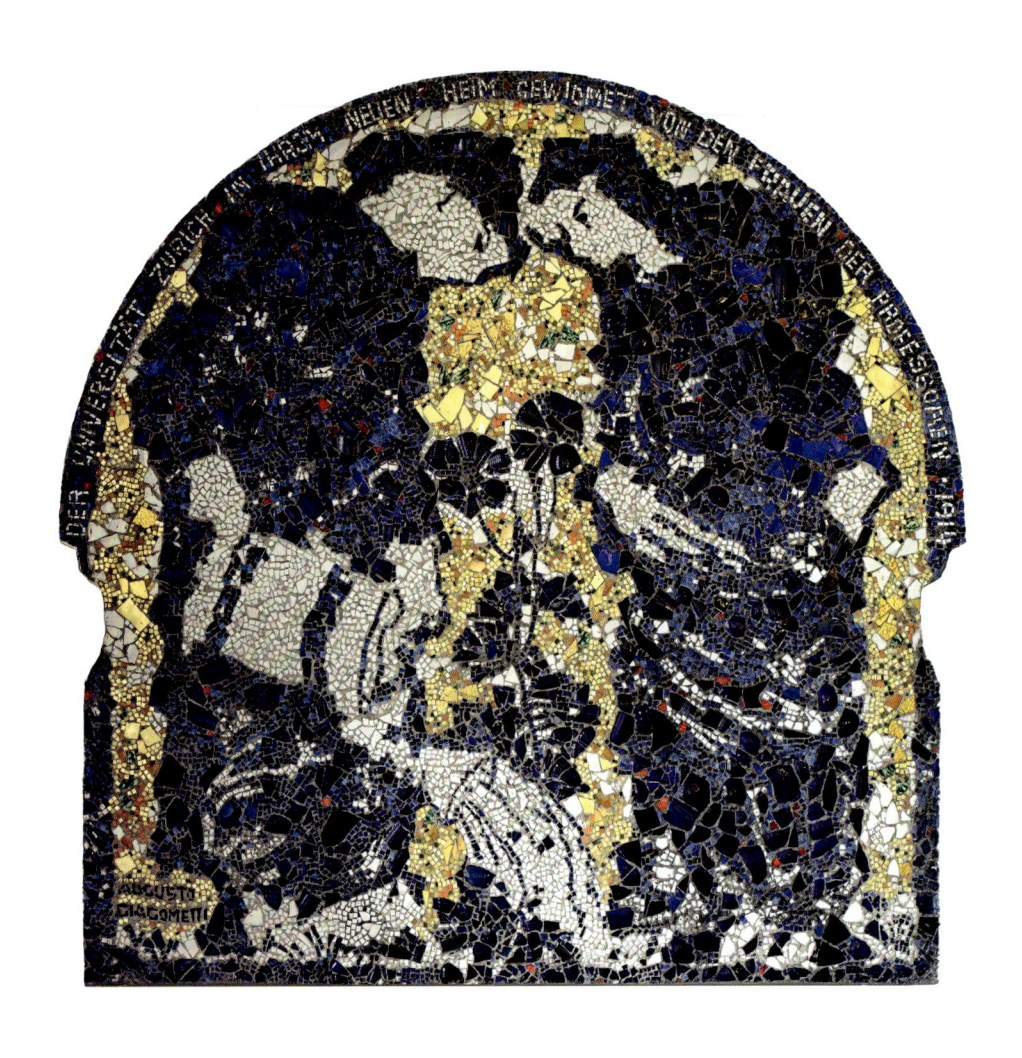

17

18

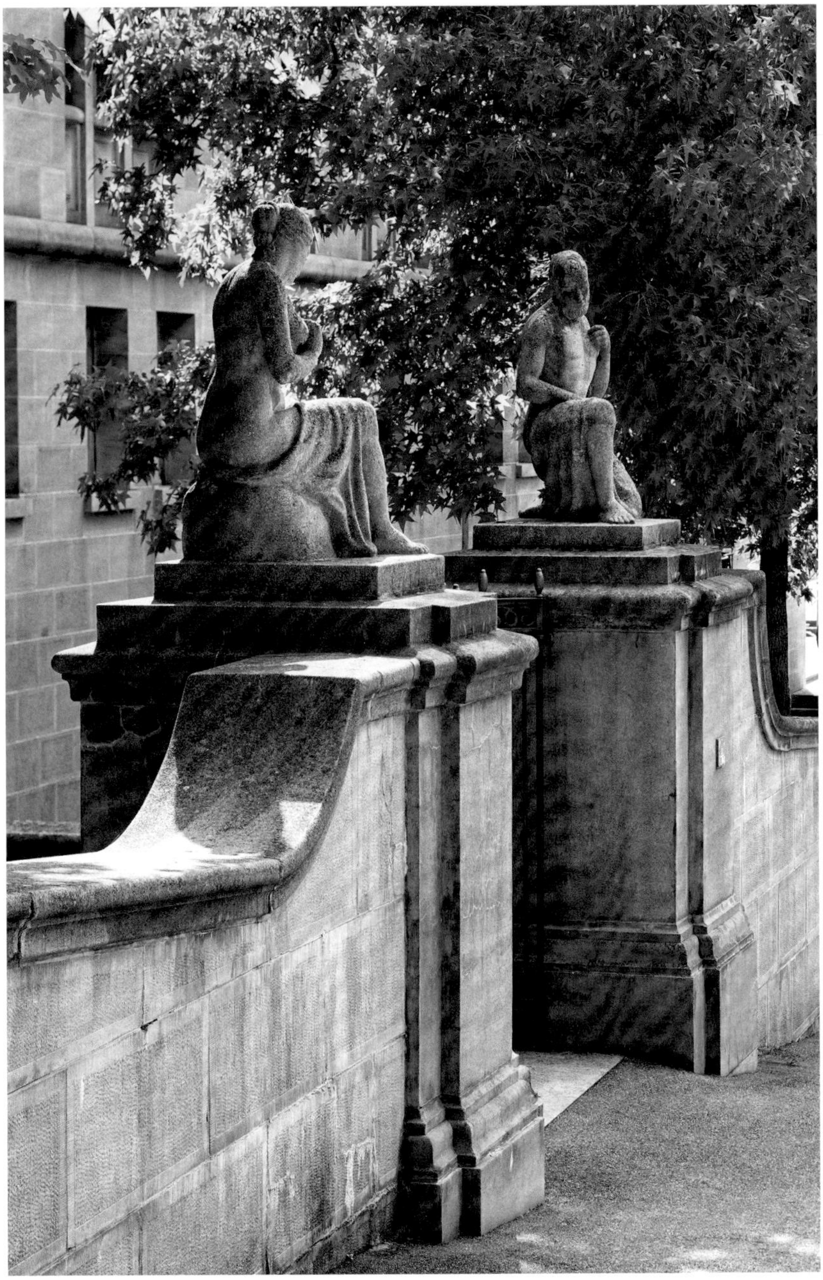

19

knallerbsen vom bildungskonzern "uni zürich" - und die lieben ihren beton pur

EXKLUSIVER BILD-BERICHT
18. feb. 2010

trotzdem erscheint in der nacht auf den 1. dezember 2009 auf einer der massiven betonmauern der uni zürich zentrum an der künstlergasse diese harald-nägeli strichfigur

UNIVERSITÄT ZÜRICH ZENTRUM

zueri-graffiti.ch

exclusive

"studium macht frei?"

21

NEUE UNIVERSITÄT
Halle im Kollegiengebäude

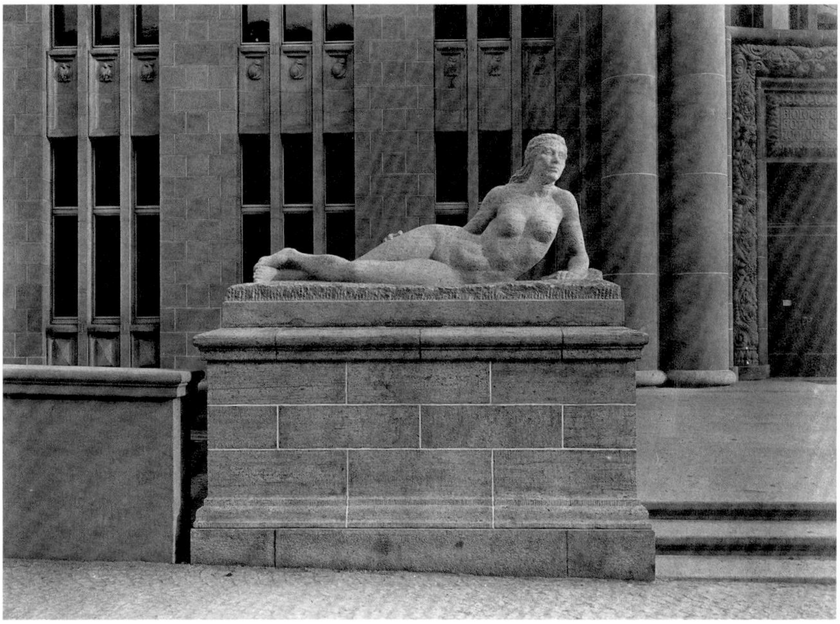

23

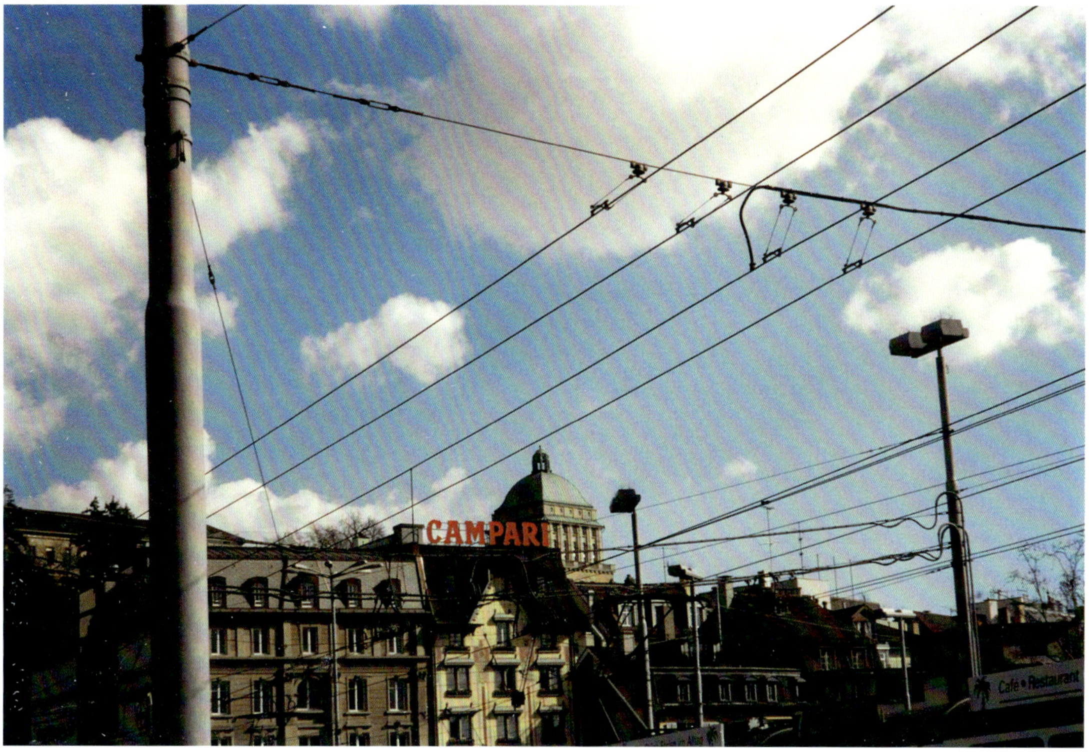
CAMPARI
Café Restaurant

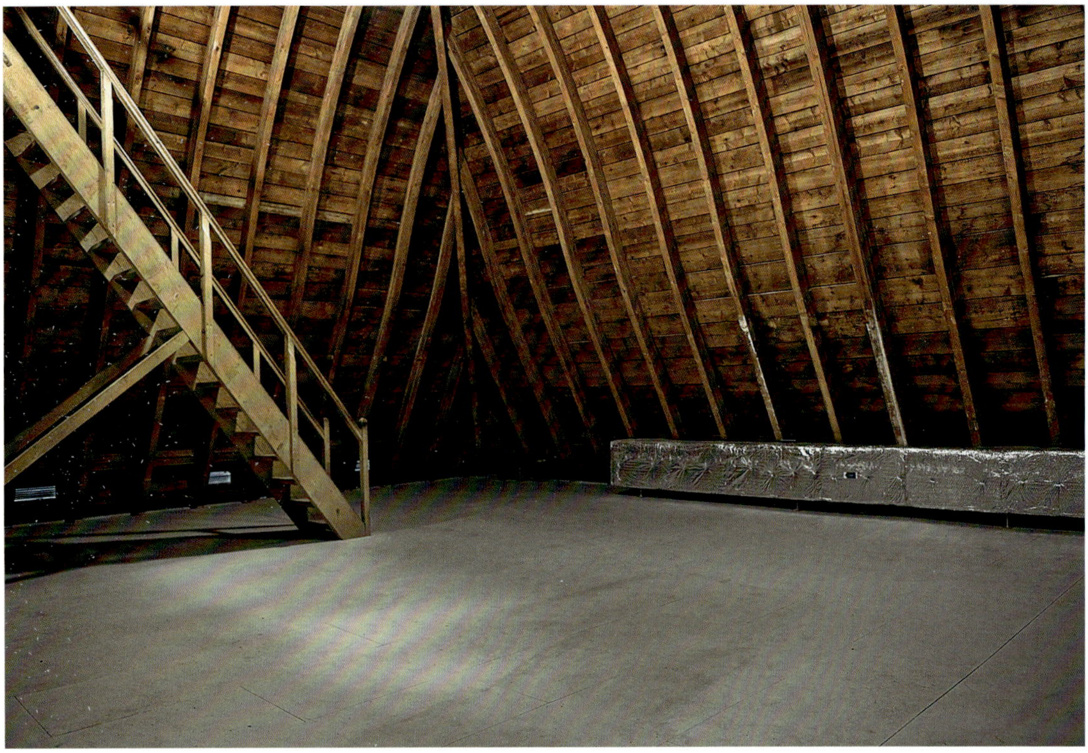

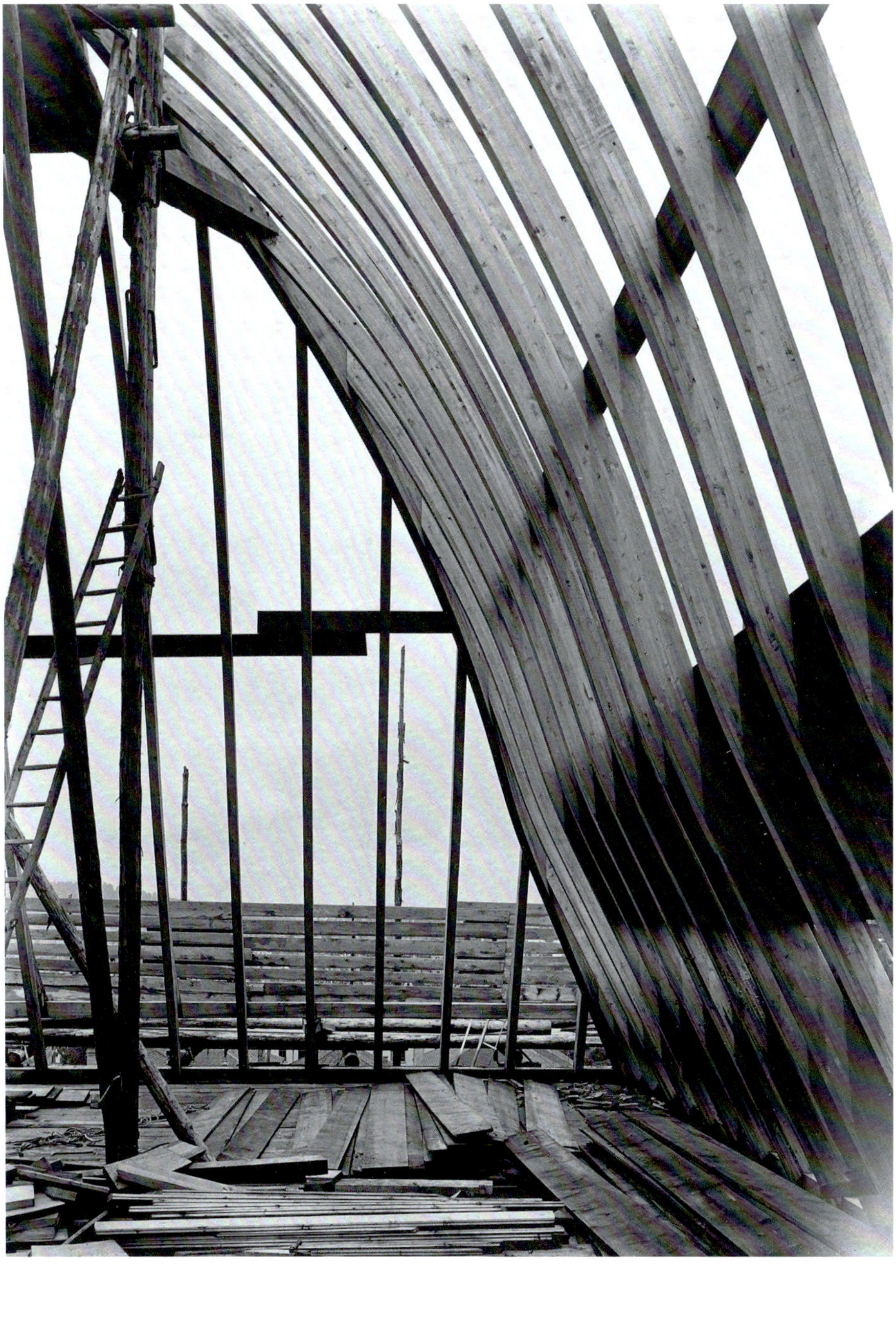

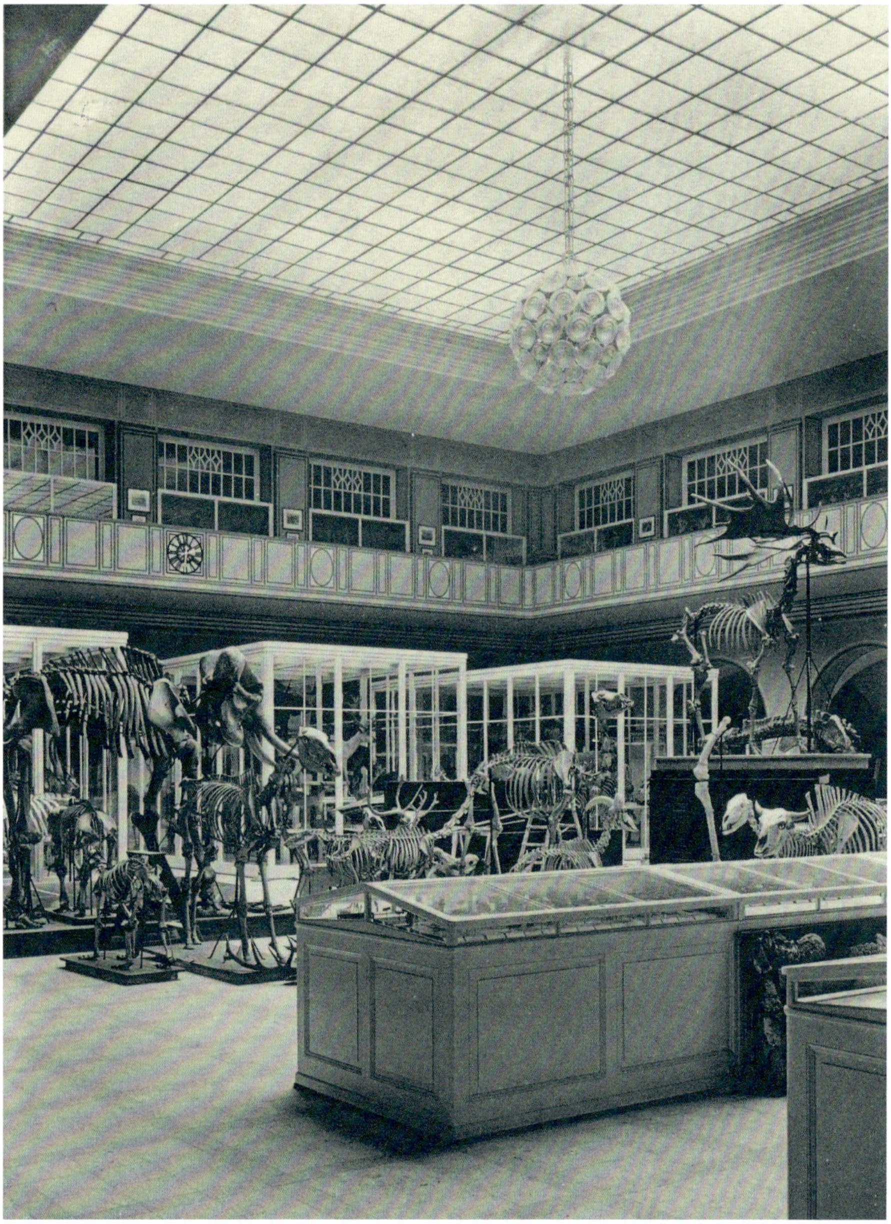

27

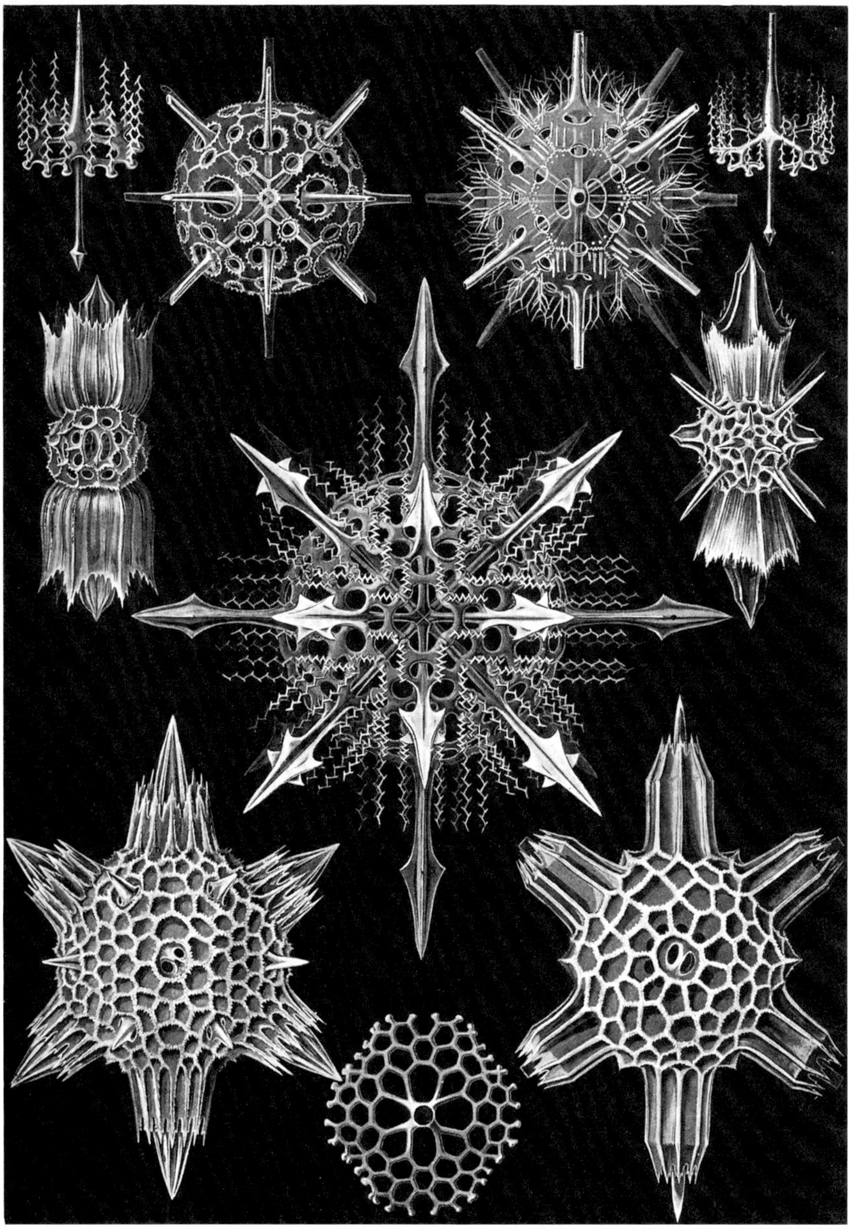

29

30

Kunstformen der Natur

von

Ernst Haeckel

ENTWICKLUNG DER ARCHITEKTUR.

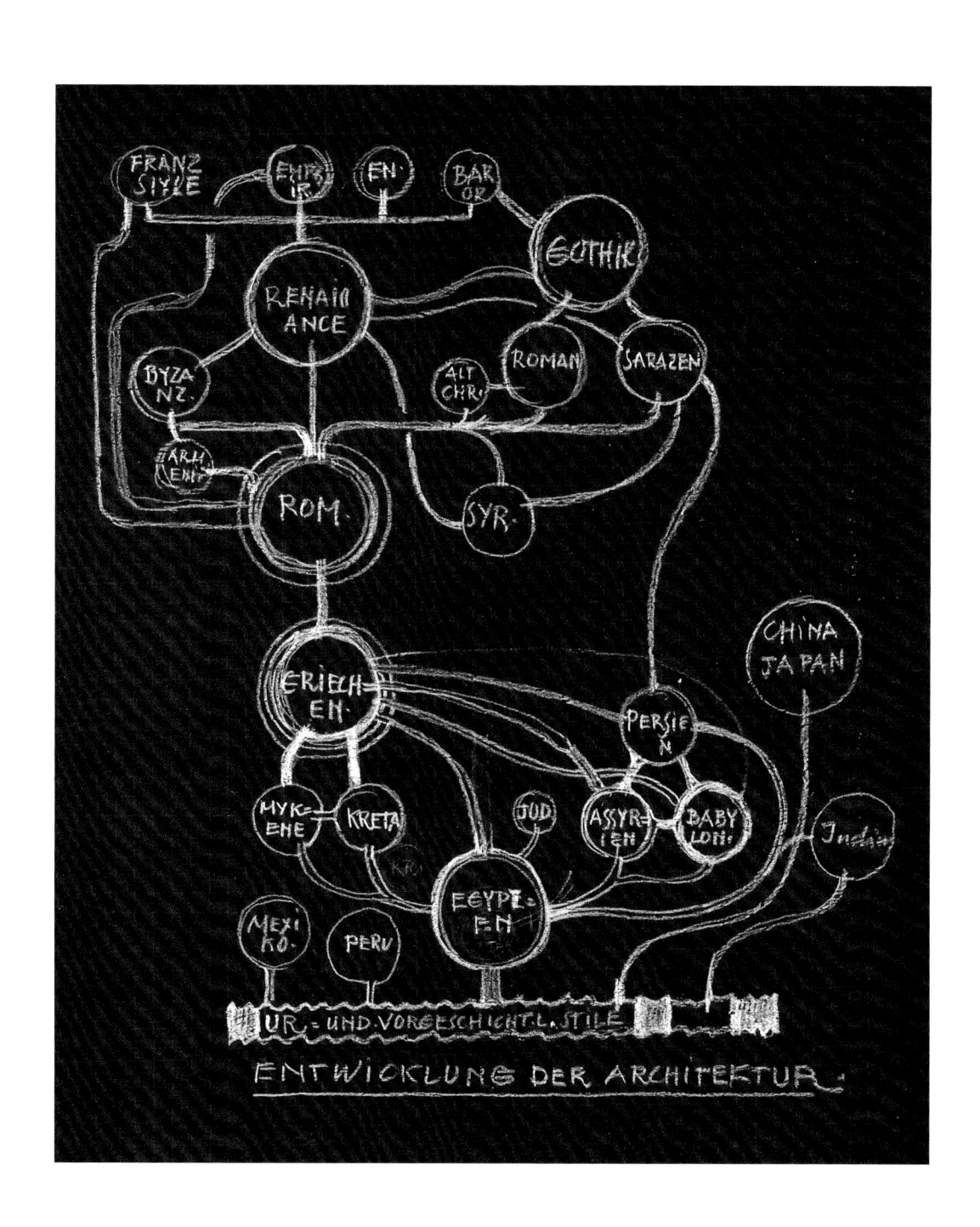

BIOLOGISCHES INSTITUT
BOTANIK · ZOOLOGIE
ZOOLOGISCHES MUSEUM

25860 Zürich. Universität

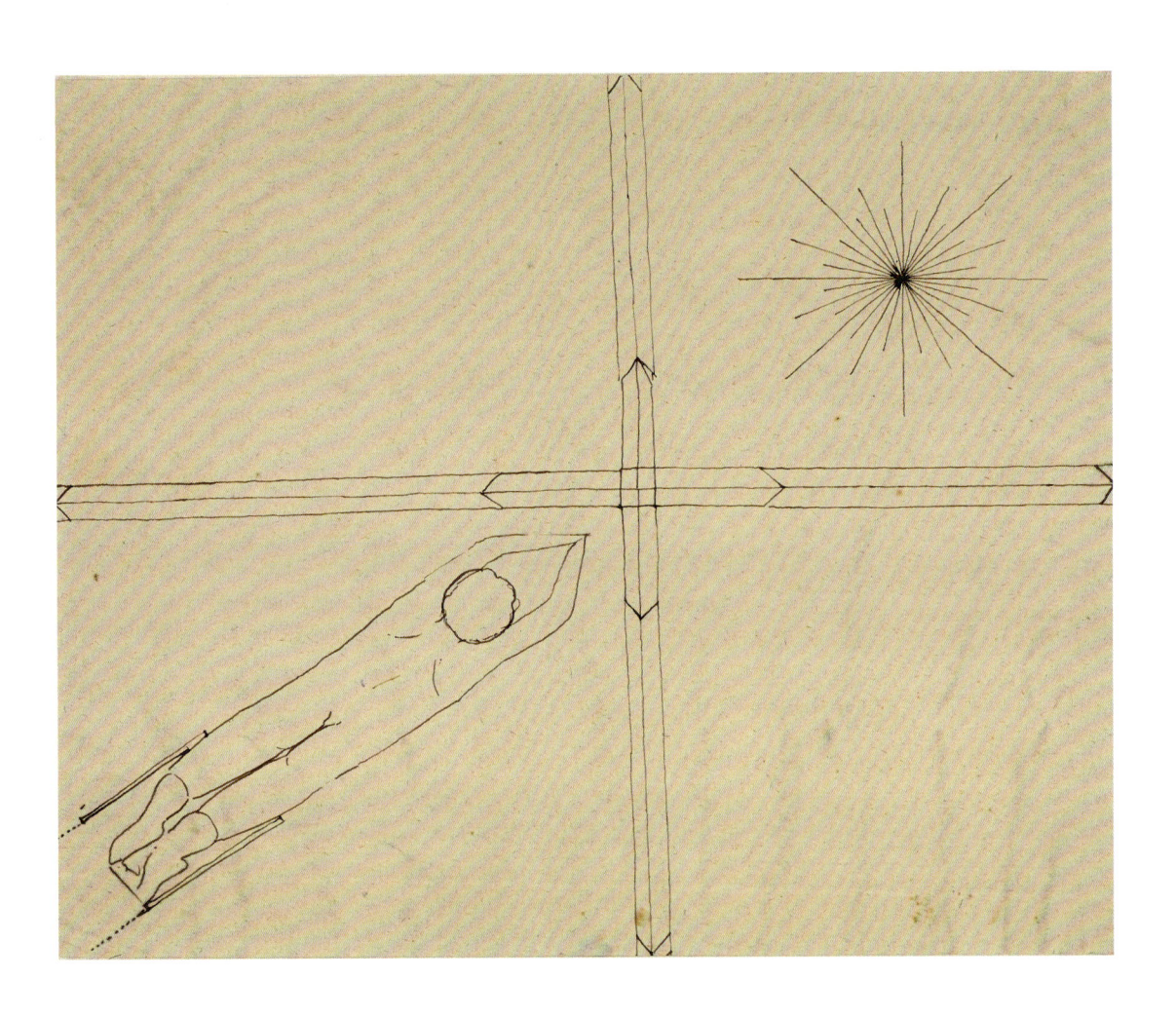

35

40

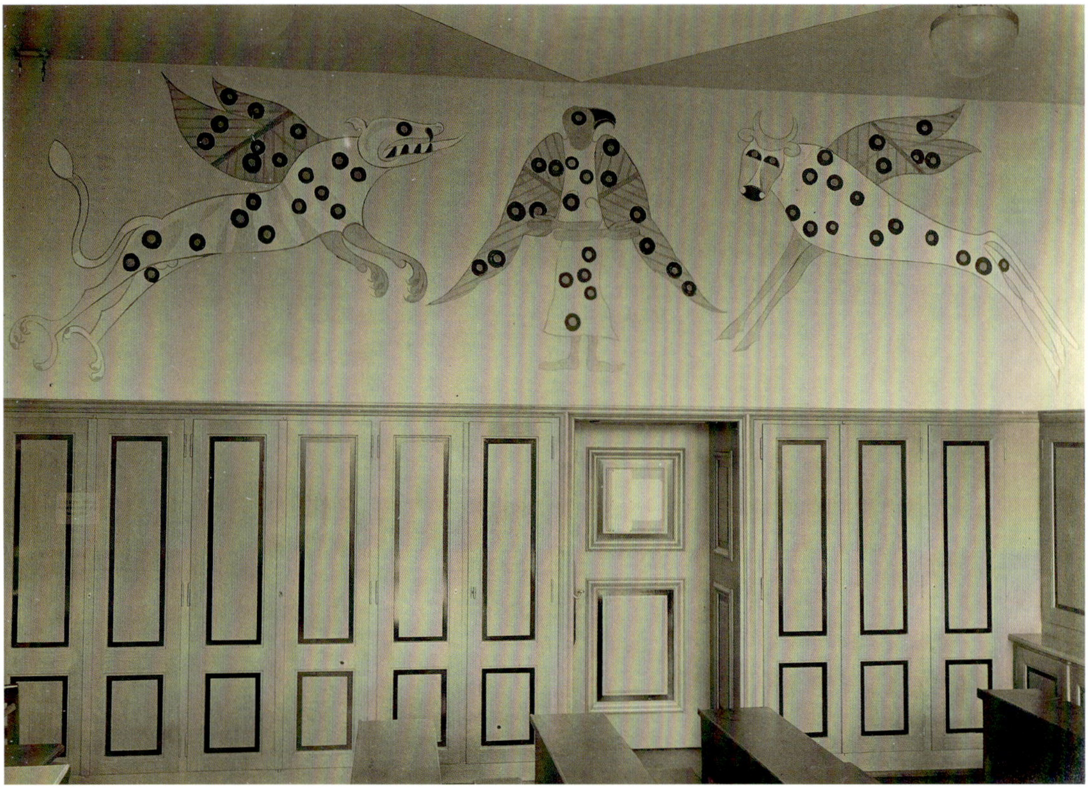

41

42

UNIVERSITAT — AULA

44

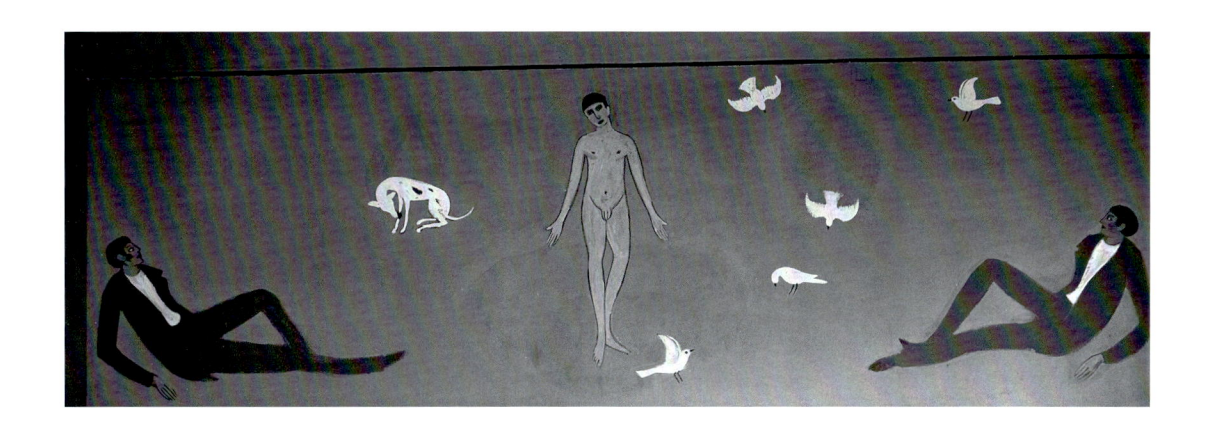

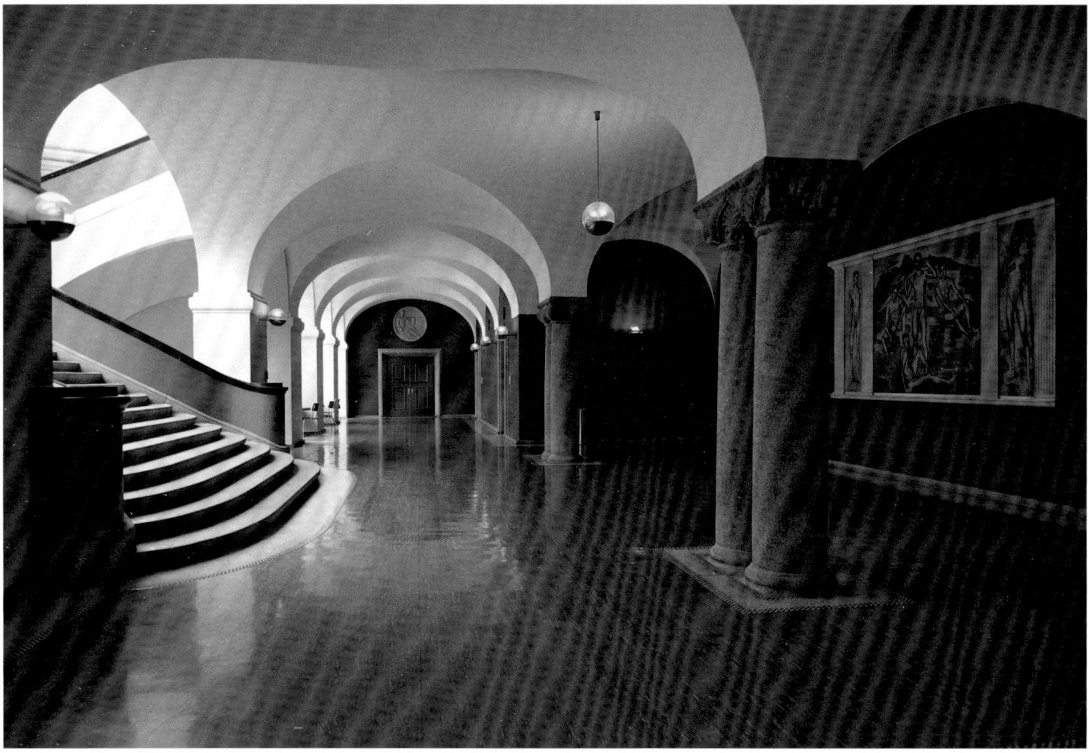

45

Wandgemälde an der Zürcher Universität.

Zeichnung von H. Fodler

Dieser Entwurf gelangt zur endgültigen Ausführung. Motto: Alma mater, ihre Kinder nährend.

47

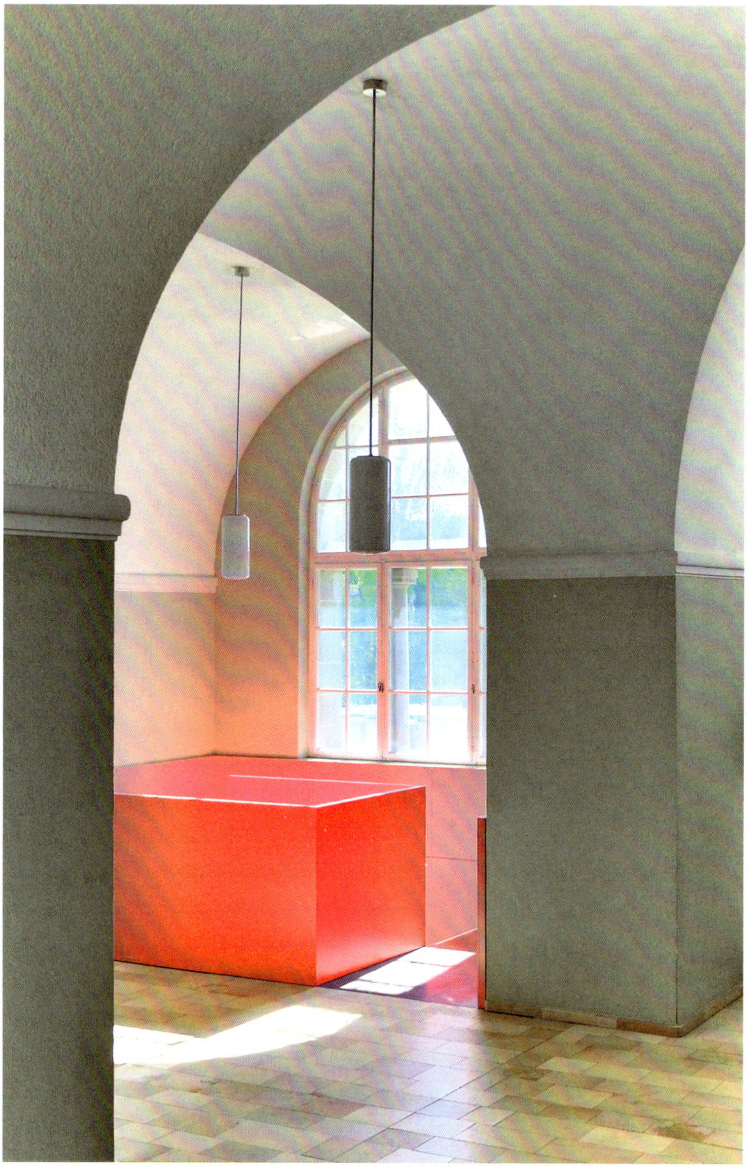

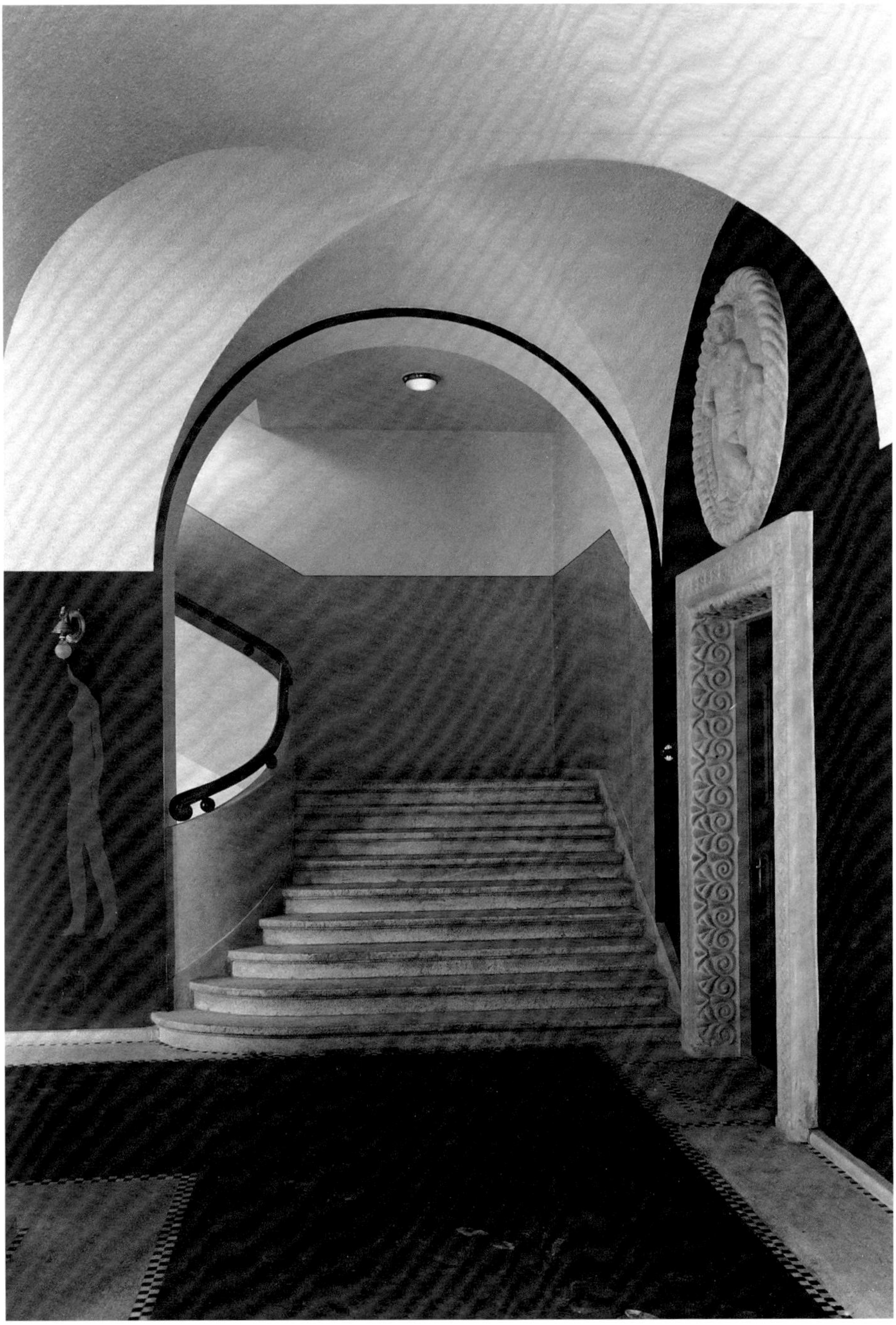

50

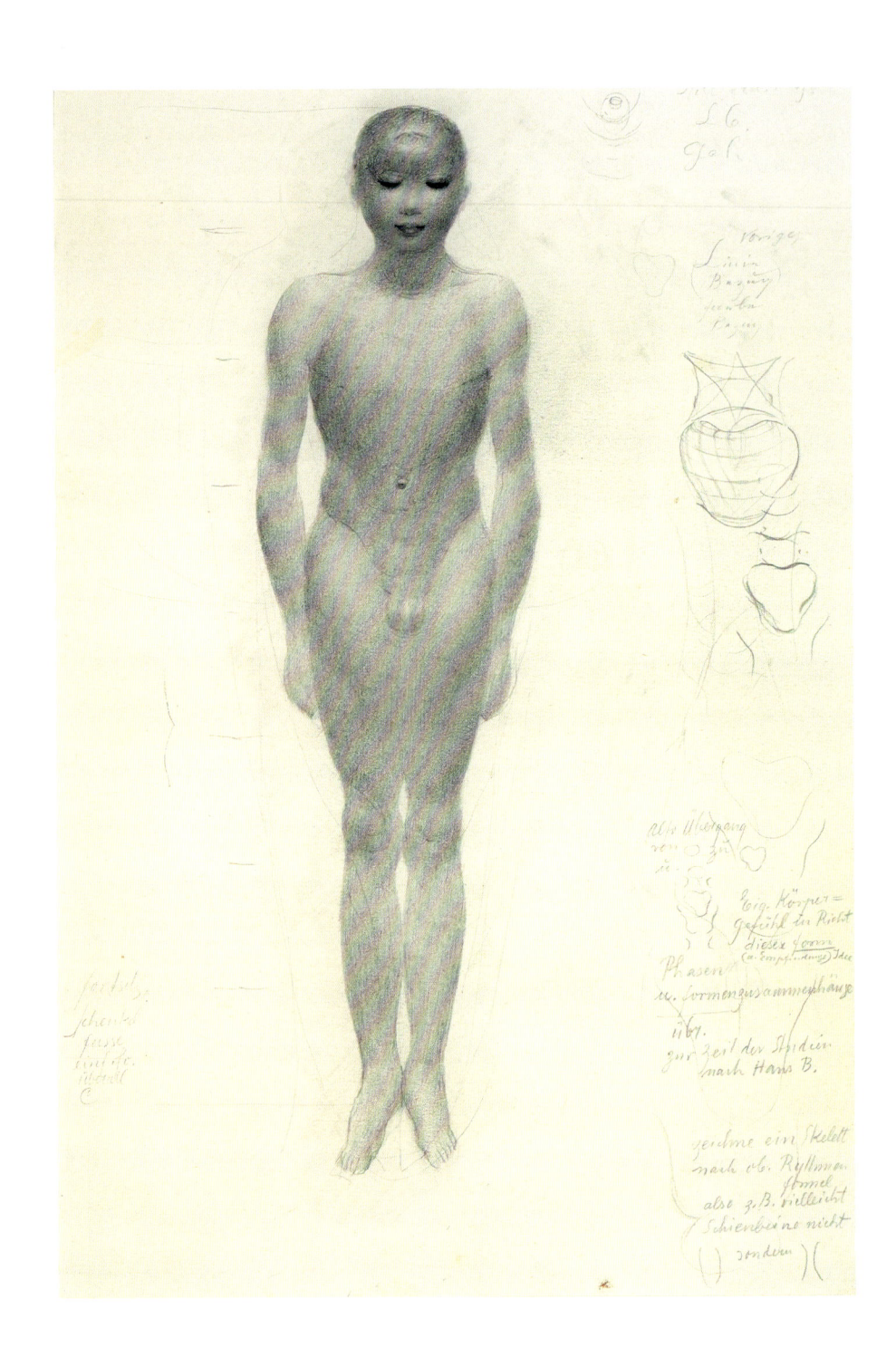

51

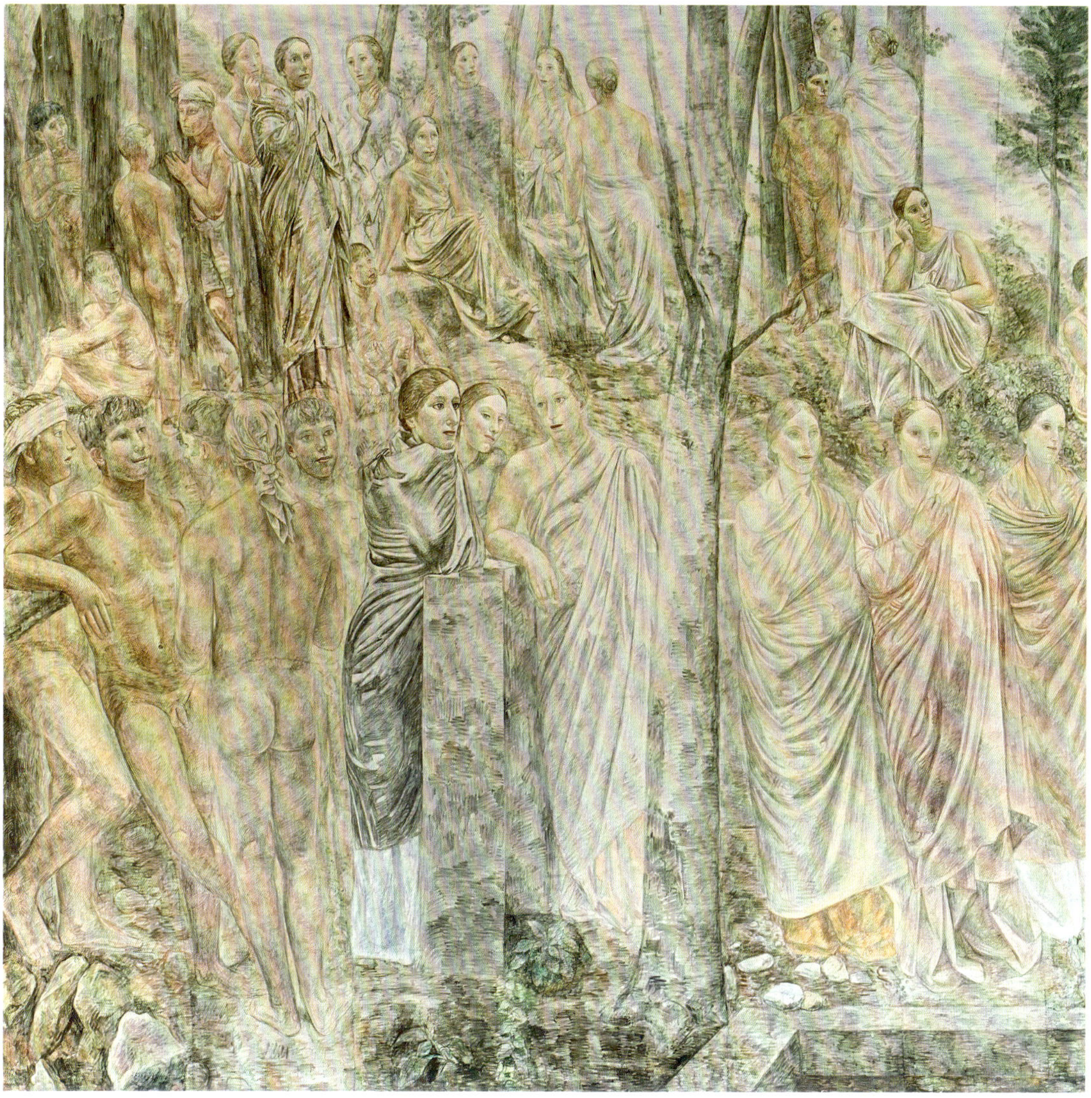

57

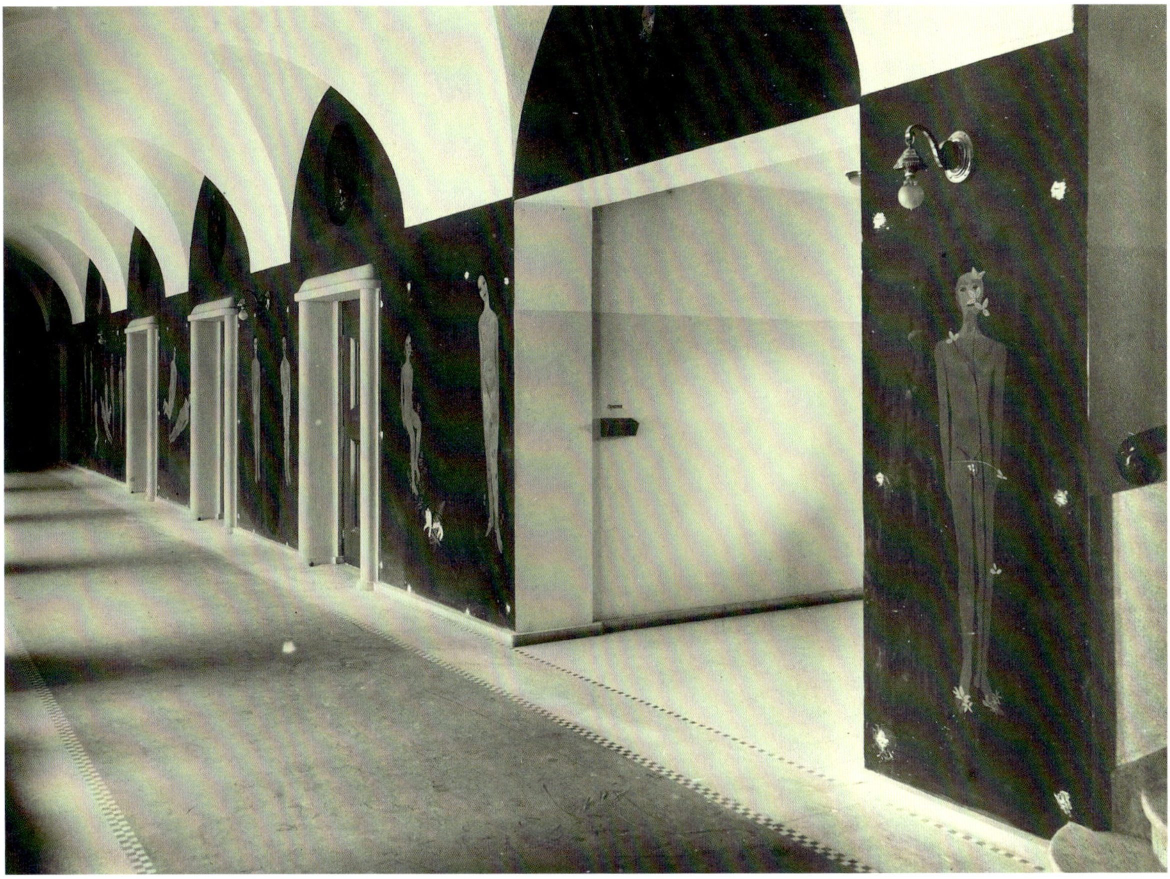

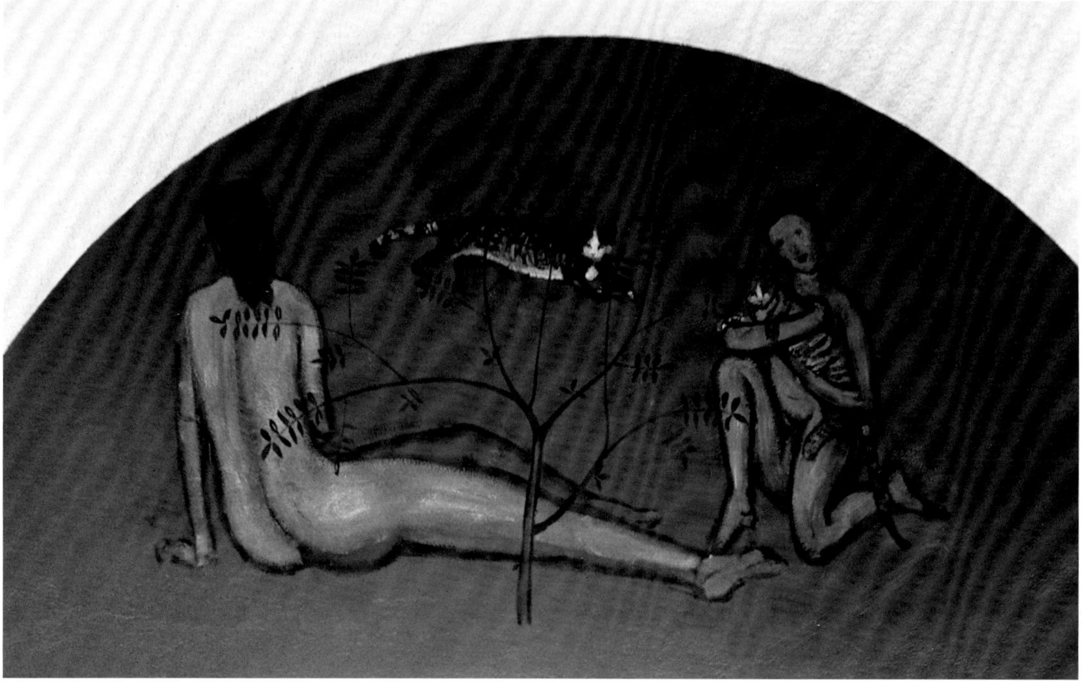

Aus Leipzig, Split und Wien

sind in die Archäologische Sammlung der Universität Zürich drei neue wertvolle Abgüsse von bis jetzt noch unbekannten antiken Werken, — zwei Reliefs und eine Statue — eingerückt. Wir freuen uns über die Neuanschaffung dieser Werke, die bis jetzt den ausschließlichen geistigen Besitz einiger weniger internationaler Fachleute bildeten und deren anmutige oder strenge Form jetzt jeden erfreuen und bereichern wird, der einen Aufenthalt in Zürich dazu benutzt, eine Stunde in der schönen Sammlung der Universität zu verbringen.

Grabrelief von der Insel Paros: Das Taubenmädchen (ca. 5. Jahrhundert v. Chr.). Das Motiv des Mädchens (oder hie und da des Jünglings) die sinnend mit Tauben im Arm dastehen, kehrt auf antiken Grabdarstellungen immer wieder. Die innige und feierliche Art, mit der hier die Idee durchgeführt ist, stellt aber das Werk unter die besten griechischen Darstellungen dieser Art. (Das Relief, das aus Leipzig bezogen wurde, ist 80 cm hoch, 40 cm breit; das Original ist kürzlich ins Metropolitan Museum in New York gewandert!)

Bild rechts: Das **Kairos-Relief**, das aus Split (Spalato) in einem Abguß zu uns kam, wurde erst Ende 1928 in Traù, dem alten Tragurion in Dalmatien aufgefunden und stellt eine besonders wertvolle Bereicherung der Sammlung dar. Kairos war für die Griechen der Gott des entscheidenden Momentes, und als solchem wurde ihm, dem »jüngsten Sohn des Zeus«, der ja bei den sportlichen Wettkämpfen von ausschlaggebender Bedeutung war, in Olympia ein Altar errichtet. Er wird dargestellt als nackter, schlanker, beflügelter Jüngling, dessen Haar am Hinterkopf eng anliegt, dagegen in einem mächtigen Schopf über die Stirn fällt, da man den richtigen Augenblick eben »am Schopf packen« muß. In der Linken hält er eine Waage und ist im Begriff, mit dem Zeigefinger der Rechten den Ausschlag zu geben. — Das vorliegende neuentdeckte Relief, das aus dem 1. Jahrhundert v. Chr. stammt, ist eines der ganz wenigen noch existierenden Kairos-Darstellungen

Aus Wien kam der **Torso einer griechischen Aphrodite** (wahrscheinlich 4. Jahrhundert v. Chr.), deren schlanke Formen Beziehungen zu der Kunst der beiden großen griechischen Bildhauer, Praxiteles und Lysipp, zeigen. In der ursprünglichen Erhaltung stützte sie den rechten Arm auf die Hüfte, während sie mit der linken Hand Früchte oder Blumen darbot. Der Kopf war nach der linken Schulter gewendet, auf der ein zierlicher Erosknabe saß, dessen Torso noch sichtbar ist. Durch den schleierdünnen ungegürteten Chiton prägen sich die Körperformen der Göttin klar aus

AUFNAHMEN VON E. METTLER

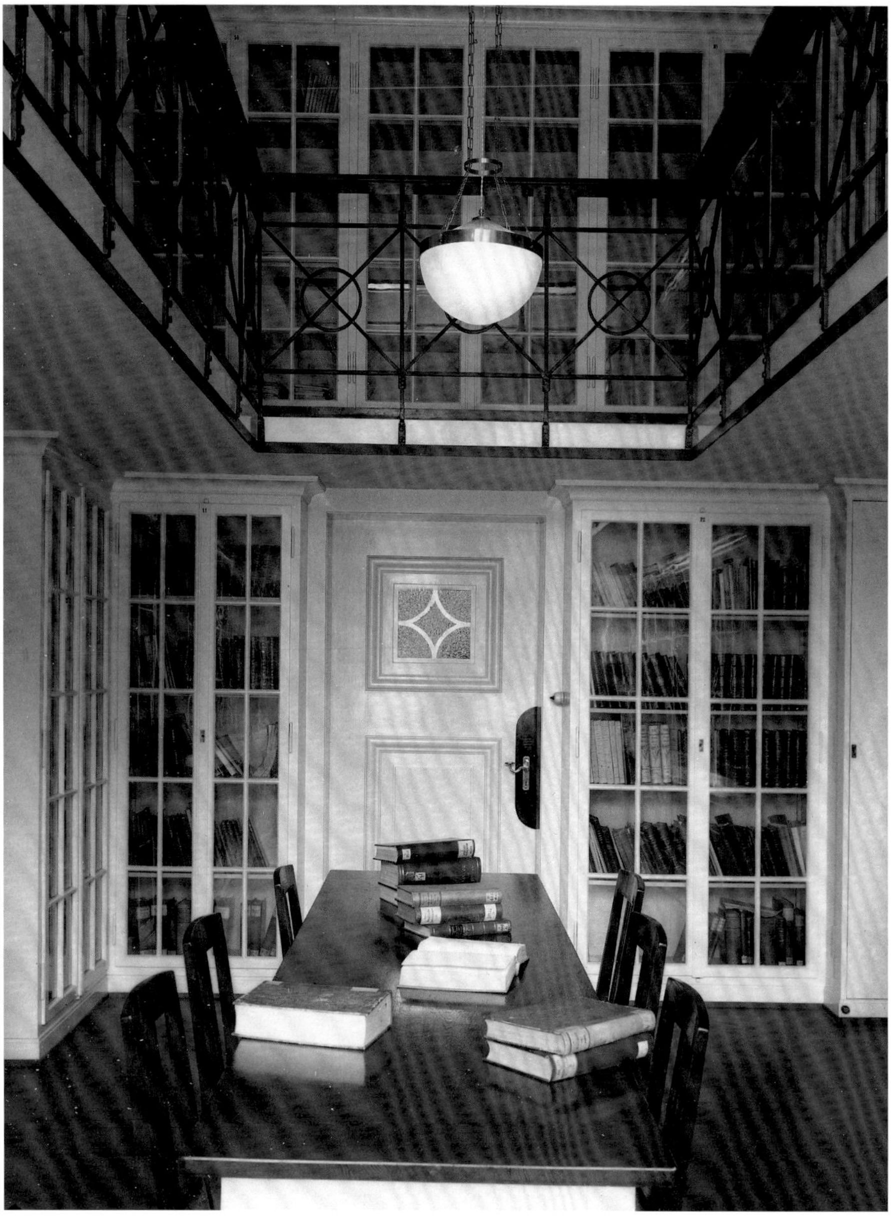

61

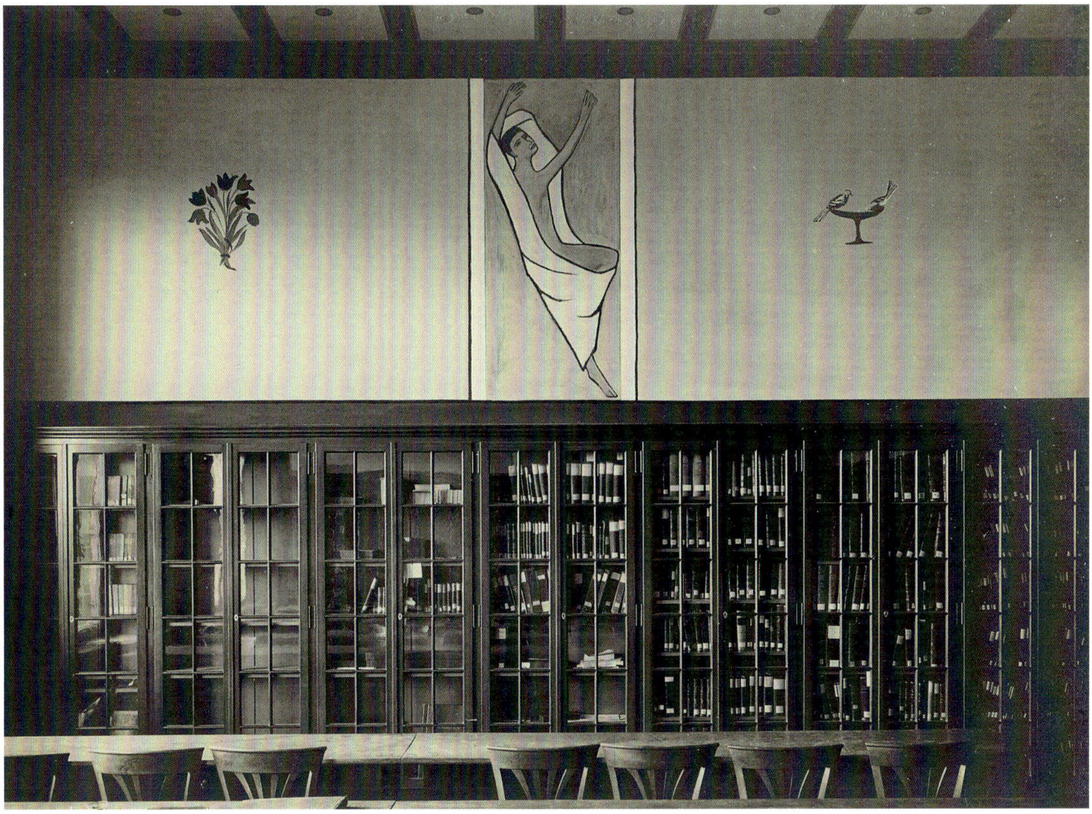

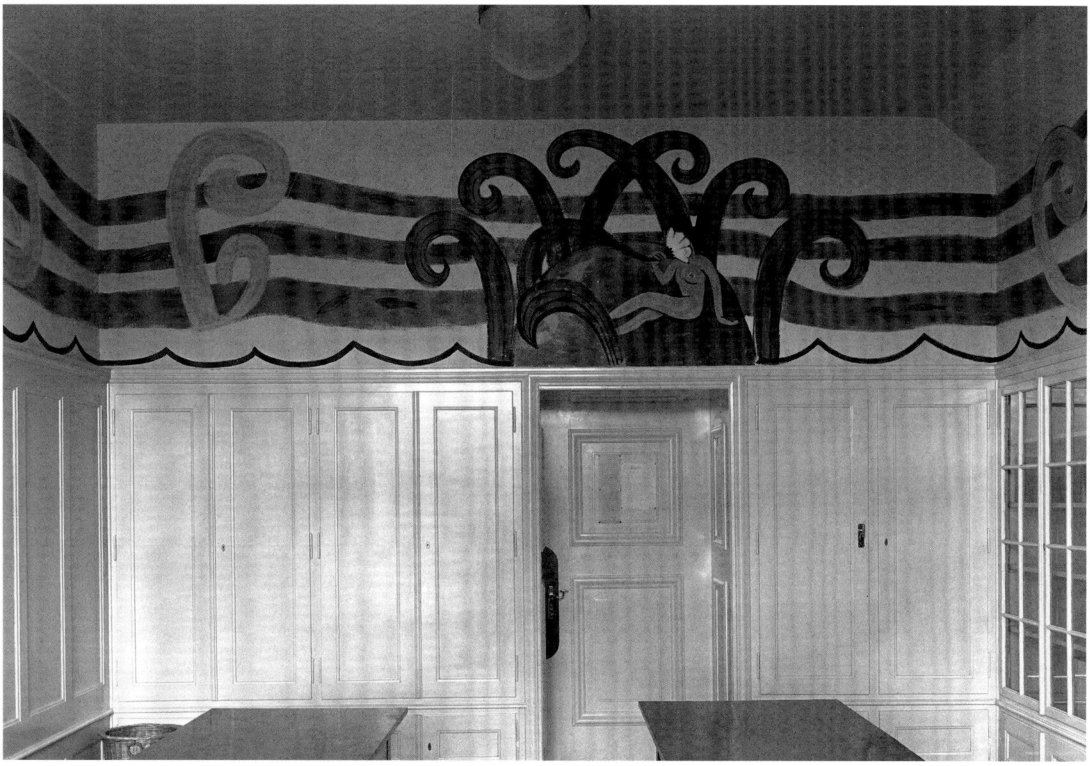

63

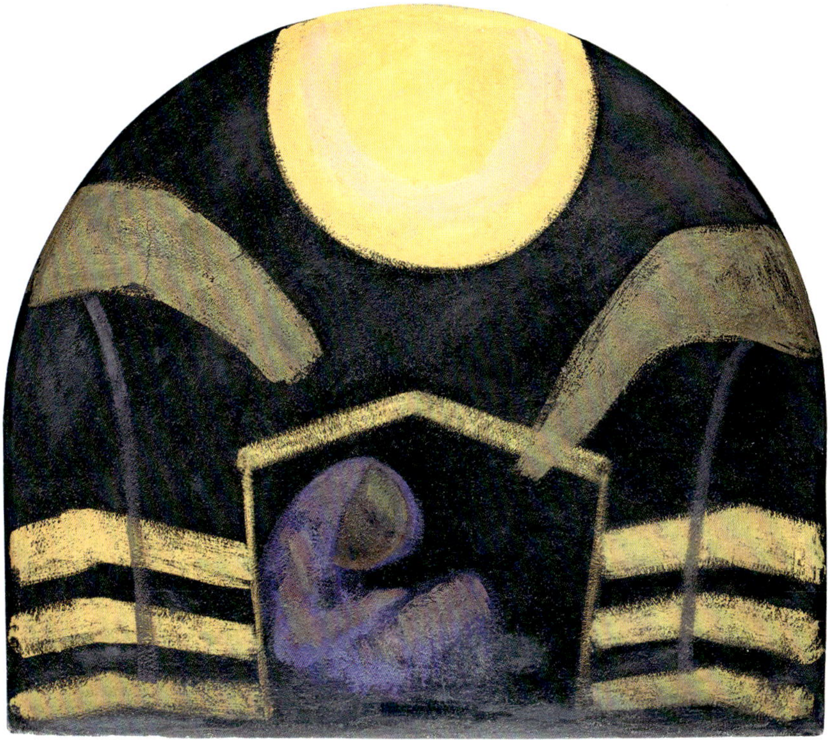

65

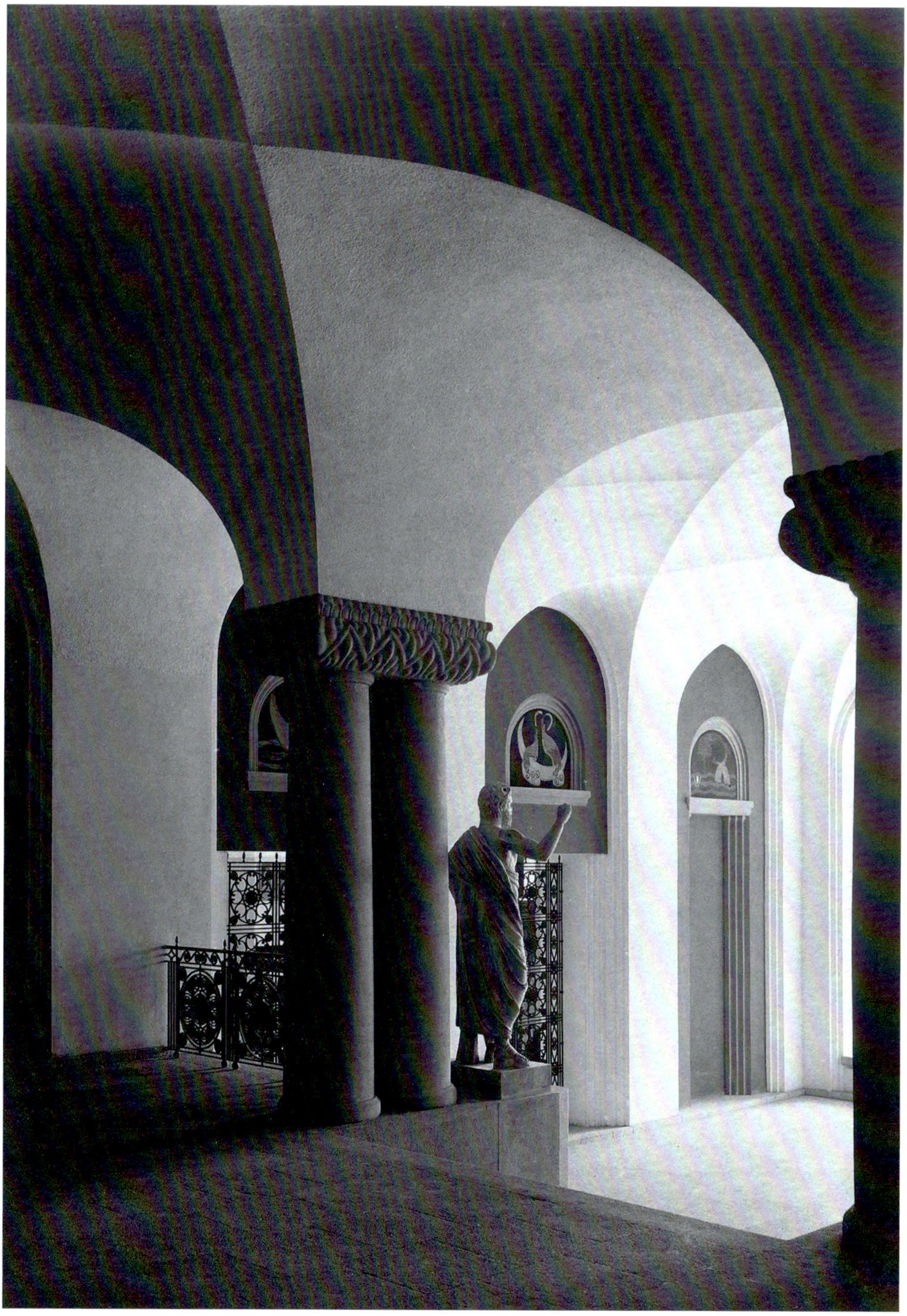

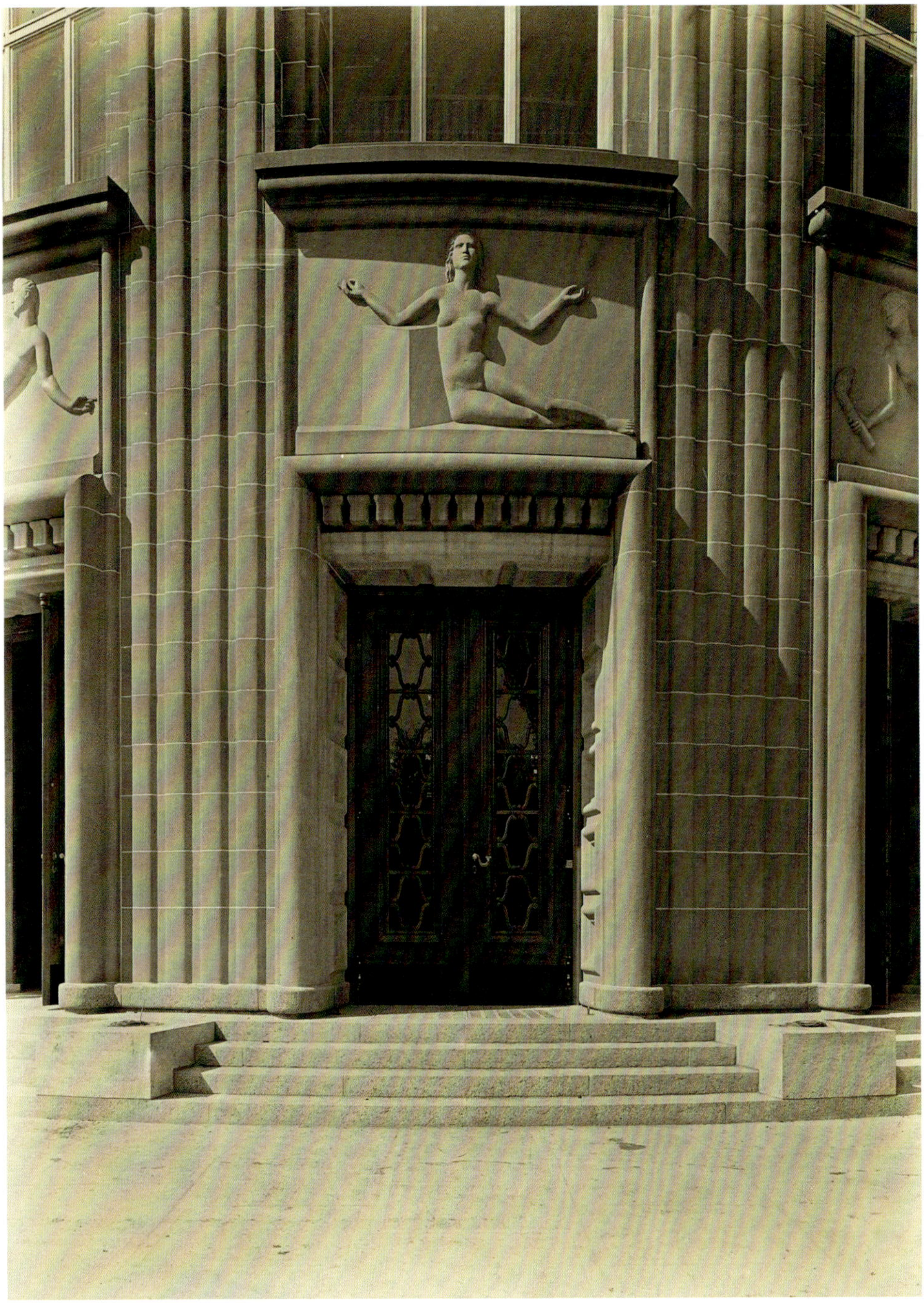

67

68

Südansicht

Eingangshalle
ALTE UNIVERSITÄT VON 1864 BIS 1914

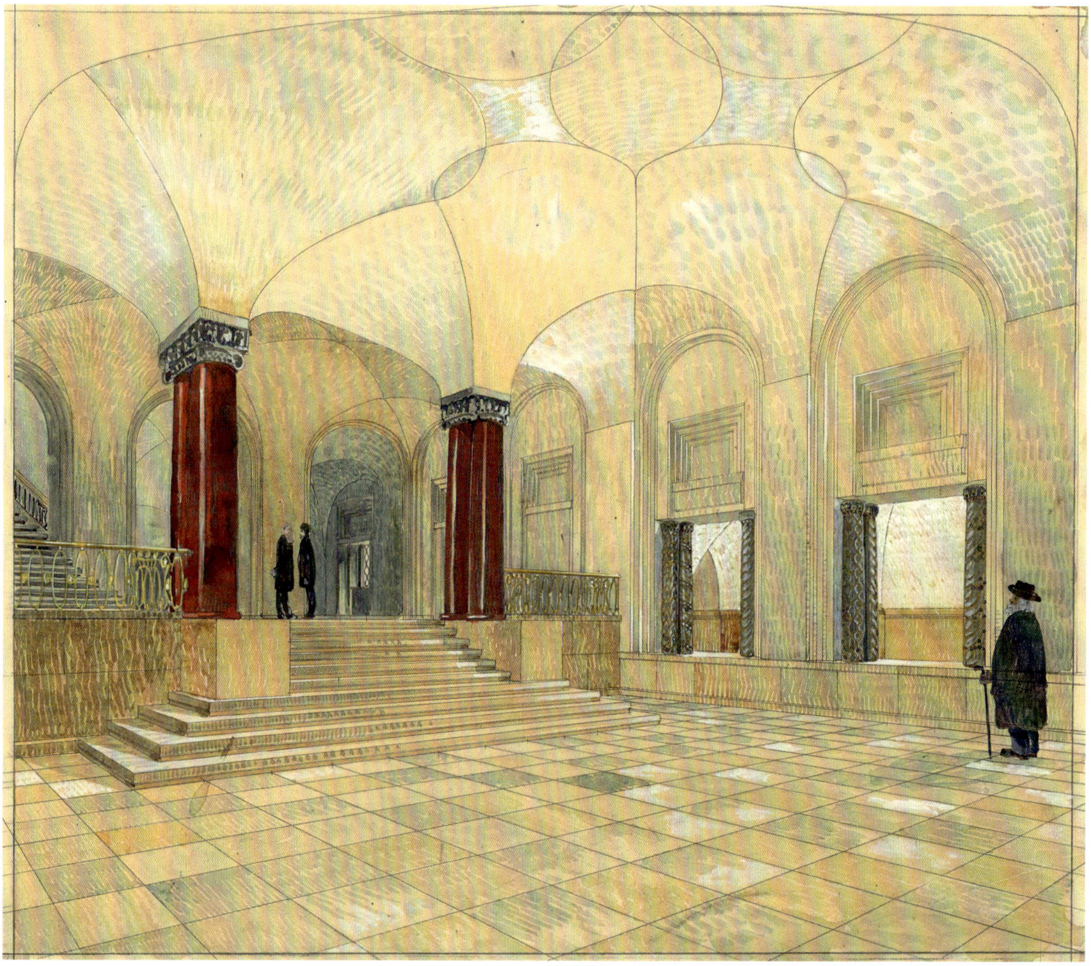

71

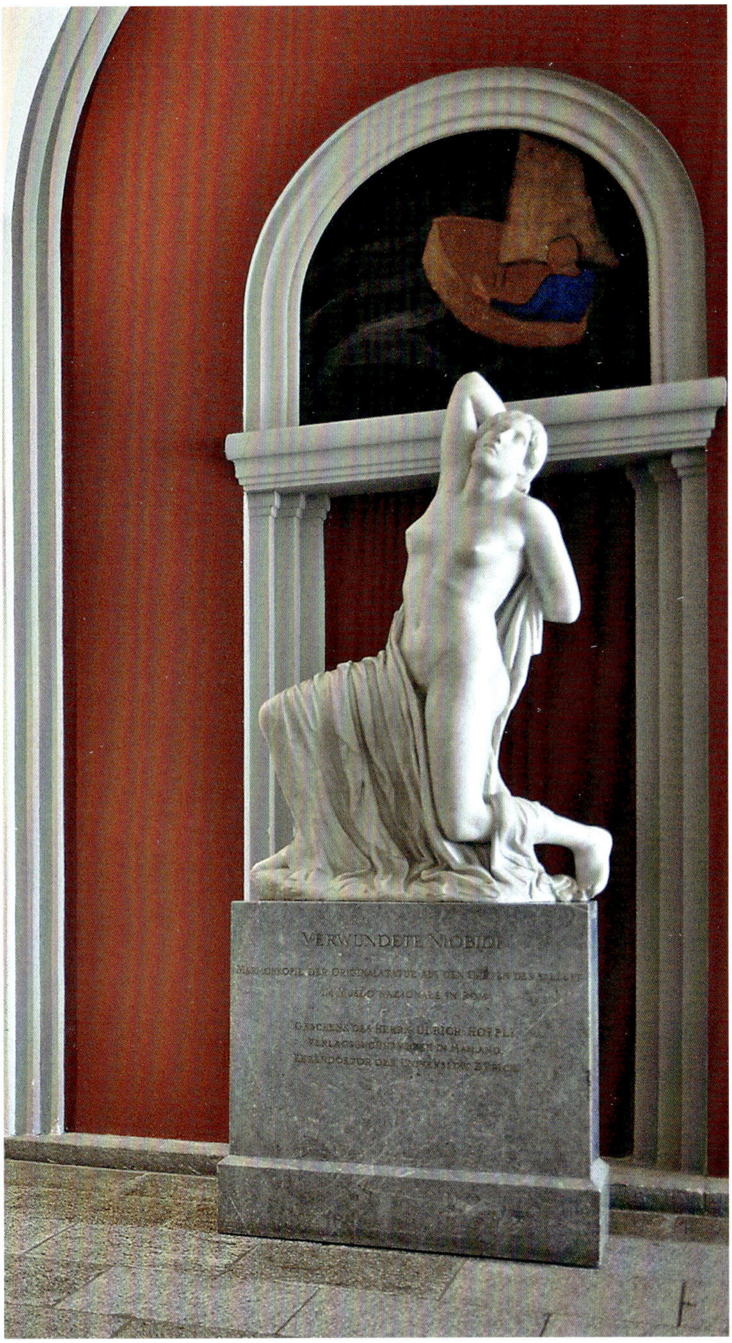
VERWUNDETE NIOBIDE

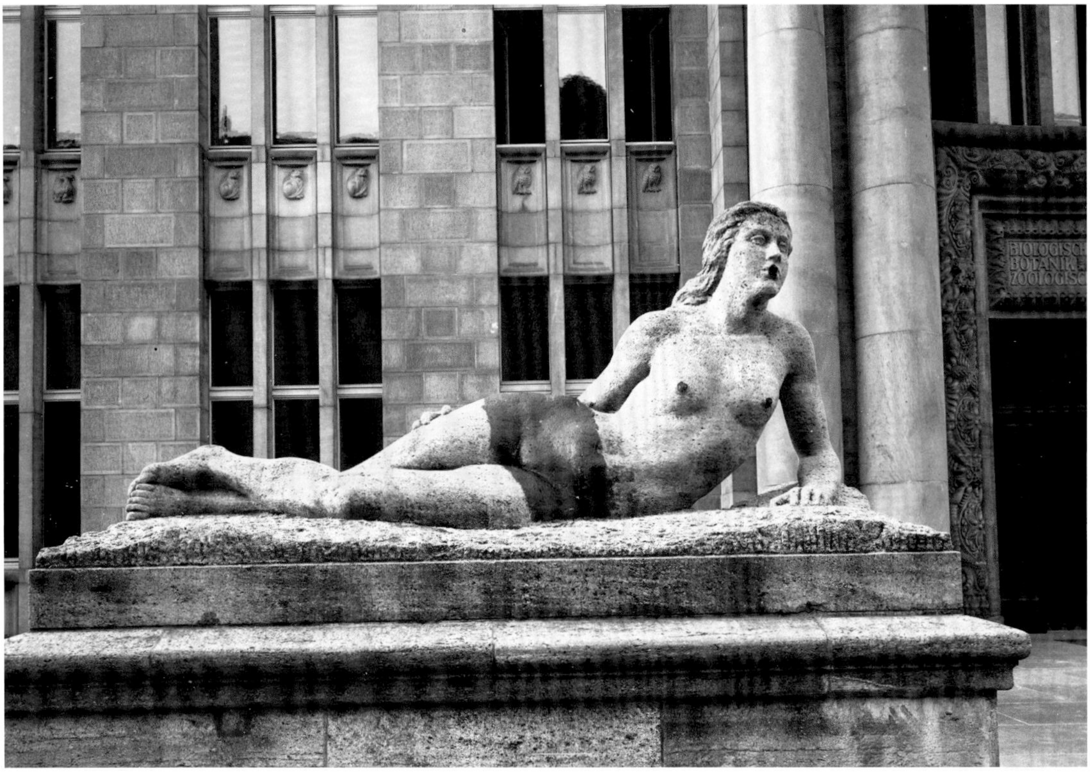

73

74

75 77

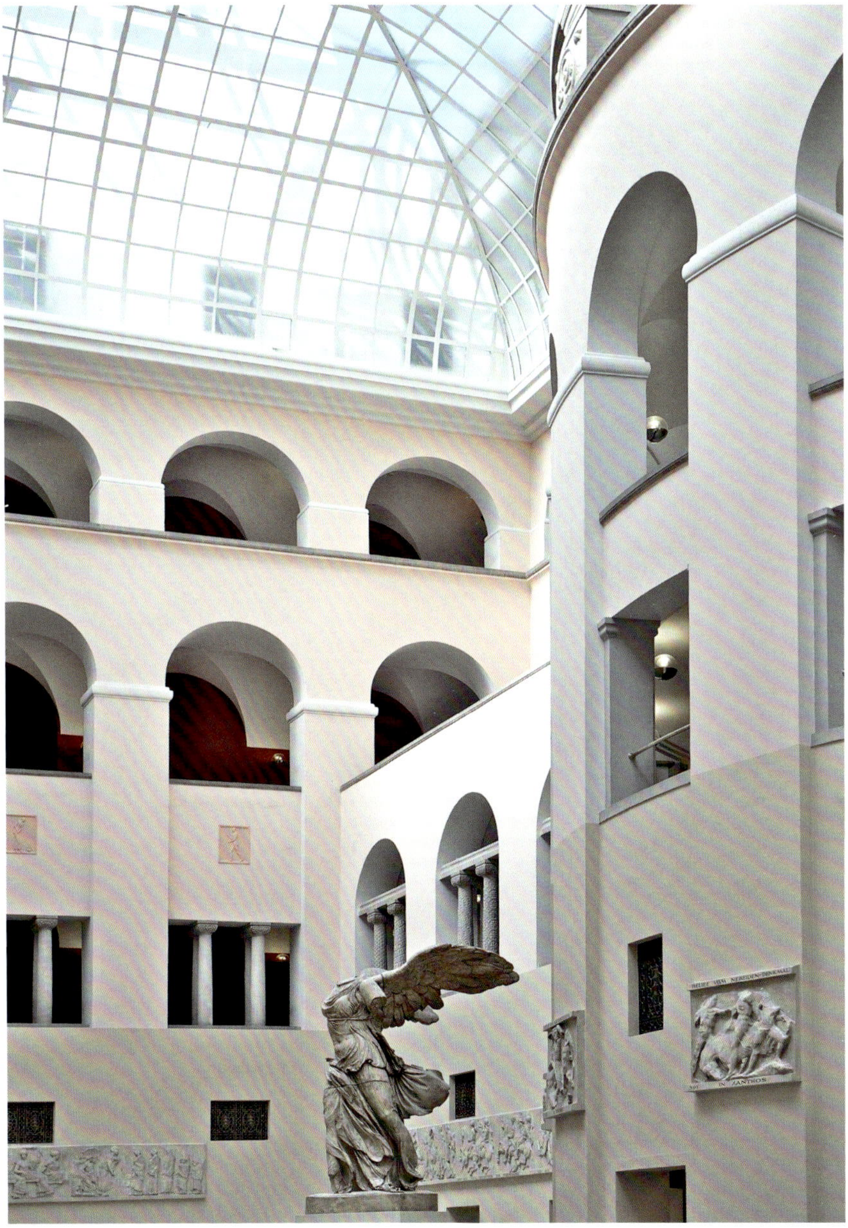

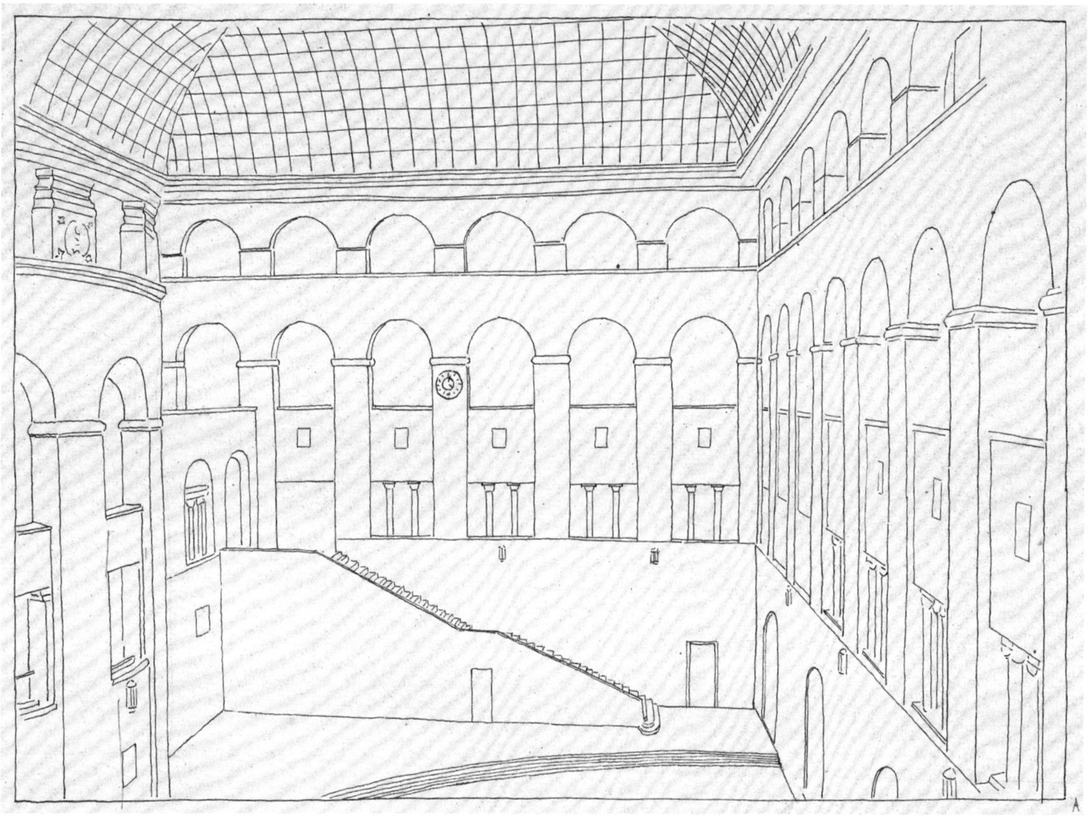

80

(Zeichnung von C. G. Salis)

Motto: Es ist zum Kotzen!

Der Verfasser dieses genialen Entwurfes hat erst nach Betrachtung der ausgestellten Arbeiten den Mut gefunden, seine Arbeit

Universitätsschmuck
(Zum Zürcher Jury-Urteil)

(Zeichnung von Karl Czerpien)

Motto: Stumpfsinn — Stumpfsinn — du mein Vergnügen

Ein lyrischer Abend im Sonnenbad.

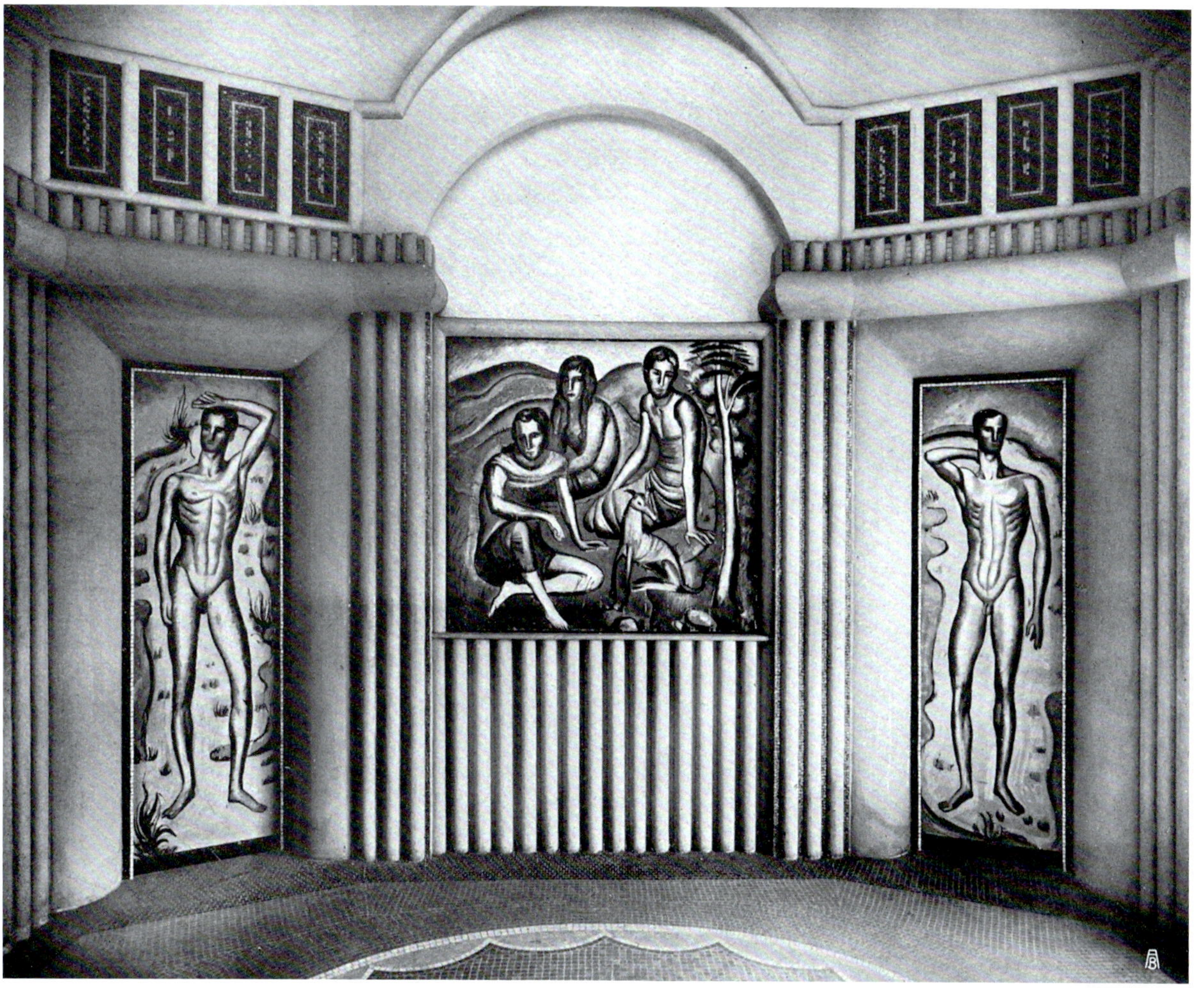

83

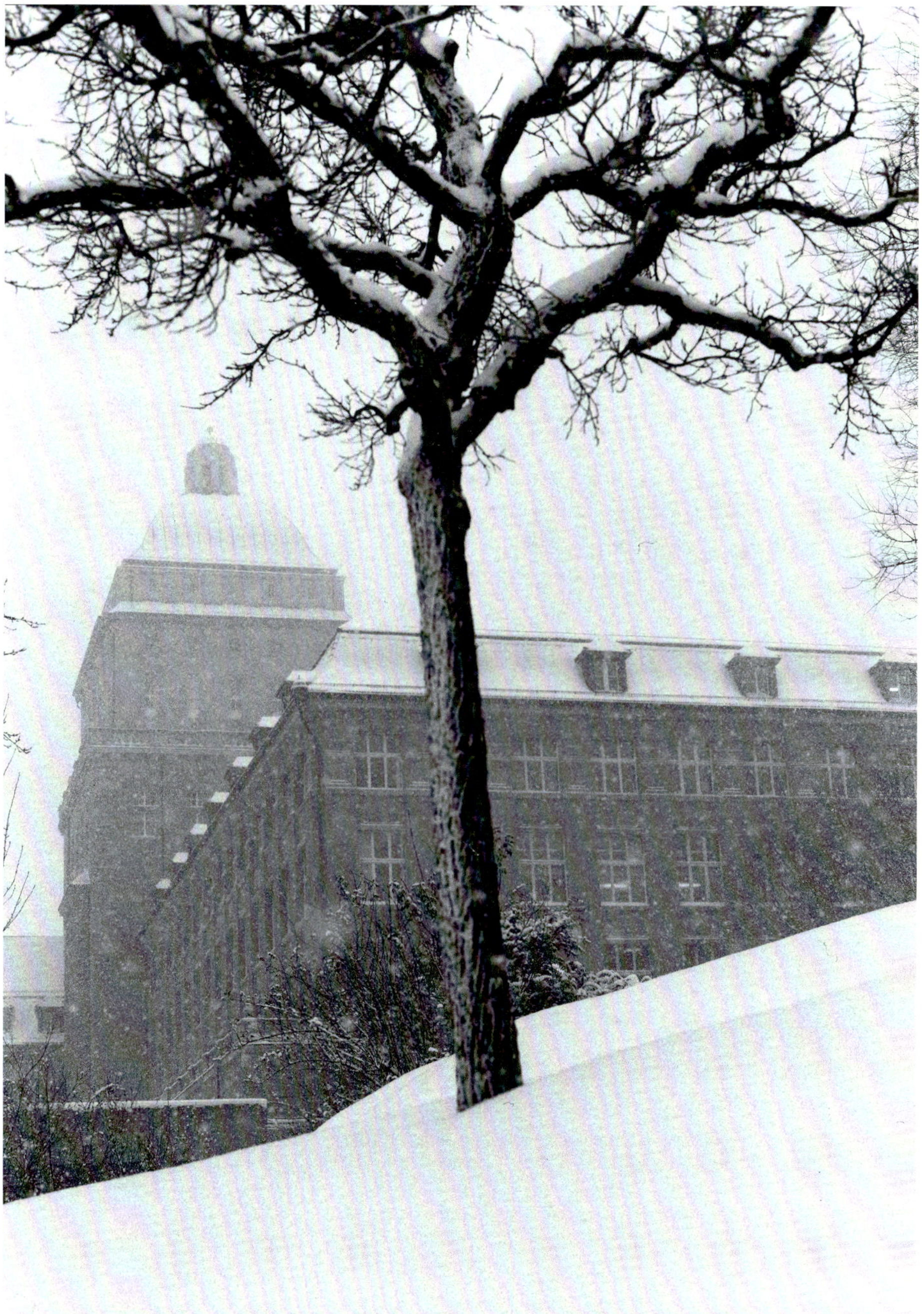

HEUTE: 19³⁰
Diskussion über weiteres Vorgehen im Lichthof
anschliessend: Die Situation an den Schulen
Antiautoritäre Erziehung – politische Erziehung

ROTHSCHILD: IDEOLOGIE + KLASSENSTRUKTUR
JANSSEN: IDEOLOGIE + WISSENSCHAFT

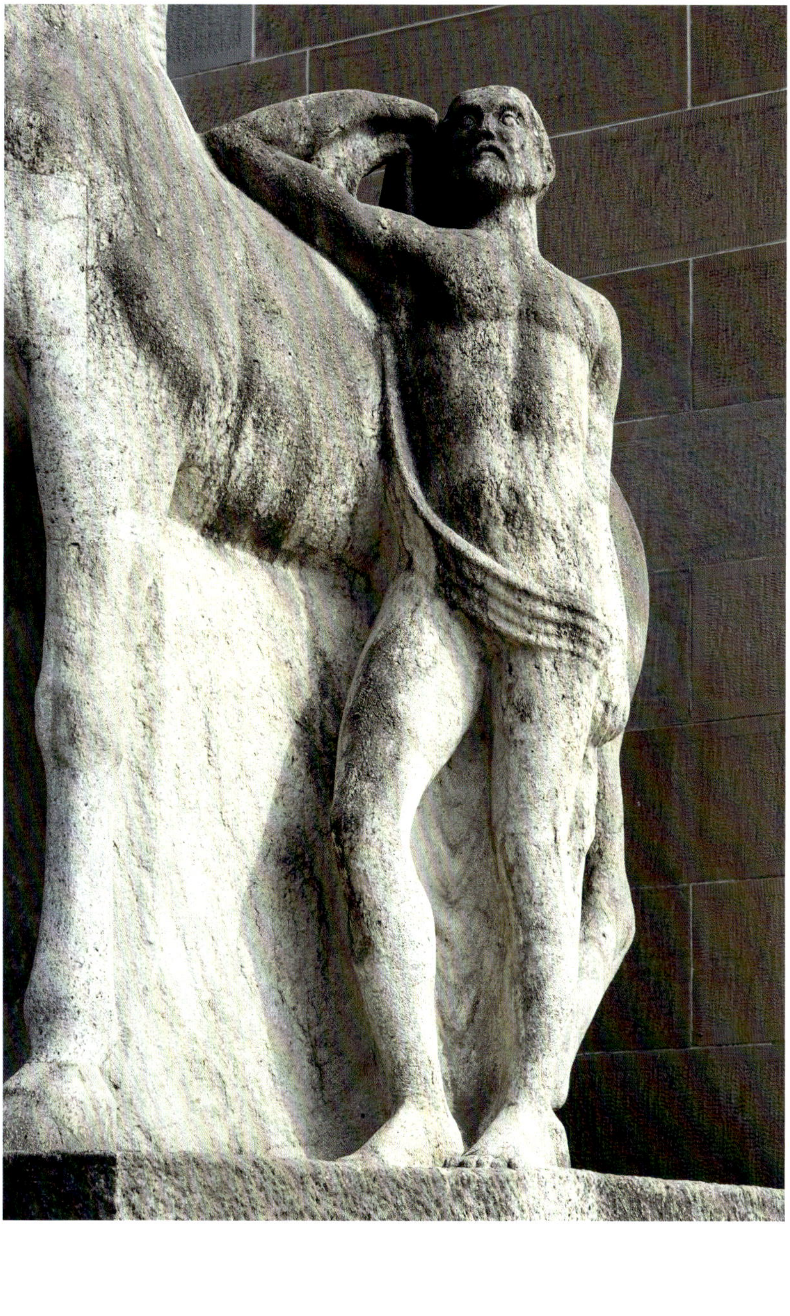

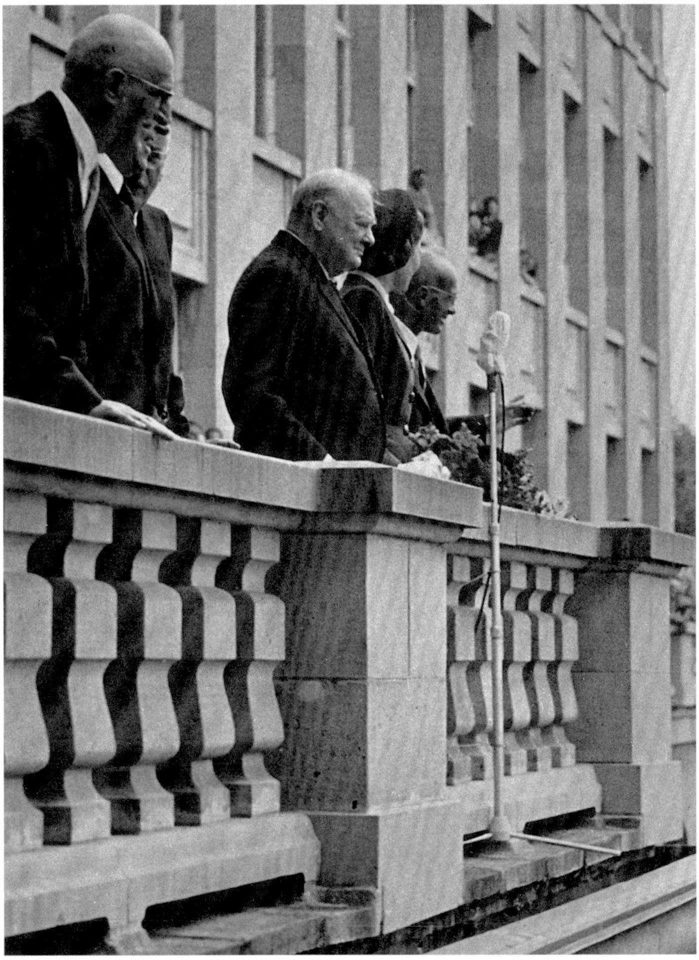

87

S.d.N.
10

salle de format favorable à l'acoustique

2 salles de format anti acoustique

ONDES DIRECTES DIRIGÉES

MUR PROJECTEUR DES ONDES SONORES PROLONGÉ PAR LE PLAFOND-RÉFLECTEUR

TOUS LES PINCEAUX SONORES RÉFLÉCHIS RESTENT PARALLÈLES AUX MURS. IL N'Y A PAS DE RÉFLEXIONS PARASITES

ONDES LIBRES PROVOQUANT AUDITIONS RETARDÉES PARASITES

IDEM.

LE PLAFOND SERT DE RÉFLECTEUR ET D'AMPLIFICATEUR
DCB ET A ONT TOUS LA MÊME FORCE D'AUDITION
TOUTES LES PLACES SONT ÉGALES

LES CIRQUES ET HÉMICYCLES ANTIQUES ÉTAIENT SANS PLAFOND ET L'ORCHESTRE FORMAIT RÉFLECTEUR
ICI, LE PLAFOND MULTIPLIE LES ONDES PARASITES. ON PEUT ISOLER LE PLAFOND : ON CORRIGE MAIS ON SUPPRIME LE RÉFLECTEUR ET L'ON PERD L'AMPLIFICATEUR
LES PLACES D ENTENDENT MAL

RÉFLECTEUR DE A | RÉFLECTEUR DE B | RÉFLECTEUR DE C | RÉFLECTEUR DE D

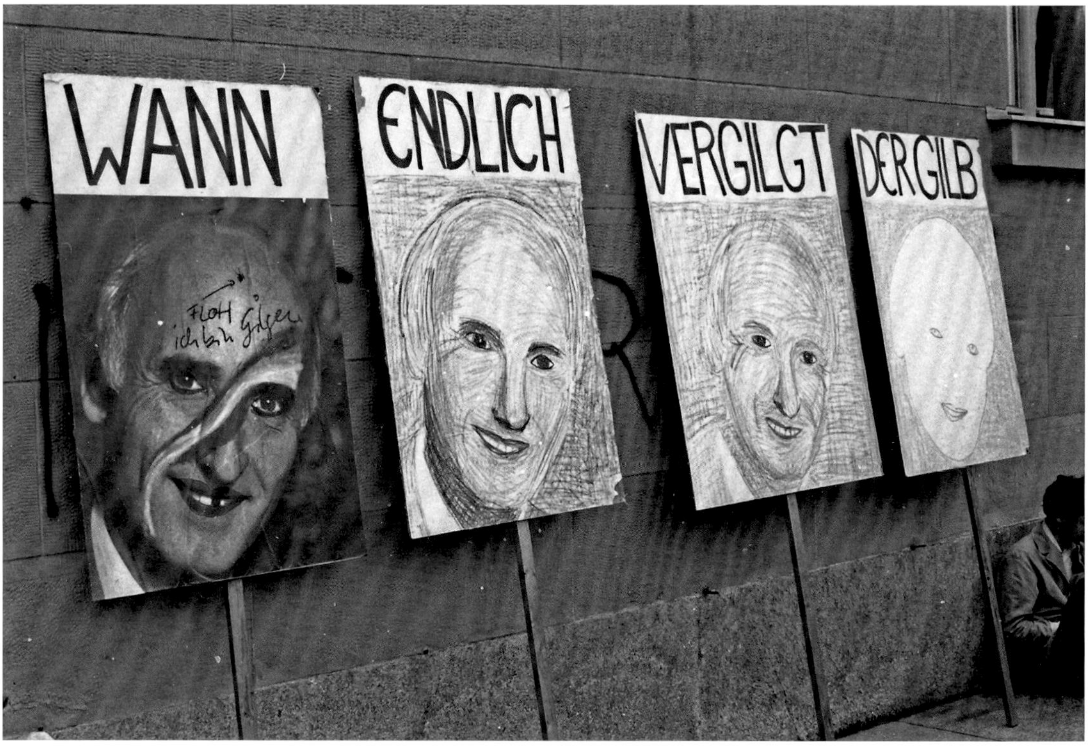
WANN
ENDLICH
VERGILGT
DER GILB
FLOH
ich bin Gilgen

ALS STUDENT IN ZÜRICH

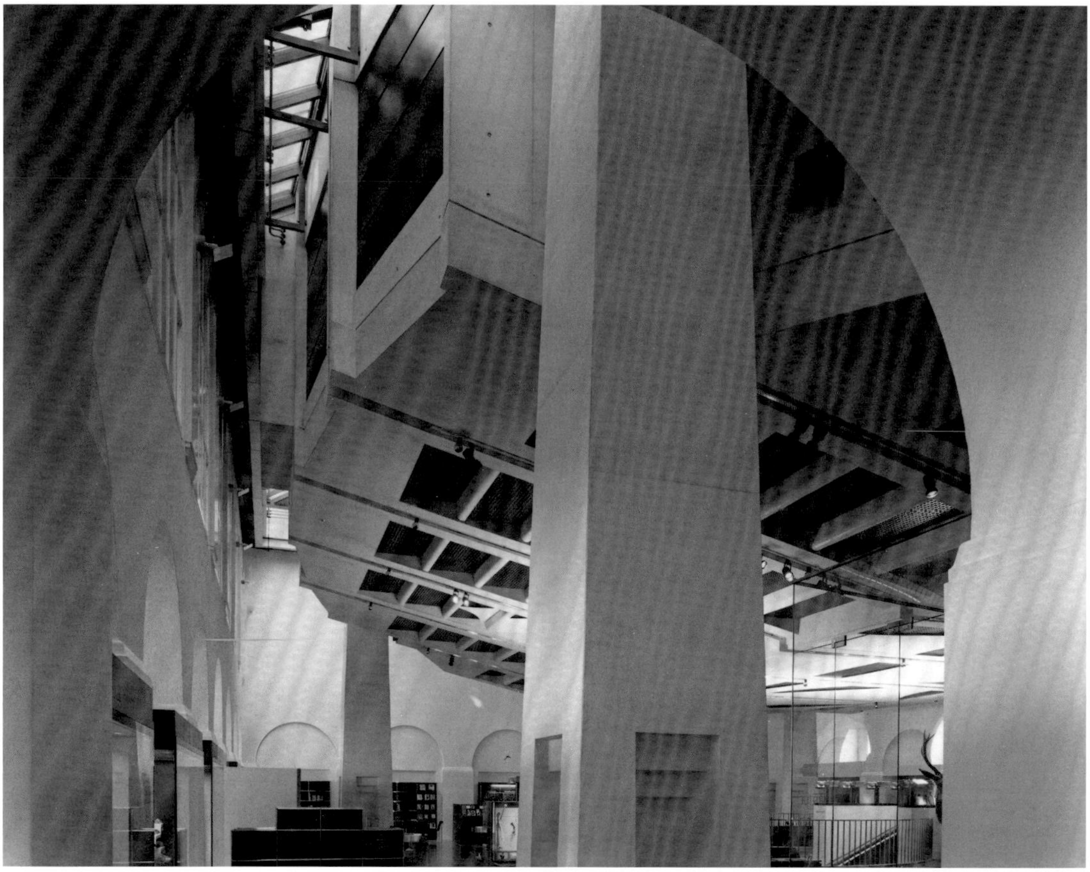

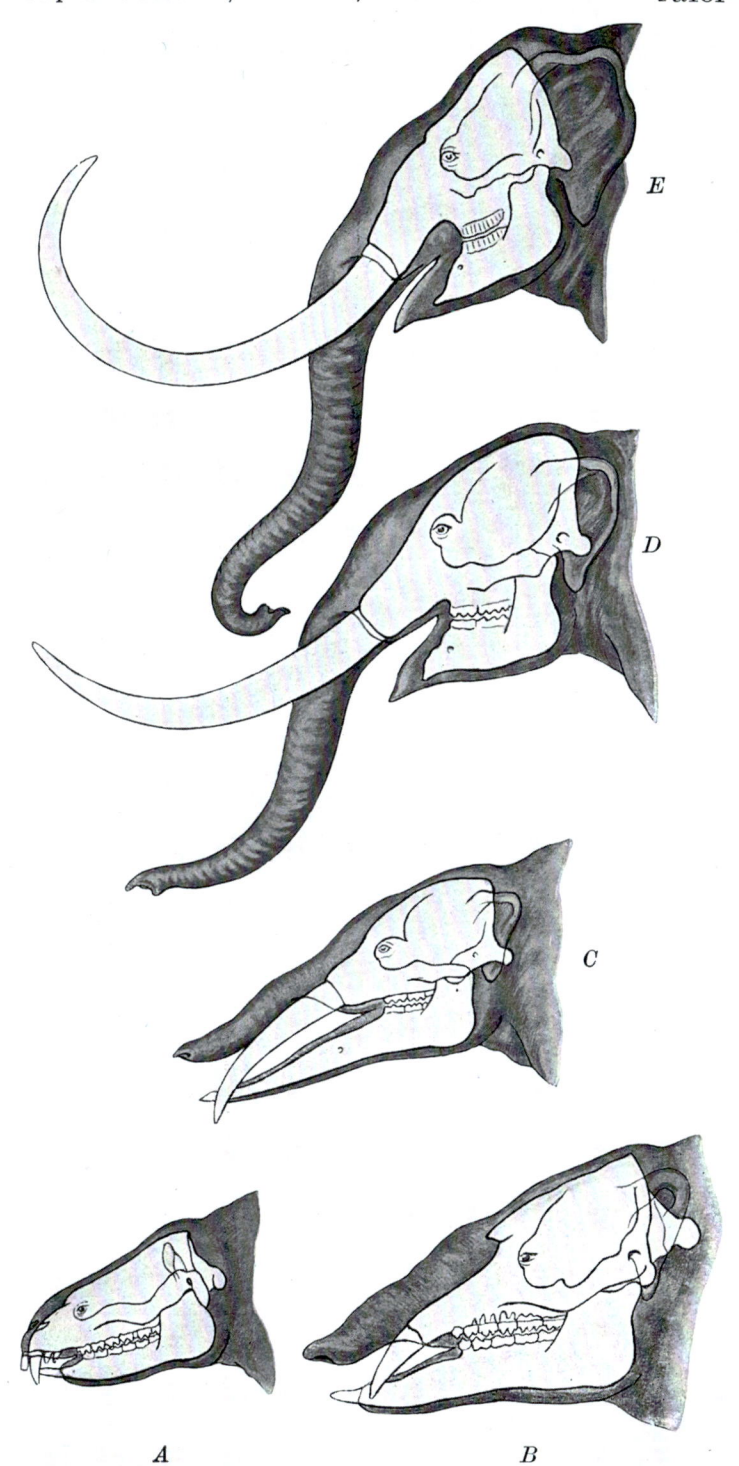

Fig. 10. **Entwicklungsreihe der Proboscidea.** Nach Lull.
A Moeritherium, B Palaeomastodon, C Tetrabelodon angustidens,
D Mastodon (Mammut) americanus, E Elephas columbi.

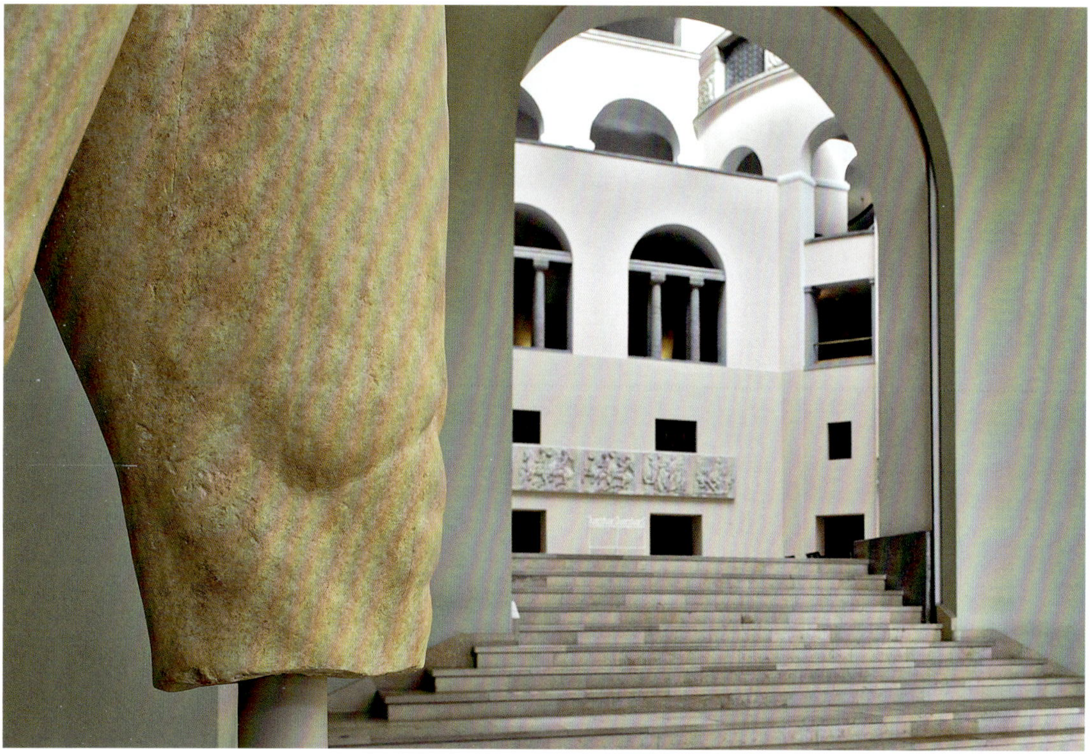

94

Legenden und Kommentare

Kolofon:
ML = Mario Lüscher
SB = Silvia Bolliger
SvM = Stanislaus von Moos

Bauform und Stadtlandschaft

1

Karl Moser, Universität Zürich. Erweiterungsprojekt, 1930. Modellfoto

(gta Archiv / ETH Zürich, Nachlass Karl Moser)

Noch heute dominiert das 1914 fertiggestellte Hauptgebäude der Universität mit seinem mächtigen Turm die Zürcher Altstadt als eine Art «Stadtkrone». Das Modell gehört zu einem 1930 vorgelegten Erweiterungsprojekt für die Universität und verkörpert exemplarisch Karl Mosers komplexe Stellung innerhalb der Geschichte der modernen Architektur. Das Hauptgebäude der Universität steht für die im weitesten Sinn im Jugendstil verankerte Architektur der sogenannten «Karlsruher Schule», zu deren Protagonisten die Firma Curjel & Moser in den ersten Jahren des 20. Jahrhunderts gehörte. Der Komplex wird durch zwei von einem Turm überragte Hofbauten gebildet und folgt so einer Tradition des Universitätsbaus, die bis ins Mittelalter zurückreicht. Mit den vorgeschlagenen, konsequent in Stahlbeton ausgeführten, Luft und Licht einfangenden scheibenförmigen Hörsaaltrakten hingegen bricht Moser mit der Tradition der «geschlossenen», am Modell des Kreuzgangs orientierten Form des universitären Hörsaalgebäudes und profiliert sich gegen Ende seiner Karriere als entschiedener Parteigänger des architektonischen Funktionalismus bzw. des Neuen Bauens.

Tonmodell und Bleistiftskizze sind Mosers privilegierte Instrumente der Formfindung. Noch mehr als vor den Bauten selbst drängt sich hier die «Vorstellung einer bildenden, in Bildern suchenden Hand» auf, von der in Peter von Matts Vorwort zu diesem Buch die Rede ist. (SvM)

Die Planungs- und Baugeschichte des Kollegiengebäudes und des Biologischen Instituts der Universität wird in verschiedenen Beiträgen zu diesem Buch ausführlich gewürdigt. Die umfassendste baugeschichtliche Darstellung gibt Thomas Gnägi in Werner Oechslin und Sonja Hildebrand (Hrsg.), *Karl Moser. Architektur für eine neue Zeit, 1880 bis 1936,* Zürich: gta Verlag 2010, S. 186–194. Immer noch sehr brauchbar ist Marco Crameri, Annalies Domenig, Jürg Keller, Hansruedi Morgenthaler, Christian Nötzli, Peter Schwitter und Cornelia Wagner, *Universität Zürich* (*Schweizerische Kunstführer,* Serie 27, Nr. 270), Bern: GSK 1980. Zu den politischen und ideologischen Prämissen der Planung und des Baus siehe neuerdings Thomas Manetsch, *Die Universität und ihre politischen, sozialen und bildungstheoretischen Konnotationen. Eine ideengeschichtliche Momentaufnahme am Beispiel des Universitätsneubaues in Zürich 1906–1914,* unveröff. Lizentiatsarbeit Universität Zürich, 2006, zur Planungs- und Baugeschichte des Turms vgl. Thomas Gnägi, *Karl Mosers Turm der Universität (1907–1914). Ein krönendes Turmhaus für die Stadt Zürich,* unveröff. Lizentiatsarbeit Universität Zürich, 2004.
(Zur Planungs- und Baugeschichte der Universität siehe die Beiträge von Sonja Hildebrand, S. 196–231, Stanislaus von Moos, S. 148–171, und Thomas Gnägi, S. 172–183; zu den Um- und Ausbauten beziehungsweise Um- und Ausbauprojekten der Universität siehe den Beitrag von Arthur Rüegg, S. 314–327)

2

Karl Moser, Universität Zürich. Skizze des Turms im Notiz- und Tagebuch, 1911

(gta Archiv / ETH Zürich, Nachlass Karl Moser)

(Siehe den Beitrag von Thomas Gnägi, S. 172–183)

3
Blick auf das Hochschulquartier von Nordosten, 1925. Anonymer Stahlstich

(ZB, Graphische Sammlung und Fotoarchiv)

Zürich bewarb sich nach der Gründung des Bundesstaates 1848 vergeblich darum, Hauptstadt der Schweiz zu werden; in der Folge erhielt es immerhin den Zuschlag für das Eidgenössische Polytechnikum. Dieses ging mit der schon 1833 entstandenen Universität Zürich eine Verbindung ein, die in dem mächtigen Neubau von Gottfried Semper (1858–1865) ihren baulichen Ausdruck fand. «An den Rand des Abhanges vorgerückt», sollte der Bau, nach den Worten des Kantonsbaumeisters Conrad Wolff, «dem Fremden als die Krone der öffentlichen Bauten in die Augen springen»; die Wirkung des Semperschen Projekts wäre denn auch «weit schöner als die so gerühmte des Bundesrathshauses in Bern». Der Stich gibt einen Eindruck von der Situation des Hochschulquartiers in der Zwischenkriegszeit, d.h. bevor der Neubau des Kantonsspitals sowie, nach 1945, zahlreiche Institutsbauten der ETH und der Universität das städtebauliche Gesamtbild stark modifizierten und verunklärten. (SvM)

(Siehe die Beiträge von Stanislaus von Moos, S. 148–171, und Sonja Hildebrand, S. 196–231)

4
Titelseite von *De 8 en opbouw,* Nr. 8 (1936). Karl-Moser-Gedenknummer; Gestaltung Paul Schuitema

(Baubibliothek, ETH Zürich)

5
Arnold Lang, Notiz vom 28. Juni 1913 zur Aufrichtung des Turms der Universität

(Staatsarchiv des Kantons Zürich)

Arnold Lang hatte gute Gründe, sich über die Fertigstellung des Turms der Universität zu freuen. Als Präsident der Senatsbaukommission für den Universitätsneubau hatte er einen wesentlichen Anteil am guten Gelingen des Projekts.

Literatur
Arnold Lang, «Das Kollegiengebäude», in: *Universität Zürich. Festschrift des Regierungsrates zur Einweihung der Neubauten 18. April 1914,* Zürich: Orell Füssli 1914, S. 107–112

(Siehe auch weiter unten, S. 125f.)

6
Die Eidgenössische Technische Hochschule und die Universität Zürich von den Torbögen der von Gustav Gull erbauten Stadthausanlage aus gesehen, um 1914. Postkarte

(Universitätsarchiv Zürich)

(Siehe den Beitrag von Thomas Gnägi, S. 172–183)

7 oben
Eingangshalle an der Rämistrasse. Über der Tür das Relief *Apollos Sonnenpferde* von Otto Kappeler, 1914

(gta Archiv / ETH Zürich, Nachlass Karl Moser)

(Siehe den Beitrag von Franz Müller, S. 294–311)

7 unten
Karl Czerpien, «Motto: Weiter runter geht's nicht!», Nebelspalter 40, Nr. 1, 3. Januar 1914

Das Reitermotiv parodiert Otto Kappelers Darstellung von Apoll zwischen den Pferden des Sonnenwagens auf der Innenseite des Hauptportals der Universität (Atlas 7 oben). Der bärtige Reiter mit Lorbeerkranz wurde von früheren Kommentatoren auf Ferdinand Hodler bezogen, der als Präsident der Jury bei der Vergabe von Aufträgen für die Ausmalung der Universität (insbesondere des Dozenten- und Senatszimmers) eine wichtige Rolle spielte und infolgedessen im Sperrfeuer der Polemiken um die Machenschaften der «Hodler-Clique» stand. Liest man die Darstellung jedoch als metaphorischen Ritt der Baukunst auf der Bauplastik, so gerät automatisch Karl Moser ins Visier. Die

Physiognomie des bekränzten Reiters scheint denn auch die letztere Lesart zu stützen. (ML/SvM)

(Siehe auch den Beitrag von Matthias Vogel, S. 270–293)

8
Blick auf Turm und Eingang Künstlergasse, nach 1919

(gta Archiv / ETH Zürich, Nachlass Karl Moser)

(Siehe den Beitrag von Thomas Gnägi, S. 172–183)

9
«WiF WAF WUFF!» – «SPARCHILBI». Transparente am Turm der Universität, Juni 1996

(Universitätsarchiv Zürich)

Unter dem Stichwort der «wirkungsorientierten Führung der Verwaltung» (WiF) hält in Zürich das New Public Management Einzug. Die vom Kanton angekündigten Sparmassnahmen treffen auch die Universität. Im Sommersemester 1996 veranstalten Studierende, Assistierende und Privatdozierende mehrere Protestaktionen gegen den «Abbau an der Uni». So auch die «Sparchilbi» vom 25. Juni, wo u.a. mit Sparbüchsenschiessen, einer «Sparbar (light)», einem «Sparmuseum», einem eingefrorenen Lehrstuhl u.a. auf humoristische Weise die Sparideen der Regierung ad absurdum geführt werden. Der Unmut der Universitätsangehörigen über den Spareifer des Kantons manifestiert sich deutlich in den weit herum sichtbaren Transparenten am Uniturm. (SB)

10
Die Wappen der Zünfte. Officielle Festpostkarte zur Einweihung der neuen Universität, **gedruckt anlässlich des Sechseläuten-Festes, April 1914**

(ETH-Bibliothek Zürich, Bildarchiv)

Feste der Kunst

11
Aufriss der Südseite des Lichthofs im Kollegiengebäude. Plankopie (1946) mit Vorschlag für die Lichthofbeflaggung anlässlich eines Dies academicus, nach 1950. Detail

(Universitätsarchiv Zürich)

Nach dem Bezug des Kollegiengebäudes 1914 war der Dies academicus, mit dem seither alljährlich am letzten Samstag im April an die Gründung der Universität erinnert wird, zunächst in der Aula gefeiert worden. Um einem grösseren Kreis die Teilnahme zu ermöglichen, verlegte man die Feierlichkeiten 1943 in die Kirche St. Peter. Nachdem die Archäologische Sammlung 1951 in das Gebäude der ehemaligen Augenklinik überführt worden war, wo sie sich noch heute befindet, wurde der Dies academicus ins Kollegiengebäude zurückgeholt. Er konnte nun im Lichthof stattfinden, der dafür als Festsaal hergerichtet und entsprechend beflaggt wurde. Unter anderem wegen der schlechten Akustik im Lichthof wird die Geburtstagsfeier allerdings seit Mitte der 1980er-Jahre in der in den 1970er-Jahren erbauten Universität Zürich Irchel abgehalten. (SB)

Literatur
Jahresberichte der Universität Zürich, Zürich 1914 ff.

12
Pipilotti Rist und Rektor Hans Weder enthüllen die von der Künstlerin zu Ehren von Emilie Kempin-Spyri geschaffene Chaiselongue im Lichthof, 22. Januar 2008

(Foto David Werner; Universitätsarchiv Zürich)

Emilie Kempin-Spyri, die Nichte von Johanna Spyri, hatte als erste Schweizerin an der Universität Zürich Jurisprudenz studiert (Promotion 1887). Das Anwaltspatent wurde ihr jedoch verweigert, worauf sie mit ihrer Familie nach New York zog, wo sie jahrelang und mit Erfolg für die Gleichberechtigung der Frau kämpfte. Nach ihrer Rückkehr in die Schweiz erhielt sie 1891 als erste Privatdozentin die Venia legendi an der Universität Zürich. (SvM)

(Siehe das Gespräch von Philip Ursprung mit Pipilotti Rist, S. 334–339)

13
Wasserbecken über dem Hörsaalneubau an der Künstlergasse, 1996–2002. Gigon/Guyer Architekten und Adrian Schiess

(Foto Katherine York, 2012)

14
Pferdegruppe von Otto Kappeler vor dem Eingang Künstlergasse, 1916–1919, gestiftet von Dr. Martin Schindler-Escher. Aufnahme um 1935 von Gotthard Schuh aus dessen Fotoband *Zürich*

(neue, erweiterte Auflage, Zürich: Oprecht 1939)

Die monumentale Reitergruppe zur Linken und zur Rechten des Eingangs an der Künstlergasse, eine moderne Abwandlung des klassischen Themas der Dioskuren, gehört zu den bedeutenden Bildhauerarbeiten an der Universität. Zu sehen ist hier das von Athena, der Göttin der Wissenschaft, geführte, ruhig voranschreitende Pferd mitsamt seinem jugendlichen Reiter – «die Jugend, wie sie aus der Hohen Schule reitet, einmal mit, einmal ohne Führung» (Brief von Otto Kappeler an Prof. Theodor Vetter, 1919). Der Fall des nicht gelenkten beziehungsweise bloss locker von einer Begleitfigur zurückgebundenen Pferdes, das «deshalb wohl stutzt» (Kappeler) ist zur Rechten des Portals vergegenwärtigt (siehe Atlas 86). (ML/SvM)

Quellen
Schenkungen für den Universitätsneubau, Staatsarchiv des Kantons Zürich, Z 70.366

(Siehe den Beitrag von Franz Müller, S. 294–311)

15
Karl Moser, Universität Zürich, Turmaufbau. Sockelplan, September 1912

(gta Archiv / ETH Zürich, Nachlass Karl Moser)

(Siehe den Beitrag von Thomas Gnägi, S. 172–183)

16
Lichthof mit der Sammlung von Gipsabgüssen nach antiken Standbildern («Göttergarten»), um 1914

(gta Archiv / ETH Zürich, Nachlass Karl Moser)

Museum und Schule stehen seit der Antike in enger Verbindung. Seit den frühesten Phasen der Planung des Zürcher Universitätsneubaus bildete denn auch die bedeutende Abgusssammlung des Archäologischen Instituts den Mittelpunkt des geplanten Kollegiengebäudes, während der Hof des Biologietrakts für die Zoologische und Paläontologische Sammlung der Universität und des Polytechnikums bestimmt war. Auf Jahrzehnte hinaus bekräftigte Mosers Neubau so die jahrtausendealte Allianz der Institutionen in selten bildmächtiger Art. Beide Sammlungen bilden noch heute einen Fokus der Öffentlichkeitsarbeit der Universität. Die Aufnahme zeigt die erste, 1914 von Hugo Blümner, dem damaligen Direktor des Archäologischen Instituts, angeordnete Präsentation der Abgusssammlung. (SvM)

(Siehe die Beiträge von Stanislaus von Moos, S. 148–171, und Sonja Hildebrand, S. 196–231)

17
Augusto Giacometti, *Werden,* 1914. Mosaik über dem Wandbrunnen von Otto Kappeler im ersten Stock der Wandelhalle des Kollegiengebäudes, gestiftet von den Gattinnen der Professoren

(Foto SIK-ISEA Zürich, Philipp Hitz, 2013)

«Lieber Herr Professor, Ich habe jetzt die Pläne bekommen und bin über die Aufgabe ganz entzückt und renne aus lauter Freude immer im Atelier herum!», schreibt ein begeisterter Augusto Giacometti 1913 an Karl Moser. Dieser hatte dem Künstler nach einer ertragreichen Spendensammlung der Professorengattinnen zugunsten eines «Decorationsbrunnens» den Auftrag für den «Mosaikschmuck» erteilt. Allerdings hatte Giacometti zu diesem Zeitpunkt noch kaum Erfahrung mit Mosaikarbeiten, was bei der

Ausführung nicht ohne Folgen blieb: «Kaum hatte ich fünf oder sechs Steine in den weichen Zementgrund gepresst und hatte angefangen, mich in die farbige Wirkung hineinzuleben […], so fiel alles wieder herunter, der Zementgrund und die Steine.» Dies alles vor den Augen der neugierigen Studenten, doch der Künstler mimte Gelassenheit: «Ich hatte mir eine Zigarette angezündet und tat so, […] als ob das Herunterfallen des Mörtels und der Mosaiksteine zum Metier gehörte.» Nach einigen Anlaufschwierigkeiten gelang die Arbeit, bei der im Übrigen auch Vera Strasser, die russische Frau des Zürcher Psychiaters und Schriftstellers Charlot Strasser, assistiert haben soll. Das Endergebnis stiess auf allgemeines Wohlwollen und wurde von Elsa Frölicher im *Werk* besprochen: «Es stellt zwei Frauen dar, die eine begiesst die Pflanze der Wissenschaft, die zweite sieht sinnend zu. Das Gelöste der Bewegung, das Unwillkürliche der Haltung wird treffend herausgeholt. […] Die Verteilung der Farbe bewirkt eine grosse Ruhe und Einheit in der Komposition.»

Nachdem Hodler 1918 gestorben war, ohne die Arbeiten am Aula-Wandbild begonnen zu haben, bewarb sich Giacometti mit einem Mosaikentwurf für diesen Auftrag, allerdings ohne Erfolg. (ML)

Literatur
Elsa Frölicher, «Augusto Giacometti», in: *Das Werk* 4 (1917), S. 53–58
Augusto Giacometti, *Blätter der Erinnerung: Autobiographie – die Farbe und Ich – Aus den Briefen – Skizzen,* Chur: Calven 1997, S. 103–108
Monique Dubois, *Augusto Giacometti und das Brunnenmosaik der Universität Zürich,* unveröff. Seminararbeit Kunsthistorisches Institut der Universität Zürich, 1999

Quellen
Mosaikbrunnen Giacometti, Staatsarchiv des Kantons Zürich, Z 70.2119

18
Baustelle des Kollegiengebäudes. Blick in den Lichthof mit Treppenhaus, 1912

(gta Archiv / ETH Zürich, Nachlass Karl Moser)

19
Paul Osswald, sitzende und kniende Figuren beim Westeingang zum Biologischen Institut der Universität, 1916

(Foto SIK-ISEA Zürich, Philipp Hitz, 2013)

(Siehe den Beitrag von Franz Müller, S. 294–311)

20
Graffiti von Harald Naegeli an der Künstlergasse, 1. Dezember 2009 (nicht erhalten), unweit der Sitzfiguren von Paul Osswald (rechts)

(www.zueri-graffiti.ch, 2013)

21
Hermann Haller, männliche Figur beim Nordportal des Biologischen Instituts der Universität, 1914. Detail mit Blick auf den Südflügel der ETH, bis 1914 Sitz der Universität

(Foto Stanislaus von Moos, 2012)

22
Blick in den noch nicht fertig ausgebauten Lichthof des Kollegiengebäudes, 1913. Tafel aus *Universität Zürich. Festschrift des Regierungsrates zur Einweihung der Neubauten 18. April 1914,* Zürich: Orell Füssli 1914

23
Hermann Haller, weibliche Figur beim Nordportal des Biologischen Instituts der Universität, 1914

(gta Archiv / ETH Zürich, Nachlass Karl Moser)

24
Limmatquai

(Foto Irène von Moos, 1996)

Bio-Architektur?

25
Inneres des Turmhelms

(Foto Katherine York, 2012)

26
Hetzerträger des Turmhelms der Universität. Baustellenfoto von Emil Guyer im Auftrag des Kantonalen Hochbauamts, 28. Juni 1913

(gta Archiv / ETH Zürich, Nachlass Karl Moser)

Am 19. August 1912 hatte das Büro Curjel & Moser Baupläne für den Turm eingereicht, die für dessen Dachstuhl eine konventionelle Ständerkonstruktion vorsahen. Ausgeführt wurde aber ein vergleichsweise modernes System von geleimten Hetzerträgern, die die Schnittlinie des Helms nachvollziehen und die gesamte Turmkonstruktion tragen. (SvM)

Literatur
Uta Hassler und Lukas Zurfluh, «Pragmatische Materialwahl und das Ideal des Monolithischen. Karl Moser und die Baukonstruktion», in: Werner Oechslin und Sonja Hildebrand (Hrsg.), *Karl Moser. Architektur für eine neue Zeit, 1880 bis 1936,* Zürich: gta Verlag 2010, Bd. 1, S. 198–217

27
Zoologische Sammlung im Lichthof des Biologiegebäudes. Tafel aus dem zur Einweihung erschienenen Fotoband *Die neue Universität Zürich. Photographische Aufnahmen des kantonalen Hochbauamtes,* mit einer Einführung von Albert Baur, Zürich: Orell Füssli 1914

(Universitätsarchiv Zürich)

Das Zoologische Museum der Universität spielte eine Schlüsselrolle bei den Bemühungen von Arnold Lang, dem Präsidenten der universitären Baukommission und ehemaligen Rektor (1898–1900), die Universität zu einem europäischen Zentrum der zoologischen und paläontologischen Forschung zu machen. Die ältesten Teile der Sammlung gehen auf Zürcher Naturalienkabinette des 17. und 18. Jahrhunderts zurück, insbesondere auf die seinerzeit berühmte Wunderkammer in der Wasserkirche. Schon im Zusammenhang mit der Gründung der Universität 1833 wurde das Zoologische Museum im «Hinteramt» neben der Augustinerkirche, ihrem damaligen Sitz, eingerichtet. Lang, der bei Ernst Haeckel in Jena studiert hatte, konzipierte das Museum auf der «Schanze» zusammen mit seinem Assistenten und späteren Nachfolger Karl Hescheler nach dem Vorbild von Haeckels Phyletischem Museum in Jena (1908 eröffnet) als ein Instrument der naturwissenschaftlichen Didaktik im Dienst der modernen Evolutionslehre. Und Karl Moser entwarf dazu die passende Hülle. (SvM)

Literatur
Ernst Haeckel, «Arnold Lang», in: *Aus dem Leben und Wirken von Arnold Lang. Dem Andenken des Lehrers und Freundes gewidmet,* Jena: Gustav Fischer 1916, S. 1–21
Karl Hescheler, «Über die Bedeutung einiger Ergebnisse der Paläontologie für die Ausgestaltung einer zoologischen Schau- und Lehrsammlung», in: *Festgabe zur Einweihung der Neubauten, 18. April 1914, Universität Zürich,* Zürich: Schulthess 1914, S. 82–113
Francisca Loetz und Aline Steinbrecher (Hrsg.), *Sammelsurium der Tiere. Geschichte und Geschichten des Zoologischen Museums der Universität Zürich,* Zürich: Chronos 2008

(Siehe die Beiträge von Sonja Hildebrand, S. 196–231, und Stanislaus von Moos, S. 232–267)

28
«Acanthophracta. Wunderstrahlinge». Tafel 41 aus Ernst Haeckel, *Kunstformen der Natur,* Leipzig/Wien: Bibliographisches Institut 1898–1904

29
«Tetracoralla. Vierstrahlige Sternkorallen». Tafel 29 aus Ernst Haeckel, *Kunstformen der Natur,* Leipzig/Wien: Bibliographisches Institut 1898–1904

30
Portaleinfassung beim Eingang zum Zoologischen Museum. Kalksteinrelief von Wilhelm Schwerzmann mit Darstellungen von Muscheln, Korallen und Protozoen in der Art von Ernst Haeckel, 1913

(Foto SIK-ISEA Zürich, Philipp Hitz, 2013)

31
Ernst Haeckel, *Kunstformen der Natur,* Leipzig/Wien: Bibliographisches Institut 1898–1904. Umschlag

Ernst Haeckels berühmtes Tafelwerk *Kunstformen der Natur* war eine unerschöpfliche Fundgrube für die Architektur und das Kunstgewerbe des internationalen Jugendstils: Hendrik Petrus Berlage, Antoni Gaudí, Victor Horta und beinah alle übrigen bedeutenden Entwerfer jener Generation gerieten früher oder später in seinen Bann. Als Lehrer und Mentor von Arnold Lang, dem Präsidenten der universitären Baukommission, war Haeckel selbst zudem eine Art naturwissenschaftlicher Übervater der Universität Zürich in der Zeit vor dem Ersten Weltkrieg. Es überrascht umso weniger, dass er damals offensichtlich auch in den Gesichtskreis Karl Mosers und der mit ihm zusammenarbeitenden Künstler geriet. Insbesondere für Wilhelm Schwerzmanns Portalreliefs am Biologiegebäude erwies sich Haeckels *Kunstformen der Natur* als wichtige Anregung. (SvM)

Literatur
Christoph Kockerbeck, *Ernst Haeckels* Kunstformen der Natur *und ihr Einfluss auf die deutsche Bildende Kunst der Jahrhundertwende,* Frankfurt a.M.: Lang 1986

32
Karl Moser, «Entwicklung der Architektur» nach ihren Stilformen. Merkblatt für den Unterricht an der Architekturschule, undatiert (um 1920?)

(gta Archiv / ETH Zürich, Nachlass Karl Moser)

Mosers Blatt gibt einen Eindruck von der erstaunlichen Breite seiner architekturhistorischen Interessen um 1920. Als wichtigstes Referenzwerk dürfte Gottfried Sempers *Der Stil in den technischen und tektonischen Künsten* gedient haben. U.a. überrascht die Hervorhebung der «Ur- und vorgeschichtlichen Stile» im Vergleich zur griechisch-römischen Kunsttradition und die Vorstellung, diese hätten die Architektur des europäischen Mittelalters und des Barocks teils unter Umgehung von Griechenland und Rom beeinflusst. Abgesehen von Mosers entwicklungsgeschichtlichen Ideen als solchen interessiert aber auch die Art ihrer grafischen Veranschaulichung. So fällt auf, dass seine Darstellung der Entwicklung der Baustile an ein Korallenriff erinnert. Wusste Moser davon, dass Charles Darwin in der Koralle die Wandlungsfähigkeit der Natur verkörpert sah und dass er in ihr das «Bildsymbol der Essenz seiner Forschungen» erkannte? (SvM)

(Siehe den Beitrag von Stanislaus von Moos, S. 232–267)

33
Nordportal des Biologischen Instituts. Reliefschmuck von Wilhelm Schwerzmann zu Themen der Pflanzenwelt, 1913. Detail

(Foto Katherine York, 2012)

34
Nordportal des Biologischen Instituts. Reliefschmuck von Wilhelm Schwerzmann und Medaillon im Giebelfeld von Paul Osswald, undatierte Postkarte

(gta Archiv / ETH Zürich, Nachlass Karl Moser)

(Siehe die Beiträge von Franz Müller, S. 294–311, und Stanislaus von Moos, S. 232–267)

Zeit der Kontemplation

35

Otto Meyer-Amden. *Auferstehung der Seele. Kompositionsentwurf für ein Wandbild in der Universität Zürich, Tagebuchblatt,* 1913, Feder mit Tinte, 17,6 × 22 cm

(Kunstmuseum Basel, Kupferstichkabinett, Schenkung aus dem Künstlernachlass; Foto Kunstmuseum Basel, Martin P. Bühler)

Unter den fünfzig Eingaben zuhanden des Wettbewerbs für die künstlerische Ausstattung des Dozenten- und des Senatszimmers befand sich auch ein Beitrag von Otto Meyer-Amden, der vier Zeichnungen einsandte. Im überlieferten Verzeichnis der Wettbewerbsentwürfe sind sie nicht mehr eindeutig zuzuordnen; im Nachlass laufen sie unter der Bezeichnung «Vier Tagebuchblätter». Oskar Schlemmer schrieb dazu: «Er hat diese einfachen Blätter stets sehr geschätzt, sodass er sich nicht scheute, das Motiv eines Tagebuchblattes für die Konkurrenz um ein Wandbild der Zürcher Universität zu bearbeiten und einzureichen, der Hoffnungslosigkeit solchen Beginnens wohl bewusst, aber zu sehr erfüllt von der ihm gemässen Ausschliesslichkeit eines solchen Vorschlags, dessen Ausführung in grosser Intarsia in edlem Holz und Silber gedacht war.» Abgesehen von der geplanten Ausführung als Intarsienarbeit dürfte vor allem die gewagte geometrische Komposition bei der Jury für Befremden gesorgt haben. «Ich verlor viel Zeit mit einer Concurrenzarbeit nach Zürich die mit 6000 Frs besetzt war, fiel aber durch bis an die letzte Stelle; sieht man es von anderer Seite an, hängt es an erster; es war mässig abstrakt.» Bei der «mässig abstrakten» Arbeit handelt es sich freilich um die «rigoroseste Abstraktion des Menschenbildes in Meyers Werk» überhaupt. (ML)

Literatur
Oskar Schlemmer, *Otto Meyer Amden. Aus Leben, Werk und Briefen,* Zürich: Johannispresse 1934, wiederabgedruckt in: *Otto Meyer-Amden. Begegnungen mit Oskar Schlemmer, Willi Baumeister, Hermann Huber und anderen Künstlern,* Ausst.-Kat. Kunstmuseum Bern u. a., Bern 1985, S. 133–153
Hans Christoph von Tavel, «Empfindung und Diskurs. Otto Meyer-Amden im Lichte seiner Begegnungen», ebd., S. 9–40, hier S. 27
Rolf Dürst, *Otto Kappeler im Zürcher Meyer-Amden-Kreis. Spuren einer noch unerforschten Begegnung,* Zürich: Orell Füssli 1985

(Siehe auch den Beitrag von Matthias Vogel, S. 270–293)

36

Otto Kappeler, Tür zum Rektorat der Universität mit Darstellung der Athena (Medaillon) und Personifikationen der Fakultäten, 1913

(gta Archiv / ETH Zürich, Nachlass Karl Moser)

Am rechten Rand des Bildes ist ein Teil der im Frühjahr 1914 ausgeführten und im Winter/Frühjahr 1915 übermalten ersten Fassung von Paul Bodmers Wandbild zu erkennen.

Literatur
Gottfried Wächli, *Paul Bodmer. Eine Monografie,* Zürich: Rascher 1954
Linus Birchler, «Dem 75-jährigen Paul Bodmer (19. August 1961)», in: *Neue Zürcher Nachrichten,* 19. August 1961

(Siehe auch den Beitrag von Matthias Vogel, S. 270–293)

37

Ferdinand Hodler als Trommler in seinem Genfer Atelier. An die Tür geheftet eine Ideenskizze zu *Floraison,* dem geplanten Wandbild für die Aula der Universität

(Foto Gertrud Dübi-Müller, 1916; Fotostiftung Schweiz)

38

Ferdinand Hodler, *Floraison,* 1914. Ideenskizze für das Wandbild in der Aula der Universität, Federzeichnung, 10,5 × 17,8 cm

(Carnet Nr. 209, S. 9; Musée d'art et d'histoire, Ville de Genève)

Karl Moser beauftragte den von ihm überaus geschätzten Ferdinand Hodler 1913 mit der Ausführung eines Wandbildes für die Aula der Universität. Vereinbart wurde ein Honorar von 20 000 Franken. Eine Skizze sollte «bis zur Einweihung der Universität Ende April […] in natürlicher Grösse das dafür vorgesehene Feld auf der Stirnwand der Aula ausfüllen; das Gemälde könne dann «bis spätestens Herbst 1915» nachgeliefert werden. Dieser Zeitplan erwies sich jedoch als zu optimistisch, da Hodler noch die grossformatigen Gemälde *Blick in die Unendlichkeit* für das Kunsthaus Zürich sowie *Die Schlacht bei Murten* für das Landesmuseum (nicht ausgeführt) fertigzustellen hatte.

Zum Jahresbeginn 1914 erkrankte zudem seine Lebensgefährtin Valentine Godé-Darel, deren Leidensweg Hodler bis zu ihrem Tod im Januar 1915 in zahllosen Porträtdarstellungen begleitete. 1916 lag noch immer keine Skizze vor, sodass Moser den Maler abermals in Genf aufsuchte und der ungeduldig gewordenen Baukommission Bericht erstattete: Hodler habe «viele Skizzen gemacht, die er aber nicht vorweisen wollte weil alles noch im Fluss ist! […] Er nannte die Composition *floraison*, ‹das Blühen›, und will diese Idee in einer Reihe von bewegten Figuren darstellen, die sozusagen im Halbkreis sich ordnen.» Hodler versprach das Bild für seine grosse Ausstellung im Kunsthaus Zürich 1917, doch verschlechterte sich sein Gesundheitszustand dermassen, dass sich bis zu seinem Tod im Mai 1918 kaum mehr Fortschritte ergaben.

Nach Hodlers Tod erkundigte sich die Baukommission bei Berthe Hodler, «ob im Nachlass des Künstlers Skizzen, Entwürfe oder Gemälde sich vorgefunden haben, welche für die Ausführung dieses Auftrags als Vorarbeiten aufgefasst werden können» – ohne Ergebnis. So unbefriedigend die weiterhin leere Aulawand erschien, so wurde seitens der Universität doch festgehalten, dass «gegenwärtig ein überragender Künstler, welcher das allgemeine Zutrauen besitzen würde, nicht genannt werden könne», sodass bis auf Weiteres auf einen Wandschmuck verzichtet werde. Erst im Vorfeld der Hundertjahrfeier 1933 wurde die Suche nach einem würdigen Künstler wieder aufgenommen, der schliesslich in der Person des einst verschmähten Paul Bodmer gefunden wurde (vgl. Atlas 56). (ML)

Literatur
Ferdinand Hodler. Tanz und Streit. Zeichnungen zu den Wandbildern Blick in die Unendlichkeit, Floraison, Die Schlacht bei Murten aus der Graphischen Sammlung, bearb. von Bernhard von Waldkirch, Kunsthaus Zürich, Sammlungsheft 22, 1998
Gabriela Christen, *Ferdinand Hodler – Unendlichkeit und Tod. Monumentale Frauenfiguren in den Zürcher Wandbildern,* Berlin: Reimer 2008

Quellen
Arbeitsdokumentation zum Kunstführer der GSK zur Universität Zürich, Universitätsarchiv Zürich, AC 2.3.1–6

39
Cuno Amiet, *Obsternte,* 1926, Öl auf Leinwand, 86 × 66 cm. «Der Universität Zürich bei Anlass der Feier ihres 100-jährigen Bestehens den 29. April 1933 überreicht von der Universität Bern»

(Foto SIK-ISEA Zürich; Besitz der Universität Zürich)

Die 1834, also nur ein Jahr nach Zürich, gegründete Universität Bern machte ihrer Schwesterinstitution mit der *Obsternte* eines von Cuno Amiets beliebtesten Sujets zum Geschenk. In der Zürcher Ikonografie der höheren Bildung scheint die Ernte als Sinnbild der akademischen Reife zu den Lieblingsthemen zu gehören. (ML)

(Siehe den Beitrag von Verena Huber Nievergelt, S. 184–193)

40
Margherita Osswald-Toppi, Relief für den Hörsaal für Staatswissenschaften in der neuen Universität Zürich

(Bildtafel in *Das Werk* 1, 1914, H. 4, S. 17)

Das als Werk von Paul Osswald publizierte Relief stammt nach deren eigener Aussage von der damals erst 17-jährigen Ehefrau Margherita Osswald-Toppi.

(Siehe den Beitrag von Franz Müller, S. 294–311)

41
Albert Pfister, Wandbild im Historischen Seminar, 1914, zerstört 1916

(gta Archiv / ETH Zürich, Nachlass Karl Moser)

«Am schlimmsten sind die Wände des historischen Seminars und der historischen Bibliothek unter den Händen Pfisters weggekommen», urteilte das *Volksrecht* 1915 angesichts von dessen Beitrag zur Wandgestaltung der Seminarräume. «Diese Mischung von bewusster Naivität, groteskem Symbolismus und malerischem Unvermögen spottet jeder Beschreibung. Das ist etwas für den Psychiater». Professor Theodor Vetter äusserte bezüglich der Malereien im

Englischen Seminar die Hoffnung, dass «die Ausmalung nicht von jener abschreckenden Art sein werde wie in der historischen Bibliothek». Für den Seminarraum hatten die Professoren Gerold Meyer von Knonau und Paul Schweizer dem Künstler noch eine Vorlage mit «irischen Miniaturen des frühen Mittelalters» aufgedrängt, da «deren primitive Formen nun einmal den modernen Malern besser gefallen, als etwa die Renaissancemalerei». Obwohl Pfister das Sujet in «allerdings etwas freier Weise» ausführte, vermochten die bunten Fabelwesen in den Augen der Professoren den verlangten Bezug zur Örtlichkeit knapp zu leisten – ganz im Gegensatz zu Pfisters «selbstständigen Produkten» in der Bibliothek. «Die Wände unserer Räume sollen nicht zu Versuchen futuristischer Experimente hergegeben werden», entrüstete sich Wilhelm Oechsli und forderte die Überarbeitung durch Otto Baumberger – «ein Maler, der noch Menschen malen kann».

Albert Pfister, ausgebildet in Paris an der École des Beaux-Arts und an der Académie Julian, war von Karl Moser direkt mit der Ausmalung des Historischen Seminars beauftragt worden. Pfisters Entwürfe haben bis heute ihre rätselhaften Züge bewahrt, zumal sie nur in schwer lesbaren Fotografien erhalten sind. Insbesondere zwei beidseitig einer Landschaftsszene angebrachte Figuren, die sich auch auf den Seitenwänden des Bibliotheksraums finden, sorgten für Irritation. Es seien einzig noch die Hände, die «erkennen lassen, dass es Menschen sein sollen» und nicht «Mehlsäcke oder Steinklötze», so Wilhelm Oechsli. Die ansonsten eher zurückhaltende Baudirektion hielt ihrerseits fest: «Die Malereien im Seminar haben die Kommission in keiner Weise befriedigt, sie hält sie für unannehmbar.» Dem alsbald folgenden Vorschlag zur Übertünchung der Malereien wurde vermutlich im Frühjahr 1916 entsprochen. (ML)

Literatur
«Der Wandschmuck im Universitätsgebäude», in: *Volksrecht,* 16. Januar 1915

Quellen
Unterlagen zur Bemalung der Seminarien und der Hörsäle, Staatsarchiv des Kantons Zürich, Z 70.2124
Arbeitsdokumentation zum Kunstführer der GSK zur Universität Zürich, Universitätsarchiv Zürich, AC 2.3.1–6

(Siehe auch den Beitrag von Matthias Vogel, S. 270–293)

42
Lichthof mit der Sammlung von Gipsabgüssen nach antiken Standbildern («Göttergarten»). Aufnahme nach 1919

(Universitätsarchiv Zürich)

Die Aufnahme zeigt die zweite, 1919 von Otto Waser, dem damaligen Direktor des Archäologischen Instituts, angeordnete Präsentation der Abgusssammlung (vgl. Atlas 16).

(Siehe den Beitrag von Stanislaus von Moos, S. 232–267)

43
Orgelempore in der Aula. Tafel aus *Universität Zürich. Festschrift des Regierungsrates zur Einweihung der Neubauten 18. April 1914,* Zürich: Orell Füssli 1914

44 oben und unten
Karl Hügin, Fries mit Figuren und Tieren, Wandmalereien im Deutschen Seminar, 1914, zerstört 1915

(Kantonale Denkmalpflege Zürich)

Der bis dahin vor allem als Karikaturist in Erscheinung getretene Karl Hügin wurde von Moser vermutlich auf Empfehlung der Malerkollegen Paul Bodmer und Hermann Huber mit der Ausmalung des Deutschen Seminars beauftragt. Hügins «Verwandlung» des Seminarraums in eine «grüne Wiese», auf der sich «schlecht gezeichnete Figuren in moderner Gewandung herumtreiben» – so ein Kommentar des *Volksrechts* – wurde nach ihrer Fertigstellung im Herbst 1914 von der Baukommission abgenommen und erhielt selbst vom Seminarvorsteher, dem Germanisten Adolf Frey, eine «zustimmende Erklärung». Es scheint jedoch, als hätte vehemente Kritik von dritter Seite – darunter Ferdinand Vetters Verriss in der Zeitschrift *Wissen und Leben* – die wohlwollende Haltung der beteiligten Entscheidungsträger nachträglich erschüttert. Vetter taxierte die nackte Ephebenfigur im Zentrum als «ein von Magerkeit schlotterndes, nacktes männliches Scheusal zwischen zwei rücklings auf dem Boden liegenden Männern in roten Fräcken und Hosen, mit unendlichen Beinen und gänzlich verkümmerten Füsschen». «Die Kraftworte möcht' ich hören, […] die der frühere Leiter des anstossenden kunstgeschichtlichen Seminars, Rudolf Rahn, für die heutige künstlerische Ausstattung der Pflegestätten der deutschen und der Kunstwissenschaft […] in Bereitschaft gehabt hätte!», so Vetter. Und das *Volksrecht* giftete: «Er [Hügin] hat sich mit geschickten, wenn auch schrecklich manierierten Federzeichnungen für Witzblätter – meist Bildern aus der Halbwelt – bekannt gemacht und offenbar damit den Befähigungsnachweis für ernste Wandmalereien erbracht.» Wann genau und auf wessen Anweisungen die Wandmalereien entfernt wurden, bleibt unklar; allerdings scheint auch im Fall Hügin die allgemeine Stimmung gegen die ausgeführten Wanddekorationen kaum Spielraum für eine pragmatische Handhabung gelassen zu haben. (ML)

Literatur
«Der Wandschmuck im Universitätsgebäude», *Volksrecht,* 16. Januar 1915
Ferdinand Vetter, «Der Wandschmuck», in: *Wissen und Leben* 16 (1916), S. 363–370
Lukas Gloor, «Karl Hügin und das Wandbild in der Schweiz», in: Silvia Volkert, Lukas Gloor, *Karl Hügin,* Zürich: Wolfsberg 1987, S. 73–103, hier S. 75

Quellen
Arbeitsdokumentation zum Kunstführer der GSK zur Universität Zürich, Universitätsarchiv Zürich, AC 2.3.1–6

(Siehe auch den Beitrag von Matthias Vogel, S. 270–293, sowie den Abdruck von Ferdinand Vetters Text im Anhang, S. 363–370)

45
Vorplatz des Auditorium Maximum im ersten Obergeschoss des Kollegiengebäudes mit Treppenaufgang zur Aula und Hermann Hubers Triptychon Lehren und Lernen, 1914

(Foto Katherine York, 2012)

46
H. H., «Wandgemälde an der Zürcher Universität. Zeichnung von H. Fodler. Dieser Entwurf gelangt zur endgültigen Ausführung. Motto: Alma mater, ihre Kinder nährend», in: *Der neue Postillon. Humoristisch-satirisches Halbmonatsblatt der schweizerischen Arbeiterschaft* 19, Nr. 1, 2. Januar 1914

Das mit den Initialen H. H. signierte «Wandgemälde», das die Zeichnung eines gewissen H. Fodler – eine Verballhornung von Hodlers Namen – wiedergibt, scheint auf den heute nicht mehr auffindbaren Entwurf von Hermann Huber für das Senatszimmer Bezug zu nehmen. (ML)

Literatur
Matthias Fischer, *Ferdinand Hodler in Karikatur und Satire,* Sulgen: Benteli 2012, S. 212

47
Kollegiengebäude. Blick in die Wandelhalle des Erdgeschosses mit Tür zum Rektorat und Vorhalle (links) sowie Treppenaufgang in die Obergeschosse (rechts)

(gta Archiv / ETH Zürich, Nachlass Karl Moser)

48
Kollegiengebäude, Westhalle. Farbgestaltung durch Adrian Schiess in Zusammenarbeit mit Gigon/Guyer Architekten, 1996–2002

(Foto Katherine York, 2012)

Der ursprüngliche Standort der Archäologischen Sammlung dient heute als Foyer für den neuen Hörsaal der Rechtswissenschaftlichen Fakultät.

(Siehe den Beitrag von Arthur Rüegg, S. 314–327, sowie das Gespräch von Philip Ursprung mit Adrian Schiess, S. 328–333)

49
Treppenaufgang im Erdgeschoss des Kollegien-
gebäudes. Am Treppenpfeiler Figur von Paul
Bodmer (nach kurzer Zeit vom Künstler selbst
übermalt), rechts Tür zum Fakultätszimmer mit
Reliefmedaillon von Otto Kappeler, Frühling 1914

(gta Archiv / ETH Zürich, Nachlass Karl Moser)

(Siehe die Beiträge von Matthias Vogel, S. 270–293, und
Franz Müller, S. 294–311)

50
Paul Bodmer, Rundbild im Vestibül des
Biologischen Instituts, 1914

(Foto SIK-ISEA Zürich, Philipp Hitz, 2013)

(Siehe den Beitrag von Matthias Vogel, S. 270–293)

51
Otto Meyer-Amden, *Knabenakt,* undatiert,
Bleistift, 27,4 × 18,6 cm

(Kunstmuseum Basel, Kupferstichkabinett, Schenkung aus dem
Künstlernachlass; Foto Kunstmuseum Basel, Martin P. Bühler)

Als einstige Grunddisziplin der akademischen Malerei bot die nackte menschliche Figur ein zentrales Feld für die formalen Experimente der Moderne. Otto Meyer-Amdens Anspruch, mit seiner Kunst eine Synthese von «Leibl und Mondrian» zu schaffen, führte ihn in ein spannungsreiches Zwischenfeld, das fern von formalem Radikalismus eine konstruktivistische Note mit sinnschwerem Mystizismus vereinigte. Meyer-Amdens Stuttgarter Studienkollegen, Oskar Schlemmer und Willi Baumeister, nahmen diese Stossrichtung begeistert auf. Als «Träger seelischer Dynamik» (Schlemmer) und eingebunden in eine konstruktive Geometrie, standen Meyer-Amdens Knabenakte für ein Arbeiten an der Form, die vor allem eine neue Sinnhaftigkeit in sich zu tragen beanspruchte. Dieser spirituellen Suche schlossen sich auch seine Zürcher Bewunderer an: Reinhold Kündig exzerpierte in seinen Notizheften Kandinskys Schriften, Paul Bodmer forschte in der Künstlerkolonie Worpswede der Mystik ländlicher Idylle nach, während man in der Vereinigung Der Moderne Bund den Anschluss an die europäische Avantgarde suchte. Das Figurenrepertoire der Universitätsmalereien lokalisiert sich denn auch zwischen den primitivistischen Tendenzen der Fauves und Meyer-Amdens vergeistigter Formensprache. Die Zürcher Künstler legten dabei mit stetem Verweis auf den inneren Gehalt ihrer Arbeiten eine gewisse formale Unbeschwertheit an den Tag, was ihnen im Zürcher Kunstskandal und in den nachfolgenden Jahren herbe Kritik einbrachte. (ML)

Literatur
Siehe Kommentar zu Atlas 35

52
Paul Bodmer, Rundbild im Vestibül des
Biologischen Instituts, 1914

(Foto SIK-ISEA Zürich, Philipp Hitz, 2013)

(Siehe den Beitrag von Matthias Vogel, S. 270–293)

53
Schulmobiliar. Seite aus dem *Handbuch über
Schulmöbel der Werkstätten für Schuleinrichtung,
Charlottenburg/Wien 1911*

(Staatsarchiv des Kantons Zürich)

Auf dieser Seite wird u.a. ein von Richard Riemerschmid entworfenes und vermutlich durch die Deutschen Werkstätten in Hellerau produziertes Lehrerpult angeboten. Mosers Generationsgenosse und Kollege Riemerschmid war eine Leitfigur der deutschen Kunstgewerbereform.

54
Paul Bodmer, Figurenstudie, 1913. Entwurf für
einen Fries im Dozentenzimmer der Universität
Zürich, Öl und Tempera auf Karton,
27,8 × 27,8 cm

(Kunsthaus Zürich, Graphische Sammlung)

1913 erhielt Paul Bodmer beim Wettbewerb für die Ausschmückung des Dozentenzimmers im Kollegiengebäude den ersten Preis. Laut den Aufzeichnungen der Jury handelte es sich bei seiner Einsendung um «3 Zeichnungen & 1 Bild gerollt» mit dem Titel *Ausdruck*. Die im Kunsthaus Zürich erhaltene und dort als Entwurf für ein «Lehrerzimmer» der Universität ausgewiesene Ölstudie gehört zu den reinsten Verkörperungen von Bodmers frühen, von Otto Meyer-Amden inspirierten «seraphischen» Figurenstudien. (ML)

(Siehe den Beitrag von Matthias Vogel, S. 270–293)

55
Porträts von Karl Marx, Friedrich Engels, Wladimir Iljitsch Lenin und Mao Tse-tung im Lichthof der Universität anlässlich der «Antifaschistischen und Antikapitalistischen Informationswoche» im Juli 1971. Standbild aus einem Film über die Schliessung der Universität

(Universitätsarchiv Zürich)

Im Zuge der 68er-Bewegung verlangten Zürcher Studierende und Assistierende vehement nach Mitbestimmung in Fragen der Organisation von Forschung und Lehre an der Universität. Durch Gewährung einer Vertretung in den wichtigsten universitären Gremien wurde diese dann auch in einem gewissen Mass ermöglicht. Dem Kleinen Studentenrat (KStR), der Exekutive der damaligen studentischen Körperschaft, kamen die Reformen jedoch zu langsam voran und gingen zu wenig weit.

In diesem Zusammenhang organisierte der KStR vom 6. bis 10. Juli 1971 eine «Antifaschistische und Antikapitalistische Informationswoche». Der Rektor bewilligte die Veranstaltung unter der Bedingung, dass der reguläre Universitätsbetrieb nicht gestört würde. Die Woche begann mit einem Gross-Teach-In in der Aula und dem Aufhängen von Transparenten mit den Porträts von Marx, Engels, Lenin und Mao im Lichthof, was von der Universitätsverwaltung bewilligt worden war. Schon am ersten Tag kam es allerdings zu Spannungen und Störungen; insbesondere hielten sich die Organisatoren nicht an das Benutzungsverbot des Lichthofs am Abend. Im Gegensatz zur getroffenen Vereinbarung wurden dort im Flutlicht (hochschul-)politische Reden vor einem Publikum gehalten, zu dem sich zusehends auch nichtstudierende Aktivisten aus der linken Zürcher Szene gesellten. Als am zweiten Tag Gegner der Linken die aufgehängten Transparente im Lichthof von ihrer Befestigung lösten, wurden sie von einer wütenden Schar aufs Rektorat gebracht. Die Universitätsverwaltung befürchtete, dass die Veranstaltung aus dem Ruder laufen würde, und glaubte, die Sicherheit der Universitätsangehörigen nicht mehr gewährleisten zu können. Nachdem sich auf Seiten der Organisatoren niemand als verantwortlicher Ansprechpartner zur Verfügung stellte, liessen das Rektorat und die Erziehungsdirektion das Kollegien- und das Biologiegebäude sowie die Mensa schliessen.

Die als «Uni-Schliessung» in die Geschichte eingegangen Massnahme wurde noch in der Nacht auf den 8. Juli vollzogen und erst fünf Tage später aufgehoben. Die Linksaktivisten interpretierten sie als Akt politischer Repression. Auch wenn sie wohl von grossen Teilen der Bevölkerung begrüsst wurde, erwies sich die Schliessung letztlich als unpopuläre Handlung, mit der sich Alfred Gilgen – notabene in seiner ersten Arbeitswoche als Erziehungsdirektor – bei der Studierendenschaft linker und rechter Gesinnung gleichermassen unbeliebt machte. (SB)

Literatur
Die Universität Zürich 1833–1983. Festschrift zur 150-Jahr-Feier der Universität, hrsg. vom Rektorat der Universität Zürich, Gesamtredaktion Peter Stadler, Zürich: Universität Zürich 1983
Wir sind, was wir erinnern. Zur Geschichte der Studierenden der Uni Zürich von 1968–2008, hrsg. vom Studierendenrat der Universität Zürich, Zürich 2008

(Siehe auch Atlas 85 mit Kommentar und Atlas 89, Kommentar zu Alfred Gilgen)

56
Paul Bodmer, *Wissen. Nicht Wissen Können*, 1933. Fresko in der Aula der Universität, 405 × 878 cm. Detail

(Foto SIK-ISEA Zürich, Philipp Hitz, 2013)

Nachdem aus Karl Mosers Vorhaben, das Wandbild in der Aula durch Ferdinand Hodler ausführen zu lassen – jenen

Künstler, den er als den «grossen Wegweiser» der neueren Kunst bewunderte –, nichts geworden war (Hodler war 1918 gestorben), blieb es einige Jahre ruhig um das Aula-Wandbild. Ein wohl 1921 eingereichter Entwurf Augusto Giacomettis hatte das Rektorat nicht zu überzeugen vermocht. Erst im Hinblick auf die Hundertjahrfeier der Universität im Jahre 1933 kam das Traktandum 1927 wieder auf die Tagesordnung der einschlägigen «Kommission für die Bemalung der Universität», wobei sich insbesondere Rektor Louis Gauchat dahingehend äusserte, «dass man P. Bodmer [...] eine Rehabilitierung schuldig sei». Alt-Rektor August Egger fügte bei, dass «Bodmer in den vergangenen Jahren eine grosse Entwicklung durchgemacht habe» – tatsächlich hatte er inzwischen den grossen Wandbildzyklus im Fraumünsterdurchgang fertiggestellt.

Bodmer reichte 1928 erste Entwürfe ein, worauf es zum Auftrag kam, allerdings nicht ohne längere Kontroversen innerhalb der Fakultät. Heinrich Wölfflin z.B. hatte angesichts der Entwürfe und wohl auch in Erinnerung an Hodler zu bedenken gegeben, dass die Bemalung der Rückwand «eine noch stärkere Flügelkraft erfordern» würde; später monierte er, dass auf dem Wandbild nur Frauen dargestellt seien, worauf der Maler auch einige junge Männer in die Figurengruppe einfügte. Die präziseste Würdigung stammt von Peter Meyer und erschien unmittelbar nach Fertigstellung des Bildes in *Das Werk*. Nicht zufällig hebt der damalige *Werk*-Redaktor an Bodmers Arbeit Qualitäten hervor, die den Maler in einen schroffen Gegensatz zu Hodlers künstlerischem Pathos setzen. Bodmer verfüge über die «seltene Gabe, ein hochpathetisches Thema mit einer solchen Diskretion vorzutragen, dass das innere Pathos nur den dafür Empfänglichen spürbar wird, ohne sich dem nicht darauf Eingestellten aufzudrängen». Die Waldlichtung, in der sich die Gemeinschaft akademischer Jünger und Jüngerinnen versammelt haben, könnte «irgendwo am Albis sein [...], ohne deswegen weniger Hain des Akademos zu sein». Achtzig Jahre später sieht Peter von Matt in dem Wandbild vor allem «ein leicht surreales Monument des meditativen Nichtstuns» (S. 22). (SvM)

Literatur
Nanni Baltzer u.a., «‹... dass die Luft hier mit Kunst nicht so geschwängert ist wie in Berlin oder München, ist mir sympathisch›. Heinrich Wölfflin an der Universität Zürich, 1924–1934», in: *Georges-Bloch-Jahrbuch des Kunsthistorischen Instituts der Universität Zürich*, Zürich: Kunsthistorisches Institut 1998, S. 170–199, hier S. 189
Peter Meyer, «Wandgemälde von Paul Bodmer in der Aula der Universität», in: *Das Werk* 20 (1933), S. 321–323

Quellen
Sitzungsprotokolle der Kommission für die Bemalung der Universität 1921, 1927 und 1930 sowie Korrespondenzen aus dem Rektoratsarchiv, Arbeitsdokumentation zum Kunstführer der GSK zur Universität Zürich, Universitätsarchiv Zürich, AC 2.3.1

57
Paul Bodmer, Wandbild in der südlichen Wandelhalle des Kollegiengebäudes, 1914/15 (1916 zerstört)

(Kantonale Denkmalpflege Zürich)

Neben seinem Wettbewerbsbeitrag zur Dekoration des Dozentenzimmers wurde Paul Bodmer von Moser zu Jahresbeginn 1914 direkt mit der Bemalung der Wände der südlichen Korridorwand im Erdgeschoss des Kollegiengebäudes beauftragt. Das Baubüro befand, dass «die Anbringung einiger derartiger Schmuckpunkte [...] den grossen Dimensionen der Räume und der sonst sehr einfachen Architektur als unbedingt erforderlich» erscheine, und man empfahl, «die von Herrn Bodmer gemachten Vorschläge zur Ausführung zu bringen». Bodmers erste Fassung zeigt von Tieren umgebene, lebensgrosse nackte Figuren unter Palmen; einige davon zu Pferd. Diese erste Fassung wird im Oktober 1914 von Regierungsrat Heinrich Mousson scharf kritisiert: «Bodmer malt seine Sehnsucht: Ruhe, Frieden, Freude, Beschaulichkeit, Tatkraft etc. [...] Zu wünschen wärs, dass ihn die grossen Weltereignisse aus seinem Schwelgen im Unbestimmten herausreissen [...], wie ich überhaupt hoffe und erwarte, dass die grosse Wirklichkeit mit dem Ästhetentum aufräume, das sich bei den jungen Schweizerkünstlern allzu breit macht.» Bodmer erklärt sich bereit, die Darstellungen abzuändern. Im September 1915 ist die Neuausmalung des Korridors abgeschlossen. Allerdings ist zu bemerken, dass sich Bodmers Formensprache eher noch radikalisiert hat: schwebende nackte Figuren, in äusserster Flächigkeit gehalten, dominieren nun den gesamten Korridor. Eine vermutlich aufgrund dieser zweiten Fassung durchgeführte Umfrage unter der Professorenschaft erweist sich denn auch als fatal: von «Schmiereien und Schweinereien», «steifen Gliederpuppen ohne Leben», von «absoluter Geistlosigkeit» ist die Rede. Ein Dozent schlägt vor: «Von den Bildern im Korridor beantrage ich nur die Katze stehen zu lassen & alles Übrige zu entfernen.»

Auf der Basis der heute vorliegenden Fotografien und schriftlichen Zeugnisse ist der exakte Verlauf von Bodmers formalen Modifikationen nur lückenhaft zu rekonstruieren. Es ist anzunehmen, dass Bodmer auch ohne offizielle Aufforderung Änderungen an einzelnen Figuren oder Wandabschnitten vorgenommen hat. Fest steht, dass die Baukommission Ende 1915 aufgrund der allgemeinen Ablehnung beschloss, die Bilder übermalen zu lassen; nach einer Intervention durch Moser wurden sie dann lediglich verhängt. Bodmer übertünchte sie einige Monate später eigenhändig, da er sie, wie er rückblickend bemerkte, als «etwas zu gewagt» empfand. Die Frauenfigur wurde anlässlich des Jubiläums 2014 durch die Restauratoren Fontana & Fontana AG (Rapperswil-Jona) freigelegt. (ML)

Literatur
Paul Bodmer, «Vom Lehrling bis zum Kunstmaler», in: *Zolliker Bote* 4 (1984), S. 11

Quellen
Arbeitsdokumentation zum Kunstführer der GSK zur Universität Zürich, Universitätsarchiv Zürich, AC 2.3.1–6

(Siehe auch Kommentar zu Atlas 59 sowie den Beitrag von Matthias Vogel, S. 270–293)

58
Ansicht der Wandelhalle (Rektoratsflur) mit Malereien von Paul Bodmer, 1914/15 (1916 zerstört)

(gta Archiv / ETH Zürich, Nachlass Karl Moser)

59
Wandbild von Paul Bodmer, dritte (?) Fassung, Datierung unklar

(Kantonale Denkmalpflege Zürich)

Das Foto gehört zu einer Gruppe von erst unlängst beim Kantonalen Hochbauamt Zürich aufgetauchten Aufnahmen (die Glasnegative liegen bei der Kantonalen Denkmalpflege Zürich). Sie stellen ein Rätsel dar: Zeigen sie eine dritte, vom Künstler selbst verworfenen Ausmalung? Die von Kritikern immer wieder geforderte grössere Gegenstandsnähe der Darstellung scheint in diese Richtung zu weisen. Die Malereien wurden anlässlich des Jubiläums 2014 durch die Restauratoren Fontana & Fontana AG (Rapperswil-Jona) freigelegt. (SvM)

60
Neuanschaffungen der Archäologischen Sammlung der Universität, 1931. Seite aus der *Zürcher Illustrierten* 7, Nr. 45, 6. November 1931

61
Biologisches Institut. Bibliotheksraum mit Galerie, um 1914

(Universitätsarchiv Zürich)

62
Eugen Meister, Künstlerische Ausstattung des Romanischen Seminars, 1914 (1967 entfernt)

(Kantonale Denkmalpflege Zürich)

Gemäss Absprache mit dem Seminarvorsteher Professor Ernest Bovet hatte der Künstler in erster Linie die Farbgebung des Raums bzw. der Wand- und Deckentäferung zu gestalten. In Bovets Abwesenheit ergänzte Meister die Wände jedoch um eine Anzahl allegorischer Figuren (Morgen, Mittag, Abend bzw. Schlaf, Erwachen, Verkündigung). «Wir müssen uns vorbehalten, die Figuren zu eliminieren, da Sie sie trotz gegenteiliger Verabredung mit Herrn Prof. Dr. Bovet an den Wänden angebracht haben», so die Reaktion der Baukommission. Das *Volksrecht* fand für Meisters Arbeit nur einen hämischen Kommentar: «Das muss man gesehen haben, um zu glauben, was bei unseren Kunstbonzen alles als Kunst, ja als monumentale Kunst geht. Das Romanische Seminar ist von einem Meister […] mit drei primitiven Figuren auf blauem Grunde und einer rohen blauen Decke ‹geschmückt›; man kann sich nichts kindischeres vorstellen.» Den Höhepunkt brachte Ferdinand Vetters Kritik in *Wissen und Leben* 1916: «Während den Ferien des Seminarleiters, und in Widerspruch mit einer ausdrücklichen Abmachung, wurden [die Wandfelder] mit drei schemenhaften menschlichen Figuren ausgefüllt, die, in Säcken von Segeltuch steckend, sich mit mageren Armen und Steckenbeinen daraus zu befreien suchen. Als der zurückkehrende Professor diese zweifelhaften Allegorien wissenschaftlicher Arbeit […] sich nicht wollte gefallen lassen, drohte der Künstler, […] sich zu erschiessen.» Man scheint die Drohung des Künstlers ernst genommen zu haben – die Malereien blieben dem Romanischen Seminar bis 1967 erhalten. Im Rahmen von Renovationsarbeiten am Uni-Gebäude wurden sie nach Anordnungen von Professor Emil Maurer abgelöst und der Kantonalen Denkmalpflege übergeben. (ML)

Literatur
«Der Wandschmuck im Universitätsgebäude», in: *Volksrecht,* 16. Januar 1915
Ferdinand Vetter, «Die Malereien im neuen Zürcher Universitätsgebäude», in: *Wissen und Leben* 16 (1916), S. 345–352

Quellen
Arbeitsdokumentation zum Kunstführer der GSK zur Universität Zürich, Universitätsarchiv Zürich, AC 2.3.1–6

(Siehe auch den Beitrag von Matthias Vogel, S. 270–293, sowie den Abdruck von Ferdinand Vetters Text im Anhang, S. 363–370)

63
Reinhold Kündig, Wandgestaltung im Englischen Seminar, 1914 (1916 zerstört)

(Kantonale Denkmalpflege Zürich)

Der Vorsteher des Englischen Seminars, Professor Theodor Vetter, verhehlte gegenüber der Baukommission nicht, dass er «den Raum lieber ohne jeden ‹Schmuck› sehen würde». Nach Begutachtung der von Reinhold Kündig eingereichten Skizzen, die «Wellenlinien, Nebelwolken und Schiffe» zeigten, erklärte er sich jedoch mit den Vorschlägen des Malers einverstanden. Den «Abänderungsvorschlag», demzufolge «die Farbenkontraste weicher gehalten werden sollten, damit die Malereien weniger aus der Fläche hervortreten und ruhiger wirken», soll «Maler Kündig» laut Protokoll der Baudirektion «begrüsst» haben. «Bei der Ausführung kümmerte er sich aber nicht darum, sondern versah z.B. die Nebelwolken noch mit schwarzen Konturen, sodass sie stärker hervortraten und hart wirkten», beschwerte sich der Kantonsbaumeister. Den Ausschlag für die Ablehnung des Wandschmucks durch die Baukommission gab jedoch die Empörung Vetters, der sich mit Kündigs Malerei über dem Türsturz in keiner Hinsicht abfinden mochte: «Ein nacktes Frauenzimmer sitzt auf einer nicht näher zu verstehenden Halbkugel, da aber der Künstler kein Gesicht malen kann […], hat er die Nase der Dame so tief in eine Riesenlilie hineingesteckt, dass man vom Gesicht gar nichts mehr sieht.» Dass «etwas derart Geschmackloses den Raum verunziere», würde er nicht akzeptieren, so Vetter in einem Brief an die Baukommission. Kündig weigerte sich, am Türsturz Änderungen vorzunehmen und antwortete: «Für mich und mehrere Maler, die das Zimmer gesehen haben, ist die Malerei über der Türe das Beste darin und ohne das wäre das Zimmer kastriert.» Man halte es «unter diesen Umständen für zwecklos, mit Kündig in dieser Angelegenheit weiter zu verkehren», konstatierte die Baukommission, und behalte sich nach Bezahlung des Künstlers das «freie Verfügungsrecht» über die Malereien vor. (ML)

Literatur
Ferdinand Vetter, «Die Malereien in neuen Zürcher Universitätsgebäude», in: *Wissen und Leben* 16 (1916), S. 345–352

Quellen
Arbeitsdokumentation zum Kunstführer der GSK zur Universität Zürich, Universitätsarchiv Zürich, AC 2.3.1–6
Schweizerisches Institut für Kunstwissenschaft SIK-ISEA, Schweizerisches Kunstarchiv, HNA 45, Nachlass Reinhold Kündig

(Siehe auch den Beitrag von Matthias Vogel, S. 270–293, sowie den Abdruck von Ferdinand Vetters Text im Anhang, S. 363–370)

64
Reinhold Kündig, Lünettenbild im Vestibül des Kollegiengebäudes, Eingang Künstlergasse, 1914

(Foto SIK-ISEA Zürich, Philipp Hitz, 2013)

Kündigs Malereien in den Bogenfeldern im Vestibül an der Künstlergasse gehören zu den wenigen dekorativen Arbeiten, die kaum Kritik auf sich zogen und die infolgedessen auch heute noch zu sehen sind. Der Künstler habe «sich Mühe gegeben […], seine Bilder in allen Beziehungen zu reinigen & einfach & klar zum Ausdruck zu bringen», so Moser. Angesichts der ungewöhnlichen Sujets und der etwas rätselhaft anmutenden stilisierten Kompositionen spricht er vorsichtig von «eigenartigen & bedeutenden Leistungen». Selbst das gegenüber den Universitätsmalereien äusserst kritische *Volksrecht* attestierte den «symbolischen Gegenständen in primitiver Aufmachung» eine schmückende Wirkung. Umso überraschender, dass Kündigs Malereien in den Bogenfeldern des Zürcher Lettenschulhauses, die sich eindeutig auf seine Arbeiten in der Universität (Englisches Seminar, Vestibül) beziehen, kurz darauf wieder entfernt werden mussten. «Der Zeichenlehrer mochte fürchten, dass die Kinder an seiner Korrektheit und Perspektive zu zweifeln anfangen könnten», schrieb Hans Bloesch. «Die einen entrüsteten sich sittlich, die anderen künstlerisch, die dritten, weil ein Lehrer sich überhaupt immer entrüsten muss. Die Herren Oberlehrer an der Universität hatten ja seinerzeit das gute Beispiel gegeben.» (ML)

Literatur
«Der Wandschmuck im Universitätsgebäude», in: *Volksrecht,* 16. Januar 1915
Hans Bloesch, «Neues Schulhaus im Lettenquartier in Zürich: Architekten Gebrüder Bräm, Zürich», in: *Das Werk* 3 (1916), S. 113–125

Quellen
Arbeitsdokumentation zum Kunstführer der GSK zur Universität Zürich, Universitätsarchiv Zürich, AC 2.3.1–6
Schweizerisches Institut für Kunstgeschichte SIK-ISEA, Schweizerisches Kunstarchiv, HNA 45, Nachlass Reinhold Kündig

65
Reinhold Kündig, Lünettenbild im Vestibül des Kollegiengebäudes, Eingang Künstlergasse, 1914

(Foto SIK-ISEA Zürich, Philipp Hitz, 2013)

66
Eingangshalle Künstlergasse. Im Hintergrund Lünetten von Reinhold Kündig, 1914

(gta Archiv / ETH Zürich, Nachlass Karl Moser)

Antike als Gegenwart

67
Hauptportal an der Rämistrasse mit Portalreliefs von Paul Osswald, 1914

(gta Archiv / ETH Zürich, Nachlass Karl Moser)

Der heute beinahe vergessene Maler und Bildhauer Paul Osswald spielte neben seiner Frau Margherita Osswald-Toppi sowie Otto Kappeler und Wilhelm Schwerzmann die Hauptrolle bei der bauplastischen Ausschmückung der neuen Universität. Er war von Karl Moser bereits mehrfach für bauplastische Arbeiten hinzugezogen worden, so u. a. in der Abteilung «Kirchliche Kunst» der Landesausstellung 1914. Auch hatte er verschiedene Nischenfiguren am Ausstellungsflügel des Zürcher Kunsthauses geschaffen. Osswalds prominenteste Arbeit stellen die drei Reliefs über dem Haupteingang an der Rämistrasse dar: eine sitzende weibliche Figur mit ausgebreiteten Armen, welche «die Menschheit darstellt, die den göttlichen Funken der Erkenntnis empfängt», flankiert von zwei schwebenden männlichen Lichtträgern. Die Schwelle zur Universität wird so zum sinnbildlichen Tor der Erkenntnis. Indem die empfangende Haltung der Mittelfigur an die Frauenfigur in Cuno Amiets *Wahrheit* erinnert, verweist sie auch auf das gängige allegorische Repertoire der «Hodlerschule». Amiet hatte dieses Gemälde für das Foyer des Kunsthauses geschaffen, wo es 1914 probeweise ausgestellt war, dann aber wieder entfernt wurde. (ML)

Literatur
Hans Bloesch, «Plastische Arbeiten von Paul Osswald», in: *Das Werk* 1 (1914), H. 4, S. 14–24

Quellen
Künstlerische Ausschmückung des Kollegiengebäudes, Staatsarchiv des Kantons Zürich, 70.2112

(Siehe auch den Beitrag von Franz Müller, S. 294–311)

68
Westhalle. Teil der Abgusssammlung mit Originalen aus der Archäologischen Sammlung (Hintergrund), undatiert

(gta Archiv / ETH Zürich, Nachlass Karl Moser)

Die Aufnahme muss vor Januar 1914 entstanden sein, vor der Ausmalung der südlichen Konche in der Westhalle, die in der Folge Gegenstand langwieriger Verhandlungen zwischen dem damaligen Direktor des Archäologischen Instituts Hugo Blümner, dem Architekten Karl Moser und der Erziehungsdirektion war: Moser hatte vor, Paul Bodmer für die Ausmalung der Konche beizuziehen, Blümner aber wollte Karl Emil Schulze, der damals an der Zürcher Kunstgewerbeschule unterrichtete, mit dem Auftrag betrauen. Die tatsächlich ausgeführte, von mykenischer Vasenmalerei inspirierte Ausmalung der Konche durch Reinhold Kündig blieb bis zum Bau der Mensa in den 1970er-Jahren bestehen. (SvM)

Quellen
Staatsarchiv des Kantons Zürich, V II 15 a.5

(Siehe auch den Beitrag von Stanislaus von Moos, S. 232–267)

69
Ansichten des Südflügels des Polytechnikums (damals Universität) und der Eingangshalle. Tafel aus *Universität Zürich. Festschrift des Regierungsrates zur Einweihung der Neubauten 18. April 1914,* Zürich: Orell Füssli 1914

70
Karl Moser, Vestibül des Kollegiengebäudes, Eingang Künstlergasse mit Blick in die tiefer liegende Archäologische Sammlung (rechts). Projektstand 1912

(gta Archiv / ETH Zürich, Nachlass Karl Moser)

71
Vestibül des Kollegiengebäudes,
Eingang Künstlergasse, 1914

(gta Archiv / ETH Zürich, Nachlass Karl Moser)

72
Verwundete Niobide. Marmorkopie des originalen Standbilds aus den Gärten des Sallust im Museo Nazionale, Rom. Geschenk des Mailänder Verlegers Ulrico Hoepli, 1918 der Universität übergeben

(Foto Katherine York, 2012)

Literatur
Otto Waser, «Die Zürcher Archäologische Sammlung. Ihre Entstehung und Entwicklung», in: *Neujahrsblatt auf das Jahr 1935 zum Besten des Waisenhauses in Zürich,* 1935, S. 3–65, hier S. 39

73
«Farbenflecken» auf Hermann Hallers liegender Frauenfigur vor dem Eingang des Biologischen Instituts der Universität, Juli 1926

(Kantonale Denkmalpflege Zürich)

Es liess sich nicht eruieren, wer dem liegenden Akt Hermann Hallers vor dem Eingang zur Biologie ein neckisches Höschen angemalt, die Brustwarzen betont und die Lippen geschminkt hatte, geschweige denn, ob und wie dafür jemand zur Verantwortung gezogen worden war. Wer jedoch meint, dass Schmierereien und Sprayereien in Zürich erst im Zuge der 68er-Bewegung Einzug hielten, der wird mit dieser Aufnahme vom Juli 1926 eines Besseren belehrt, auch wenn damals – in heutigen Ohren schon fast beschönigend – von an der Steinfigur angebrachten «Farbenflecken» die Rede war. (SB)

74
Heinrich Altherr, *Orpheus und die Mänaden,* 1915. Öl auf Leinwand, 177 × 257 cm. Einzelbild aus dem Gemäldezyklus für den Senatssaal

(Foto SIK-ISEA Zürich, Philipp Hitz, 2013)

Heinrich Altherr wurde 1913 von Karl Moser mit der künstlerischen Ausstattung des Fakultätszimmers beauftragt. Die beiden kannten sich aus Karlsruhe, und Moser hatte den Künstler bereits 1908 für Mosaikarbeiten in der Basler Pauluskirche beigezogen. Altherr hatte für das Fakultätszimmer ursprünglich vier mythologische Szenen (Niobe, Orpheus und die Mänaden, Laokoon, Ikarus) vorgesehen. «Dabei suchte ich zu Gunsten einer monumentalen Wirkung mit wenigen Figuren auszukommen, die aber doch auf jedem Bild ein selbständiges Ganzes bilden», so Altherr. «Allen vier Arbeiten aber lag die Absicht zu Grund, das gegebene Hochformat auszunützen, und im Sinne der Raumwirkung die Vertikale zu betonen.» Im Frühjahr 1914 befand der Regierungsrat das ursprünglich geplante Senatszimmer als zu klein und beschloss, das Fakultätszimmer zusammen mit einem angrenzenden Raum als Senatssaal auszuweisen. Angesichts dieser erweiterten Raumsituation entschied sich Altherr für ein zusätzliches grossformatiges Tableau an der östlichen Längswand mit dem Titel *Das Dionysische,* welches thematisch «den Saal beherrschen» und kompositorisch einem «entschieden symmetrischen Aufbau» folgen sollte. Karl Moser beschied dem Zyklus «Reichtum und Abgeklärtheit», was «die erfreulichste Zustimmung, v.a. auch der Professorenkreise erwarten» liesse. In Anbetracht der Tatsache, dass die Gemälde den Saal bis heute schmücken und sich auch sonst kaum negative Äusserungen zu den Werken finden, scheint Moser mit seiner Einschätzung richtig gelegen zu haben. (ML)

Literatur
Regine Bürgi, *Heinrich Altherrs Gemäldezyklus im Senatszimmer der Universität Zürich,* unveröff. Seminararbeit Kunsthistorisches Institut der Universität Zürich, 1999

Quellen
Arbeitsdokumentation zum Kunstführer der GSK zur Universität Zürich, Universitätsarchiv Zürich, AC 2.3.1–6

(Siehe den Beitrag von Matthias Vogel, S. 270–293)

75
Heinrich Altherr, *Niobe,* 1915, Öl auf Leinwand, 177 × 257 cm. Einzelbild aus dem Gemäldezyklus des Fakultätszimmers (heute Senatssaal)

(Foto SIK-ISEA Zürich, Philipp Hitz, 2013)

(Siehe Kommentar zu Atlas 74)

76
Haupteingang an der Rämistrasse. Die Postamente am Eingang zum Vorplatz noch ohne die 1916 geschaffene Paargruppe von Paul Osswald

(gta Archiv / ETH Zürich, Nachlass Karl Moser)

77
Werner M. Moser, Projekt für einen Umbau des Lichthofs. Variante mit Einzug einer Zwischendecke auf Höhe des Eingangsniveaus Rämistrasse. Planzeichnung, Januar 1947

(Universitätsarchiv Zürich)

(Siehe den Beitrag von Arthur Rüegg, S. 314–327)

78
Lichthof des Kollegiengebäudes nach der Restaurierung beziehungsweise Renovation durch Rolf Wolfensberger

(Foto Katherine York, 2012)

Albert Baur zufolge waren die «Leibungen der Öffnungen» im Lichthof gegenüber deren rötlicher Tönung «weiss gelassen», während die «Hinterwände der Gänge, in denen die in jedem Stockwerk anders gestrichenen Türen sitzen […], im dunkeln Rot griechischer Vasen gehalten» seien. Nachdem frühere Modernisierungen des Lichthofs das Mauerwerk einem einheitlichen Farbton unterworfen hatten, versucht die heutige Farbgebung dem von Baur 1914 beschriebenen Gesamtbild gerecht zu werden. (SvM)

Literatur
Albert Baur (Einführung), in: *Die neue Universität Zürich. Photographische Aufnahmen des kantonalen Hochbauamtes,* Zürich: Orell Füssli 1914, S. 11

(Siehe den Beitrag von Stanislaus von Moos, S. 232–267)

79
Werner M. Moser, Projekt für einen Umbau des Lichthofs. Variante mit Einbau offener Treppen zur besseren Erschliessung des Hofniveaus. Planzeichnung, Januar 1947

(Universitätsarchiv Zürich)

(Siehe den Beitrag von Arthur Rüegg, S. 314–327)

80
Paul Osswald, *Sitzende Figur,* um 1914

(Bildtafel in *Das Werk* 4, 1914, H. 4, S. 19)

(Siehe den Beitrag von Franz Müller, S. 294–311)

81 oben
C. G. Salis, «Universitätsschmuck (Zum Zürcher Jury-Urteil). Der Verfasser dieses Entwurfes hat erst nach Betrachtung der ausgestellten Arbeiten den Mut gefunden, seine Arbeit für ein Kunstwerk erster Güte zu halten», *Nebelspalter* 40, Nr. 1, 3. Januar 1914

81 unten
Karl Czerpien, «Universitätsschmuck (Zum Zürcher Jury-Urteil). Ein lyrischer Abend im Sonnenbad. Motto: Stumpfsinn – Stumpfsinn – du mein Vergnügen», *Nebelspalter* 40, Nr. 1, 3. Januar 1914

(Siehe auch den Beitrag von Matthias Vogel, S. 270–293)

82
Hermann Huber, Triptychon im Eingangsbereich des von Otto Ingold entworfenen Pavillons «Raumkunst, Möbel-, Haus- und Küchengeräte», *Schweizerische Landesausstellung* in Bern, 1914

(Abbildung in *Das Werk* 1, 1914, H. 10, S. 8)

«Die Raumgestaltung und die dekorativen Bilder des Zürchers Hermann Huber bilden eine unzertrennliche Einheit. Wer vor dem Bilde in der Kunstausstellung vielleicht ratlos steht, wird hier im Raum am ehesten ein Verhältnis zu Hubers Malerei finden.» (Hans Bloesch)

Literatur
Hans Bloesch, «Bilder aus der Raumkunstausstellung», in: *Das Werk* 1 (1914), H. 10, S. 12–15

83
Hermann Huber, *Lehren und Lernen*, 1914/15. Mittelfeld des Triptychons in der Wandelhalle des Kollegiengebäudes (erstes Obergeschoss, Rückwand des Auditorium Maximum)

(Foto SIK-ISEA Zürich, Philipp Hitz, 2013)

Während Paul Bodmer 1913 beim Wettbewerb für die Ausschmückung des Dozentenzimmers siegte, gewann Hermann Huber den ersten Preis für die Ausschmückung des Senatszimmers. Zur Ausführung kam es nicht. Nachdem bekannt geworden war, dass Huber den Entwurf im Atelier des Jurymitglieds Cuno Amiet angefertigt hatte, reichte Moser den Auftrag an Heinrich Altherr weiter, und Huber wurde mit einem Wandbildauftrag für die Wandelhalle des ersten Obergeschosses vertröstet.

Huber wählte für das neue Wandbild die Form des Triptychons. Dieses erinnert stark an die dreiteilige Arbeit, die er ungefähr zur gleichen Zeit und mit grossem Erfolg für die Eingangshalle eines Pavillons an der *Schweizerischen Landesausstellung* in Bern ausführte (siehe Atlas 82). Seine Arbeit für die Universität wurde im Herbst 1914 mit kleinen Änderungswünschen von der Baukommission angenommen. Der Kritiker Hans Trog erkannte in Hubers «symbolischem Ausdruck für das Thema des Lehrens und Lernens» einen «Eindruck von herbem, reichlichem Ernste» und hielt fest: «Es geht ein feiner keuscher Reiz von diesen Kompositionen aus. Einflüsse von Hodler her sind unverkennbar, und doch ist die ganze Melodie dieser Körper eine durchaus eigene, lyrischere.» Doch die berüchtigte Kritik des in Bern lehrenden Altgermanisten Ferdinand Vetter von 1916 liess auch Hubers Arbeit nicht aus. «Diese Figuren [seien] von einer so abschreckenden Hässlichkeit, insbesondere von einer solchen Magerkeit und Muskellosigkeit, dass eine spätere Zeit, wenn sie daraus auf die körperliche Beschaffenheit unserer heutigen Jugend schliessen wollte, diese für ein Geschlecht von lauter Auszehrenden halten müsste», schrieb Vetter. «Zur Erheiterung nach trockenen Vorlesungen» möge eine solche «Augenweide» gut genug sein: «Arme und Beine überschlank und falsch in ihren Gelenken sitzend, wie etwa an verrenkten Gliederpuppen – und diese unerfreuliche Gesellschaft soll nun in Zukunft während der Unterrichtspausen die Augenweide der jungen studierenden Männer und Frauen bilden!» (ML/SvM)

Literatur
Hans Bloesch, «Bilder von Louis Moilliet und Hermann Huber», in: *Das Werk* 1 (1914), H. 10, S. 8
Ferdinand Vetter, «Die Malereien in neuen Zürcher Universitätsgebäude», in: *Wissen und Leben* 16 (1916), S. 345–352
Hermann Huber. Eine Monographie, mit einführenden Aufsätzen von Hans Trog und Curt Glaser, Potsdam: Müller 1924, S. 13–15

Quellen
Arbeitsdokumentation zum Kunstführer der GSK zur Universität Zürich, Universitätsarchiv Zürich, AC 2.3.1–6

(Siehe auch den Beitrag von Matthias Vogel, S. 270–293, sowie den Abdruck von Ferdinand Vetters Text im Anhang, S. 363–370)

84
Das Kollegiengebäude von Süden, 1990

(Foto Uni Pressedienst)

(Siehe den Beitrag von Verena Huber Nievergelt, S. 184–193)

Windstösse der Politik

85
Programmplakat anlässlich der «Antifaschistischen und Antikapitalistischen Woche» im Juli 1971. Standbild aus einem Film über die Schliessung der Universität

(Universitätsarchiv Zürich)

Der Zürcher Psychiater und Psychoanalytiker Berthold Rothschild hatte ab 1970 zwei Lehraufträge für Psychologie an der Universität erhalten. Ein dritter für das Sommersemester 1971 wurde von der Hochschulkommission nicht mehr bewilligt, weil er an einem «obszönen Strassentheater» teilgenommen habe. Die Ablehnung provozierte eine Gegenaktion der Studierenden, die sich in ihrer Forderung nach Mitbestimmung bestärkt sahen. Unterstützt vom Kleinen Studentenrat (KStR) konnte Rothschild schliesslich doch noch eine als nichtuniversitär deklarierte Veranstaltung an der Universität abhalten. Die Vorlesung «Zur Psychologie faschistischer Tendenzen» entwickelte sich mit jeweils mehr als 500 Studierenden beider Hochschulen zu einem eigentlichen Publikumsmagneten.

Der Berliner Soziologe Jörn Janssen, bekannt für seine Forschungen zu Kapitalismus und Städtebau, kam ebenfalls 1970 als Gastdozent an die Architekturabteilung der ETH. Mitsprache und Mitbestimmung seitens der Studierenden waren in seinen Veranstaltungen Programm. Janssen thematisierte in seinem Kurs u.a., ob Architekten sich mit den politischen und ökonomischen Planungskriterien auseinandersetzen oder sich auf die Ästhetik beschränken sollten. Die Veranstaltung führte zu einer emotional geführten öffentlichen Debatte über die politische Rolle der Architekten in der Gesellschaft. Auch Janssens Lehrauftrag wurde 1971 nicht mehr verlängert, sehr zum Ärger der Studentenschaft. (SB)

Literatur
«Göhnerswil» – Wohnungsbau im Kapitalismus, hrsg. von einem Autorenkollektiv der ETH Zürich, Zürich: Verlagsgenossenschaft 1972
Alternative Festschrift (zum 150-Jahre-Jubiläum der Universität 1983), 1982 (Universitätsarchiv Zürich, PA.001.197)
Die Universität Zürich 1833–1983. Festschrift zur 150-Jahr-Feier der Universität, hrsg. vom Rektorat der Universität Zürich, Gesamtredaktion Peter Stadler, Zürich: Universität Zürich 1983

86
Otto Kappeler, Reitergruppe beim Westportal des Kollegiengebäudes, 1918. Detail mit Idealporträt von Otto Meyer-Amden

(Foto SIK-ISEA Zürich, Philipp Hitz, 2013)

«Die Stirn war breit und nicht eigentlich hoch, leicht gefurcht, in ihrer Wölbung so wuchtig, dass man die Hartnäckigkeit dieses Menschen sogleich erriet.» (Gotthard Jedlicka) Die unverbürgte, aber oft zitierte Behauptung, Otto Kappeler habe dem gegen ein Pferd gelehnten, bärtigen Mann die Züge des Malers Otto Meyer-Amden verliehen, dürfte vor dem Hintergrund des damaligen Beziehungsgeflechts der Zürcher Kunstszene durchaus zutreffen. Otto Meyer, der nach kurzer Ausbildung an der Münchner und Stuttgarter Akademie seit 1912 im Bergdorf Amden Wohnsitz genommen hatte, war für die jungen Zürcher Künstler jener Zeit eine massgebende Autorität – von seiner Anziehungskraft zeugen zahllose Briefwechsel sowie Reisen vieler jüngerer Künstler zu seiner Klause oberhalb des Walensees. Der Kunsthistoriker Gottfried Wälchli bemerkte: «Otto Meyer war ganz Geist […]. Als einer der ersten sah er den Weg in die gegenstandslose Malerei, ging ihn aber doch nicht ganz. Er blieb im Zwischenreich einer geheimnis- und ahnungsvollen, in seltsames Halbdunkel getauchten Bildwelt. Künder einer neuen Ordnung, Mystiker und Mönch.» Otto Meyer inmitten seiner Anhänger «sei ihnen vorgekommen wie Jesus und die Jünger», so die Frau des Malers Eugen Zeller. Neben den Künstlern Reinhold Kündig, Hermann Huber, Paul Bodmer, Karl Hügin und Eugen Meister, deren skandalträchtige Malereien in der Universität nicht zuletzt dem Werk Meyer-Amdens Referenz erwiesen, scheint dieser auch für den Bildhauer Kappeler ein wichtiger Bezugspunkt gewesen zu sein. Die näheren Umstände der Beziehungen zwischen den beiden Künstlern liegen heute im Dunkeln, doch darf vermutet werden, dass Kappelers Hommage an den Maler eine damals vielgeteilte Neigung zum Ausdruck brachte. Gotthard Jedlicka schrieb 1933 in seinem Nachruf auf Meyer-Amden: «Soviel wir heute sehen können, ist er seit Hodler der erste schweizerische Maler, dem eine schulbildende Führerschaft, die er in keinem

Augenblick wirklich beansprucht hat, freiwillig und sogar begeistert zuerkannt worden ist.» (ML)

Literatur
Gotthard Jedlicka, «Otto Meyer-Amden †», in: *Kunst und Künstler* 32 (1933), S. 106–108
Gottfried Wälchli, *Paul Bodmer*, Zürich: Rascher 1954
Rolf Dürst, *Otto Kappeler im Zürcher Meyer-Amden-Kreis. Spuren einer noch unerforschten Begegnung*, Zürich: Orell Füssli 1985

(Siehe den Beitrag von Franz Müller, S. 294–311)

87
Winston Churchill auf der Terrasse des Kollegiengebäudes anlässlich seiner Rede an die akademische Jugend der Welt am 19. September 1946

(Universitätsarchiv Zürich)

Am 19. September 1946 hielt Winston Churchill an der Universität Zürich seine berühmte Rede an die akademische Jugend der Welt, in der er an die Versöhnung von Deutschland und Frankreich appellierte und die in seinem Aufruf zur Gründung eines Vereinigten Europas gipfelte. Das Publikum in der Aula bestand allerdings vorwiegend aus Exponenten der Schweizer Wirtschaft, Politik und Wissenschaft. Immerhin suchte Churchill doch noch den Kontakt mit der Zürcher Jugend und Bevölkerung, unter anderem von der Terrasse des Kollegiengebäudes aus, wo er von einer grossen Menschenmenge begeistert empfangen wurde.

Der Besuch Churchills in Zürich war Abschluss seines vierwöchigen Erholungsaufenthalts in der Schweiz, den er – abgesehen von wenigen offiziellen Einladungen beim Roten Kreuz, beim Bundesrat sowie den Berner, Zürcher und Waadtländer Regierungen – malend und an seinen Memoiren schreibend in einer Villa am Genfersee verbrachte. Als Hauptinitiant des Besuchs des Oppositionsführers der britischen Konservativen und vormaligen Kriegspremiers gilt sein Mallehrer und Freund Carl Montag. Dieser verfügte über exzellente Kontakte zu Schweizer Wirtschaftsgrössen. Churchills Aufenthalt in der Schweiz wurde denn auch finanziell von einem Dutzend der grössten Schweizer (Export-)Firmen bzw. ihrer Inhaber getragen. Für die Schweiz, die sich nach Kriegsende respektive am Vorabend des Kalten Kriegs wirtschaftlich und politisch neu positionieren musste, erwies es sich als Glücksfall, dass Churchill das Land als beispielhaft für das Miteinander von vier Kulturen betrachtete und deshalb unbedingt hier über seine visionären Pläne zur künftigen Gestaltung Europas sprechen wollte. Eine Gedenktafel in der Aula erinnert seit 1967 an Churchills Auftritt in der Universität. (SB)

Literatur
Max Sauter, *Churchills Schweizer Besuch 1946 und die Zürcher Rede,* Dissertation Universität Zürich 1976
Die Universität Zürich 1833–1983. Festschrift zur 150-Jahr-Feier der Universität, hrsg. vom Rektorat der Universität Zürich, Gesamtredaktion Peter Stadler, Zürich: Universität Zürich 1983

88
Le Corbusier und Pierre Jeanneret, *Salle de format favorable à l'acoustique* **und** *2 salles de format anti acoustique.* **Beiblatt zum Wettbewerbsprojekt für den Völkerbundpalast in Genf, 1927. Detail**

(gta Archiv / ETH Zürich, Dauerleihgabe der Universität Zürich)

1934 hatte die Philosophische Fakultät II (Naturwissenschaften) der Universität Zürich dem Architekten Le Corbusier die Ehrendoktorwürde verliehen. Nicht zuletzt in Erinnerung an dieses Ereignis beschlossen die Freunde des Neuen Bauens in Zürich 1939, Le Corbusiers und Pierre Jeannerets Pläne für den Völkerbundpalast der Universität zu schenken. Die Vereinigung, damals vom Architekten Alfred Roth präsidiert, hatte das Planset mithilfe der Robert J. F. Schwarzenbach-Stiftung der Universität kurz zuvor von Le Corbusier zum Preis von 4500 Franken erwerben können. Die Axonometrie des Gesamtprojekts war 1939–1977 beim Mathematischen Institut im nördlichen Treppenhaus des Kollegiengebäudes ausgestellt. (SvM)

Literatur
Alfred Roth, «Der Wettbewerb, die Projektbearbeitung und Le Corbusiers Kampf um sein preisgekröntes Projekt», in: Werner Oechslin (Hrsg.), *Le Corbusier & Pierre Jeanneret. Das Wettbewerbsprojekt für den Völkerbundpalast in Genf 1927*, Zürich: gta Verlag/Ammann 1988, S. 19–28

89

«Wann endlich vergilbt der Gilb?». Demo-Transparente, vermutlich 1980 im Zusammenhang eines an der Universität durchgeführten Protesttags gegen den Zürcher Erziehungsdirektor angefertigt und am Kollegiengebäude neben dem Eingang Künstlergasse aufgestellt

(Universitätsarchiv Zürich)

Dr. Alfred Gilgen war 1971–1995 Regierungsrat und Erziehungsdirektor des Kantons Zürich. Während der ungewöhnlich langen Zeit seines Mandats spielte er nicht nur eine wichtige Rolle bei der umfassenden Reform der Volksschule, sondern auch beim Ausbau der Universität (u.a. hinsichtlich der Universitätserweiterung auf dem Irchel, die 1971 in einer Volksabstimmung gutgeheissen wurde); nachdem er bereits in der ersten Woche seiner Amtszeit die Schliessung der Universität angeordnet hatte, wurde er für die «bewegten» Studierenden der 1970er- und 1980er-Jahre mit einer gewissen Regelmässigkeit zur Zielscheibe von Protesten. So auch nachdem er am 6. Juni 1980 einen im Rahmen des Projekts «Community Medien» am Ethnologischen Seminar gedrehten Videofilm über den Zürcher Opernhauskrawall wegen «politischer Agitation mit wissenschaftlichem Material» hatte konfiszieren lassen, worauf etwa 2000 Studierende anlässlich einer Protestaktion seinen Rücktritt forderten. In seinem Rückblick auf Gilgens Amtszeit meinte Antonio Cortesi im *Tages-Anzeiger,* dieser sei «kein väterlicher Pestalozzi» gewesen, «vielmehr ein strenger Oberlehrer. Manche lehnten ihn wegen seiner Sturheit ab. Andere schätzten gerade dies: seine Gradlinigkeit. Unbestritten blieben seine Kompetenz, seine rhetorische Brillanz, sein phänomenales Gedächtnis, sein Humor.» (SvM)

Literatur
Antonio Cortesi, «‹Linkenfresser› als Schulreformer. Ein Vierteljahrhundert war Alfred Gilgen Erziehungsdirektor. Eine Ära geht zu Ende», *Tages-Anzeiger,* 29. April 1995
bl., «Erziehungsdirektor Gilgen zieht Bilanz», *NZZ,* 5. Mai 1995

(Siehe auch Kommentar zu Atlas 85)

90

Als Student in Zürich. Ein Ratgeber für die Studenten beider Hochschulen, Zürich: Schweizer Spiegel 1951. Umschlag eines Leitfadens für Studierende an der Universität und der ETH Zürich

(Universitätsarchiv Zürich)

Die Ansicht der Zürcher Universität, wie sie sich von der Stadt her präsentiert, ziert das hübsche Titelblatt dieses Studienführers aus dem Jahr 1951. Der Ratgeber für die Zürcher Studierenden fokussiert allerdings nicht das Studium im engeren Sinn; vielmehr werden darin die landschaftlichen Reize Zürichs hervorgehoben und Ausflugsmöglichkeiten dargelegt, hiesige Bräuche, Feste und Sehenswürdigkeiten erläutert, Museen, Sammlungen und Bibliotheken vorgestellt sowie Hinweise für das abendliche städtische Unterhaltungsangebot gegeben. Im Vorwort des Rektors heisst es: «Ein Universitätsstudium soll nicht ein reines Fachstudium sein, sondern es soll dem jungen Menschen auch eine allgemeine humanistische Bildung vermitteln und seinen Sinn für alles Schöne in der Kunst schärfen. Mögen daher alle, die das Glück haben, einige Studienjahre in Zürich verbringen zu dürfen, von den Möglichkeiten Gebrauch machen, die ihnen unsere Stadt in ihren wissenschaftlichen, kulturellen und künstlerischen Institutionen bietet.» (SB)

Echo der Zeiten

91
Zoologische Sammlung nach dem 1991 fertiggestellten Umbau durch Ernst Gisel, in der Raummitte der Einbau für das Historische Seminar mit dem unter die Konstruktion gehängten neuen Hörsaal

(Foto Eduard Hueber; gta Archiv / ETH Zürich, Vorlass Ernst Gisel)

(Siehe den Beitrag von Arthur Rüegg, S. 314–327)

92
«Entwicklungsreihe der Proboscidea. Nach Lull». Tafel aus *Festgabe zur Einweihung der Neubauten, 18. April 1914, Universität Zürich,* Zürich: Schulthess 1914

Die Illustration gehört zu einem Beitrag von Karl Hescheler, der sich mit der Problematik zoologischer Museen befasst («Über die Bedeutung einiger Ergebnisse der Paläontologie für die Ausgestaltung einer zoologischen Schau- und Lehrsammlung»). Hescheler war dem 1914 verstorbenen Arnold Lang auf den Lehrstuhl für Zoologie an der Universität gefolgt und spielte die entscheidende Rolle bei der Einrichtung des Zoologischen Museums.

93
Durchblick von der Eingangshalle Künstlergasse in den Lichthof, im Vordergrund Detail des Abgusses des Kouros von Samos

(Foto Katherine York, 2012)

(Siehe den Beitrag von Stanislaus von Moos, S. 232–267)

94
Durchblick vom Vestibül Eingang Künstlergasse in den Lichthof vor der Einrichtung der archäologischen Abgusssammlung, um 1913

(gta Archiv / ETH Zürich, Nachlass Karl Moser)

I. Stadtkrone

Stadtkrone?

Schule, Staat und Repräsentation

Stanislaus von Moos

1918 reichte der Zürcher Architekt Hermann Herter ein Wettbewerbsprojekt für den Ausbau des Zürcher Hochschulquartiers ein. Er wählte dafür das Motto «Stadtkrone». Dem Projekt liegt die Idee zugrunde, das von Gottfried Semper erbaute, über der Altstadt thronende Polytechnikum durch zwei kolossale Bauten zu ergänzen. Ausgehend von Mosers Universitätsgebäude, das 1914 fertiggestellt worden war, sollten die geplanten Neubauten den Komplex nach Süden und nach Norden zu einem einzigen, die ganze Stadt dominierenden, alles Bisherige sprengenden Komplex zusammenfassen (Abb. 6). Das Projekt wurde von der Jury mit dem zweiten Preis *ex aequo* ausgezeichnet und Herter kurz darauf in Zürich zum Stadtbaumeister gewählt. Realisiert wurde von dem Ganzen nichts.[1]

Die «Stadtkrone» als Vorstellung und Leitbild mag so alt sein wie die Stadt selbst. Den Begriff als solchen hat Bruno Taut kurz nach dem Ersten Weltkrieg in Umlauf gebracht mit einem unter ebendiesem Titel erschienenen Buch. Taut gibt darin eine Art Bilderbogen als Rückblick auf die Geschichte der Stadt. «Die Spitze, das Höchste, die kristallisierte religiöse Anschauung [sei] Endziel und Ausgangspunkt zugleich für alle Architektur», schreibt er. Sein eigener Beitrag zum Thema gipfelt jedoch im Konzept eines «Kristallhauses», das sich, «ganz vom Zweck losgelöst», über einem von Opernhaus, Schauspielhaus, Volkshaus und Saalbau gebildeten Sockel erheben und ausschliesslich der Kunst und der Unterhaltung dienen soll (Abb. 1).[2] Von Hermann Herters Zürcher Wettbewerbsbeitrag, der eingereicht wurde, während das Buch entstand, hatte Taut vermutlich keine Ahnung. Auch sucht man Mosers Zürcher Universitätsgebäude vergebens unter seinen historischen Referenzbeispielen. Moser selbst hatte ja im Zusammenhang des Universitätsneubaus von dem Begriff Stadtkrone abgesehen. Der

---

1   Für das Wesentliche dazu jetzt Werner Oechslin, «Die Bauten der ETH und die Stadt», in: ders. (Hrsg.), *Bauten für die ETH 1855–2005. Hochschulstadt Zürich,* Zürich: gta Verlag 2005, S. 18–63, insbesondere S. 18, 39 und passim.
2   Bruno Taut, *Die Stadtkrone,* mit Beiträgen von Paul Scheerbart, Erich Baron, Adolf Behne, Jena: Eugen Diederichs 1919; siehe insbesondere Ausg. 2002, S. 46.

Abb. 1: Bruno Taut, «Stadtkrone», Zeichnung, 1919

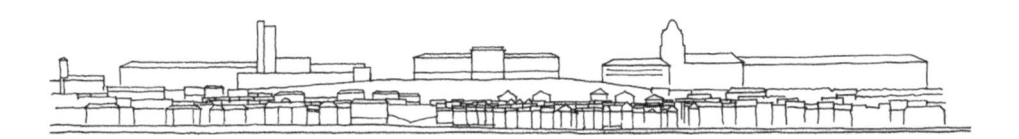

Abb. 2: Otto Rudolf Salvisberg, Das Fernheizkraftwerk der ETH neben Polytechnikum (Mitte) und Universität (rechts) als Teil der Zürcher «Stadtkrone», 1935

Turm, der den Komplex «zu einem organischen Baukörper» zusammenfasst, so schreibt er 1914 in kluger Zurückhaltung, sei «ohne Absicht zu einem Wahrzeichen der Stadt Zürich geworden».[3] Und Albert Baur, vielleicht der eloquenteste unter Mosers Zürcher Promotoren, stürzte sich in die Pose des arglos rätselnden Beobachters, um so den mit dem Projekt verbundenen Anspruch umso direkter in Worte zu fassen: «Würde es gelingen, der in rastlosem Wachsen über Hänge und Hügel gekletterten Stadt einen neuen Sammelpunkt, dem Heere *einen neuen Führer* zu geben?»[4]

Tatsächlich gibt es bis heute keine Ansicht der Zürcher Altstadt, die nicht durch den über die Umgebung hinausragenden Pfropfen des Universitätsturms markiert wäre.[5] Unzweideutig wird hier mit dem Mittel der Höhe ein Rangan-

Atlas 6 und 24

---

3   Karl Moser, «Das neue Universitätsgebäude», in: *Universität Zürich. Festschrift des Regierungsrates zur Einweihung der Neubauten 18. April 1914,* Zürich: Orell Füssli 1914, S. 103–106, hier S. 104. Vgl. den Abdruck im Anhang.

4   Albert Baur (Einführung), in: *Die Neue Universität Zürich. Photographische Aufnahmen des kantonalen Hochbauamtes,* Zürich: Orell Füssli 1914, S. 5–15, hier S. 5 (Auszeichnung SvM).

5   Siehe den Beitrag von Thomas Gnägi, S. 172–183, sowie Daniel Kurz, *Die Disziplinierung der Stadt. Moderner Städtebau in Zürich. 1900 bis 1940,* Zürich: gta Verlag 2008, S. 192–199, sowie Hanspeter Rebsamen, Cornelia Bauer, Jan Capol, u. a., «Stadtentwicklung», in: *Winterthur, Zürich, Zug. Inventar der neueren Schweizer Architektur,* Bd. 10, Bern: GSK 1992, S. 246–291.

spruch angemeldet. Das bisherige Zeichenmonopol der älteren ETH erscheint zwar relativiert, doch ist die gesellschaftliche Hierarchie, innerhalb derer Kunst und Wissenschaft (in dieser Rangfolge) zuoberst stehen, nunmehr erst recht konsolidiert. – Tauts «Kristallhaus» wird das in Mosers Entwurf verschlüsselte Programm ein paar Jahre später auf den Punkt bringen.

Bauland und Bauwerk

Es gebe in Europa «keine zweite Hochschule, für die ein so schön gelegener Bauplatz bestimmt wurde», schrieb der Architekt 1914, in der zur Einweihung des Universitätsgebäudes erschienenen Festschrift. Die der Anlage zugrunde liegende zentrale Projektidee, die Absicht, eine Synthese von Architektur und Landschaft zu schaffen, habe sich direkt aus der einmaligen Situation ergeben (Abb. 5). Landschaft und Menschenwerk sollten als zwei Facetten von ein- und derselben Realität in Erscheinung treten: «Die Bodengestaltung gab Veranlassung zu einem besonders innigen Zusammenwachsen von Bauland und Bauwerk.» Baukunst vollendet sich, so verstanden, nicht im realisierten Bauwerk allein; sie entsteht durch das Zusammenwirken von Landschaft und Bauwerk. Die Anlage des Rechbergs, des Stockarguts, ja selbst des «Künstlergütlis», das dem Neubau weichen musste, habe den Weg gewiesen; nicht nur insofern, als «bei allen diesen Bauten [...] die Terrainschwierigkeiten spielend überwunden» seien. «Garten- und Hochbauliche Anlagen schmiegen sich natürlich an das Terrain an und bilden zusammen Architekturen von hohem ästhetischem Wert.» Entsprechend seien denn auch die beiden Teile der Universität, das Biologische Institut und das Kollegiengebäude, im Gegensatz zum benachbarten Polytechnikum «nicht in eine Flucht gelegt». Vielmehr sei das Kollegienhaus gegenüber der Biologie «um etwa 35 m gegen die Rämistrasse zurückgeschoben» und folge so «der natürlichen Bodengestaltung».[6] Für das Biologiegebäude, wo für die meisten Räume eine Fensterlichtfläche gefordert war, die einen Viertel der Bodenfläche betrage, habe sich so eine voll belichtete Südfassade ergeben (vgl. S. 211, Abb. 10).

Mosers sachliche Begrifflichkeit verrät, dass sich der Text an ein Publikum wendet, das die Natur liebt, das aber auch rechnen kann und anhand von Fakten zu urteilen gewohnt ist. Es herrschen die Spielregeln der Demokratie. Man halte das sakrale Pathos daneben, mit dem Mosers Wiener Kollege Joseph Maria

---

6 Moser 1914 (wie Anm. 3), S. 103.

Abb. 3: Eidgenössisches Polytechnikum Zürich, um 1880. Architekt: Gottfried Semper, Bauzeit 1858–1865. Der nach Süden orientierte Flügel war anfänglich Sitz der Universität Zürich.

Abb. 4: Eidgenössisches Bundesratshaus, Bern. Farblithografie, um 1880. Architekt Jakob Friedrich Studer, 1858

Abb. 5: Curjel & Moser Architekten, Universität Zürich. Modell, 1912(?)

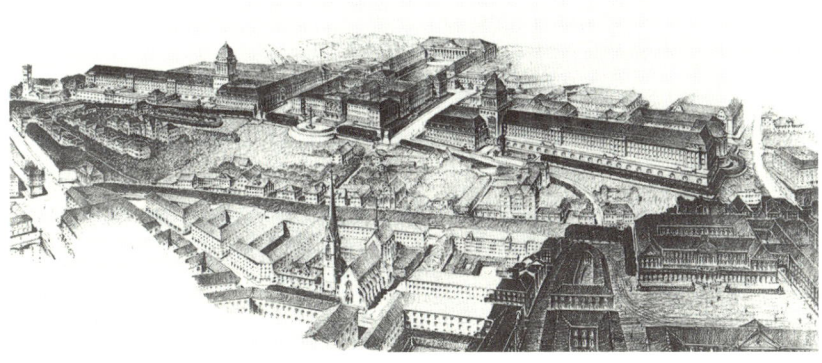

Abb. 6: Hermann Herter, Wettbewerbsprojekt für den Ausbau des Zürcher Hochschulquartiers, 1918

Olbrich gut zehn Jahre früher sein Projekt für die Künstlerkolonie auf der Mathildenhöhe in Darmstadt vorstellte. Bauherr war hier nicht ein gewähltes Gremium gewesen, sondern der hessische Grossherzog Ernst Ludwig höchstselbst. «Oben am höchsten Streif soll das Haus der Arbeit sich erheben, dort gilt, gleichsam in einem Tempel, die Arbeit als heiliger Gottesdienst. Im abfallenden Gelände», so Olbrich, folgen dann «die Wohnhäuser der Künstler, gleich einem friedlichen Ort, zu dem nach des Tages emsiger Arbeit herabgestiegen wird, um den Künstler mit dem Menschen einzutauschen.»[7] Mosers nüchterne Argumentation scheint solchem Getöse vorbeugen zu wollen, während die Formen selbst umso salbungsvoller ihre wuchtige Weihestimmung entfalten. Dabei gaben übrigens weniger sakrale als dezidiert merkantile Vorbilder den Ausschlag. Für die Turmbekrönung übernahm Moser den Entwurf für ein vom eigenen Büro etwas früher in Bruchsal realisiertes Bankhaus als Modell, und an der Ausformulierung der Turmidee als solcher scheint das eben fertiggestellte Woolworth Building in New York mitbeteiligt gewesen zu sein (vgl. S. 182, Abb. 10).[8]

Alpine Architektur?

Doch die Sachlichkeit täuscht. Sicher, für Taut, der zur Herleitung seines Begriffs der «Stadtkrone» vor allem auf assyrische Stufenpyramiden, gotische Kathedralen und indische Tempel verweist, dann allerdings auch jüngere Beispiele wie Civic Centers der amerikanischen City Beautiful Bewegung und Hendrik Petrus Berlages Entwurf für ein riesiges «Denkmal der Menscheneinheit», der während des Krieges entstanden ist, heranzieht, wäre die Zürcher Universität ein zu prosaischer Vorläufer gewesen.[9] Doch wenn der Begriff «Stadtkrone» nachträglich einiges Licht auf die archaische Topik wirft, die den Universitätsbau mitprägte, so dürfte Ähnliches auch für ein anderes, nur wenig später in Umlauf gebrachtes «Schlagwort» Tauts gelten: die «Alpine Architektur». Unter diesem Titel veröffentlichte Taut 1920 seine den Trümmern des Ersten Weltkriegs und dem moralischen Kollaps Deutschlands abgerungenen architektonischen Traumvisionen.

---

7   Joseph Maria Olbrich, «Unsere nächste Arbeit», in: *Deutsche Kunst und Dekoration* (Sonderheft der Künstlerkolonie Darmstadt), Mai 1900, S. 321.

8   Thomas Gnägi, *Karl Mosers Turm der Universität (1907–1914). Ein krönendes Turmhaus für die Stadt Zürich*, unveröff. Lizenziatsarbeit Universität Zürich, 2004, S. 93–95. In schroffem Gegensatz zur merkantilen Ikonografie des Universitätsturms greift Olbrichs Hochzeitsturm auf der Mathildenhöhe Konventionen absolutistischer Autoritätssymbolik auf, wie Hans-Günther Sperlich als erster aufzeigte in *Versuch über Joseph Maria Olbrich*, Darmstadt: Justus von Liebig 1965.

9   Taut 1919 (wie Anm. 2) Ausg. 2002, insbesondere S.96f.

Diese hatten nichts weniger als einen kolossalen, ganze Länder überspannenden «Erdrindenbau» zum Gegenstand. Sie gipfelten schliesslich in der Verwandlung der gesamten Bergkette von den oberitalienischen Seen bis zum Monte Rosa in eine Märchenlandschaft aus riesigen, pagodenartigen Glasheiligtümern und Kristalldrusen (Abb. 7).

Jener Teil der europäischen (und der schweizerischen) Landschaft, der von den direkten Eingriffen der Modernisierung verschont geblieben war, die Alpenwelt oberhalb der Baumgrenze, wurde für Taut so zum Laboratorium der Zukunft. Angewidert von der Zerstörungskraft des Materialismus, die seiner Meinung nach die Katastrophe des Ersten Weltkriegs verursacht hatte, transportierte er die formalen Anregungen des Jugendstils auf eine Ebene, auf der sich «Geist» und «Volk» versöhnen und wo Profanes ins Sakrale übergehen würde. Später liess er die naturphilosophische und pantheistische Thematik jedoch wieder fallen.[10] Moser mag die Tautsche Phantastik um 1920 zur Kenntnis genommen haben oder auch nicht; dass sie seinen Studenten bekannt war, verrät eine Notiz von Armin Meili, der auf «allerlei Neuheiten» aus dem Deutschland der Kriegs- und der Nachkriegszeit hinweist: «Sternähnliche, kristalline und noch komplizierter schwingende Architektur-Aggregate» seien, schreibt er, «zu Ausdrucksformen einer Zeit voll Not und Leid geworden,» ja «diese krausen Baubolschewismen» hätten sogar auch «bei einigen Schülern der ETH Anklang gefunden.»[11]

Blieben die Anliegen des architektonischen Expressionismus den Schweizer Architekten, die in der Praxis standen, mehrheitlich fremd,[12] so dürfte das Stichwort «Alpine Architektur» gerade in diesem Kreis einen empfindlichen Nerv getroffen haben. Der Zusammenhang von Architektur und Berg, die Fusion der beiden Vorstellungen im realisierten Bau hatte die Architekten seit dem späten 19. Jahrhundert umgetrieben. Taut kann den zwanzig Jahre älteren Moser (bzw. die Firma Curjel & Moser) ohne Weiteres mitgemeint haben, als er 1904 fest-

10   Zu Bruno Taut und dem Begriff der «Alpinen Architektur» und der «Stadtkrone» siehe Iain Boyd Whyte, *Bruno Taut. Baumeister einer neuen Welt,* Stuttgart: Gerd Hatje 1981, S. 58–67, sowie Wolfgang Pehnt, *Die Architektur des Expressionismus,* Stuttgart: Gerd Hatje/Teufen: Niggli 1973, S. 57–60. Zu den formalen Anregungen aus dem Umkreis des Jugendstils ausserdem Kurt Junghanns, *Bruno Taut 1880–1938,* Berlin: Elefanten Press/Henschel 1983, S. 37.

11   Armin Meili, «Wir und die Architekten des Auslands», in: *SBZ* 83 (1924), S. 5–7, 20–22, 31, hier S. 5. Zum Kontext siehe Hubertus Adam, «Die Schweiz und der architektonische Expressionismus. Karl Moser nach 1980», in: *archithese* 6 (2010), S. 88–93, sowie Sonja Hildebrand, «‹Es gibt kein Alter!› – Karl Moser und die ‹kommende Generation›», in: Werner Oechslin und Sonja Hildebrand (Hrsg.), *Karl Moser. Architektur für eine neue Zeit, 1880 bis 1936,* Zürich: gta Verlag 2010, Bd. 1, S. 294–321.

12   Siehe Adam 2010 (wie Anm. 11).

Abb. 7: Bruno Taut, *Alpine Architektur. Das Baugebiet vom Monte Generoso gesehen,* aquarellierte Zeichnung, 1919

Abb. 8: Curjel & Moser Architekten, Pauluskirche Luzern, 1903–1912. Ansicht mit Pilatus, um 1940. Postkarte

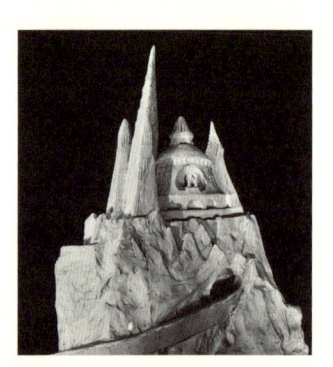

Abb. 9: Hermann Obrist, Modell einer Bergkirche, um 1908

stellte, dass die Kraft der modernen Architektur dem Umstand zu verdanken sei, «dass unsere Baukünstler zur Natur zurückkehren». Wald, Sternenhimmel, Gebirge und dergleichen seien zu Themen architektonischer Gestaltung geworden und der Architekt verwebe «unbewusst und unwillkürlich in seine Raumlösungen die Erinnerung an die ihm traute Natur» und gelange so zu «Bildungen, die uns zu jenen Vergleichen veranlasst».[13] Die Pauluskirche in Luzern von Curjel & Moser mag illustrieren, was gemeint ist: Signalartig ruft der gezackte Umriss der gotischen Einturmfassade den im Hintergrund aufsteigenden Pilatus auf, während sich Pfeiler, Spitzbogen und Masswerk im hellgrün getönten Innern zu einem Ornament verweben, das dem Eindruck von Waldesrauschen nahekommt (Abb. 8). Zwei Jahre später wird die «dräuende Verblocktheit und Massigkeit» des Universitätsgebäudes diesem Naturbezug eine neue Wendung geben.[14] Nähert man sich dem Bau von der Stadt oder vom Zürichberg her, verschwindet der Turm im Vergleich zu der ungeheuren Erdverwerfung der sich zu seinen Füssen ausbreitenden zwei grossen Maulwurfshügel des Kollegiengebäudes und des ehemaligen Biologietrakts. Breitgelagerte Mansarddächer antworten auf die Dachform barocker Wohnbauten der Umgebung und erscheinen durch den Massstabssprung als Komponenten der gewachsenen Landschaft (siehe S. 214, Abb. 13–15).

Atlas 34, 76 und 84

In der ihm eigenen, verhaltenen Diktion wird Moser 1914 nüchtern festhalten, Architektur bilde nicht einen Gegenpol zur Landschaft, sondern komme überhaupt erst durch das Zusammenwirken von Landschaft und Bauwerk zustande.[15] Das kann man nicht wörtlich genug verstehen. Gehörte Moser nicht zur ersten Generation von Architekten, die mit dem Kunststein Beton auch über die nötigen Verfahren verfügten, Architektur als «künstliche Nagelfluh» ins Werk zu setzen, einer flüssigen Materie, «deren Erhärtung wenige Stunden statt Jahrtau-

---

13 Bruno Taut, *Natur und Baukunst,* Stuttgart 1904; zit. nach J. Christoph Bürkle, «Bergkristall – Expressionistische Architekturbilder zwischen Pantheismus und Neuem Bauen», in: Stephan Kunz, Beat Wismer und Wolfgang Denk (Hrsg.), *Die Schwerkraft der Berge 1774–1997,* Ausst.-Kat. Aargauer Kunsthaus, Aarau, Basel/Krems, Stroemfeld / Roter Stern 1997, S. 91–97, hier S. 94. – Bernd Nicolai treibt die hier skizzierte Argumentation auf die Spitze, indem er mittels einer Montage zweier Skizzenblätter Mosers darlegt, der Zürcher Universitätsturm und das Schreckhorn seien für Moser «Varianten desselben tektonischen Prinzips», in: «Hodlers Monumentalität. Zur Neuformulierung von Historienmalerei und tektonischer Kunst um 1900», in: Oskar Bätschmann, Matthias Frehner und Hans-Jörg Heusser (Hrsg.), *Ferdinand Hodler. Die Forschung – die Anfänge – die Arbeit – der Erfolg – der Kontext,* Zürich: Schweizerisches Institut für Kunstwissenschaft 2009, S. 263–276, hier S. 265.

14 Für Hanspeter Rebsamen ist das Universitätsgebäude exemplarisch für eine «massige, chtonische, felsige» Variante des Jugendstils; in: «Zürich Total 1890–1919», in: *Tages Anzeiger Magazin* 46 (1977) S. 17–24, insbes. S. 20 und passim.

15 Moser 1914 (wie Anm. 3).

sende wie im natürlichen Prozess dauert»?¹⁶ Und ist es nicht die Formbarkeit gerade dieses Materials, die Moser instandsetzt, das mineralische Prinzip Gestein von Innen heraus mit der Energie vegetalen Wachstums zu «animieren»?

Zarathustra und Hodler

Der Rückzug ins Gebirge kann um 1900 vieles bedeuten. Auf die faktische Banalisierung der Alpen durch Wissenschaft und Tourismus antwortet Nietzsche mit der Figur Zarathustras, der dort wohnen lernt, «wo niemand wohnt, in öden Eisbär-Zonen». Ein Besuch im Engadin löste die Vision des Gespensts aus, «das über Gletscher geht» und sich von dort an die Menge im Flachland wendet.¹⁷ Wanderungen im Berner Oberland und im Mont-Blanc-Massiv haben den Künstler-Architekten Wenzel Hablik 1903 «die kosmische Geburt des Kristalls» vor Augen geführt, von dem sich seine Architekturkonzeption herleitet.¹⁸ Eine ähnliche Erfahrung liegt Hermann Obrists phantastischem Entwurf für einen «Monumentalbau auf Felsen» zugrunde (Abb. 9). In Antoni Gaudís Casa Battló in Barcelona (1904–1906), deren Dach zugleich dem Rücken des vom Ritter Georg überwältigten Drachen und der Bergkuppe des nahen Montserrat nachgebildet ist, nimmt das Thema Berg eine eschatologische Wendung.¹⁹ Joseph Maria Olbrich, *primus inter pares* im Kreis der Darmstädter Künstlerkolonie, war passionierter Bergsteiger. Henry van de Velde erlebte seinen Augenblick der Wahrheit in der Bergwelt von Kaprun.²⁰ Karl Moser hinwiederum gab Geologie als jugendlichen Berufswunsch an; «das Wandern, das Beobachten von Pflanzen und Tieren, das Abklopfen des Gesteins» seien für ihn «Bestandteil des Lebens» gewesen.²¹

---

16 Rebsamen 1977 (wie Anm. 14), S. 23. Die geglättete Chtonik solcher Bauten korrespondiere überdies mit der damals beginnenden Versteinerung städtischer und ländlicher Verkehrsstrassen mittels Asphalt und sei insofern Teil einer generellen «Sterilisierung der Erde», meint Rebsamen. Zum Umgang mit dem Beton im Universitätsgebäude siehe jetzt Uta Hassler und Lukas Zurfluh, «Pragmatische Materialwahl und das Ideal des Monolithischen. Karl Moser und die Baukonstruktion», in: Oechslin/Hildebrand 2010 (wie Anm. 11), Bd. 1, S. 198–217.

17 Friedrich Nietzsche, *Aus hohen Bergen*, in: *Nietzsche Werke. Kritische Gesamtausgabe*, hrsg. von Giorgio Colli und Mazzino Montinari, Berlin: Walter de Gruyter & Co, 1968, 6. Abt., Bd. 2, S. 251–255.

18 Bürkle 1997 (wie Anm. 13), S. 91.

19 Siehe insbesondere Eva Afuhs und Andreas Strobl (Hrsg.), *Hermann Obrist. Skulptur, Raum, Abstraktion um 1900*, Zürich: Scheidegger & Spiess 2009, S. 230–232, und Juan José Lahuerta, *Antoni Gaudí 1852–1926. Architettura, ideologia e politica*, Mailand: Electa 1992, S. 258–260.

20 Pehnt 1973 (wie Anm. 10), S. 43.

21 Hans Curjel, «Karl Cölestin Moser», in: *Biographisches Lexikon des Kantons Aargau*, Aarau: Sauerländer 1958, S. 549–554, hier S. 549, 553; ferner Hermann Kienzle, *Karl Moser, 1860–1936*, Zürich: Zürcher Kunstgesellschaft 1937, S. 6.

Spätestens ab 1913 hängt bei Moser die Faszination für die Bergwelt mit der Faszination für Hodler zusammen. Muss man angesichts der Erinnerung an den jugendlichen Berufswunsch sogar von einer durch Hodler ausgelösten Rückprojektion sprechen? – Die damals entstandenen Gebirgsstudien beweisen jedenfalls nicht das Gegenteil (Abb. 10 und 11, ferner S. 211, Abb. 12).[22] Mosers Selbstverständnis als Künstler orientiert sich an Hodler, und unter den Werken des Malers sind es vor allem die Gebirgslandschaften, die den Architekten interessieren. Hodler hatte seit den 1880er-Jahren mit Vorzug die Bergansichten gemalt, die der Tourismus eben für ein internationales Publikum zugänglich gemacht hatte: die Jungfrau, die Schynige Platte, die Savoyer Alpen über dem Genfersee. Es waren diese Bilder, die den Maler als Inbegriff von moderner Schweizer Malerei berühmt machten. Die Fragen aber, die Hodler mit diesen Bildern aufwarf, berührten nur zum Teil Belange nationaler Identität. Was sucht der Mensch in der Gegenwart gewaltiger Bergmassive? Sich selbst? Die Autonomie des «Ich» im Dialog mit den stummen Zeugen erdgeschichtlicher Katastrophen, eines Geschehens, das Jahrmillionen überspannt? Der Geologe Carl Vogt, dessen Vorlesungen Hodler in Genf besuchte, hatte den jungen Künstler in die Mechanik erdgeschichtlicher Vorgänge eingeführt. Hodler lernte dort, in den Formen der Landschaft die Geschichte ihrer Entstehung aufzuspüren, in den Physiognomien der Berge die Schichtung, Faltung, Aufstülpung und schliesslich die Versteinerung, den Einbruch und das langsame Abbröckeln gewaltiger Erdmassen zu lesen.[23] Es muss daran erinnert werden, dass es im 19. Jahrhundert neben den Geologen nicht zuletzt Architekten waren, die sich für die erdgeschichtlichen Zusammenhänge der Gebirgsformation interessierten. In den Alpen zeige sich die Erde als Ruine, schreibt John Ruskin; die langsamen Erosionsprozesse, die ihrer Formung zugrunde liegen, stempelten sie zum tragischen Sujet *(Of Mountain Beauty,* 1856).[24] Eugène Viollet-le-Duc dagegen entdeckt in den Erosionsformen des Mont-Blanc-Massivs die Urform des Kristalls und mithin ein letztes Formprinzip

---

22 Zu Mosers «Faszination mit der Bergwelt» siehe Gnägi 2004 (wie Anm. 8), S. 101 und passim; ausserdem den Beitrag von Sonja Hildebrand, S. 196–231.
23 Siehe Carl Vogt, *Lehrbuch der Geologie und Petrefactenkunde,* Braunschweig: Vieweg 1854. Den umfassendsten Überblick zur Frage gibt Oskar Bätschmann, «Das Landschaftswerk von Ferdinand Hodler», in: ders., Stephen F. Eisenmann und Lukas Gloor, *Ferdinand Hodler – Landschaften,* hrsg. vom Schweizerischen Institut für Kunstwissenschaft, Zürich: Verlagshaus Zürich 1987, S. 24–48, sowie v.a. ders., «Ferdinand Hodler: geordnete Natur», in: Tobia Bezzola, Paul Lang und Paul Müller, *Ferdinand Hodler. Landschaften,* Ausst.-Kat. Kunsthaus Zürich, Zürich: Scheidegger & Spiess 2004, S. 51–61.
24 Siehe Dario Gamboni, «Hodler et les symbolismes», in: Bätschmann/Frehner/Heusser 2009 (wie Anm. 13), S. 249–262.

der Architektur *(Le Massif du Mont-Blanc,* 1877; Abb. 12 und 13).[25] Im Jahr des Universitätsneubaus wird Bruno Taut der Kristallidee ihre prägende architektonische Gestalt geben: im «Glaspavillon» an der Kölner Werkbundausstellung von 1914.

Bau und Landschaft als «Einheit»

Karl Mosers in der Nachfolge Hodlers geschaffenen Gebirgsstudien entstanden mehrheitlich zu einer Zeit, als das Universitätsgebäude bereits vollendet war. Man darf also davon ausgehen, dass Mosers an Hodler orientierte Geognostik durch das Zürcher Grossprojekt entscheidend beflügelt wurde. Wenn der Architekt im Tagebuch Gebirgsformationen festhielt oder Landschaften aquarellierte, so nicht zuletzt, um sich rückblickend seines eigenen Wollens als Baukünstler zu vergewissern.[26] An Hodlers Bildgestaltung interessierte ihn nach 1914 primär das Verfahren der Bildvereinheitlichung, die Dämpfung räumlicher Tiefe zugunsten des Flächenzusammenhangs im Bild. Genau dazu hatte Hodler 1914, im Jahr der Fertigstellung der Universität, einen Aufsatz im *Werk* veröffentlicht.[27] Anhand einer Skizze versuchte Moser die Aussagen des Malers am konkreten Beispiel nachzuvollziehen. Als Ausgangspunkt diente ihm *Jungfrau von der Isenfluh aus* (Abb. 14 und 15).[28] Indem Hodler die Bildebenen puzzleartig miteinander verschränkt, scheint er in dem Bild gezielt die Eindeutigkeit der Perspektive zu unterwandern. Wenn es zutrifft, dass Hodler mit manchen seiner Bilder bei der «dekorativen Anordnung» stehenbleibt, sich «mit dem Ziel der Wohlgefälligkeit» begnügt,[29] so gilt das im Falle von Mosers Analyse der Hodlerschen *Jungfrau* erst recht. Die von Moser ins Bild hineingelesene Stilisierung scheint zum Zweck zu haben, den Berg in ein blosses Flächenornament zu verwandeln. Natürlich ist es genau diese Qualität, die Hodlers Ansicht der Jungfrau mit der Architektur, so, wie sie Moser verstand, unmittelbar vergleichbar macht. Wie bei Hodler Vorder-,

---

25 Jacques Gubler, «Architecture et géographie: Excursions de lectures ainsi que deux manifestes de Eugène Viollet-le-Duc», in: Pierre A. Frey (Hrsg.), *Eugène Viollet-le-Duc et le Massif du Mont-Blanc 1868–1879,* Lausanne: Payot 1988, S. 91–96.

26 Siehe dazu Sonja Hildebrand, «Die Idee der Einheit. Karl Mosers schöpferische Integration der Künste», in: *archithese* 40 (2010), H. 6, S. 83–87, hier S. 83.

27 Ferdinand Hodler, «Die Einheit im Kunstwerk», in: *Das Werk* 1 (1914), H. 1, S. 18–23.

28 Karl Moser, «Die Malerei Hodler[s]». Konvolut von Notizen, gta Archiv / ETH Zürich (Nachlass Karl Moser). Auf die weiteren Notizen auf dem Blatt, die Mosers Beobachtungen den Zusammenhang von Puvis de Chavannes und anderer Künstler rücken, ist hier nicht einzugehen.

29 Siehe Bätschmann 1987 (wie Anm. 23), S. 27; Bätschmanns Beobachtung stützt sich auf das Bild *Bergbach* von 1910 und bezieht sich auf die Gegenüberstellung zu Cézanne. Zu *Die Jungfrau von der Isenfluh aus* siehe Bezzola/Lang/Müller 2004 (wie Anm. 23), S. 65, 161.

Abb. 10: Ferdinand Hodler, *Der Grindelwaldgletscher*, 1912 (Kunsthaus Zürich)

Abb. 11: Karl Moser, Bergstudie nach einem Motiv in Grindelwald. Farbstiftzeichnung im Tagebuch, 1913

Abb. 12: Eugène Viollet-le-Duc, «Entretien sur la bienfacture des fondations». Aus Viollet-le-Duc, *Histoire d'une maison*, 1874

Abb. 13: Eugène Viollet-le-Duc, «Modifications apportées à un sommet». Studie zur Erosion des Mont-Blanc-Massivs. Aus Viollet-le-Duc, *Le Massif du Mont-Blanc*, 1877

Abb. 14: Ferdinand Hodler, *Die Jungfrau von der Isenfluh aus*, 1902 (Öffentliche Kunstsammlung Basel)

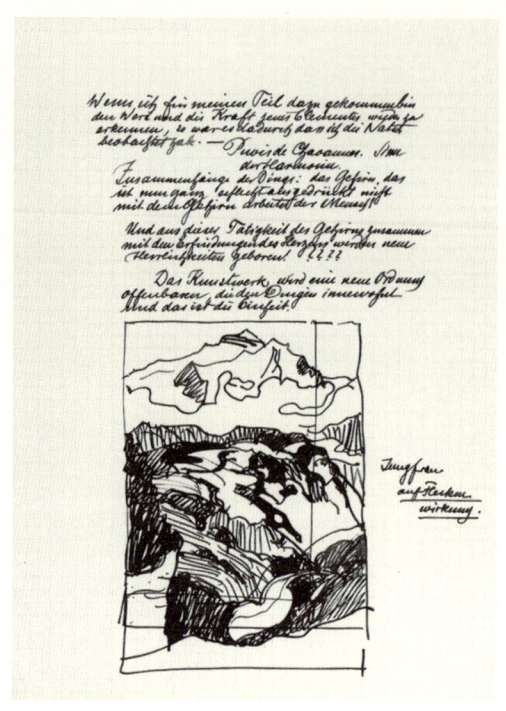

Abb. 15: Karl Moser, «Jungfrau auf Fleckenwirkung». Anmerkungen zu Hodlers *Die Jungfrau von Isenfluh aus*, Vortragsmanuskript, um 1914

Abb. 16: Karl Moser, Kirche Fluntern. Modell der Gesamtanlage nach dem definitiven Projekt, 1917

Abb. 17: *The City of Washington*. Luftansicht von Washington vom Potomac River aus Richtung Norden. Lithografie von Currier & Ives, 1870

Mittel- und Hintergrund in derselben Ebene nebeneinandertreten, so sind beim Universitätsgebäude Architektur und Bauschmuck als gleichwertige Komponenten eines plastischen Organismus miteinander verschränkt.[30]

Zwischen Barock und «malerischem» Städtebau

Öffentliche Bauten in die Fluchtpunkte oder an Gabelungen langgezogener Strassenzüge anzuordnen, gehört zum barocken Erbe im Städtebau des 19. Jahrhunderts. Das Paris Haussmanns zeigt die einschlägigen Muster. Die amerikanische City Beautiful Bewegung hat den Haussmannschen Kanon um die Idee des Civic Centers bereichert, und Werner Hegemanns Bücher verankerten die entsprechenden Bilder im Bewusstsein der Weltarchitektur (während solche Dominanten in den USA nur im Falle von Hauptstadtplanungen auch tatsächlich realisiert wurden; Abb. 17).[31] In frühen Jahren hatten Curjel & Moser das Glück, Kirchen für Standorte planen zu können, die dem «barocken» Stadttypus folgten, und sie nutzten die Freiräume, die sich in solchen Zusammenhängen boten, für kraftvolle Zeichensetzungen. In der Schweiz sind die Pauluskirche in Basel, direkt im Blickpunkt der vom Bahnhof stadtauswärts führenden Viaduktstrasse gelegen, und die Pauluskirche in Luzern, an einer Gabelung der heute wichtigsten Ausfallstrasse nach Süden (Abb. 8), die klassischen Beispiele.[32]

Parallel dazu, im «dörflichen» Register, zog ein anderes Thema den Curjel & Moserschen Kirchenbau in den Bann: die Vorstellung der Kirche als Mittelpunkt einer Baugruppe, die mit Pfarrhaus, Schul- und Versammlungsräumen einen Siedlungskern bildet. Amerika und England waren vorausgegangen.[33] Da die Gartenstadt um 1910 zum dominanten Denkmuster im schweizerischen Städtebau avancierte, ergaben sich auch zunehmend Möglichkeiten, solche Ensembles im grösseren Massstab zu planen und damit auf die Forderung nach dem «ge-

---

30 Zur Problematik der «Integration der Künste» bei Moser siehe meinen Beitrag «Rendez-vous im Lichthof», S. 232–267.
31 Werner Hegemann, *Amerikanische Architektur & Stadtbaukunst*, Berlin: Wasmuth 1925; ferner ders., *Bilderatlas zur zweiten Auflage von Amerikanische Architektur und Stadtbaukunst*, Berlin: Wasmuth 1927, sowie ders. und Elbert Peets, *The American Vitruvius. An Architect's Handbook of Civic Art*, New York: The Architectural Book Publishing Co. 1922. Den besten Überblick zu den Gestaltungsideen im Städtebau des 20. Jahrhunderts gibt Vittorio Magnago Lampugnani, *Die Stadt im 20. Jahrhundert*, Berlin: Wagenbach 2010.
32 Siehe in diesem Zusammenhang Thomas Gnägi, «‹Das Einzelne als Teil des Ganzen betrachten›. Kirchenbau als städtebauliche Aufgabe», in: Oechslin/Hildebrand 2010 (wie Anm. 11), Bd. 1, S. 178–197.
33 Exemplarisch in diesem Zusammenhang die Lutherkirche in Karlsruhe von Curjel & Moser. Siehe Claudia Sohst, *Die Rezeption nordamerikanischer Architektur um 1900 in Deutschland und Österreich*, München: Meidenbauer 2006, speziell S. 90–94.

schlossenen künstlerischen Eindruck» von Siedlung und Stadt einzugehen, die in den Theorien eines Camillo Sitte oder eines Raymond Unwin eine so zentrale Rolle gespielt hatte.[34] Dabei erwies sich nicht zuletzt die Baukunst des Biedermeiers als eine Fundgrube.[35] Kontextbezogen und geschickt auf die Schwankungen des Geschmacks reagierend, wird Moser fortan von Fall zu Fall den «barocken» oder den «ländlichen» Modus ins Werk setzen, oftmals beide zugleich – in Zürich vor allem in der Universität und etwas später in der Kirche Fluntern. Schon die Ausschreibung des Wettbewerbs für die Kirche Fluntern hatte neben der Kirche eine Überbauung mit Wohnhäusern vorgesehen, worauf Moser in seinem 1914 eingereichten Wettbewerbsprojekt eine dorfartige Gruppierung um einen bergseitig angeordneten Turm vorschlug. In der Ausführung wurde dann die Kirche wiederum «barock» an die Hügelkante gestellt und von einer offenen Gruppe von Ein- und Doppelfamilienhäusern umstellt (Abb. 16).[36] Steht man auf der Terrasse der Kirche Fluntern, fällt es schwer, die Monumentalität der Moserschen Trigonometrie zu übersehen, die die Kirche als Krone des Flunternquartiers mit dem ihr zu Füssen liegenden Universitätsgebäude verbindet. Wobei das in den 1920er-Jahren ergänzte, grosse Pyramidendach des Kunsthauses südlich dieser Achse einen weiteren, entscheidenden Akzent innerhalb dieser weitgehend «virtuellen» Urbanistik bildet.

Städtebau und Demokratie, gestern und heute

Wer darf oder muss sogar in einer Republik städtebauliche «Dominanz» markieren? – Die Antworten auf diese Frage unterliegen nicht nur dem Wandel der Zeiten und der Konjunkturen. Sie werden anders ausfallen, je nachdem, ob die Frage im politischen Entscheidungsgremium aufgeworfen wird, unter Architekten, die Aufträge nötig haben, oder am Stammtisch.[37] Das war in der Vergangen-

---

34 Camillo Sitte, *Der Städtebau nach seinen künstlerischen Grundlagen betrachtet,* Wien: Carl Graeser 1889, und Raymond Unwin, *Town Planning in Practice,* London: Unwin 1909.

35 Für Moser waren in diesem Zusammenhang vor allem Paul Mebes, *Um 1800. Architektur und Handwerk im letzten Jahrhundert ihrer traditionellen Entwicklung,* München: Bruckmann 1908, sowie Paul Schultze-Naumburg, *Kulturarbeiten,* München: Callwey, o.J., wegleitend, wie insbesondere Thomas Gnägi 2004 (wie Anm. 8), aufzeigt.

36 Siehe Werner Oechslin, «Bauen aus der Notwendigkeit. Karl Moser, vor und nach der (und gegen die) Epochenschwelle», in: Oechslin/Hildebrand 2010 (wie Anm. 11), Bd. 1, S. 15–57, hier S. 31.

37 Zur grundsätzlichen Diskussion der sozialen Kontingenz architektonischer und städtebaulicher Sprachen im 19. und frühen 20. Jahrhundert siehe Friedrich Achleitner, «Pluralismus der Moderne. Zum architektonischen ‹Sprachproblem› in Zentraleuropa», in: Eve Blau und Monika Platzer (Hrsg.), *Mythos Grosstadt. Architektur und Stadtbaukunst in Zentraleuropa 1890–1937,* München/London/New York: Prestel 1999, S. 94–106.

heit so und ist bis heute nicht anders. Für die einen ist die Repräsentation der Staatsmacht eine *conditio sine qua non* für Städtebau, der diesen Namen verdient. Für die andern sorgt schon der Begriff «Dominanz» für Irritation, ganz zu schweigen von deren baulicher Inszenierung im öffentlichen Raum. Manche meinen, solches müsse von vornherein öffentlichen Bauten vorbehalten sein, andere (inzwischen die Mehrheit) haben sich mit der Tatsache abgefunden, dass in einer Welt, in der sich die Grenzen zwischen öffentlichem und privatem Interesse ohnehin nicht zwingend auseinanderhalten lassen, in Sachen Städtebau mehr als ein Minimum an realpolitischen Kompromissen im symbolischen Wettbewerb von Wirtschaft, Finanz, Kirche und Staat kaum herauszuholen ist.

Die Spur solcher Vorurteile lässt sich bis in die jüngsten Verästelungen der Historiografie verfolgen. Ja, die Geschichte der Zürcher Hochschulbauten scheint sogar in besonderem Mass dem Wellengang diesbezüglicher Animositäten zu unterliegen.[38] Die «Dominanz»-Diskussion setzte natürlich lange vor Moser ein. Schon in einem 1857 vom Zürcher Staatsbauinspektor Conrad Wolff verfassten Gutachten zum geplanten Semperschen Neubau des Polytechnikums ist ausführlich von den Vorzügen einer möglichst exponierten Platzierung des geplanten Neubaus die Rede (Abb. 3). Wohl erstmals für Zürich wird hier auch der Topos «Krone» ins Feld geführt: «An den Rand des Abhanges vorgerückt, würde die Lage des Hauptgebäudes eine wunderbar prachtvolle», heisst es in dem Text; so prachtvoll, dass sie «dem Fremden als die Krone der öffentlichen Bauten in die Augen springen» würde. Dabei gerät auch, wenig überraschend, der Rang ins Visier, der dem Gebäude als der einzigen direkt der Schweizerischen Eidgenossenschaft unterstehenden Hochschule zusteht. Die Wirkung des Semperschen Projekts wäre «weit schöner als die so gerühmte des Bundesrathshauses in Bern», betont Wolff (Abb. 4).[39] Die Stadtzürcher Baukultur, damals ganz auf biedermeierliche «Schlichtheit» eingeschworen, liess die sich in den Ansprüchen der Bundesregierung begründeten Zeichensetzungen offenbar gefallen. Sie nahm sie als unabwendbaren, jedoch nicht weiter störenden Fremdkörper wahr. Wolffs Feld-

---

38 Siehe den unverhüllten Sarkasmus Werner Oechslins im Hinblick auf die mangelnde Courage öffentlicher Bauherren um die Jahrtausendwende in «Die ETH als Eigentümerin von Immobilien. Übertragung im Rahmen des Entlastungsprogramms 04. Ein Vorwort», in: Oechslin 2005 (wie Anm. 1), S. 6–17. Zur Geschichte der im Zürcher Hochschulquartier ins Werk gesetzten städtebaulichen Stategien siehe ders., «Die Bauten der ETH und die Stadt», ebd., S. 18–63.
39 Zit. nach Werner Oechslin, «Die Bauten der ETH und die Stadt», in: Oechslin 2005 (wie Anm. 1), S. 18–63, hier S. 23. Detailliert dazu siehe Dieter Weidmann, «Hauptgebäude und erstes Chemiegebäude», ebd., S. 136–147.

zug war jedenfalls, wie man weiss, von Erfolg gekrönt: Das Polytechnikum wurde realisiert, wenngleich mit Abstrichen, die Semper erbitterten, und – so jedenfalls mag es im Rückblick erscheinen – um den Preis einer die Eindeutigkeit der Konzeption verunklärenden Zweiansichtigkeit der Anlage.

Diese war allerdings *ab ovo* Teil des Semperschen Konzepts gewesen. Nachdem vereinbart worden war, dass der südliche Arm der Vierflügelanlage der kantonalen Universität zugeteilt werden sollte, war ebenfalls klar, dass dieser institutionelle Sachverhalt auch durch eine gesonderte Akzentuierung der Südfassade zur Darstellung kommen sollte (sie bekam ihr eigenes, dominierendes Mittelrisalit).[40] Der Komplex gewann so die hybride Gestalt, die er im Wesentlichen noch heute hat. Gulls in den Jahren 1917–1925 ergänzte Erweiterungsbauten haben an diesem Sachverhalt nur wenig geändert – abgesehen davon, dass die als Antwort auf den Moserschen Turm gebaute Gullsche Kuppel der ETH der Frage nach der «Dominanz» in den Jahren nach 1918 erneut Brisanz verlieh.[41]

Es mag eine Ironie darin liegen, dass Mosers Turmbau ausgerechnet vom Dozentenfoyer der ETH aus besonders überwältigend in Erscheinung tritt: ein mächtiger Zacken, der auf das Alpenpanorama antwortet, das in der Ferne das Zürichseebecken rahmt. Dass die obersten Turmgeschosse jahrzehntelang leer blieben, also keinerlei praktische Funktion besassen, unterstreicht ihren denkmalhaften Charakter noch zusätzlich.[42] Wie viele Ausnahmeregelungen erforderlich waren, um die Universität instandzusetzen, «das ganze Stadtbild [zu] dominieren und neben dem Polytechnikum zum Wahrzeichen der Stadt Zürich [zu] werden» kann man in den Bauakten nachlesen.[43] Da der Turm annähernd in der Achse der Uraniastrasse liegt, die wenige Jahre vor dem Baubeginn am westlichen Limmatufer freigelegt worden war und die den gerade im Entstehen begriffenen Komplex der Städtischen Amtshäuser auf dem Areal des früheren Oetenbachklosters mit dem Niederdorf verbin-

Atlas 3

---

40 Siehe Andreas Toennesmann, «Schule oder Universität? Das Hauptgebäude der ETH», ebd., S. 64–79, hier S. 64f.
41 Siehe «Der Neubau der Universität Zürich», in: *SBZ* 15 (1914), S. 221–225, hier S. 221, und August Jegher, «Zur Kuppel der Eidgen. Technischen Hochschule». In *SBZ* 75 (1920), S. 281–283, sowie neuerdings Weidmann 2005 (wie Anm. 39).
42 Im Baubeschrieb von 1914 wies Arnold Lang diese Räume als Reserve für spätere Nutzungen aus; siehe «Das Kollegiengebäude», in: *Universität Zürich. Festschrift des Regierungsrates zur Einweihung der Neubauten 18. April 1914*, Zürich: Orell Füssli, 1914, S. 107–112, hier S. 112. Tatsächlich wurde dort später ein Fechtsaal eingerichtet und 2005 das heutige Turmrestaurant.
43 So wörtlich im Beschluss des Kantonsrats vom Juni 1910; vorausgegangen war die Erklärung des Zürcher Stadtrats «für das […] geplante Universitätsgebäude […] in Anwendung des Paragraphen 148 des Baugesetzes eine Ausnahme zu bewilligen» («Der Stadtrat Zürich an den Regierungsrat des Kantons Zürich», 13. Juli 1910). Kopien der entsprechenden Akten sind im Universitätsarchiv greifbar.

det, erscheint der wuchtige Bau von Westen her als ein Fixpunkt in der Stadtlandschaft; als ein kapitolartiges Hoheitszeichen, das die ihm zu Füssen liegende Altstadt und noch dazu die linksufrige City mit dem sich bergwärts anschliessenden Villenviertel am Zürichberg verknüpft (siehe S. 175, Abb. 2).[44]

Atlas 6

Die «Krise» der Stadtkrone und das deutsche Ärgernis

Die Klage darüber, dass die ETH durch die geduckte und an die Rämistrasse zurückversetzte Kuppel ihren Anspruch auf eindeutige Führung der Hochschulbauten aufs Spiel gesetzt oder gar unterlaufen habe, ist seit 1918 nie ganz verstummt. Seit dem Ersten Weltkrieg, als «das Wachstum dieser Art einer monumentalen Stadt» endgültig «stoppte», stehe die Entwicklung geradewegs im Zeichen der «Resignation» und der «selbstverfügten Selbstzucht und Unterordnung» unter das «Diktat der Vermeidung baulicher Akzente», schreibt Werner Oechslin in der 2005 erschienenen Monografie, die 150 Jahre Bautätigkeit der ETH zusammenfasst. Erst die «Flucht in den Campus» in den 1960er-Jahren habe dem «Krebsgeschwür» eines Städtebaus des pragmatischen Formverzichts zu guter Letzt Paroli geboten.[45] Andere Akzente setzt demgegenüber eine 2008 erschienene Darstellung der Geschichte des Städtebaus in Zürich, inzwischen das Standardwerk zu diesem Thema. Statt der Trauer über den Verfall städtebaulicher Ambition herrscht hier eher ein Grundton basisdemokratischer Skepsis gegenüber rabiaten Eingriffen in «gewachsene» städtebauliche Substanz. «Die Visionen von palastartigen Komplexen auf den Hügeln der Stadt», die im Rahmen des Wettbewerbs für «Gross-Zürich» eingereicht worden waren, jedoch erst 1918 juriert wurden, haben aus diesem Blickwinkel einen schweren Stand. Hermann Herters Vision der «Stadtkrone» gehöre «zu den irritierendsten Hinterlassenschaften des Wettbewerbs,» heisst es da.[46]

---

44 Der Turm bildet allerdings nicht wirklich den «Zielpunkt der Achse», wie Hanspeter Rebsamen u.a. argumentieren *(Inventar der neueren Schweizer Architektur* 1992 [wie Anm. 5], S. 273). – Zum Gegenüber «von phallischem Sternwarteturm und heroischem Universitätsrumpf» siehe Rebsamen 1977 (wie Anm. 14), S. 17–24.

45 Oechslin, «Die ETH als Eigentümerin von Immobilien», in: Oechslin 2005 (wie Anm. 1), S. 7 f.

46 Kurz 2008 (wie Anm. 5), S. 192. Auch anderswo im Buch stösst sich Kurz an dem «überaus autoritären Anspruch» solcher «Architektur der Macht», der «etwas Unheimliches» anhafte (S. 198). Die «Orientierungsangebote der Stadtplanung» (S. 231) und namentlich auch die «autoritär gestimmte Formenwelt des Neoklassizismus» (S. 107, 231 und passim) korrespondieren denn auch, so argumentiert Kurz, mit autoritären Tendenzen zürcherischer Reformpolitik rechtsbürgerlicher wie auch sozialdemokratischer Observanz. – Ob der beschränkte Erfolg dieser Orientierungsangebote für Zürich einen Beweis für Zürichs demokratische Resistenz gegen Autoritarismus schlechthin erbringt oder einfach eine herrschende Neigung zum Autoritarismus des Mittelmasses illustriert, steht auf einem anderen Blatt.

Die Rede ist von Herters Vorschlag, den Hochschulkomplex, so, wie er sich 1914 darbot, nördlich durch eine spiegelbildliche Replik des Moserschen Universitätsgebäudes zu vervollständigen und die beiden Moser-Komplexe je um einige hundert Meter nach Süden und nach Norden zu verlängern (Abb. 6). Moser selbst (der sich am Wettbewerb für Gross-Zürich nicht beteiligte) hatte dem Vorschlag in gewissem Sinne die Munition geliefert, als er, mitten im Krieg, anregte, das bestehende Universitätsgebäude nach Süden zu verdoppeln.[47] Tatsächlich brach die Vorstellung, ein kriegsverschontes, ja womöglich im Krieg reichgewordenes Zürich könnte den Kolossalvisionen eines Bruno Möhring, eines Bruno Schmitz oder eines Hermann Jansen für Gross-Berlin nach dem Krieg auf eigenem Boden zum Durchbruch verhelfen, im Zeichen von Generalstreik und Wirtschaftskrise in sich zusammen wie ein Kartenhaus. Im Rückblick wird deutlich, dass der Moser-Bau das Äusserste gewesen war, was Zürich an deutschem lebensreformerischem Architekturpathos – und an «Stadtkrone» – im 20. Jahrhundert zugemutet werden konnte. Westlich der Saane erschien selbst dies als entschieden zuviel des Guten. Als die Zeitschrift *L'Œuvre* Charles Edouard Jeannerets (nachmalig Le Corbusier) Aufsatz über «Le renouveau de l'architecture» mit Fotografien des Universitätsgebäudes illustrierte, war der Verfasser «not amused». Auf dem für die Bibliothek der Vaterstadt bestimmten Exemplar der Zeitschrift strich er die Bilder durch und notierte, die vom «Typografen» eingerückten Fotografien der «université» hätten mit dem vorliegenden Artikel «nichts zu tun». Gegenüber seinem Mentor Auguste Perret, dem er den Aufsatz zusandte, macht er seinem Ärger über die Bilder zu dem Bau noch zusätzlich Luft: «Nous sommes envahis par le germanisme, c'est effarant. Nous en crèverons. On a mis dans mon texte, comme-ça, pour remplir, 5 à 6 photos de la nouvelle université de Zurich, qui est une horreur!» (Abb. 18).[48]

---

47 Siehe Thomas Gnägi, «Hauptgebäude (Kollegien- und Biologiegebäude) der Universität Zürich», in: Oechslin/Hildebrand 2010 (wie Anm. 11), Bd. 2, S. 186–194, hier S. 192 f.

48 Charles Edouard Jeanneret, «Le renouveau de l'architecture». In *L'Œuvre*, 2/3 (1914), S. 33–37; Exemplar in der Bibliothèque de la ville, La Chaux-de-Fonds. Der erwähnte Brief an Auguste Perret ist vom 11. Juni 1914; Fondation Le Corbusier, Paris (mitgeteilt von Tim Benton). In der Tat bildet das Zürcher Universitätsgebäude einen denkbar krassen Gegensatz zu Jeannerets eigenem, zu diesem Zeitpunkt an Perret orientiertem Architekturverständnis. Etwas später, anlässlich der Ausschreibung des Städtebau-Wettbewerbs für Gross-Zürich 1916, bemerkte die Westschweizer Zeitschrift *Génie civil* angesichts der mehrheitlich deutschen Besetzung der Jury trocken, «für Vertreter der lateinischen Kultur bestehe da wohl keine Aussicht auf erfolgreiche Teilnahme». Das Wettbewerbsresultat sollte der Befürchtung Recht geben (Kurz 2008 [wie Anm. 5], S. 156). – Näheres dazu in meinem Beitrag «Rendez-vous im Lichthof», S. 232–267.

Abb. 18: Charles-Edouard Jeanneret (Le Corbusier), «Le renouveau de l'architecture». Aufsatz in der Zeitschrift *L'Œuvre* 2 (1914), S. 35, mit nachträglichen Korrekturen des Verfassers; der Aufsatz war gegen den Willen Jeannerets mit Aufnahmen des eben vollendeten Zürcher Universitätsgebäudes illustriert worden.
«Note: les chlichés de l'Université n'ont rien à faire dans le présent article; elles y sont de par la volonté ... irresponsable du typo[graphe]!»

«Soll Zürich einen Kopf haben?»

Als sich Max Frisch 1956 mit der rhetorischen Frage: «Soll Zürich einen Kopf haben?» für die Realisierung eines grossen öffentlichen Platzes mit Museum und Restaurant am See einsetzte, gab es für einen derartigen Versuch, die Zürcher Innenstadt der Logik einer grossen städtebaulichen Form zu unterwerfen, keinerlei Grundlage in der Politik oder im «Volkswillen».[49] Drei Jahre früher hatte sich Frisch, der ja von Beruf Architekt war, am Wettbewerb für ein neues Physikgebäude der Universität Zürich beteiligt. Einen exponierteren Standort gibt es in Zürich nicht: Das Gebäude sollte ungefähr 200 Meter südlich des bestehenden Universitätsgebäudes zu stehen kommen (und wurde an diesem Standort ja auch realisiert). Statt den geplanten Bau der gegebenen Bebauung entlang der Rämistrasse «unterzuordnen», wie es die meisten seiner Kollegen taten – so auch der Erbauer des tatsächlich realisierten Physikgebäudes, dem heutigen Sitz des Deutschen Seminars –, ging Frisch so weit, dem Turm jener Universität, an der er

---

49 Näheres dazu bei Stanislaus von Moos, *Nicht Disneyland und andere Aufsätze über Modernität und Nostalgie*, Zürich: Scheidegger & Spiess 2004, S. 48 f.

selbst studiert hatte, ein zwölfstöckiges Scheibenhochhaus in Glas und Stahl gegenüberzustellen und so dem Kranz öffentlicher Bauten, der den östlichen Rand der Zürcher Innenstadt bildet – Otto R. Salvisbergs ETH-Fernheizzentrale, Gustav Gulls Kuppel des ETH-Hauptgebäudes und Mosers Universitätsturm –, einen vierten Akzent hinzuzufügen: den höchsten[50] (Abb. 20).

Darüber, dass seine Antwort auf den von Salvisberg gesetzten Akzent wenig Chancen hatte, mit einem Preis belohnt oder gar realisiert zu werden, dürfte sich Frisch kaum Illusionen gemacht haben.[51] Das Planen und Bauen in der Innenstadt stand damals unter dem Diktat der Bestandessicherung. In den 1970er-Jahren wurde der Schwerpunkt von Lehre und Forschung denn auch ins Umfeld der Stadt verlegt, mindestens was die Naturwissenschaften anbelangt. Dort konnte sich die Wachstumseuphorie jener Zeit besser entfalten. Nicht dass die Universität darauf verzichtet hätte, auch *extra muros* für eine gewisse Opulenz im Auftritt zu sorgen; eine Dominante freilich hat sie nicht mehr geschaffen. Das war auch nicht das Ziel gewesen. Ein Turm fehlt. Hatte sich das Kollegiengebäude am überlieferten Typus des Hofbaus orientiert, so scheint dem Gesamtkonzept der Universität Zürich Irchel die Absicht zugrunde zu liegen, ein Organisationsschema in architektonische Form zu übertragen. Dem Bau mag es so gelungen sein, die durch die Bologna-Reform eingeleitete, einerseits flexibilisierte und andererseits bürokratisierte Programmierung von Lehre und Forschung als architektonische Figur vorwegzunehmen, bevor sie auch nur ihren institutionellen Rahmen gefunden hatte.[52] Obzwar eingebettet in eine wunderbare Parklandschaft, leidet die Universität Zürich Irchel jedoch wie manch ein Universitätskomplex jener Jahre an dem Widerspruch, dass die als «offenes» und formal «undeterminiertes» System gedachte Anlage in der Umsetzung den Eindruck einer «Kompo-

---

50 Zur Fernheizzentrale siehe Claude Lichtenstein, «Zwei Hochschulbauten», in *O. R. Salvisberg. Die andere Moderne*, Ausst.-Kat., Kornhaus Bern, Architekturmusem Basel u.a., Zürich: gta Verlag 1995, S. 186–197.

51 Red., «Wettbewerb für ein Physikgebäude und Erweiterungsbauten der Universität Zürich», in: *SBZ* 72 (1954), S. 321–328. – In seinem 1973/74 entstandenen *Berliner Journal*, das erst 20 Jahre nach seinem Tod veröffentlicht werden durfte, meint Frisch, er habe den gelernten Beruf des Architekten «zu Recht» aufgegeben, sei ihm doch «in der Architektur überhaupt nichts Eigenes eingefallen». Das erwähnte Projekt für das Physikgebäude widerspricht dieser These. An anderer Stelle des Tagebuchs kommt er selbst auf die Skyline eines utopischen «Ost-Zürich» mit den beiden Hochschulen zu sprechen: «Die Technische Hochschule und die Universität, die letztere erweitert durch ein Hochhaus, das die Silhouette dominiert (ich selber bin seinerzeit bei einem architektonischen Wettbewerb ausgeschieden, und zwar schon im ersten Rundgang, weil man eine solche Dominante keinesfalls wollte) …» (zit. nach *NZZ*, 28. Dezember 2013)

52 Für das Wichtigste zur Universität Zürich Irchel siehe Michèle Jäggi, *Zürcher Universitätsgebäude,* Bern: GSK/Universität Zürich 2005, S. 58–61.

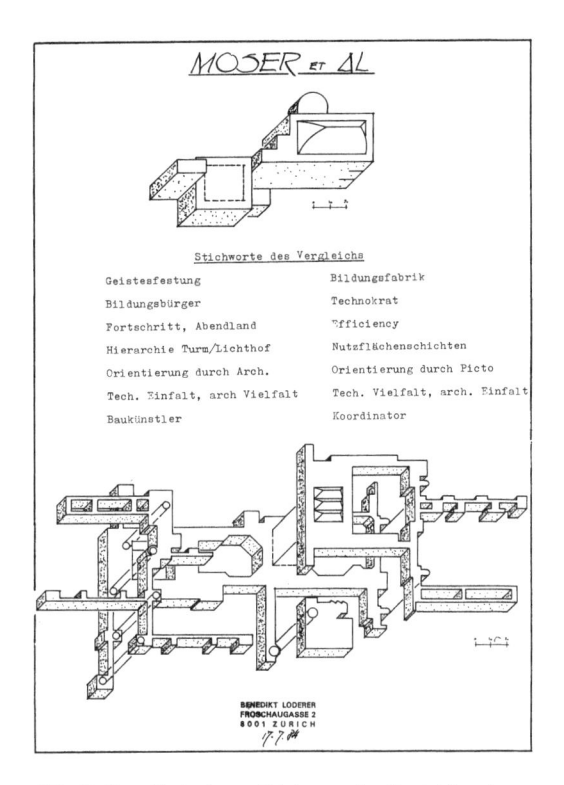

Abb. 19: Benedikt Loderer, «Stichworte des Vergleichs» des Moser-Baus der Universität mit der Universität Zürich Irchel. Hellraumfolie für einen Vortrag, gehalten an der Universität Zürich am 20. Juli 1984

Abb. 20: Max Frisch, Physikgebäude der Universität Zürich, Wettbewerbsprojekt 1953. Modellansicht

sition» vermittelt, die der Kontrolle des Entwerfers entraten ist.[53] Ihre Logik erschliesst sich allenfalls im Plandiagramm; vor Ort ist Orientierung fast nur mittels grafischer Piktogramme zu erzielen.

Dass ein System, das den «Technokraten» als Leitfigur anerkennt, als Universität eine «Bildungsfabrik» bekommt, ist so wohlverdient, wie es um 1914 die «Geistesfestung» oder der «Gral» als Projektion des «Bildungsbürgers» war. Man muss aber Benedikt Loderer Recht geben, wenn er festhält – er tat es schon 1984 –, dass die im Kollegiengebäude verkörperte traditionelle Variante beträchtliche Vorzüge der Lesbarkeit und der Orientierung bietet (Abb. 19).[54] Auch wenn städtebauliche Lesbarkeit und Orientierung heute im Zürcher Hochschulquartier nicht mehr sind, was sie einmal waren. Was die Hochschulen im «Zentrum» anbelangt, so haben sie sich in der Folge, nachdem die Möglichkeiten der Verdichtung innerhalb der alten Bausubstanz einmal ausgeschöpft und die letzten Lücken am Rande des Quartiers mehr oder weniger improvisiert und gelegentlich auch mit Pauken und Trompeten aufgefüllt waren, wieder kleinlaut unter die Ziegeldächer des Zürichbergs verkrochen.[55]

Inzwischen schiessen freilich selbst mitten im Hochschulquartier wieder Hochbauten wie Pilze aus dem Boden. Parallel dazu wird von Architektenseite zu Beginn des 21. Jahrhunderts erneut für mutige städtebauliche Zeichensetzung plädiert; ein Massstabswechsel sei angezeigt, und dieser erfordere den Einsatz von Hochhäusern.[56] Kann die von Gull und Moser gewollte und später von Herter so genannte «Stadtkrone» dabei noch wegleitend sein? Oder ist sie dazu verurteilt, im mehr oder weniger amorphen Geschiebe von Neubauten langsam zu versinken? 1933 hatte Salvisberg den von Moser begonnenen und von Herter weitergedachten städtebaulichen Dialog mit dem Semperschen Polytechnikum effektvoll zum Abschluss gebracht (Abb. 2). Das Bewusstsein dafür, dass dieser Dreiklang

---

53 Siehe in diesem Zusammenhang noch immer Alan Colquhoun, «Augenschein in Lausanne und Zürich / Visite à Lausanne et Zurich», in *werk.archithese* 13–14 (1978), S. 29–37. Einen umfassenden Überblick zum Hochschulbau der 1960er- und 1970er-Jahre versucht Wolfgang Rath, «Internationale Tendenzen der Hochschulentwicklung und Hochschulplanung», in: Horst Linde (Hrsg.), *Hochschulplanung,* Düsseldorf: Werner 1969, S. 38–101.

54 Referat im Rahmen einer am Kunsthistorischen Seminar der Universität Zürich veranstalteten kleinen Tagung zum Thema «Karl Moser heute», 20. Juli 1984.

55 Spätestens seitdem die Zürcher ETH-Bauten aus dem Inventar der Bundesbauten entlassen und so dem Immobilienpark der ETH selbst eingegliedert und unter dieser Voraussetzung erneuert wurden, scheinen entsprechende Ansprüche auf Repräsentation erloschen zu sein.

56 Jacques Herzog und Ulf Meyer, «‹Très difficile›. Ein Gespräch mit dem Basler Architekten und Pritzkerpreisträger Jacques Herzog», *NZZ,* 20. Juli 2013.

als städtebauliche Komposition gemeint war, scheint sich in jüngster Zeit wieder verflüchtigt zu haben. Jedenfalls ist der Bereich nördlich des ETH-Hauptgebäudes inzwischen städtebaulich «freigegeben». Zum Zeitpunkt des Schreibens dieser Zeilen steht das neue LEE-Gebäude der ETH an der Leonhardstrasse vor der Fertigstellung. Selbstsicher führt die Bautafel die stark veränderte Skyline dieses ganzen Stadtteils vor Augen: Salvisbergs Kamin ist auf der Zeichnung nicht einmal zu sehen. Vielleicht müsste man dem Moser-Turm tatsächlich mit fünfzig Jahren Verspätung einen Max-Frisch-Turm als Ausrufezeichen zur Seite stellen, um seinem Charakter als Dominante für die kommenden Jahrzehnte Dauer zu verleihen.

Ein Hochhaus für die Stadt

Thomas Gnägi

«Und so schauten täglich Hunderte nach der Höhe mit der Frage, wie der Meister wohl den beherrschenden Turm bekrönen, wie er die Kuppel wölben werde (Abb. 1). Als sich dann eines Tages die in sanfter Kraft geschwungenen Linien der Kuppel aus dem Netz der Gerüste lösten, waren wie durch Zauberschlag Zweifel und Bedenken vergessen, und die ganze Stadt war einmütig in ihrem Lobe über den Bau [...]. Wie wenn die ganze Stadt kunstreich um diese Mitte angelegt worden wäre, entdeckte man plötzlich, dass die Kuppel als Abschluss von einem Dutzend Strassen wie ein Bild im Rahmen sass; wie ein Wahrzeichen des geistigen Strebens der Stadt stand sie hoch und still über dem Gewimmel der Gassen [...].»[1] Albert Baur zeichnet in der Festschrift zur Einweihung des Zürcher Universitätsgebäudes das verklärte Bild einer idealen Stadt, versammelt um ein geistiges Zentrum. Er tut dies bezeichnenderweise genau in jener Zeit, die geprägt war von zentrifugalem Wachstum, der Urbanisierung der Aussengemeinden, der Entstehung erster Gartensiedlungen und dem Ausbau sowohl der öffentlichen wie der individuellen Mobilität mittels Trambahn, Eisenbahn und Automobil. Die ideale Stadt wurde gewissermassen als Modell der modernen Metropole neu entdeckt.

Eine um 1914 entstandene Postkarte zeigt den Blick durch die Bögen der als Brücke angelegten Lindenhofstrasse in der Zürcher Innenstadt auf die beiden Hochschulen am historischen Stadtrand (Abb. 2). Mittig die Eidgenössische Technische Hochschule, rechts daneben, in der Fotografie bildwirksam vom zweiten Torbogen überfangen, die kantonale Universität. Die formalen und typologischen Unterschiede der zwei Bauten sind offenkundig. Bei beiden ist in der Ansicht ein mittleres Bauteil von zwei Flügeln flankiert, wobei die Anlage bei Gottfried Semper symmetrisch, bei Karl Moser asymmetrisch organisiert ist. Semper knüpft an Schlossbautypologien an, Moser gruppiert geschickt entspre-

[1] Albert Baur (Einführung), in: *Die Neue Universität Zürich. Photographische Aufnahmen des kantonalen Hochbauamtes*, Zürich: Orell Füssli 1914, S. 5–15, hier S. 5 f.

Abb. 1: Westfassade. Bauzustand am 4. Juli 1913

chend der Topografie. Man könnte also folgern: modernes 20. Jahrhundert rechts steht historischem 19. Jahrhundert links entgegen. Allerdings soll diese vermeintliche architektonische Konkurrenz der beiden – wenn sie denn nicht eine Entwicklung darstellt – nicht im Zentrum der folgenden Überlegungen stehen. Der gewählte Bildausschnitt des Fotografen zielt zwar auf einen direkten Vergleich der beiden Hochschulen, oder – in Anbetracht des trennenden Pfeilers im Bildmittelgrund – auf die Betonung der Unterschiede. Die Arkaden, die gleichsam als Tor zum Geschäftsquartier an der Bahnhofstrasse fungieren, implizieren jedoch noch einen weiteren, übergreifenden Aspekt: Die Frage der Ausformulierung von Grossbauten für eine moderne Stadt schlechthin.

Städtisches Verwaltungszentrum

Die übergeordnete Zielsetzung des Zürcher Städtebaus galt um 1910 noch immer der architektonischen Konsolidierung der Eingemeindung von 1893. Damals, im ausgehenden 19. Jahrhundert, war in verwaltungstechnischer Hinsicht das nachvollzogen worden, was sich baulich bereits in Form einer grossflächigen Überbauung mit Miethausblöcken und zusammenwachsenden Aussengemeinden manifestiert hatte.² Vor diesem Hintergrund lässt sich auch die erwähnte Postkarte aus der Einweihungszeit von Mosers Universitätsgebäude verstehen: Die prominent ins Bild gesetzten Arkadenpfeiler sollten ein grosses Stadthaus schultern, das seinerseits Teil von Gustav Gulls Gesamtplanung für ein «noch nicht vorhandene[s] monumentale[s] Stadtzentrum» war (Abb. 3). In diese Planung eingebunden war der mittelalterliche Lindenhof im Herzen der linksufrigen Altstadt, der «zum eigentlichen Stadthausplatz umgestaltet» werden sollte; auch dank seiner erhöhten Lage hätten die «hier zu errichtenden öffentlichen Bauten eine dominierende Stellung im Stadtbild» erhalten.³

In Gulls Visualisierung dieser neuen Gebäudefront an der Limmat scheinen mehrere historische Architekturbilder zu einem Pasticcio vereint zu sein. Man denkt etwa an Venedig, aber mehr noch an die Ansicht der Altstadt von Dresden vom gegenüberliegenden Elbufer aus gesehen – eine Situation, die mit derjenigen von Zürich Parallelen aufweist. Dresdens Stadtprospekt war um 1900 wegen eines umstrittenen Projekts für ein Ständehaus, aufgrund des Georgentor-Neubaus sowie der kompletten Neuprojektierung der Augustusbrücke vermehrt Thema in den einschlägigen Publikationen⁴ (Abb. 4). Auf den Modellfall Dresden wird zurückzukommen sein.

Gulls Gesamtplanung sah neben dem neuen Verwaltungszentrum die Erweiterung des von ihm erbauten Landesmuseums vor, den Bau einer Zentralbibliothek unterhalb der Hochschulbauten⁵ sowie eine neu durch die Altstadt geschlagene Achse zum Heimplatz mit Regierungs- und Gerichtsgebäude, den so genannten Zähringerdurchstich. Auch das Gebiet neben dem Polytechnikum gehörte zur erweiterten Planung einer innerstädtischen Zentrumsbildung. Um einer Mietshausüberbauung an dieser exponierten Lage zuvorzukommen, hatte die Stadt dort bereits 1895 Land aufgekauft.⁶ Damals, über zehn Jahre vor einer eingehenden Auseinandersetzung mit dem topografisch unebenen Gelände neben dem Polytechnikum, wurde über die «schöne Massenwirkungen und ein harmonisches belebtes Gesamtbild»⁷ am Osthang der Stadt gesprochen.

2   Vgl. Daniel Kurz, *Die Disziplinierung der Stadt. Moderner Städtebau in Zürich. 1900 bis 1940*, Zürich: gta Verlag 2008, S. 46.
3   *SBZ* 46 (1905), S. 54, 56.
4   Mit Paul Wallot (Ständehaus) und Wilhelm Kreis (Augustusbrücke) waren zwei führende deutsche Architekten in die Umgestaltung der Flussseite Dresdens involviert. Vgl. *SBZ* 33 (1899), S. 184, und *SBZ* 41 (1903), S. 90. Realisierte Situation siehe *Deutsche Bauzeitung* 44 (1910), S. 358. Zur Umgestaltung des Theaterplatzes siehe ebd., S. 357.
5   An der schliesslich realisierten Stelle neben der Predigerkirche.
6   *SBZ* 25 (1895), S. 169 f.; *SBZ* 26 (1895), S. 26 f., 68; *SBZ* 51 (1908), S. 196 f.
7   *SBZ* 25 (1895), S. 170.

Abb. 2: Die Eidgenössische Technische Hochschule und die Universität Zürich von den Torbögen der von Gustav Gull erbauten Stadthausanlage aus gesehen. Postkarte, um 1914

Abb. 3: Gustav Gull, Stadthausanlage mit Stadthausturm und Stadthaus über den Torbögen der Uraniastrasse. Perspektive, 1905

Abb. 4: Blick über die Friedrich-August-Brücke in Dresden auf die Altstadt und das 1901 fertiggestellte Georgentor (mit Treppengiebel) von Gustav Dunger und Gustav Fröhlich. Postkarte, um 1910

Bild- und Fernwirkung

Die bildhafte Wirkung einer Bebauung über der Altstadt blieb in den folgenden Jahren ein zentrales Argument. So auch in den Voten der 1906 eingesetzten Baukommission für den Universitätsneubau. Die Mehrheit ihrer Mitglieder plädierte für ein dem Terrain angepasstes, im Winkel angeordnetes Gebäude und damit gegen Alfred Friedrich Bluntschlis Vorprojekt aus demselben Jahr für eine streng axial aufgebaute Anlage (Abb. 5). Zugleich wollte man einen Bau mit Fernwirkung. So vertrat der Winterthurer Architekt Robert Rittmeyer als Mitglied der Baukommission die Meinung, dass vor allem ein Hauptmotiv wie die Aula oder der Haupteingang von der Stadt her gut «sichtbar» gemacht und eine «kuppelartige, von den Formen der Nachbargebäude gänzlich verschiedene, dominierende Silhouette» erreicht werden müsste.[8] Und Gull doppelte nach, dass mittels Terrassierung die Topografie auszugleichen sei, um auf diese Weise einen «herrlichen Ausblick auf die Stadt, den See und die Berge» zu erhalten; der Universitätsbau würde sich so «von allen Seiten wirkungsvoll präsentieren».[9] Bluntschlis Einwand, dass eine Konkurrenz zum älteren Nachbarn entstehen könnte, war angesichts der Fassade des Polytechnikums, wo die Aula in der architektonischen Umsetzung im Mittelbau als Motiv von der Stadt her gut sichtbar ist, allerdings gerechtfertigt.

Auch Karl Mosers erste Skizzen für das Wettbewerbsprojekt waren von dem Widerspruch geprägt, einerseits einen repräsentativen Monumentalbau zu entwerfen, andererseits aber nicht in Konkurrenz zu Sempers Schulbau zu treten. Sie zeigen nur die Seite zur Stadt, wohl deshalb, weil auch Moser das «vorzügliche Bild von der Stadt aus» als wichtigstes Argument wertete[10] (Abb. 6). Die Disposition zweier miteinander verkuppelter, versetzt angeordneter Volumen war für ihn offenbar von Beginn an sakrosankt. Im eingereichten Wettbewerbsentwurf verstärkte Moser die Kuben mit einem dritten, der eine Verbindung schuf, die Einheit des Ensembles unterstrich und zum Hauptmotiv der Gesamtanlage avancierte. Zunächst allerdings erhob sich dieses mittlere Volumen nicht wesentlich über die übrigen Gebäudemassen hinaus. Man könnte höchstens von einem etwas höheren Haus sprechen, das die krönende Funktion der ganzen Anlage übernahm (vgl. S. 211, Abb. 10 und 11).

8   Protokoll der III. Sitzung der Baukommission für die Hochschulbauten, 11.12.1906, S. 12; StAZ V II 15 a.1.
9   Protokoll der IV. Sitzung der Baukommission für die Hochschulbauten, 5.3.1907, S. 5 f.; StAZ V II 15 a.1.
10 gta Archiv / ETH Zürich (Nachlass Karl Moser, 33-1907-TGB-6).

«Wirkungsvolles Baudenkmal der Stadt»

Mosers Variation des vorläufig noch als Treppenhaus fungierenden mittleren Kubus lässt offen, welche inhaltliche Konnotation der Architekt mit ihm verbindet: In einigen Entwürfen sieht er eine zusätzliche Funktion als Glocken- oder Uhrturm vor; als mögliche Dachabschlüsse formuliert er Walmdach mit Dachreiter, Welsche Haube oder Treppengiebel. In einzelnen Perspektiven scheint es, als ob Moser die Linien des Daches dem Hintergrund der Bebauung oder der Landschaft angleicht. Die Welschen Hauben, die von einer Turmlaterne mit Uhr und Glocke bekrönt werden, erinnern an Dachlösungen bei Rathäusern wie dem von Moser 1901 in Bamberg gezeichneten Beispiel (Abb. 7).

Doch wie soll ein Universitätsturm aussehen, der zur Signatur der Bildungsstätte in der modernen Stadt werden sollte? In weiteren Entwurfsschritten verfolgte Moser offensichtlich die Frage, wie ein vertikaler Baukörper formuliert werden könnte, der nicht nur als beigestellter Uhrturm, sondern als eigenständiger Baukörper lesbar ist. Ein Mittel war, die Monumentalität und die Höhenausrichtung des mittleren Bauteils stärker zu betonen. «Um die Gebäudeeinheit besser zum Ausdruck zu bringen», wird «in der Mitte ein gewaltiger Aufbau turmartig in die Höhe gezogen», verteidigte der Stadtrat 1910 die «Überschreitung der zulässigen Zahl der Stockwerke» und bewilligte für den «Monumentalbau», der ein «wirkungsvolles Baudenkmal der Stadt» werden soll, eine Ausnahme.[11] Und 1911, als der gewaltige Fehlbetrag von 1,8 Millionen Franken nachzufinanzieren war, lobbyierte der Zürcher Regierungsrat beim Stadtrat für die Beteiligung an den Mehrkosten, indem er «die hervorragende architektonische Bedeutung des geplanten teureren Baues für das Stadtbilde» herausstrich.[12]

Atlas 6, 8–10 und 14

Das Gebäude war bei Baueingabe weit prägnanter formuliert als im Wettbewerbsprojekt. Aus den beiden versetzten horizontalen Riegeln wuchs nun ein imposantes, hohes Haus über die Stadt hinaus (Abb. 8 und 9). Mit der Formulierung eines Treppengiebels bediente sich Moser spätmittelalterlicher Bürger- und Rathaustypologien – wohl auch ein Bezug zum von Gustav Gull geplanten Stadthaus. Wie schon angedeutet, mag Moser durch den Dresdner Neubau des Georgentors von Gustav Dunger und Gustav Fröhlich zur Treppengiebellösung inspiriert worden sein, der bis 1901 im Rahmen der angestrebten Gesamtgestaltung des Stadtprospekts entstanden war (Abb. 4).

11 Protokoll des Stadtrates vom 13.7.1910, S. 395 f.; Stadtarchiv Zürich.
12 Protokoll des Stadtrates vom 4.3.1911, S. 139; Stadtarchiv Zürich.

Abb. 5: Alfred Friedrich Bluntschli, Kollegiengebäude und Zoologisches Institut der Universität. Links Gottfried Sempers Polytechnikum. Projekt, Oktober 1906

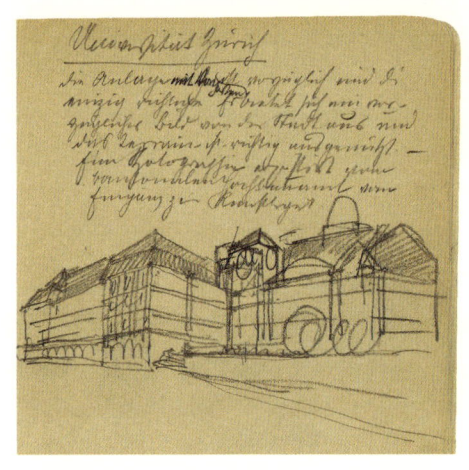

Abb. 6: Karl Moser, erste Entwurfsskizze zum Neubau der Universität, nach 31. August 1907. «Die Anlage mit Vor[bau]ten ist vorzüglich und die einzig richtige. Es bietet sich mir [ein] vorzügliches Bild von der Stadt aus und das Terrain ist richtig und genutzt. – Eine Photographie existiert vom kantonalen Hochbauamt vom Eingang zu Künstlergut.»

Abb. 7: Karl Moser, Rathaus Bamberg. Tagebuchskizze, 29. Mai 1901

Abb. 8: Karl Moser, Hauptgebäude der Universität Zürich. Baueingabeprojekt. Modell, um 1910

Abb. 9: Karl Moser, Hauptgebäude der Universität Zürich. Baueingabeprojekt. Fotomontage, um 1910

Gerade in einer solch bildhaften Architektursprache spiegelt sich allerdings ein grundsätzliches Dilemma: Im anbrechenden 20. Jahrhundert erschienen architektonische Verweise vielen als nicht mehr ausreichend, um die moderne Grossstadt prägnant zu repräsentieren. Wie eine Reihe von Architekturskizzen und Modelle belegen, war sich Moser dieser Problematik bewusst. Während der Entwurfsarbeiten für den Turmhelm versuchte er sich jeglicher inhaltlicher Konnotation zu entledigen und einen eigenständigen Ausdruck zu betonen. In diesem Licht besehen, entpuppt sich Mosers Bezugnahme auf die Kuppel des Baptisteriums in Lucca als eine Scheinbehauptung, um die letztlich frei gewählten und interpretierten Formen in der europäischen Architekturgeschichte zu verankern und nicht der willkürlichen Gestaltung verdächtigt zu werden.[13] Aufs Ganze gesehen versuchte sich Moser immer wieder dem historischen Bild, der Kopie und der eindeutigen Zuschreibung zu entziehen.

«Verticalrichtung»

Karl Mosers realisierter Neubau der Universität Zürich ist in seiner typologischen und formalen Erscheinung eigenartig ambivalent. Bestechend ist die ausgezeichnete Ausnützung des Terrains. Das grössere Kollegiengebäude ist hangwärts nach hinten geschoben, der kleinere Biologietrakt vorn an die Hangkante gestellt; die beiden Kuben sind durch einen vertikalen Akzent in ihrer Mitte verbunden. Von der Stadt her gesehen ergeben die mehrfach gestaffelten Volumen eine spannungsreiche Anlage (vgl. S. 211, Abb. 10 und 11, sowie S. 214, Abb. 13–15). Indem Moser den Grundriss nach dem Prinzip des Windrads aufbaut, wirkt dieser gut austariert, zugleich ist die Asymmetrie umso stärker betont. Allerdings bleibt die Asymmetrie auf die räumliche Disposition beschränkt. In der von der Stadt aus wahrnehmbaren Silhouette dagegen wirkt der Bau als annähernd symmetrische, um einen Mittelakzent gruppierte Komposition. Dementsprechend kann der Turm als Äquivalent zum Mittelrisalit des Polytechnikums interpretiert werden.

Die Übereinstimmungen und Entsprechungen in der Geometrie binden die einzelnen Baukörper zusammen. Dagegen scheiden formale Differenzierungen die einzelnen Volumina voneinander. Bei Kollegien- und Biologiegebäude über-

---

13 «Das Vorbild der Dachlinie war nach Prof. Mosers Aussage – durch Augenschein bestätigt – die Kuppel des Baptisteriums von S. Giovanni in Lucca. [...] Es weckt hohen Respekt, was der Architekt aus dem kleinräumigen Vorbild machte – wie er das übernommene Motiv *eigenen* Bedürfnissen anpasste.» Ernst Gagliardi, Ernst Nabholz und Jean Strohl, *Die Universität Zürich 1833–1933 und ihre Vorläufer,* Zürich: Erziehungsdirektion 1938, S. 810, Anm. 2.

spannen unterschiedlich formulierte Wandpfeiler jeweils die gesamte Fassade über dem Sockelgeschoss. Beim Turm setzt die Pfeilergliederung erst im fünften Obergeschoss ein, und zwar genau dort, wo sich der Grundriss verjüngt. Die stark aufgelösten Wandpartien dieser obersten Geschosse kontrastieren mit dem als massiver Block realisierten Turmsockel. Er reicht bis über die Firstlinie des Kollegiengebäudes. Dieser wiederum entsprechen die gesimsähnlichen Unterteilungen der hochrechteckigen Fenster im Turm; sie markieren exakt die Hälfte der Turmhöhe. Sockel und aufgelöste Mauerpartien des Biologie- und des Kollegientrakts werden also vom Sockelbau des Turms leicht überragt; er bindet die einzelnen Gebäudekuben zusammen und ordnet sie gleichsam unter. Es ist ein Spiel mit Hierarchien: Die Schulbauten funktionieren einerseits als eigenständige Gebäude mit je eigenen, aufwendig gestalteten Eingangspartien, andererseits werden sie zu Flügelbauten degradiert. Gleichzeitig bilden sie die Sockelzone des Turmabschlusses. Mit der zweifachen Verjüngung des Turmgrundrisses und mit der Pfeilergliederung in den obersten Partien wurde der horizontalen Lagerung des Neubaus damit eine «entschiedene Verticalrichtung» entgegengesetzt.[14]

Atlas 1, 8 und 9

Ein Hochhaus für die Stadt

Vermutlich waren es sowohl konstruktive Fragen als auch die damit zusammenhängenden Gestaltungsschwierigkeiten, die Moser 1912 veranlassten, über das gerade im Bau befindliche höchste Gebäude der Welt nachzudenken: das als Cathedral of Commerce[15] bekannt gewordene, 1913 fertiggestellte Woolworth Building (Abb. 10). Bei diesem Gebäude legte der an der École des Beaux-Arts ausgebildete amerikanische Architekt Cass Gilbert das erste Mal überhaupt bei der Realisierung eines Wolkenkratzers ein einheitliches, vertikales Gliederungssystem über mehrere, unterschiedlich grosse Gebäudeblöcke und verabschiedete sich damit von der klassischen Unterteilung in Sockel, Schaft und Kapitel bzw. Dachabschluss.[16] Allerdings erfolgte dieser Versuch einer einheitlichen Gestaltung nicht ohne ikonografischen Bezug, wollte doch offenbar der Bauherr Franklin W. Woolworth seinem Geschäftshaus mit den gotisierenden Formen für

---

14 gta Archiv / ETH Zürich (Nachlass Karl Moser, 33-1911-TGB-22).
15 Gail Fenske, *The Skyscraper and the City. The Woolworth Building and the Making of Modern New York,* Chicago/London: The University of Chicago Press 2008, S. 265–270. Die Bezeichnung der «Kathedrale des Handels» stammt ursprünglich von Émile Zola, der die Pariser Warenhäuser so bezeichnet hatte.
16 Zur damaligen Problematik der Gestaltung dieses derart grossen Gebäudes vgl. ebd., S. 138.

Kommerz und geschäftlichen Erfolg eine Konnotation mit christlichen Inhalten evozieren.[17]

Im quantitativen Vergleich mit dem amerikanischen Wolkenkratzer kann sich der Zürcher Turm natürlich nicht behaupten. Interessant ist aber ein Vergleich der Rolle der beiden Bauten in ihrem jeweiligen städtebaulichen Kontext. Als damals höchstes Gebäude der Welt war das Woolworth Building eine Landmarke. Die gotischen Stilformen schwächen seine kommerzielle Seite zugunsten einer stadtbürgerlichen Zuordnung, zumal es mit halböffentlichen Angeboten wie Swimmingpool, Restaurants, Schulen und Läden eine City within a City bildete. Am City Hall Park gelegen, gegenüber der alten Townhall und dem fast gleichzeitig errichteten Municipal Building, ergänzt es symbolisch und funktional das politische Zentrum zu einem vollständigen Civic Center. Mosers Neubau der Universität steht in einem ähnlichen Verhältnis zu den Verwaltungsbauten und dem politischen Zentrum der Stadt. Durch seine städtebaulich dominierende Platzierung über der alten Stadt, am unteren Hang des Zürichbergs und gegenüber der Amtshausüberbauung verkörpert er den Aufbruch des wachsenden, modernen Zürichs nach der Jahrhundertwende. Auch ohne die Realisierung des Stadthauses von Gustav Gull war das Ergebnis eine städtebauliche Verdichtung monumentaler Grossbauten in diesem Abschnitt des Limmatraums, die für die Verbindung des geistigen und politischen Zentrums stand.

Atlas 6

Die Vorstellung eines – noch weiter ausgebauten – städtischen Grosszentrums wurde in unmittelbar auf die Realisierung des Universitätsbaus folgenden Planungen manifest. Die Zeitschrift *Das Werk* erklärte mit Verweis auf den geplanten Wettbewerb über den Ausbau von Gross-Zürich Mosers Neubau, der «so siegessicher das Stadtbild beherrscht», zum Leitbau, dem «die Umgebung zum Rechte verhelfe[n]» solle.[18] Als dann 1918 der lang erwartete Zürcher Städtebau-Wettbewerb endlich stattfinden konnte, der sich am Wettbewerb für Gross-Berlin von 1910 orientierte, spielte die Zürcher Hochschulbebauung und deren monumentale Erweiterung in imposanten Darstellungen eine entsprechend wichtige Rolle.[19] Obwohl sich Moser am Wettbewerb selbst nicht beteiligte, schlug er parallel dazu vor, das Universitätsgebäude zu einer Forumsarchitektur zu verdoppeln, in der auch

17 Siehe die Übernahme traditioneller christlicher Darstellungen ebd., Abb. S. 322 und 235.
18 Albert Baur, «Die neue Universität in Zürich», in: *Das Werk* 1 (1914), H. 4, S. 1–13, hier S. 6.
19 Vgl. Kurz 2008 (wie Anm. 2), S. 192–199, Abb. S. 194.

Abb. 10: Blick aus dem Vorhof des Municipal Building, New York, auf das Woolworth Building. Foto aus der Zeitschrift *Architecture and Building*, Juli 1913

die kantonale Verwaltung hätte integriert werden sollen, und knüpfte so direkt an den Berliner Wettbewerb an (Abb. 12; siehe auch S. 319, Abb. 2). Letztlich aber hätte diese axial gespiegelte Verdoppelung eine (Über-)Betonung der Bedeutung der Anlage als städtebauliche Staffage und eine Verengung der praktischen und ideellen Möglichkeiten bedeutet, die der realisierte Bau Mosers 1914 bot. Denn der Turm der Universität Zürich ist mehr als eine blosse Denkmalsarchitektur. Er ist auch nicht nur Zweckbau, sondern osziliert zwischen «Schulhochhaus» mit «disponiblem»[20] Raumangebot bis unters Dach und «Hochhaus für die Stadt», das als geistiges Zentrum (nicht nur) in Zeiten geopolitischer Unbill ab 1914 die Silhouette der nicht ganz grossen Metropole prägte und prägt (Abb. 13).

20 So auf den Plänen die Bezeichnung der Räume in den Turmgeschossen; zur ursprünglichen Ausstattung gehörte auch ein Lift durch alle Turmgeschosse bis unters Dach. Siehe Planmaterial gta Archiv / ETH Zürich (Nachlass Karl Moser, 33-1908-01-M8-2). Zur Baugeschichte bezüglich Konstruktion von Turm und Turmdach vgl. Thomas Gnägi, «Hauptgebäude (Kollegien- und Biologiegebäude) der Universität Zürich», in: Werner Oechslin und Sonja Hildebrand (Hrsg.), *Karl Moser. Architektur für eine neue Zeit, 1880 bis 1936,* Zürich: gta Verlag 2010, Bd. 2, S. 186–194, hier S. 188.

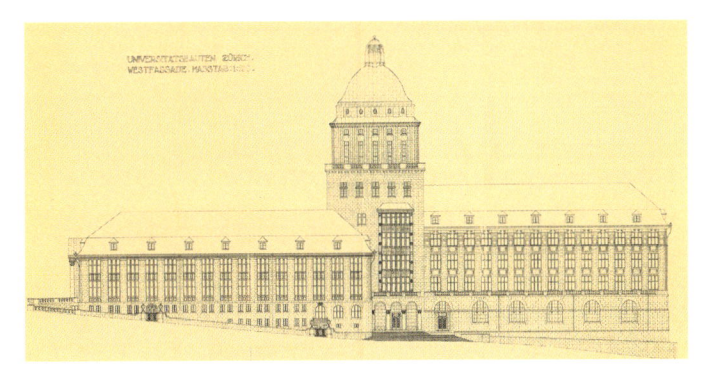

Abb. 11: Karl Moser, Universität Zürich. Ansicht Westfassade. Ausgeführtes Projekt, Revisionszeichnung, Oktober 1915

Abb. 12: Karl Moser, Universität Zürich. Projekt für eine symmetrische Verdopplung, Perspektive 1917

Abb. 13: Universität Zürich. Ansicht von Westen, um 1914

Solitär im Grünen?

Notizen zu ausgewählten Fotografien des Hauptgebäudes der Universität Zürich

Verena Huber Nievergelt

«Das waren noch Zeiten! 1914 stand das eben erbaute Uni-Hauptgebäude noch mitten im Grünen!»[1] – so betitelte die Gratiszeitung *Züri-Woche* 1983 anlässlich des 150. Jahrestags der Gründung der Universität Zürich eine farbige Nahansicht des Kollegiengebäudes, die um 1914 entstanden sein dürfte (Abb. 2). Die Bildunterschrift scheint auf den ersten Blick zutreffend, in Anbetracht des gewählten fotografischen Ausschnitts und Aufnahmewinkels: Das Kollegiengebäude wird als Solitär in prägnanter Übereckperspektive gezeigt, über einem grossen, grün eingefärbten Obsthain aufragend, der das gesamte untere Bilddrittel ausfüllt.[2]

Das Bildmotiv als solches – das Haus im Grünen – erinnert daran, dass in jenen Jahren in Zürich gerade die ersten gebauten Beispiele der Gartenstadt-Idee realisiert wurden. Perspektive und Farbigkeit hinwiederum deuten darauf hin, dass es sich bei der Reproduktionsvorlage um eine Ansichtskarte handelt – und tatsächlich war die Ansichtskarte als fotografisches Massenmedium in den Jahren des Universitätsneubaus gerade im Begriff, die Welt zu erobern.[3] Betrachtet man die tatsächliche städtebauliche Situation des neuen Universitätsgebäudes, so zeigt sich allerdings, dass der Bau keineswegs vor den Toren oder am Rand der Stadt lag, sondern in einer locker bebauten, durchgrünten Zone, die unmittelbar an die historische Innenstadt anschliesst.[4] Dies wird in anderen Ansichten deutlich, die den Bau aus einem weiteren Blickwinkel anvisieren: Während auf einem Bild, das

---

1 «Die Zürcher Uni jubiliert. 150 Jahre Universität Zürich», in: *Züri-Woche*, 28. April 1983, o. S.
2 Heute stehen an dieser Stelle die Sportanlagen der Kantonsschule, der Strassenverlauf wurde mit dem Bau des Universitätsspitals zudem verändert. Vgl. dazu Sibylle Hoiman, «Kantonsspital (heute Universitätsspital) Zürich», in: Sonja Hildebrand, Bruno Maurer und Werner Oechslin (Hrsg.), *Haefeli Moser Steiger. Die Architekten der Schweizer Moderne*, Zürich: gta Verlag 2007, S. 305–313, hier S. 307.
3 Die Farbigkeit der Abbildung wurde ursprünglich vermutlich im Photochromverfahren erzielt, das in den Jahren vor dem Ersten Weltkrieg eine Blütezeit erlebte. Bei diesem Flachdruckverfahren, das oft in der Postkartenproduktion angewendet wurde, wird in aufwendigen Einzelschritten eine schwarzweisse Aufnahme mit Farbe versehen. Vgl. dazu die Firmengeschichte der Photoglob AG, www.photoglob.ch/ (zuletzt aufgerufen: 14.12.2013).
4 Für weitere Ausführungen zur spezifischen Lage der Universitätsgebäude vgl. Thomas Manetsch, *Die Universität und ihre politischen, sozialen und bildungstheoretischen Konnotationen. Eine ideengeschichtliche Momentaufnahme am Beispiel des Universitätsneubaues in Zürich 1906–1914*, unveröff. Lizenziatsarbeit Universität Zürich, 2006, S. 45–57.

Abb. 1: *Zürich, Hochschule.* Postkarte mit Stempel vom 12. Juli 1917
(Photo- und Kartenzentrale Zürich)

um oder einige Jahre vor 1917 vom Zürichberg her aufgenommen wurde, die parkähnliche Landschaft in den Vordergrund rückt (Abb. 1), wird in Ansichten von der Stadtseite her gerne der urbane Charakter des Stadtkerns von Zürich prominent in Szene gesetzt. So etwa in einer Aufnahme von Emil Guyer, die *Das Werk* anlässlich der Eröffnung des Neubaus publizierte.[5] Solche Aufnahmen der «Schauseite» der Universität haben die öffentliche Wahrnehmung des Baus auf Jahre hinaus geprägt; auch insofern, als sie die Lesart «Stadtkrone» unterstreichen und die Zentralität des weithin sichtbaren Turms.[6] Sie belegen darüber hinaus die Eigenständigkeit der Bauten im Stadtensemble und deren Behauptungskraft gegenüber Gottfried Sempers Polytechnikum.

Atlas 3, 6, 10 und 24

Geistesleben im Grünen

Die fotografische Darstellung von Architektur beinhaltet stets ein gewisses Mass an Inszenierung der realen Situation; je nach Verwendungszweck des jeweiligen

5   Die Aufnahme ist im Auftrag des Kantonalen Hochbauamtes entstanden. Albert Baur, «Die neue Universität in Zürich», in: *Das Werk* 1 (1914), H. 4, S. 1–13, hier S. 4. Zur Tätigkeit des Fotografen Emil Guyer im Auftrag des Kantons Zürich sowie des fotografischen Archivs der Denkmalpflege vgl. Thomas Müller, «Eine eindrückliche Sammlung. Das Fotoarchiv der Zürcher Denkmalpflege», in: *Heimatschutz* 107 (2012), H. 3, S. 22 f.

6   Daneben gehören zu den Standardansichten auch jene Innenaufnahmen, welche die Gewölbe der Wandelgänge um den Lichthof sowie den Lichthof selber in Szene setzen oder sich auf die künstlerische Ausstattung konzentrieren.

Bildes steht dabei entweder die möglichst exakte Darstellung des Bauwerks und seines städtebaulichen Kontexts im Zentrum, oder aber die visuell attraktive Bildlösung als solche. Oft geht es auch schlicht und einfach darum, mittels Bildern einer bestimmten Vorstellung der gezeigten Gebäude und Situationen im jeweiligen historischen und kulturellen Kontext medial zum Durchbruch zu verhelfen. So zeigen zahlreiche Ansichten aus allen Epochen des Universitätsgebäudes, von 1914 bis heute – insbesondere auch Postkarten – den Baukomplex nicht als Teil eines grösseren urbanen Ganzen, sondern als von Parkanlagen und Grünflächen umgebene Einzelbauten. Die Architektur wird auf diesen Bildern von Ästen überlagert, von Baumkronen gerahmt oder sie wird mit üppiger Blatt- und Blütenpracht kontrastiert.[7] Darüber hinaus dient die grüne Umgebung als Bühne für die Studierenden, die darin Augenblicke der Musse geniessen oder sich der geistigen Arbeit widmen. Die Bilder umfassen eine Spanne aus der Zeit des Neubaus bis in die Gegenwart. Hoch über den Niederungen des urbanen Treibens wird das universitäre Leben quasi als Pastorale ins Bild gesetzt.[8] Vor diesem Hintergrund mag es als stimmig erscheinen, dass die Universität Bern ihrer Zürcher Schwesteruniversität zur Hundertjahrfeier 1933 das Bild *Obsternte* von Cuno Amiet schenkte. Nicht anders als auf vielen Fotos des Moser-Baus wird der Obstgarten im Herbst zur Allegorie der akademischen Reife.[9]

Atlas 39

Programmatische Bildberichte

Bereits anlässlich der Präsentation des Neubaus in der Architekturpresse, namentlich in der *Schweizerischen Bauzeitung* und in *Das Werk,* hatte die «Universität im Grünen» den Auftakt gebildet. Die visuelle Einbettung der Baukörper in bestehende Grünanlagen bot für viele Fotografen offenbar von Anfang an ein besonders reizvolles Motiv.

---

7   Bildmuster der Gegenüberstellung von Architektur und Natur weisen innerhalb des Genres der Architekturfotografie eine gewisse Verbreitung auf. Vgl. dazu Joel Herschman und Cervin Robinson, *Architecture transformed. A history of the photography of buildings from 1839 to the present*, 2. Aufl., New York/Cambridge MA: Architectural League of New York/MIT Press 1988, S. XII.

8   Vgl. zur Verbindung der städtebaulichen Lage der Universität und deren bildungstheoretischer und -politischer Bedeutung Manetsch 2006 (wie Anm. 4), S. 69–75 sowie S. 76.

9   Vgl. dazu David Werner, «Wie die Obsternte von der Wand fiel», in: *unijournal,* Nr. 1, 19.3.2007, S. 2. – Den Hinweis auf dieses Jubiläumsgeschenk verdanke ich Franz Müller.

Das «*Gesamtbild aus Osten, vom Eckhaus Plattenstrasse-Gloriastrasse*» ist ein Beispiel in diesem Zusammenhang.[10] Hier wirkt der Obsthain im Vordergrund durch den etwas grösser gewählten Ausschnitt noch dominanter als auf dem weiter oben beschriebenen Bild. Im Hintergrund steigt links die Flanke des Uetlibergs auf, die Stadt darunter scheint in weite Ferne gerückt. Mosers Kollegiengebäude und der Turm ragen als Solitäre aus dem Grün der Umgebung empor. Erst in zweiter Linie tauchen im Bildbericht der *SBZ* auch Ansichten auf, welche die Gebäude als Teil der städtischen Bebauung zeigen. *Das Werk* beschritt den umgekehrten Weg: hier werden die Bilder, die den Bau im urbanen Kontext erfahrbar machen, zu Beginn der Publikation von 1914 gezeigt, bevor dann im zweiten Teil der Bilderfolge die Rahmung und Überlagerung von Biologiegebäude und Turm durch den umliegenden Baumbestand die dominierende Rolle spielen (Abb. 3 und 4). Exemplarisch ist etwa *Haupteingang an der Nordwestfront*. Das Portal des Biologischen Instituts im Mittelgrund ist leicht nach rechts gerückt, die Birke am linken Bildrand füllt die ganze Höhe des Bildes, deren Äste wachsen über den Turm hinweg und überlagern diesen mit einem filigranen Muster.

Atlas 84

Solche malerischen Bildkompositionen dokumentieren indes nicht nur eine interessante bildinterne Gestaltungsstrategie; sie korrespondieren auch in stimmiger Weise mit der «asymmetrischen Komposition» der abgebildeten Gebäudeteile selbst und ihrer Situierung im steilen Gelände des Hochschulquartiers bzw. dem Konzept des «malerischen Städtebaus».[11] Bereits die *SBZ* betonte in ihrer Besprechung des Neubaus diesen «malerischen» Aspekt des Baukomplexes und beschrieb ihn als besonders geglückt.[12] Insofern stimmen die Aufnahmen, die Mosers Universitätsgebäude als Teil einer von Grünflächen mitbestimmten Umgebung zeigen, mit einem entscheidenden Aspekt der realen architektonischen Situation überein. Zudem knüpfen sie an das Interesse des Architekten an einer bildhaften, ästhetisch interessanten Komposition seiner Gebäude an, die sich wirkungsvoll in Fotografien festhalten lässt.[13]

10 *SBZ* 63 (1914), S. 221.
11 Thomas Gnägi, «Hauptgebäude (Kollegien- und Biologiegebäude der Universität Zürich)», in: Werner Oechslin und Sonja Hildebrand (Hrsg.), *Karl Moser. Architektur für eine neue Zeit, 1880 bis 1936*, Zürich: gta Verlag 2010, Bd. 2, S. 186–194, hier S. 192 und 194.
12 «Der Neubau der Universität Zürich. Architekten Curjel & Moser», in: *SBZ* 63 (1914), S. 221–225.
13 Vgl. dazu Thomas Gnägi, «‹das einzelne als Teil des Ganzen zu betrachten›. Kirchenbau als städtebauliche Aufgabe», in: Oechslin/Hildebrand 2010 (wie Anm. 11), Bd. 1, S. 178–197, hier S. 183–185.

Abb. 2: *Hauptgebäude der Universität Zürich,* um 1914 (Abbildung in *Züri-Woche,* 28. April 1983)

Abb. 3: *Biologisches Institut der Universität Zürich. Haupteingang an der Nordwestfront* (Foto Emil Guyer, Kantonales Hochbauamt Zürich; Abbildung in *SBZ* 63, 1914, H. 16)

Abb. 4: *Die Universität Zürich. Turm von Norden* (Foto Emil Guyer, Kantonales Hochbauamt Zürich [?]; Abbildung in *Das Werk* 1, 1914, H. 4)

Abb. 5: *The Flatiron Building, New York* (Foto Alfred Stieglitz, 1902/03)

Abb. 6: *Spring Showers, New York* (Foto Alfred Stieglitz, um 1900)

Malerische Ansichten

Wird der Blickwinkel über den engeren baulichen Kontext hinaus geöffnet, orientieren sich die diskutierten Aufnahmen fast ausnahmslos an malerischen Qualitäten, die für die damals international führende Fotografiebewegung des Piktorialismus kennzeichnend waren. Fotografinnen und Fotografen, die dieser Richtung angehörten, verwendeten für die Ausführung ihrer Arbeiten meist sogenannte Edeldruckverfahren und legten grossen Wert auf die Qualität der Abzüge, die oft wie Originale behandelt wurden. So wurde denn auch ein Teil der Abbildungen in *Das Werk* und in der *Schweizerischen Bauzeitung* als separate Tafeln in hoher Qualität gedruckt; in der *SBZ* werden diese Bilder sogar speziell als «Ätzungen» und «Kunstdrucke» ausgewiesen und die jeweiligen Autoren wurden namentlich erwähnt.[14]

Formal von Interesse ist ein Vergleich mit bekannten Aufnahmen von Alfred Stieglitz, einem der frühen Protagonisten des Piktorialismus.[15] In verschiedenen Bildern, die er zu Beginn des 20. Jahrhunderts in New York aufgenommen hatte, kombinierte Stieglitz die Bauten der Metropole mit organischen Formen, namentlich mit Baumsilhouetten, wie etwa in *The Flatiron Building* oder *Spring Showers,* wo Architektur und Natur zu einem dichten kompositionellen Ganzen verwoben werden (Abb. 5 und 6). Man muss in diesem Zusammenhang an die Faszination der Piktorialisten für das Genre des japanischen Holzschnitts denken, eine Faszination, die Stieglitz mit anderen Fotografen wie auch mit zahllosen Kunstschaffenden und Architekten jener Jahre verband.

Die Absicht, das Universitätsgebäude unter dem Gesichtspunkt des malerischen Ineinanders von Natur und Architektur ins Bild zu setzen, hatte nicht nur zur Eröffnungszeit im Vordergrund gestanden. Insbesondere im Bereich von Postkarten und von institutionseigenen Bilddokumentationen ist sie beinah bis heute ein dominantes Thema. Beispiele dafür sind etwa eine Aufnahme des Uni-Pressedienstes aus dem Jahr 1990, in der das Bild durch die mit der verschneiten Wiese angedeutete Winterstimmung zusätzlich atmosphärisch aufgeladen wird, Atlas 84 oder noch ältere, im Frühling oder Sommer entstandene Bilder, die mit ihrer

---

14 Es handelt sich dabei um den bereits erwähnten Emil Guyer. Vgl. «Der Neubau der Universität Zürich …» (wie Anm. 12), S. 222 f.
15 Zum Gesamtwerk von Stieglitz vgl. z.B. Sarah Greenough, *Alfred Stieglitz. The Key Set. The Alfred Stieglitz Collection of Photographs,* Ausst.-Kat. National Gallery of Art, Washington/ National Gallery of Art, New York, 2 Bde., New York: Harry N. Abrams 2002.

üppigen Pflanzenpracht an Gartendarstellungen Claude Monets erinnern (Abb. 7 und 8).[16]

Rahmungen

Auffallend ist weiter eine spezifische Variante der malerischen Komposition, in der Natur und Architektur einander gegenübergestellt werden. Es handelt sich um die insbesondere auf Postkarten beliebte Ansicht des schräg von unten fotografierten, von Bäumen gerahmten Turms des Moser-Baus (Abb. 9). Diese Perspektive ermöglicht eine reizvolle Übereckdarstellung des Bauvolumens und betont gleichzeitig die Monumentalität des hohen Gebäudes. Der Turm, ein eigentliches Hochhaus, fungiert in diesen Fotografien inmitten der grünen Parkanlagen als blicklenkendes Element.[17] Dabei steht allerdings nicht die Überwältigung der Betrachtenden durch Monumentalität im Vordergrund; die Rahmung des Baus durch die organischen Formen der Bäume verleiht dem Bild vielmehr einen pittoresken, ja beinahe lieblichen Ausdruck, der an Garten- oder Landschaftsdarstellungen aus dem Rokoko erinnert. Die Baumkronen werden in diesem Fall nicht als grafisches Element eingesetzt, welches die Bauten überlagert, sondern sie fungieren als Rahmen, der die Ansicht zum oberen Bildrand hin abschliesst und den Turmbau umfasst.

Im oberen Bildbereich ähnlich gestaltet ist eine Aufnahme auf einer Postkarte aus der Zeit des 150-jährigen Jubiläums der Universitätsgründung 1983 (Abb. 11); neu erscheint dort allerdings im Vordergrund der Bau des 1969 fertiggestellten Mensagebäudes von Werner Frey.[18] Carlo Vivarellis Skulptur, eine *fünfteilige Säule aus zehn identischen Gruppen,* auf der Terrasse des Mensagebäudes schiebt sich dabei prominent in den Vordergrund und erhält eine ähnliche Relevanz wie auf älteren Ansichten die Spolie des alten Tors zum Künstlergut.

16 Für weitere Beispiele vgl. Universität Zürich (Hrsg.), *Jahresbericht 1992/93,* Zürich 1993, S. 61. Bemerkenswert sind ausserdem Titelvignetten mit einer grafischen Darstellung der Moser-Bauten aus der Perspektive der Innenstadt, denen ein (fiktiver) Baumbestand vorgelagert wird. Vgl. Universität Zürich (Hrsg.), *Rektoratsrede und Jahresbericht April 1921 bis Ende März 1922,* Zürich 1922, und Universität Zürich (Hrsg.), *Rektoratsrede und Jahresbericht April 1922 bis Ende März 1923,* Zürich 1923. Diese Hinweise verdanke ich Silvia Bolliger.

17 Thomas Gnägi betont in einem Artikel über den Universitätsturm als Hochhaus explizit die städtebaulichen Qualitäten und dessen Funktion als «Blickpunkt». Vgl. Thomas Gnägi, «Metropolitane Silhouette. Das Zürcher Universitätsgebäude als frühes europäisches Hochhaus», in: *NZZ,* 24./25. Juni 2006.

18 Das identische Bild wurde als Titelbild einer Ausgabe der Zeitschrift *Zürcher Chronik. Kultur-Zeitschrift des Kantons Zürich* zum Jubiläum 1983 verwendet (Nr. 1, 1983). Die Bildstrategie der Rahmung wird in der Architekturfotografie oft auch dahingehend benutzt, dass die gezeigten Gebäude von anderen architektonischen Elementen gerahmt werden, um besonders effektvolle Ansichten zu generieren; vgl. Atlas 6, 91 und 94.

Abb. 7: *Zürich, Universität,* o.J. Im Vordergrund das alte Tor zum ehemaligen Künstlergut (Farbige Zürich-Karten, V. F. Rascher, Rascher-Verlag, Zürich)

Abb. 8: *Universität Zürich, Fassade Süd-West,* o. J.

Abb. 9: *Zürich, Neue Universität.* Postkarte mit Stempel vom 15. Juli 1922 (Edition Photoglob, Zürich)

Abb. 10: *Studenten, Szene im Lichthof* (Uni-Pressedienst, 1990)

Abb. 11: *Universität Zürich, Zentrum mit Lichthof,* um 1983. Postkarte (Verlag Photoglob AG, Zürich)

Abb. 12: *Studenten in der Freizeit* (Uni-Pressedienst, um1990)

Grünzonen als Asset

Die Postkarte der 1980er-Jahre zeigt allerdings nicht nur den Aussenraum als Grünzone. Sie stellt diesem in der unteren Hälfte den Miniaturpalmengarten im Lichthof gegenüber. Nach der Räumung des so genannten «Göttergartens», der Abgusssammlung nach antiken Skulpturen, die bis 1951 an diesem Ort ausgestellt gewesen war, wurde eine Gruppe von Palmen im Lichthof aufgestellt, was dem Ort eine mediterrane Anmutung verlieh.[19] Eine um 1990 entstandene Aufnahme des Uni-Pressedienstes rückt eine dieser Palmen durch den Einsatz von Blitzlicht prominent in den Vordergrund. Diese wird so quasi zum Schutzschirm für die darunter versammelten Studierenden (Abb. 10).

Überhaupt spielen die verschiedenen Grünzonen eine nicht unwichtige Rolle bei der fotografischen Inszenierung des Studierendenlebens, was vielleicht auch als Reminiszenz an die Idee des US-amerikanischen Campus gedeutet werden kann. Ebenfalls um 1990 entstand eine Serie von Aufnahmen, in denen die Studierenden in einer pastoralen Situation im oberen Teil des Rechberggartens flanieren, sonnenbaden oder sich ihrer Lektüre hingeben. Offenbar gilt die enge Verbindung der historischen Bauten mit den umliegenden Grünräumen bis heute als ein spezifischer Vorzug der Zürcher Universität:[20] Auf einer Abbildung einer aktuellen Werbebroschüre der Universität, prominent auf der ersten Seite platziert, erkennt man im Bildmittelgrund konzentriert lesende Studierende. Durch die grosse Nähe zur Kamera verschwommen aufgenommene Blätter füllen nahezu die Hälfte des Bildraums – wiederum bilden Bäume das schützende Dach über den Häuptern der jungen Menschen, die sich ihrer geistigen Tätigkeit widmen (Abb. 12).

Es dürfte kein Zufall sein, dass diese Zelebrationen von Natur zu einem Zeitpunkt wiederauflebten, als im Zuge der städtebaulichen Veränderungen der 1960er- bis 1980er-Jahre zahlreiche Grünflächen in der Stadt Zürich verschwanden – so auch in der näheren Umgebung der Hochschulen, wo unter anderem neue Tiefgaragen, Zufahrtswege oder Mensagebäude entstanden.[21] Diese Ent-

---

19 Zur «Entgötterung» des Lichthofs vgl. Peter Stadler, «Die Jahre 1919 bis 1957», in: *Die Universität Zürich 1833–1983. Festschrift zur 150-Jahr-Feier der Universität Zürich,* hrsg. von der Universität Zürich, Gesamtred. Peter Stadler, Zürich: Universität Zürich 1983, S. 82. Die genaue Zeitspanne, während derer sich die Palmen im Lichthof befanden, war nicht zu eruieren. Auf den gesichteten Bildquellen findet sich diese Situation in Aufnahmen von 1983 bis 1990.
20 Universitätsleitung der Universität Zürich (Hrsg.), *Die Universität Zürich,* Zürich 2011. Die Publikation ist online abrufbar unter www.uzh.ch/about/portrait/brochure.html (zuletzt aufgerufen: 10.11.2013).
21 Diesen Hinweis verdanke ich Thomas Manetsch.

wicklung verlieh der bildlichen Darstellung der Universität als grünes Biotop oder gar als Reservat erst ihre Relevanz.

Ein unlängst präsentierter Masterplan für das Hochschulquartier (Büro Atelier Girot/VUES SA, Zürich, unter der Leitung des Hochbauamts des Kantons Zürich) definiert die Aufwertung und Neudefinition der Grünräume als das zentrale Thema der künftigen städtebaulichen Entwicklung in diesem Bereich.[22] Dabei soll die Künstlergasse zur eigentlichen «Promenade» werden und eine so genannte «Gartensequenz» den gesamten Raum der Hochschulterrasse durchziehen.[23] Implizit werden damit jene malerischen Ansichten mitgedacht, wie sie in den diskutierten Fotografien ins Bild gesetzt wurden. – Welche neuen Bilder diese geplanten städtebaulichen Veränderungen dereinst hervorbringen, wird zu einem späteren Zeitpunkt zu überprüfen sein.

---

22 Vgl. dazu Werner Oechslin, ««Die ETH als Eigentümerin von Immobilien. Übertragung im Rahmen des Entlastungsprogramms 04› – ein Vorwort», in: ders. (Hrsg.), *Bauten für die ETH 1855–2005. Hochschulstadt Zürich*, Zürich: gta Verlag 2005, S. 6–17, hier S. 14–16, sowie Baudirektion Kanton Zürich, Hochbauamt (Hrsg.), *Zukunft des Hochschulstandortes Zürich. Entwicklungsplanung Hochschulgebiet, Phase 2: Masterplan/Richtplan,* Text Peter Birchmeier und Christophe Girot, Zürich 18. Mai 2005 (rev. Fassung 5. April 2006). Den Hinweis auf die Verbindung des Themas zu diesem Masterplan verdanke ich Sonja Hildebrand.
23 Baudirektion des Kantons Zürich 2005 (wie Anm. 22), S. 58–60.

II. Baukunst und Wissenschaft

Merkorte und Denkräume

Karl Moser, Architektur und Wissenskultur um 1910

Sonja Hildebrand

«Flimmerkugeln» und «Diffusions-Kristallare»

1914 erschien anlässlich der Einweihung von Kollegiengebäude und Biologischem Institut (Abb. 1) im Zürcher Traditionsverlag Orell Füssli eine von der kantonalen Baudirektion initiierte «volkstümliche Broschüre».[1] Eingeführt durch einen Text des Kunstpublizisten Albert Baur, bringt das Büchlein den gefeierten Neubau seinem Publikum hauptsächlich mittels fotografischer Aufnahmen näher. Eine der Fototafeln zeigt den Hauptsaal des Zoologischen Museums (Abb. 2). Dort zieht über den ausgestellten Tierskeletten und Vitrinen ein durchaus merkwürdiges Objekt die Aufmerksamkeit auf sich. Es bleibt fraglich, worum es sich eigentlich handelt. In der Mitte des Raums von der Decke herabhängend, besetzt die aus butzenglasartigen Scheiben komponierte Kugel die klassische Position des zentralen Raumlichts. Doch schon die Aufhängung ist merkwürdig. Die Kugel wird von einer kunstvoll geknüpften Metallkette gehalten, die durch ein offen gelassenes Feld der gerasterten Glasdecke geführt und wohl an der tragenden Dachkonstruktion befestigt ist. Aber eine Lampe am Oberlicht? Und welches Licht lassen die Butzenscheiben überhaupt aus dem Innern der Kugel herausdringen? Es lässt sich kaum mehr als ein Dämmerlicht imaginieren. Oder sind es eher Metallscheiben, die ein von innen kommendes Licht «lebendig» reflektieren? Und so stellt sich der Gedanke ein, dass es sich bei dem prominenten Objekt vielleicht um eine Lichtquelle, mehr aber noch um ein Symbol handeln könnte.

Um der Bedeutung des Symbols auf die Spur zu kommen, darf die Form ernst genommen und auf ihren «Wortsinn» hin befragt werden. Die Richtung gibt neben dem Ort des Zoologischen Museums vor allem die Bauherrschaft des Biologischen Instituts vor. Formal lag diese wie für den gesamten Neubau beim

Atlas 27

---

1   Aus dem Protokoll der Baudirektion des Kantons Zürich 1914, 360. – 23. Februar 1914, StAZ, VII 15 a.6;
    Die Neue Universität Zürich. Photographische Aufnahmen des kantonalen Hochbauamtes, Zürich: Orell Füssli 1914.

Abb. 1: Karl Moser, Turm der Universität mit Biologischem Institut und Kollegiengebäude, Skizze vom 8. Juli 1911

Kanton, faktisch bei einer vom Regierungsrat eingesetzten Hochschulbaukommission. Als Vertreter der Universität nahm darin der Zoologieprofessor Arnold Lang Einsitz, der sich bereits 1898 – damals als neu gewählter Rektor der Hochschule – zum Vorkämpfer für einen baulichen Neubeginn der Universität gemacht hatte. Als Mitglied der Baukommission wurde er seitens der Universität zum eigentlichen Bauherrn des Neubaus. Nicht von ungefähr schmückt sein Porträtfoto das Frontispiz der zur Einweihung herausgegebenen offiziellen Festschrift.[2] Und wie Karl Moser verlieh die Universität auch ihm anlässlich der Fertigstellung des neuen Hauptgebäudes die Ehrendoktorwürde (vgl. auch S. 297, Abb. 3).[3]

2 *Universität Zürich. Festschrift des Regierungsrates zur Einweihung der Neubauten 18. April 1914,* Zürich: Orell Füssli 1914.
3 Thomas Manetsch, *Die Universität und ihre politischen, sozialen und bildungstheoretischen Konnotationen. Eine ideengeschichtliche Momentaufnahme am Beispiel des Universitätsneubaues in Zürich 1906–1914,* unveröff. Lizentiatsarbeit Universität, Zürich 2006, S. 33.

Lang war um 1900 das, was man heute einen «Starprofessor» nennen würde. 1886 auf eine Doppelprofessur an das Polytechnikum und die Universität berufen, veranlasste er eine Reorganisation des Fachs an der Universität und übernahm im gleichen Zug die Direktion der Zoologischen Sammlungen.[4] Als Schüler von Ernst Haeckel in Jena, unter dessen Patronat er sich im März 1876 promoviert und nur zwei Monate später habilitiert hatte, avancierte er zum Hauptvertreter der modernen Evolutionsbiologie in der Schweiz. Unter seiner Leitung entwickelte sich die Biologie zum attraktiven Schlüsselfach der Universität. Zugleich vertrat Lang eine Disziplin, die im Lauf des 19. Jahrhunderts die Physik als Leitwissenschaft abgelöst hatte.

Eine dünne Bleistiftskizze in Karl Mosers Tage- und Notizbuch gibt einen Hinweis darauf, wie tief der Architekt schon in den ersten Jahren der Planung in die Welt seines universitären Bauherrn eingetaucht war: 1909 führte eine Studienreise Moser zusammen mit der Baukommission unter anderem nach Jena, wo die im Jahr zuvor eingeweihte neue Universität besichtigt wurde. Auf dem Titelblatt des entsprechenden Tagebuchabschnitts notierte Moser nicht nur gross Ort und Tagesdatum, sondern skizzierte quasi als Signet ein Krebstierchen, das geradewegs Ernst Haeckels Phyletischem Museum entnommen zu sein scheint (Abb. 3).[5]

Blättert man nun durch einige von Haeckels zahlreichen, in weiten Kreisen rezipierten Publikationen, etwa durch die 1899–1904 veröffentlichten populären *Kunstformen der Natur*, so stösst man relativ schnell auf Organismen, die, unter dem Vergrösserungsglas des Mikroskops gesehen, wie der formale Ausgangspunkt für Mosers Lampen-Kugel erscheinen. Noch näher als den «Wunderstrahlingen» der Kunstformen kommt sie den Haeckels Bücher zahlreich bevölkernden kugelförmigen Organismen mit gleichmässig strukturierten Oberflächen, der «norwegischen Flimmerkugel (Magosphaera planula)» etwa, oder dem «vollkommen regelmässig» gebauten «Diffusions-Kristallar von Ferrozyankalium (gelbem Blutlaugensalz) und Gelatine» (Abb. 4).[6] Neben der Form von Haeckels Organismen vermitteln deren Namen, auch wenn sie kein Leuchten im Wortsinn meinen, zur

Atlas 28, 29 und 31

---

4   *Universität Zürich* 1914 (wie Anm. 2), S. 113, 135–138.
5   gta Archiv / ETH Zürich (Nachlass Karl Moser, 33-1909-TGB-7a). Zum Programm der Studienreise siehe das Rundschreiben des kantonalen Baudirektors Conrad Bleuler-Hüni an die Mitglieder der Baukommission, 17. Juli 1909, StAZ, VII 15 a.2.
6   Ernst Haeckel, *Natürliche Schöpfungs-Geschichte*, 11., verb. Aufl., Berlin: Reimer 1909, Bd. 2, S. 445; ders., *Kristallseelen. Studien über das Anorganische Leben*, Leipzig: Kröner 1917, S. 133, 135. Zu Wilhelm Schwerzmanns Adaptionen Haeckelscher *Kunstformen am Portal des Biologiegebäudes* vgl. den Beitrag von Franz Müller, S. 294–311.

Abb. 2: Zoologisches Museum im Lichthof des Biologiegebäudes

Abb. 3: Karl Moser, «Jena». Tagebucheintrag auf einer Studienreise durch Deutschland, 27. Juli 1909

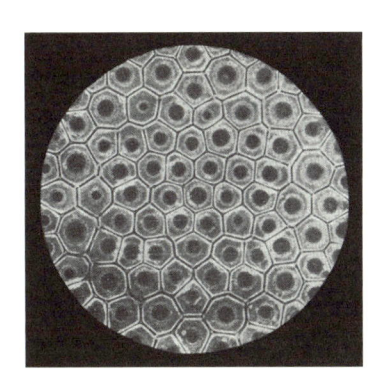

Abb. 4: «Diffusions-Kristallar von Ferrozyankalium (gelbem Blutlaugensalz) und Gelatine». Abbildung in Ernst Haeckels *Kristallseelen*, 1917

Abb. 5: Ernst Haeckel, *Kristallseelen*, 1917, Umschlag

(tatsächlichen oder suggerierten) Funktion von Mosers Lampen-Kugel. Und so verbindet diese das Licht, dessen physikalische Erforschung und philosophische Deutung das *siècle des lumières* überstrahlten, und die neue Leitwissenschaft der Biologie.

Schon 1866 hatte Haeckel in der Natur beobachtete Formen auf ideale, durch perfekte Symmetrie gekennzeichnete Grundformen allen Lebens zurückgeführt.[7] Die von ihm konzipierte «organische Kristallographie» korrespondierte mit seiner Auffassung von der Beseeltheit auch der anorganischen Welt (Abb. 5). Sie war Teil einer monistischen Weltanschauung, die zugleich die Verbindungstür zwischen dem Reich der Natur und demjenigen von Kunst und Architektur aufstiess.[8]

Mit Haeckel teilte der Architekt und Künstler Karl Moser (seinerseits gewissermassen zwangsläufig) zudem die an die sinnliche Wahrnehmung gebundene Kommunikation von Inhalten. Haeckel betrachtete das gezeichnete Abbild einer Naturform nicht als Illustration seiner Forschungsergebnisse, in seinem Verständnis stand es selbst für das «Erkennen der Natur». Sehen und Erkennen fielen für ihn in eins – ein methodisches Axiom, das die Arbeit des Biologen gerade auch an Laien vermittelbar und entsprechend attraktiv machte. Dementsprechend fanden zahlreiche seiner Illustrationen Eingang in Volkslexika und Schulbücher.[9]

Nun kann Mosers Universität kaum und schon gar nicht eindimensional als künstlerische Antwort auf Haeckels monistische Auffassung von einer gleichen kristallinen Grundstruktur und Beseelung aller organischen wie anorganischen Materie gelesen werden. Und doch mag Mosers Lampen-Kugel den Anfang eines roten Fadens bieten, fragt man danach, inwiefern sich die Zürcher Universität als Ort und Raum von «Wissenskultur» präsentiert. Denn das Gebäude, Ergebnis komplexer Entscheidungsprozesse mit vielen Akteuren[10] und rückgebunden an die materiellen Bedingungen von Architektur, ist in seiner Gestalt zwar weniger exaltiert, aber nicht weniger spektakulär als die Haeckel-Kugel über den Tierskeletten. 1972 würdigte Emil Maurer Moser als einen «Meister im Erfinden städtebau-

---

7   Ernst Haeckel, *Generelle Morphologie der Organismen. Allgemeine Grundzüge der organischen Formen-Wissenschaft,* Berlin: Reimer 1866; vgl. Olaf Breidbach, «Kurze Anleitung zum Bildgebrauch», in: *Kunstformen der Natur von Ernst Haeckel. Die einhundert Farbtafeln,* München/New York: Prestel 1998, S. 9–18, hier S. 9.
8   Breidbach 1998 (wie Anm. 7), S. 9; Spyros Papapetros, *On the Animation of the Inorganic. Art, Architecture, and the Extension of Life,* Chicago/London: University of Chicago Press 2012, S. viii, S. 125 und passim.
9   Breidbach 1998 (wie Anm. 7), S. 14–16, 18.
10 Vgl. Manetsch 2006 (wie Anm. 3), passim.

licher Wahrzeichen».[11] Als Ausgangsthese sei diese Würdigung ausgeweitet auf eine Meisterschaft Mosers im Komponieren von Räumen und Orten der Wissenskultur.

Wissenskultur und Hochschulbau

Wissen im Sinn der «Wissenskultur» ist ein Produkt, das in einem fortlaufenden und umfassenden sozialen und kulturellen Prozess entsteht, definiert und tradiert wird. Nicht-wissenschaftliche «Hintergrundüberzeugungen» sowie soziale Regeln und Praktiken, aber auch materielle Bedingungen und Möglichkeiten beeinflussen die Herstellung und Weitergabe von Wissen.[12] Die Universität als privilegierter Ort moderner Wissensproduktion bietet dafür nicht nur einen institutionellen und baulichen Raum, sondern vermittelt zugleich zwischen dem engeren Bereich der konkreten Ausformulierung von Wissen und dem weiteren sozialen Umfeld.

Über Jahrhunderte hinweg wurden dafür bevorzugt Bauformen gewählt, die über das Kollegium an Klostertypologien anschlossen, wenn nicht ohnehin ein bestehendes Klostergebäude umgewidmet wurde.[13] In Deutschland war die Übernahme fremder Bausubstanz bis ins 19. Jahrhundert hinein die Regel.[14] Auch die Zürcher Universität fand 1833 ihr erstes Domizil im Hinteramt des ehemaligen Augustinerklosters; die im Jahr darauf gegründete Berner Universität zog zunächst in ein aufgelassenes Franziskanerkloster ein. In England und Frankreich leistete die Konzentration auf wenige Hochschulstandorte einer typologischen Spezialisierung Vorschub, die mit sozialer Macht und teilweise auch mit sozialer Segregation verbunden war. Im deutschsprachigen Raum dagegen praktizierte die Universität, auch wenn sie als Bauherrin auftrat, soziale Vermittlung nach dem Mimikry-Prinzip. Neben klösterlichen Grundrissen partizipierte der deutsche Hochschulbau an formalen Motiven und räumlichen Ordnungsstrukturen zeitgenössischer Herr-

---

11   Emil Maurer, «Die Universität Zürich, ein architektonisches Kunstwerk», in: *Unsere Kunstdenkmäler* 23 (1972), S. 142 f., hier S. 143.
12   Wolfgang Detel, «Wissenskulturen und universelle Rationalität», in: Johannes Fried und Michael Stolleis (Hrsg.), *Wissenskulturen. Über die Erzeugung und Weitergabe von Wissen,* Frankfurt a. M./New York: Campus 2009, S. 181–214. Das von Detel vertretene Konzept von Wissenskultur wurde ab 1999 im Rahmen des Frankfurter Forschungskollegs *Wissenskultur und gesellschaftlicher Wandel* entwickelt und zielt hauptsächlich auf die sozialen und epistemischen Aspekte der Produktion und Tradierung von Wissen ab.
13   Konrad Rückbrod, *Universität und Kollegium. Baugeschichte und Bautyp,* Darmstadt: Wissenschaftliche Buchgesellschaft 1977.
14   Hans-Dieter Nägelke, «Gebaute Bildung. Universitätsarchitektur im Deutschen Kaiserreich 1871 bis 1918», in: Klaus Gereon Beuckers (Hrsg.), *Architektur für Forschung und Lehre. Universität als Bauaufgabe,* Kiel: Ludwig 2010, S. 127–146, hier S. 130.

schaftsarchitektur.¹⁵ Die Humboldtsche Hochschulreform von 1810 und der von ihr portierte emphatische Wissenschaftsbegriff scheint sogar einem dezidierten Desinteresse für den konkreten Ort von Forschung und Lehre Vorschub geleistet zu haben: «Es kommt gar nicht so sehr auf die in der Universität vorgegebene Raumstruktur an, weil das Verhältnis von Lehrenden und Lernenden als eines von Gleichen stilisiert und idealisiert wird; wo man sich begegnet, ereignet sich Wissenschaft und Wahrheitssuche, und sei es in der Wohnung des Professors oder in den damals aufkommenden Cafés, den Clubs oder Salons».¹⁶ Die Humboldtsche Universität ging ein Stück weit in der bürgerlichen Gesellschaft auf, die in der Bildung ihr «Modell gemeinsamer Lebensführung» fand.¹⁷

Mit der Expansion der Hochschulen im «wissenschaftlichen» 19. Jahrhundert entwickelte sich um 1850 aus einer Vielzahl von Impulsen die italienische Renaissance zur massgeblichen stilgeschichtlichen Referenz. Sie bot nicht zuletzt dank Jacob Burckhardts einflussreichen Deutungen den Horizont, vor dem sich ein zeitgenössisches Bewusstsein eines selbstbestimmten und wissensgeleiteten Lebens definieren liess. In hohem Mass stilbildend wirkte Gottfried Sempers Hauptgebäude des Eidgenössischen Polytechnikums, in dessen Südflügel 1864 auch die Universität einzog. Palastbau und Kloster kombinierend, schuf Semper mit seinem «Heiligthum der Wissenschaften und Künste»¹⁸ über der Zürcher Altstadt ein in typologischer Hinsicht extrem erfolgreiches, da «ebenso offenes wie anpassungsfähiges Organisationsmodell»: im Gesamtaufbau symmetrisch, mit einem mittigen Repräsentationskern aus Vestibül, Treppenhaus und Aula, rückwärtiger Ausrichtung der nach Funktionen geschiedenen Flügel sowie einem inneren Kommunikationsraum.¹⁹

Atlas 69

Diesen inneren Kommunikationsraum besetzte Semper bezeichnenderweise mit den Archäologischen Sammlungen von Universität und Polytechnikum und schuf damit für die Studierenden der beiden Hochschulen einen zentralen Ort der Selbstvergewisserung (Abb. 6). In Sempers Augen bot die vitale Schönheit der

15 Ebd., S. 131.
16 Bernhard Schäfers, «Die Universität als Lehrgemeinschaft. Soziologische Anmerkungen über ihren Wandel und ihre Architektur», in: Beuckers 2010 (wie Anm. 14), S. 41–55, hier S. 47, 49.
17 Nägelke 2010 (wie Anm. 14), S. 143.
18 Gottfried Semper an den kantonalen Baudirektor Franz Hagenbuch, 22. August 1860, zit. nach Dieter Weidmann, «Hauptgebäude und erstes Chemiegebäude», in: Werner Oechslin (Hrsg.), *Hochschulstadt Zürich. Bauten für die ETH 1855–2005*, Zürich: gta Verlag 2005, S. 136–147, hier S. 138.
19 Hans-Dieter Nägelke, *Hochschulbau im Kaiserreich. Historische Architektur im Prozess bürgerlicher Konsensbildung*, Kiel: Ludwig 2000, S. 32.

antiken Statuen einen gemeinsamen Grund aller Wissenschaften, war als Bollwerk gegen die sich vertiefende Kluft zwischen künstlerisch-humanistischen und ingenieur- sowie naturwissenschaftlichen Fächern gemeint. Ihre Wirkung sollte über den engeren Bereich der Hochschule hinaus ausstrahlen: «Die Sammlungen und die öffentlichen Monumente sind die wahren Lehrer eines freien Volkes.»[20] Diesem Leitgedanken entsprechend, hatte Semper schon in den 1840er-Jahren in seiner Vorlesung an der Dresdner Kunstakademie Schulen, Kunstsammlungen und Bibliotheken als «Gebäude des Unterrichts» gemeinsam behandelt.[21] Den gleichen Gedanken einer Zusammengehörigkeit von Wissenschaft und Kunst, von technologisch-naturwissenschaftlichem und humanistischem Wissen sowie deren Verankerung im sozialen und politischen Umfeld führte Semper in Form einer öffentlichen Bilderwand an der Sgraffitofassade des Nordflügels vor. Dort finden sich in Porträtmedaillons Künstler und Vertreter sowohl der polytechnischen als auch der universitären Fächer vereint unter einer Reihe der Schweizer Kantonswappen.

Mit Raumprogramm und Kunst (wie auch als Lehrer an der Bauschule des Polytechnikums) stemmte sich Semper gegen eine Tendenz, die die Entwicklung der Wissenschaften im 19. Jahrhundert generell kennzeichnet. Die vielfach in Industrialisierung und moderne Staatsführung eingebundene exponentielle Vermehrung des Wissens sowie die damit einhergehende fortschreitende fachliche Spezialisierung entzogen der Idee einer «Einheit des Wissens» sukzessive den Grund.

Die auch baulich manifestierte Entkopplung der Wissenschaften gewann in den folgenden Jahrzehnten noch an Schwung. Gewandelte Anforderungen an das Arbeitsumfeld, wachsende Bestände von Bibliotheken und Sammlungen, steigende Studierendenzahlen, aber auch ein wachsendes Bewusstsein disziplinärmethodischer Spezifik wirkten sich nicht nur auf die Raumbedürfnisse aus, sondern beförderten zudem den Wunsch nach organisatorischer und räumlicher Eigenständigkeit, vor allem aufseiten der Naturwissenschaften. In den Hauptgebäuden verblieben Verwaltung und Aula als gesamtuniversitäre Funktionen, doch daneben nahmen sie in der Regel nur noch die nicht-experimentellen Fä-

---

20 Gottfried Semper, *Wissenschaft, Industrie und Kunst. Vorschläge zur Anregung nationalen Kunstgefühles,* Braunschweig: Vieweg 1852, S. 62.

21 Bruno Maurer, «Lehrgebäude – Gottfried Semper am Eidgenössischen Polytechnikum», in: Winfried Nerdinger und Werner Oechslin (Hrsg.), *Gottfried Semper 1803–1879. Architektur und Wissenschaft,* München: Prestel/Zürich: gta Verlag 2003, S. 306–313, hier S. 307.

cher auf, und der Nutzerkreis allgemeiner Hörsäle engte sich zunehmend auf den Kreis der «Papierwissenschaften» ein.[22]

Auch Zürich folgte diesem Trend. Aus Sicherheitsgründen war bereits beim Neubau des Polytechnikums die Chemie aus dem Hauptbau ausgegliedert und in einem separaten Gebäude an der Rückseite, angrenzend an die Rämistrasse, untergebracht worden. Ab den frühen 1870er-Jahren entstanden die ersten Institutsgebäude des Polytechnikums, die im näheren und weiteren Umfeld errichtet wurden und nicht nur räumliche Engpässe behoben, sondern auch den spezifischen räumlichen Anforderungen vor allen der Naturwissenschaften Rechnung trugen.[23] Die Universität zog etwa zehn Jahre später mit dem Physikgebäude (1884/85) und der Augenklinik (1893/94) an der Rämistrasse nach, beide von Staatsbauinspektor Otto Weber ausgeführt.

Paradigmatisch für diese Entwicklung sind die Diskussionen über die Unterbringung der zahlreichen gemeinsamen Studiensammlungen von Polytechnikum und Universität. Semper hatte diese seinerzeit und entgegen dem Wettbewerbsprogramm nicht in einem eigenen Gebäude platziert, sondern ihnen neben dem Mitteltrakt für die Archäologische Sammlung weite Teile des Nordflügels vorbehalten. Als sich gegen Ende des Jahrhunderts auch dort die allgemeine Raumnot bemerkbar machte, arbeiteten zunächst Alfred Friedrich Bluntschli und Benjamin Recordon, später Adolphe Tièche im Auftrag des Schulrats Projekte für einen inneren Ausbau des Hauptgebäude aus. Bluntschlis und Recordons Ideen für einen dreigeschossigen Neubau anstelle der Antikensammlung respektive für zwei seitliche Anbauten wurden vom Schulrat jedoch ebenso zu den Akten gelegt wie Tièches Vorschlag für Einbauten in die Innenhöfe des Polytechnikums von 1895 (S. 242, Abb. 12). Die Höfe sollten «nicht verdorben werden» und «blossem Flickwerke» sei ein Neubau vorzuziehen, der allein der Raumnot «ein für allemal gründlich» Abhilfe schaffen könne.[24]

Dementsprechend galten die Planungen der folgenden Jahre eigenständigen Neubauten: Zwischen 1899 und 1901 arbeitete Tièche hauptsächlich an dem Projekt für ein gemeinsames medizinisch-naturwissenschaftliches Gebäude von Polytechnikum und Universität auf einem Areal zwischen Rämi-, Platten- und

---

22 Nägelke 2000 (wie Anm. 19), S. 23 f.
23 Vgl. Oechslin 2005 (wie Anm. 18).
24 Schulrat, Protokoll, 31. Juli 1895, § 128, S. 161 f., ETH-Bibliothek, Archive, SR2. Ich danke Dieter Weidmann herzlich, dass er mir seine Exzerpte zu den Planungen für neue Sammlungsräume grosszügig zur Verfügung gestellt hat.

Zürichbergstrasse, anschliessend an das Kantonsspital und südöstlich des Hauptgebäudes. In etwa gleichberechtigte Nutzer wären das Biologische sowie das Geologische und das Mineralogische Institut mit Lehr- und Sammlungsräumen gewesen, wobei der angemeldete Platzbedarf der Zoologischen Sammlung mit 5800 Quadratmetern deutlich über dem der Geologischen und Mineralogischen Sammlungen mit zusammen 3150 Quadratmetern lag.[25] In der Mittelachse zwischen den beiden dreiflügligen Institutsbauten schiebt sich prominent ein zentrales Anatomiegebäude in den Gartenhof, ein Verbindungsstück zum benachbarten Kantonsspital, auf dessen Fläche (der «Spitalwiese» respektive «Wässerwiese») der Komplex errichtet werden sollte (Abb. 7).

Als sich die Trennung von Universität und Polytechnikum sowie der Auszug der Universität aus Sempers Hauptgebäude abzuzeichnen begann, wurde auch dieses Projekt beiseite gelegt. Gustav Gull integrierte dann in seinen siegreichen Wettbewerbsentwurf für Um- und Neubauten des Polytechnikums von 1909/10 ein «Sammlungsgebäude» im Norden des Semper-Baus, das 1912–1916 als Naturwissenschaftliches Institut ausgeführt wurde und in einem eindrücklichen Lichthof die öffentlichen naturwissenschaftlichen Sammlungen der ETH aufnahm (Abb. 27).[26] Das Pendant hätte ein Neubau für die Archäologische Sammlung auf dem Stockargut unterhalb der Künstlergasse im Südwesten des Hauptgebäudes gebildet, für das Gull 1910 einen Entwurf vorlegte. Da die Universität im Jahr darauf die Archäologische Sammlung zum weitaus grössten Teil übernahm, erübrigte sich schliesslich auch dieses Projekt.[27]

Eine neue «organische» Einheit

Nimmt man das alles als Auslegeordnung – den Instituts-Sprawl rund um das Hauptgebäude, die räumlich, aber auch disziplinär und institutionell motivierten Autonomiebestrebungen der grossen Fächer, die anvisierte Ausgliederung der Archäologischen Sammlung –, so springt die Leistung von Karl Mosers Hauptgebäude unmittelbar ins Auge. In einem komplexen Prozess entstand eine in der

Atlas 3

---

25 Hermann Bleuler, Präsident des Schweizerischen Schulrats, Brief an den Zürcher Regierungsrat, 10. Juni 1895; StAZ V II 25.2 (4).
26 Das Sammlungsgebäude ist auf Gulls Wettbewerbsmasterplan eingetragen; Abb. in: *SBZ* 55 (1910), S. 45.
Zum Naturwissenschaftlichen Institut vgl. Cristina Gutbrod, «Naturwissenschaftliches Institut», in: Oechslin 2005 (wie Anm. 18), S. 182–185.
27 Otto Waser, «Die Zürcher Archäologische Sammlung. Ihre Entstehung und Entwicklung», in: *Neujahrsblatt auf das Jahr 1935 zum Besten des Waisenhauses in Zürich* 1935, S. 3–65, hier S. 33 f.; Weidmann 2005 (wie Anm. 18), S. 140 f. mit Anm. 23.

Abb. 6: Gottfried Semper, Eidgenössisches Polytechnikum. Archäologische Sammlung, vor 1914

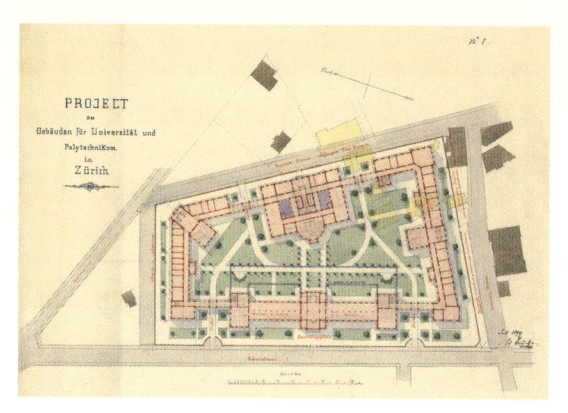

Abb. 7: Adolphe Tièche, Projekt für ein medizinisch-naturwissenschaftliches Lehr- und Sammlungsgebäude von Universität und Polytechnikum auf der «Wässerwiese», 1899

Abb. 8: Hermann Fietz, Neue Kantonsschule und Chemiegebäude der Universität Zürich, 1908/09. Aufnahme von 1909

Abb. 9: Alfred Friedrich Bluntschli, Kollegiengebäude und Zoologisches Institut der Universität Zürich, Projekt, 1907

universitären Landschaft einmalige Einheit aus Kollegiengebäude und seinem fast gleichwertigen Partner, dem mit ihm verschmolzenen und dennoch eigenständigen Biologischen Institut. Die Archäologische Sammlung, nach jahrelangem Seilziehen mit dem Polytechnikum von der Universität übernommen, bildet von neuem das Herzstück des zentralen Baus, allerdings in einer merkwürdig ambivalenten Situation des zentralen und zugleich räumlich entrückten «Göttergartens» in den Tiefen des Kollegiengebäudes.

Atlas 16, 22, 42, 68, 93 und 94

Die beiden Funktionen Biologisches Institut und Kollegiengebäude waren seit der Jahrhundertwende sukzessive zusammengewachsen. Dass sie seit 1898 ganz oben auf der Wunschliste standen, geht auf Arnold Lang zurück. Dieser hatte als neu gewählter Rektor mit Blick auf mögliche Neubauten die Raumbedürfnisse der Universität zuhanden einer vom Regierungsrat eingesetzten Baukommission zusammengestellt, der Lang selbst, der Zürcher Architekt und Baumeister Emil Baur sowie als Präsident der Kantonsbaumeister Hermann Fietz angehörten. Auf Langs Grundlage skizzierte das (heute kaum noch bekannte) Zürcher Architekturbüro der Gebrüder Reutlinger einen fünfeckigen Bau auf eben der Wässerwiese, auf der im Jahr darauf Tièche das gemeinsame naturwissenschaftliche Sammlungs- und Institutsgebäude von Polytechnikum und Universität plante. Im Gegensatz zum später gewählten Bauplatz war es das einzige grössere Areal im Hochschulquartier, das sich im Besitz des Kantons befand.[28] Als Erweiterungsgebiet des Kantonsspitals war das Grundstück als Hochschulstandort allerdings von Anfang an umstritten und galt bald auch als zu klein. Immerhin entstand auf dessen östlichem Zipfel bis 1909 das Gebäude für die Neue Kantonsschule und das Chemische Institut der Universität nach den Plänen von Kantonsbaumeister Hermann Fietz, der die beiden Nutzungen in einem symmetrisch gestalteten Vierflügelbau mit Doppelportalanlage zusammenführte (Abb. 8).

Mit der Unterzeichnung des «Aussonderungsvertrags» am 28. Dezember 1905, der die räumliche Trennung und Neuordnung von Universität und Polytechnikum regelte, traten die Planungen in eine neue Phase. Bereits am 3. Januar 1906 wurde auf Veranlassung der Erziehungsdirektion eine neue akademische Baukommission einberufen und Arnold Lang zum Vorsitzenden ernannt. Lang war

---

28 Zu diesen und den folgenden Planungen vgl. den Rückblick in: «Der Neubau der Universität Zürich», in: *SBZ* 63 (1914), S. 221–225, 357–363, hier S. 222 f. (nach einer Dokumentation der kantonalen Baudirektion); Bernd Altmann, *«Mein Motto fürs Leben bleibt Renaissance». Der Architekt Alfred Friedrich Bluntschli (1842–1930)*, Diss. Trier 2000, Bd. 2, S. 102–112; Manetsch 2006 (wie Anm. 3), S. 19–26.

es auch, der den definitiven Bauplatz vorn an der Hangterrasse direkt neben dem Polytechnikum ins Spiel brachte. Architekt der Stunde war Alfred Friedrich Bluntschli. Als Professor am Polytechnikum und international erfolgreich tätig, war er ein gewichtiger Partner – allerdings als Vertreter der Semperschen Traditionslinie in seiner Haltung eher konservativ-beharrend und, wie sich dann in seinen Projekten zeigte, als Entwerfer zögerlich.

In seinem ersten Vorschlag vom Sommer 1906 setzte Bluntschli das Kollegiengebäude auf dem vorgesehenen Bauplatz neben dem Polytechnikum in die Achse des von der Altstadt ins «zürcherische ‹Quartier latin›»[29] führenden Sempersteig. Das im Plan als «Zoologisches Institut» (und damit allein für Langs engeren Fachbereich) ausgewiesene Schwestergebäude platzierte er südlich davon im Garten des barocken Patrizierhauses zum Rechberg, das die Universität seit 1899/1900 als provisorisches Kollegiengebäude nutzte. Zum Ensemble gehörten ausserdem die neue Zentralbibliothek, für die Bluntschli einen Standort schräg unterhalb des neuen Hauptgebäudes vorschlug, sowie ein Gebäude für Hygiene, Bakteriologie und Pharmakologie, das auf einem neu erworbenen Bauplatz südlich des Eidgenössischen Physikgebäudes am oberen Rand des Hochschulquartiers entstehen sollte.[30]

Es lag auf der Linie der allgemeinen Entwicklung, dass Arnold Lang sich für diesen Entwurf stark machte. Doch sein Hinweis auf betriebstechnische Vorteile eines separaten zoologischen und pflanzenphysiologischen Biologiegebäudes zog nicht gegenüber dem Argument der Verschlankung: «Für eine rationelle Lösung der grossen Baufrage muss der Gesichtspunkt massgebend sein, dass man im Interesse der Sparsamkeit [...], der Vereinfachung der Verwaltung und der Bequemlichkeit des Betriebes möglichst kompendiös zu bauen habe.» Lang zog sich auf die Position zurück, dass eine «Angliederung an die Universität» dann möglich sei, wenn «nur das zoologische Institut vom Hauptgebäude vertikal scharf gesondert wird und einen besonderen Zugang bekommt».[31]

Dieser und weitere Kritikpunkte aus dem Kreis der im November 1906 eingesetzten regierungsrätlichen Hochschulbaukommission, zu deren Wortführer sich

---

29 Arnold Lang, «Die leitenden Gesichtspunkte und die Tragweite des Aussonderungsvertrages zwischen dem Bund einerseits, Kanton und Stadt Zürich anderseits über die Hochschulanstalten», in: *Wissen und Leben* 1 (1907), Sonderheft, S. 4.
30 Das Institutsgebäude für Hygiene und Pharmakologie wurde 1911/12 an der vorgesehenen Stelle durch den Kantonsbaumeister Hermann Fietz ausgeführt.
31 Lang 1907 (wie Anm. 29), S. 35.

Bluntschlis Kollege am Polytechnikum Gustav Gull machte, berücksichtigte Bluntschli in seinem zweiten Entwurf vom Sommer 1907.[32] Nun ohne die von Gull abgelehnte, die Sicht verstellende Zentralbibliothek, präsentiert sich das Ensemble aus Kollegiengebäude und Biologischem Institut als architektonisch und räumlich nur lose zusammengehaltene Baugruppe. Ein stadtseitig als Verbindungstrakt zwischen Biologie- und Kollegiengebäude ausgebildeter Seitenflügel des Biologischen Instituts wirkt vor allem als Abstandhalter (Abb. 9). Dies scheint indessen durchaus in Bluntschlis Absicht gelegen zu haben: «Nach aussen» zeige sich das Zoologische Institut «als ein Anbau an das Kollegienhaus»; da dieser «zwar mit dem Kollegienhaus zusammenhängt, aber nicht mit peinlicher Durchführung der gleichen Gesimslinien gegliedert ist, erhält man eine grössere Freiheit, den besonderen Anforderungen des Zool. Instituts bezügl. Stockhöhen, Fenstergrösse und dergl. gerecht zu werden.»[33]

Eine solche Disposition aus starr wirkenden, isolierten Volumen, die wie Bauklötzchen mit untergelegten Keilen auf dem abfallenden Gelände platziert sind, fand in keiner der beiden Kommissionen ausreichenden Rückhalt. Im August 1908 genehmigte der Regierungsrat das Programm für einen Wettbewerb, der allen Schweizer und in der Schweiz ansässigen Architekten offen stand.

Karl Moser, in dessen Händen der unter dem Büronamen Curjel & Moser eingereichte Entwurf von Anfang an lag, gewann diesen Wettbewerb zu Recht. Soweit sich dies aus dem Jurybericht und den publizierten der insgesamt 34 Konkurrenzentwürfe beurteilen lässt, gelang es Moser wie keinem zweiten, Kollegiengebäude und Biologisches Institut nicht nur miteinander, sondern auch mit dem Terrain zu einer vollkommen selbstverständlich wirkenden Einheit zu verschmelzen (Abb. 10). Wie ein gewachsener Fels sitzt der Bau auf der Hangterrasse. Man kann auch an ein breit gelagertes Tier denken, den Turmkopf in Richtung Stadt gewendet, die Schultern von Instituts- und Kollegiengebäude bequem auf dem Plateau abgestützt, dessen abfallendem Geländeverlauf es sich scheinbar mühelos fliessend anpasst. Die zugunsten grosser Fensterflächen in Wandpfeiler aufgelösten Fassaden, deren Takt im mittigen Bindeglied des Turms Halt findet, bieten in ihrem vertikalen Rhythmus einen harmonischen Ausgleich zur Horizontalität der Volumen. Der Versatz

Atlas 1, 3, 6, 8 und 10

---

32 «Skizze zu den Neubauten der Universität in Zürich, im Auftrag des Regierungsrates ausgearbeitet von Prof. F. Bluntschli», in: *SBZ* 50 (1907), S. 96–100.
33 Ebd., S. 100.

209

des an die vordere Hangkante gesetzten Biologischen Instituts gegenüber dem nach hinten gerückten, dafür aber höheren Kollegiengebäudes (mit «Sala terrena» und zusätzlichem Attikageschoss) bringt den Bau in einen Kontrapost, der auch die kleine Höhendifferenz der Hauptgesimse motiviert.

Der durch eine breite Freitreppe eingeleitete Haupteingang an der Künstlergasse sitzt nun nicht mehr wie bei Bluntschli und wie noch bei den zweit- und drittplatzierten Konkurrenzentwürfen von Bracher & Widmer und M. Daxelhofer (Bern) sowie Georges Epitaux & Joseph Austermeyer (Lausanne) in der Achse des Sempersteigs; dessen *point de vue* bildet bei Moser eine Marien- (oder vielleicht auch Minerva-) Säule. Nicht mathematisch-axiale Bezüge, sondern organische Einbettung scheint das Prinzip zu sein.

Auf der Ebene der künstlerischen Haltung klingt in diesem Verfahren Camillo Sittes malerischer Städtebau durch, sein Ideal einer melodischen «Zusammenstimmung im Effekte» und einer «Geschlossenheit» des «künstlerischen Eindrucks».[34] Moser studierte den Städtebautheoretiker offenbar vor allem auch auf zeichnerischem Weg. Überhaupt bildete das freie künstlerische Zeichnen und Malen für ihn ein lebenslanges Komplementär zur Praxis als Architekt. Dementsprechend ernst darf man die Art und Weise nehmen, wie Moser – im Fall der Perspektiven des Wettbewerbsprojekts wohl eigenhändig – die Universität zeichnerisch vor Augen führte: In der feinen Textur der kurz gezogenen Striche verbinden sich Architektur, Vegetation und die Formation des Zürichbergs zu einer wie gewachsenen erscheinenden Einheit. Dem entspricht, dass die Dachlinie gleich einem Echo auf die Linie des Höhenzugs antwortet.[35]

Die vereinheitlichende Art der zeichnerischen Darstellung kommt Mosers Projekt besonders in der Perspektive zugute, die den Komplex zur Rämistrasse hin zeigt (Abb. 11).[36] Hier ermöglicht sie eine Integration der stärker differenzierten Ansichten, verbindet das im Eingangsrisalit kulminierende Stakkato des herrschaftlich empfangenden Kollegiengebäudes mit dem getragenen Rhythmus und

---

34 Zu Moser und Sitte vgl. Thomas Gnägi, «‹das Einzelne als Teil des Ganzen betrachten›. Kirchenbau als städtebauliche Aufgabe», in: Werner Oechslin und Sonja Hildebrand (Hrsg.), *Karl Moser. Architektur für eine neue Zeit, 1880 bis 1936*, Zürich: gta Verlag 2010, Bd. 1, S. 179– 197, hier S. 185, von dort auch die Zitate nach Sittes *Städtebau nach künstlerischen Grundsätzen* (zuerst 1889); Karl Moser besass das Buch in der 4. Auflage von 1909, doch er dürfte es bereits vorher gekannt haben.

35 Vgl. dazu auch den Beitrag von Thomas Gnägi, S. 172–183, sowie zu den grösseren Zusammenhängen von Architektur und Bergwelt den Beitrag von Stanislaus von Moos, S. 148–171.

36 Mit Variante des Turmdachs; vgl. Thomas Gnägi, *Karl Mosers Turm der Universität (1907–1914). Ein krönendes Turmhaus für die Stadt Zürich*, unveröff. Lizentiatsarbeit Universität Zürich, 2004, S. 65.

Abb. 10: Karl Moser, Kollegiengebäude und Biologisches Institut, Wettbewerbsentwurf, 1908. Ansicht Stadtseite

Abb. 11: Karl Moser, Kollegiengebäude und Biologisches Institut, Wettbewerbsentwurf, 1908. Ansicht Rämistrasse (mit Variante Turmdach)

Abb. 12: Karl Moser, *Glärnisch,* 1914 (Privatbesitz)

der Arbeitsatmosphäre des Biologischen Instituts. Der Turm, auf dieser Seite hauptsächlich dem Biologiegebäude zugeschlagen, bildet das jüngste Mitglied der sakralen Skyline der Stadt.

Gedächtnisspuren

Als «in ruhigen Massen wie von Natur gewachsen» charakterisierte Albert Baur 1914 den gerade fertiggestellten Bau,[37] und nicht von ungefähr erinnert dieser in seiner Gestalt an die «tektonischen» Gebirgslandschaften Ferdinand Hodlers, die Moser um diese Zeit nachzuahmen begann (Abb. 12).[38] Der Architekt selbst wendete im gleichen Sinn die schwierige Topografie in einen Trumpf: Sie habe «Veranlassung zu einem besonders innigen Zusammenwachsen von Bauland und Bauwerk» gegeben.[39]

Auch in anderer Hinsicht erscheint der Standort als gewissermassen natürlich gegeben. Arnold Lang berichtete 1907, bezüglich seiner Wahl habe «in allen beteiligten Kreisen vollständige Übereinstimmung» geherrscht. «Hier decken sich in der erfreulichsten Weise die ästhetischen und administrativen Gesichtspunkte mit demjenigen der relativ leichten Erhältlichkeit.» An diesem Ort könne der neue Universitätsbau als «monumentales Seitenstück» des Semper-Baus entstehen, «in seiner nächsten Nähe, zur Dokumentierung der Gemeinsamkeit der grossen Ziele, im Herzen des Hochschulgebietes, in freier Lage über der Altstadt und von ihr aus doch leicht erreichbar».[40] Dem Kanton gehörten allerdings nur zwei der benötigten Parzellen, zudem musste die Künstlergasse in Richtung Stadt verschoben und dafür hangseitig abgestützt werden. Die Gesamtkosten für den Zukauf des Baulands und die Korrektion des Strassenverlaufs beliefen sich insgesamt auf 900 000 Franken und damit auf fast ein Sechstel der Bausumme; hinzu kamen die Kosten für den Neubau der Blinden- und Taubstummenanstalt, deren

---

37 Albert Baur (Einführung), in: *Die Neue Universität Zürich 1914* (wie Anm. 1), S. 5–15, hier S. 6.
38 Vgl. den Beitrag von Stanislaus von Moos, S. 148–171; ferner: Gnägi 2004 (wie Anm. 36), S. 78, 101; Bernd Nicolai, «Hodlers Monumentalität. Zur Neuformulierung von Historienmalerei und tektonischer Kunst um 1900», in: Oskar Bätschmann, Matthias Frehner und Hans-Jörg Heusser (Hrsg.), *Ferdinand Hodler. Die Forschung – die Anfänge – die Arbeit – der Erfolg – der Kontext,* Zürich: Schweizerisches Institut für Kunstwissenschaft 2009, S. 263–276, hier S. 265; Sonja Hildebrand, «Die Idee der Einheit. Karl Mosers schöpferische Integration der Künste», in: *archithese* 40 (2010), H. 6, S. 83–87, hier S. 85–87.
39 Karl Moser, «Das neue Universitätsgebäude», in: *Universität Zürich 1914* (wie Anm. 2), S. 103–105, hier S. 103. Vgl. auch den vollständigen Abdruck dieses Textes im Anhang.
40 Lang 1907 (wie Anm. 29), S. 35 f.

bestehendes Gebäude für die neue Universität abgerissen werden musste.[41] Der auf der Hand liegende Bauplatz war teuer erkauft.

Und so formt sich der Universitätsbau nicht nur in Anlehnung an die geologische Morphologie der näheren und weiteren Umgebung. Moser hat ihn zugleich als ein Bauwerk gemeint und charakterisiert, das aus der Kulturgeschichte seines Standorts heraus entsteht, dessen Geschichte aufnehmend und als Gedächtnisspuren in den Bau integrierend. Bereits das Motto des Wettbewerbsbeitrags weist darauf hin, welche Bedeutung Moser dem konkreten Bauplatz beimass: «Künstlergut» – das war das Vereins- und Ausstellungsgebäude der Zürcher Kunstgesellschaft, die ihren Stammsitz hergeben konnte, da mit Mosers Kunsthaus gerade ein neuer im Entstehen begriffen war. Während andere Architekten nahe liegende Motti wie «Der alma mater», «Hohe Schule», «Der freien Forschung», «Wissen ist Kraft», «Labor» oder «Der Wissenschaft» wählten, bevorzugte Moser den symbolischen Anschluss an die Kulturgeschichte des Orts. Nimmt man den Architekten und die *Schweizerische Bauzeitung* beim Wort, die die Grundform der Universität mit ihren versetzen Volumen aus der ähnlichen Disposition des Künstlerguts herleiteten, wird daraus sogar eine Art «genetische» Beziehung.[42] Das angetretene Erbe wird zudem durch Spolien und Formzitate deutlich gemacht: das erhaltene Portal des Künstlerguts (Abb. 14), das auch schon Bluntschli stehen lassen wollte, sowie die dessen schmiedeeisernen Gitter zitierenden Abtrennungen im westlichen Vestibül des Kollegiengebäudes. Dort bildeten die Gitter eine blickdurchlässige Schranke zwischen der Eingangshalle und der Archäologischen Sammlung, die ihren allerersten Aufstellungsort 1856 im Künstlergut gefunden hatte.[43]

Atlas 66

Wie schon Bluntschli wollte Moser seinen Bau zudem über die Dachform mit der örtlichen Bautradition verwachsen wissen. In seinem Fall war speziell das Haus zum Rechberg gemeint, in Sichtweite zur neuen Universität und als provisorisches Kollegiengebäude funktional ihr Vorgängerbau.[44] Dagegen ist mit dem Turm der markanteste Bauteil in Zürichs Architekturtopografie singulär und

---

41 Vgl. dazu detailliert Manetsch 2006 (wie Anm. 3), S. 45–48. Die Kosten für den Grunderwerb beziffert Lang 1907 (wie Anm. 29), S. 42 auf 800 000 Franken. Dazu kamen 100 000 für die Korrektion der Künstlergasse; vgl. den Beschluss des Kantonsrats, Juni 1910, in der Dokumentation im UAZ, AC 2.3.1, M3.
42 Moser, «Das Universitätsgebäude», in: *Universität Zürich* 1914 (wie Anm. 2), S. 103; «Der Neubau der Universität Zürich», in: *SBZ* 63 (1914), S. 221–225, 356–363, hier S. 224.
43 Vgl. Waser 1935 (wie Anm. 27), S. 10.
44 Zu Bluntschli vgl. Altmann 2000 (wie Anm. 28), Bd. 2, S. 107; zu Moser vgl. *SBZ* 63 (1914), (wie Anm. 42), S. 225.

Abb. 13: Hauptgebäude von der Rämistrasse aus gesehen, um 1914

Abb. 14: Hauptgebäude an der Künstlergasse mit dem erhaltenen Tor des Künstlerguts, um 1914

Abb. 15: Hauptgebäude, im Vordergrund rechts das Haus zum Rechberg, Tafel in *Universität Zürich. Festschrift des Regierungsrates zur Einweihung der Neubauten*, 1914

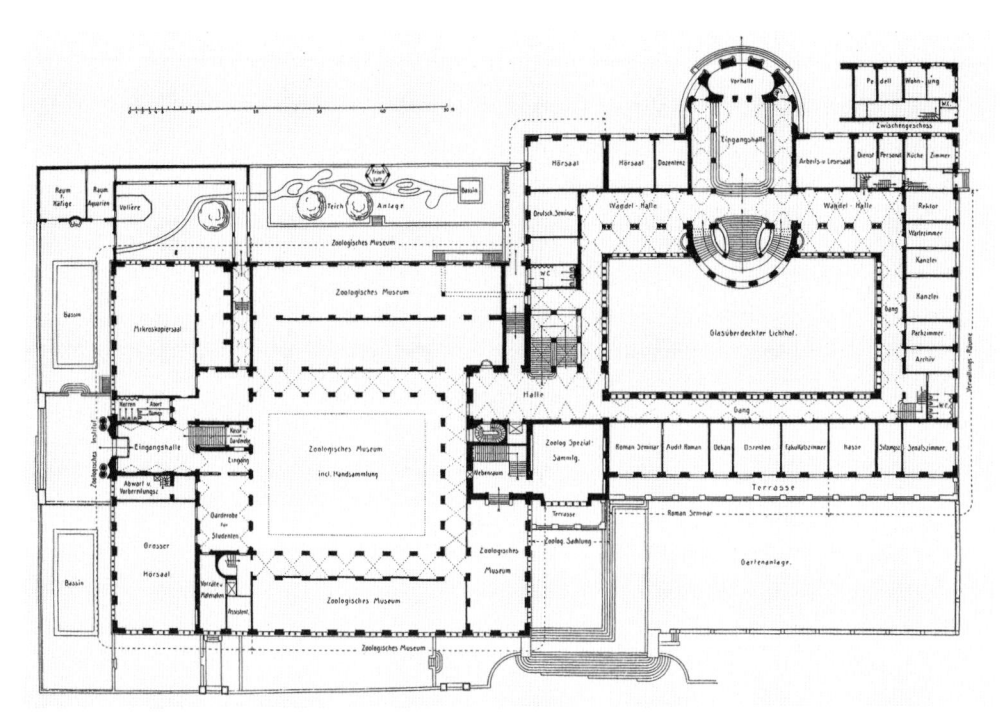

Abb. 16: Hauptgebäude, Grundriss Eingangsgeschoss Rämistrasse

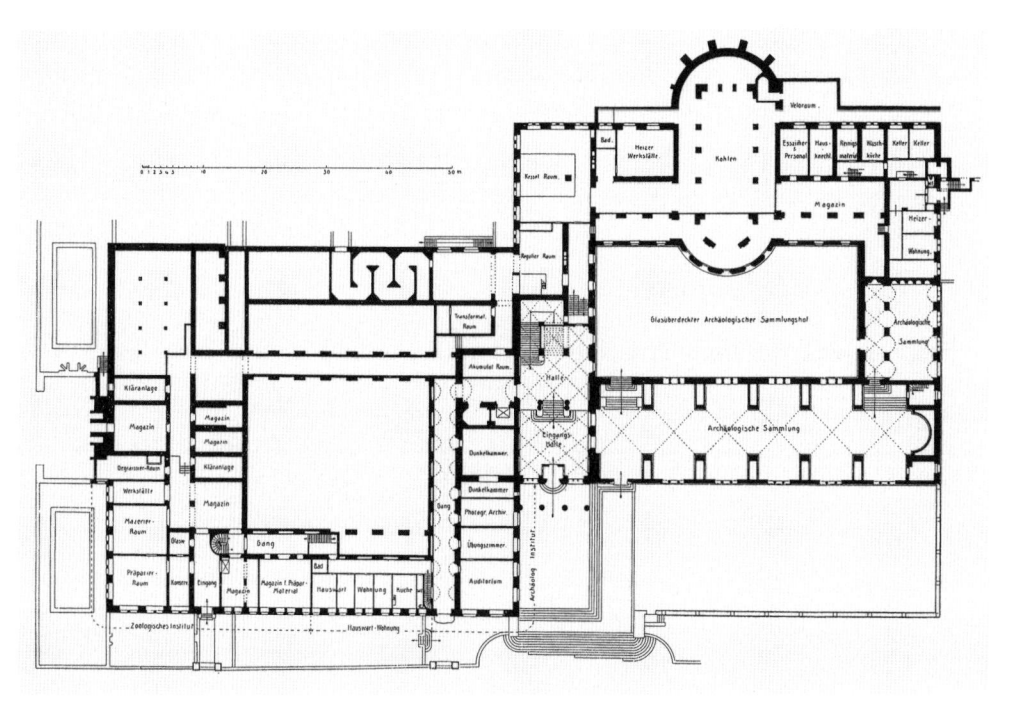

Abb. 17: Hauptgebäude, Grundriss Eingangsgeschoss Künstlergasse

215

ohne erkennbaren historischen Bezug.[45] Für dessen Gestalt argumentierte Moser vor allem mit künstlerischen Überlegungen: «Am Turm fliessen alle Körper und Linien der Architektur zusammen: hier musste für einen harmonischen Ausklang gesorgt werden.»[46] Die in der Festschrift von 1914 publizierte Fotografie, die den Blick vom Rechberghaus in Richtung Universität lenkt, suggeriert immerhin eine Parallelität von Mosers Turm und dem Mittelrisalit des Rechberg. Im Gesamteindruck wird so die Vorstellung befördert, Mosers Bau wachse gleichsam evolutionär aus der örtlichen Geschichte heraus (Abb. 15).

Typologien

So einmalig wie ihr Standort – «Es gibt [...] vielleicht keine zweite Hochschule, für die ein so schön gelegener Bauplatz bestimmt wurde», schwelgt Moser in der Festschrift[47] – ist auch die Typologie der Zürcher Universität. Aus den konkreten Gegebenheiten und Bedingungen von Ort und Aufgabe entwickelt, entstand ein in hohem Masse eigenständiger Bau, in dem der etablierte Typus des symmetrischen Hauptgebäudes mit mittigem Repräsentationskern und zentraler Halle weiterentwickelt ist und sich, auch in der Verschränkung mit dem Biologischen Institut, neueren Beispielen gruppierter Hochschulbauten annähert (Abb. 15–17).

Curjel & Moser hatten Möglichkeiten der räumlichen und städtebaulichen Organisation von Universitätsbauten bereits in den Jahren vor dem Zürcher Wettbewerb verschiedentlich ausgelotet. 1898 hatten sie für Bern eine konsequent mittelsymmetrische Disposition vorgeschlagen (Abb. 18), die sie kurz darauf im Projekt für einen grossen Schulbau an der De-Wette-Strasse in Basel wiederholten. Beide Projekte zeigen eine stringente, in grosse Fensterflächen geöffnete Wandpfeilerfassade. In Bern trug diese zum frühen Ausscheiden im Wettbewerb bei, während die damit erreichte Lichtfülle später in Zürich als einer der grossen Vorteile allgemein gelobt wurde. In den beiden alternativen Konkurrenzentwürfen für das Kollegienhaus der Universität Freiburg von 1902 weichten Curjel & Moser die rigide räumliche Ordnung des Berner Projekts in unterschiedlichem Ausmass zugunsten einer asymmetrisch-malerischen Gruppierung mit dezentra-

---

45 Manetsch 2006 (wie Anm. 3), S. 67 f.
46 Moser, «Das Universitätsgebäude», in: *Universität Zürich* 1914 (wie Anm. 2), S. 104.
47 Ebd., S. 103.

len räumlichen» Schwerpunkten auf, mit der sie auch auf die unregelmässige Form des Baugrundstücks reagierten (Abb. 19 und 20).[48]

Die Spannweite der Möglichkeiten des Universitätsbaus im deutschsprachigen Raum um 1910 lässt sich mit zwei Gebäuden abstecken: dem 1909–1911 realisierten Vorlesungsgebäude in Hamburg von Hermann Distel und August Grubitz auf der einen sowie Theodor Fischers Jenaer Neubau von 1908 auf der anderen Seite. Das Hamburger Projekt kannte Moser aus erster Hand: Hermann Distel hatte ihm 1908 «zur frdl. Erinnerung» zwei Plandrucke nach Karlsruhe geschickt.[49] Lernen liess sich für Moser daraus offenbar nicht viel. Die mathematische Logik der spiegelsymmetrischen Vierflügelanlage, deren mittleres Achsenkreuz in einem kreisrunden überkuppelten Hörsaal kulminiert, bot für ihn kein Modell (Abb. 21). Allenfalls die Eingangspartie mit gedrückt-ovaler Vorhalle, quer gelegter Wandelhalle und axialem Haupttreppenhaus findet in Zürich einen Nachhall.

Im Gegensatz zu Hamburg reflektiert Fischers Jenaer Universität eindrücklich das «gewachsene, ungerichtete Gefüge» des Alten Schlosses, an dessen Stelle der Neubau errichtet wurde.[50] Mit der resultierenden Kleinteiligkeit entsprach Fischer zugleich der Forderung des Wettbewerbsprogramms von 1903, den Neubau dem Stadtbild anzupassen. Typologisch entstand ein «Ensemble eigenständiger Baukörper», die «den einzelnen Funktionsgruppen» (Hörsäle, Seminarräume, Aula, Verwaltung, Museum) entsprechen.[51] Das dadurch vermittelte naturhafte Bild war ein anderes als das von Mosers Zürcher Bau evozierte: 1908 beschrieb Max Osborn Fischers Universität als scheinbar «langsam und natürlich Gewachsene, als seien die einzelnen Teile aus dem allmählich entwickelten weiteren Bedürfnis heraus entstanden, nicht von einem einzelnen Architekten, sondern von den Baumeistern verschiedener Zeiten […] so aneinandergereiht, dass alles von genialen Launen des Zufalls bestimmt erscheint und tatsächlich doch einer uner-

---

48 Vgl. Oechslin/Hildebrand 2010 (wie Anm. 34), Bd. 2, S. 111–113 (Sylvia Claus, «Kollegiengebäude der Universität Freiburg im Breisgau»), S. 349 (Bern) und 351 (Realschule, Basel); zu Bern ausführlich Markus Thome, «‹Stolz darf das Volk auf eine große Tat hinblicken›. Das Hauptgebäude und die Repräsentationsarchitektur um 1900», in: Anna Minta, Bernd Nicolai und Markus Thome (Hrsg.), *Stadt Universität Bern. 175 Jahre Bauten und Kunstwerke,* Bern/Stuttgart/Wien: Haupt 2009, S. 31–49, bes. S. 37–39.
49 Die beiden Drucke mit Situation, Grundrissen, Ansichten, Schnitten, Details und einer Perspektive kamen vermutlich über Karl Mosers Lehrstuhl-Sammlung in die allgemeine Plansammlung des gta Archivs / ETH Zürich (117-A0-208 und -209). Ich danke Daniel Weiss, gta Archiv, herzlich für den Hinweis auf diese Pläne.
50 Nägelke 2000 (wie Anm. 19), S. 158.
51 Ebd., S. 40.

Abb. 18: Curjel & Moser, Hauptgebäude Universität Bern, Wettbewerbsentwurf, 1898

Abb. 19: Curjel & Moser, Kollegiengebäude Universität Freiburg im Breisgau, Wettbewerbsentwurf (Alternativentwurf «Hertha»), 1902. Schaubild

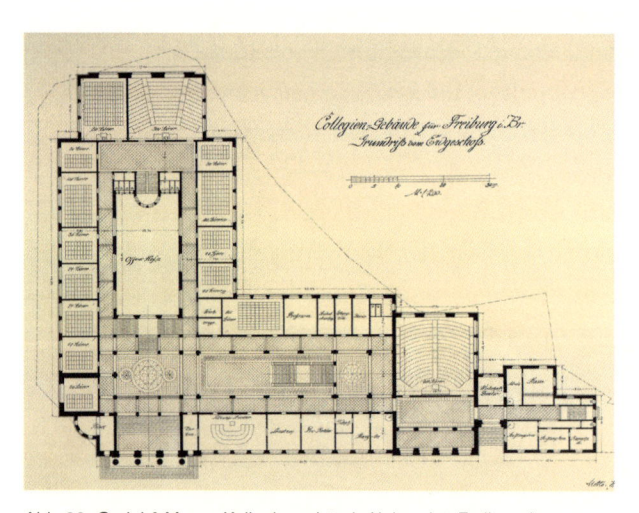

Abb. 20: Curjel & Moser, Kollegiengebäude Universität Freiburg im Breisgau, Wettbewerbsentwurf (Alternativentwurf «Hertha»), 1902. Grundriss Erdgeschoss

klärbaren höheren Einheit untersteht».⁵² Ähnlich wie später Moser interpretierte Fischer seine Entwurfsaufgabe als Verpflichtung gegenüber der lokalen Architektur- und Kulturgeschichte. Nicht nur Grundriss und Gebäudegruppierung, sondern auch Raumtypen und die Übernahme thüringischer Bauelemente bis hin zum Einbau von Spolien fungieren als «Erinnerungsformen» und machen den Bau zum «kulturellen Gedächtnis» der Stadt.⁵³

Geradezu eine städtische und zugleich wohnliche «Landschaft» entwarf Fischer für die Eingangshalle, deren differenzierte Gestaltung ihre Funktion als räumlicher Verteiler korrespondiert (Abb. 22). Mit einer «Raumhöhle» verglich sie Eberhard Grisebach, Fischers früher Apologet in Weimar. Der Architekt habe «mit Liebe […] das Leben» gestaltet und «durch seine Gänge und Treppen» geleitet. «Der Mensch gehört hier zur architektonischen Vollkommenheit hinzu» – eine Haltung, die Fischer mit Ferdinand Hodler verbinde, dessen von der Gesellschaft der Kunstfreunde von Jena und Weimar für die Universität in Auftrag gegebenes Monumentalgemälde *Auszug deutscher Studenten in den Freiheitskrieg von 1813* das prominente Hauptstück in dem mit Kunst reichlich ausgestatteten Neubau war.⁵⁴

Während das 1903 fertiggestellte Berner Hauptgebäude bemerkenswerterweise in den Zürcher Diskussionen offenbar keinerlei Rolle spielte,⁵⁵ führte im Juli 1909 eine siebentägige Studienreise Moser zusammen mit der Baukommission nach München, Jena, Frankfurt und (zu den eigenen Bauten) nach Karlsruhe. Für den nach grösseren Zusammenhängen suchenden Historiker fallen die Aufzeichnungen in Mosers Tage- und Notizbuch mehrheitlich ernüchternd aus: Sie sprechen hauptsächlich von Einzelheiten der architektonischen Gestaltung, der Materialisierung, Ausstattung oder Lichtführung.⁵⁶ Den Turm der Jenaer Universität dürfte Moser mit Blick auf die eigenen Turmpläne skizziert haben; mit seiner Zeichnung fasste er zugleich die für Jena charakteristische malerische Komposition (Abb. 23).

---

52   Max Osborn, *Die neue Universität zu Jena. Erbaut von Theodor Fischer*, Jena: Diederichs 1908, S. 5 f., zit. nach Nägelke 2000 (wie Anm. 19), S. 158.
53   Nägelke 2000 (wie Anm. 19), S. 159.
54   Lucius Grisebach und Volker Wahl, «‹… es haben so Philosophie, Kunst und Architektur sich zu wundervoller Einheit im Universitätsbau verschlungen›. Ein Vortrag von Eberhard Grisebach zur künstlerischen Würdigung des Jenaer Universitätsgebäudes aus dem Jahr 1909», in: *Weimar-Jena: Die große Stadt* 4 (2011), H. 3, S. 215–233, hier S. 231. Zur Geschichte von Hodlers Monumentalgemälde vgl. Anna Bálint, ‹*Auszug deutscher Studenten in den Freiheitskrieg von 1813*› (1908–1909). *Ferdinand Hodlers Jenaer Historiengemälde. Auftragsgeschichte, Werkgenese, Nachleben*, Frankfurt a. M. etc.: Peter Lang 1999.
55   Manetsch 2006 (wie Anm. 3), S. 131 f.
56   gta Archiv / ETH Zürich (Nachlass Karl Moser, 33-1909-TGB-7a).

Die ausführlichsten Notizen und meisten Skizzen entstanden in Freiburg. Moser besichtigte das dortige Kollegienhaus im folgenden Sommer zusammen mit Gustav Gull und Hermann Fietz. 1909 hatte der erst 1911 bezogene Bau von Mosers wichtigstem Karlsruher Kollegen Hermann Billing noch gar nicht auf dem Programm gestanden. In der Formensprache klassisch gestimmt, ist das Gebäude noch deutlicher als Fischers Universität in Jena in einzelne, dezentrierte und enthierarchisierte Bauteile aufgegliedert (Abb. 24). Als Modell für Zürich taugte es Moser nicht: Für seinen über der Altstadt thronenden Bau brauche es «Einfachheit der architekton[ischen] Gestaltung». Damit sei eher die gewünschte monumentale Wirkung zu erzielen als mit Billings «überall reich und abwechslungsreich» gestaltetem Gebäude. «Immerhin aber muss ich zugestehen, dass ich glaube, dass die Freiburger Universität eine höhere Qualität darstellt. […] Was bei der Z[ürcher] Universität vielleicht unangenehm wirken wird, sind die glasbedeckten Höfe.»[57]

Lieblingsspaziergang, Ausgrabungsstätte, Spiegel

Die «glasbedeckten Höfe» und insbesondere der überdeckte Innenhof des Kollegiengebäudes mit der dort vorgesehenen Archäologischen Sammlung war ein Vorschlag, mit dem Moser im Wettbewerb besonders gepunktet hatte. Bluntschli hatte zuvor entgegen Gulls Votum in der Baukommission darauf beharrt, die «an sich wenig materiellen Wert besitzende Sammlung» im dritten Obergeschoss unterzubringen.[58] Anders auch als seine Mitkonkurrenten reservierte Moser dafür das Sockelgeschoss des Kollegiengebäudes.[59] Zusammen mit dem Zoologischen Museum bildete sie als vereinigte Studien- und Schausammlung ein prominentes, durch die gemeinsame Nutzung konstituiertes Relais zwischen Universität und Stadtöffentlichkeit. Diese Funktion war im Fall der Zoologischen Sammlungen zudem in ihrer Entstehungsgeschichte begründet und formell geregelt: Im Zuge des Aussonderungsvertrags hatte die Stadt ihren teils bis auf das Naturalienkabinett der Burgerbibliothek in der Wasserkirche zurückgehenden Teil der Sammlung dem Kanton unter anderem mit der Auflage überlassen, das Museum tageweise unentgeltlich zu öffnen.[60]

57 Karl Moser, Notizen anlässlich der Studienreise nach Freiburg, 18. Juni 1910, gta Archiv / ETH Zürich (Nachlass Karl Moser, 33-1910-TGB-11).
58 *SBZ* 50 (1907) (wie Anm. 32), S. 100; vgl. auch Manetsch 2006 (wie Anm. 3), S. 99.
59 Zum Lichthof vgl. Manetsch 2006 (wie Anm. 3), S. 99–105, sowie vor allem den Beitrag von Stanislaus von Moos, S. 232–267.
60 Lang 1907 (wie Anm. 29), S. 32 f.

Abb. 21: Hermann Distel und August Grubitz, Vorlesungsgebäude Universität Hamburg, 1909–1911

Abb. 22: Theodor Fischer, Universität Jena, 1903–1908. Eingangshalle

Abb. 23: Karl Moser, Turm der Universität Jena. Skizze, Juli 1909

Abb. 24: Hermann Billing, Kollegienhaus Universität Freiburg im Breisgau, 1907–1911

221

Der Bericht des Preisgerichts hatte die Unterbringung der Archäologischen Sammlung in «hellen und luftigen Räumen [...] in der Höhe des Gartens» als besonders positiv vermerkt.[61] In Mosers Wettbewerbsprojekt deutlich abgerückt vom Eingang der Universität, empfängt die Archäologische Sammlung ihre Besucher auf der Höhe der Gartenterrasse (Abb. 10). Während eine monumentale Freitreppe hoch ins eigentliche Kollegiengebäude führt, öffnet sich die Archäologische Sammlung in grossen Arkaden zum «Gartenparterre» und damit zu einem potentiellen «Lieblingsspaziergang», wie ihn der damalige Kantonsbaumeister Johann Caspar Wolff Mitte des 19. Jahrhunderts für die Terrasse vor dem Polytechnikum beschrieben hatte: «Im Vordergrunde haben wir die Stadt [...]; im Mittelgrunde den See, den Uetliberg und das ganze liebliche Limmattal und im Hintergrunde die Hochgebirge in ununterbrochener Reihe vom Glärnisch [einem von Mosers Bergmotiven; Abb. 12] bis zu den Unterwaldner Bergen. Und nicht nur die höheren Partien des Gebäudes geniessen dieses prachtvolle Panorama; schon die am Fusse desselben anzulegende Terrasse bietet den vollen Genuss einer der anerkannt schönsten Gegenden der Schweiz, sodass diese Terrasse nicht nur ein unvergleichlicher Erholungsplatz für die Lehrer und Schüler der Anstalt, sondern auch ganz gewiss ein Lieblingsspaziergang für Einheimische und Fremde überhaupt werden wird.»[62] Den Eingang zur Sammlung markiert im Wettbewerbsentwurf der Gartenatmosphäre entsprechend eine Pergola.

Die von Sempers ursprünglich offen geplanter Mittelhalle übernommene Idee eines Skulpturenhains klingt in den grossen Bogenöffnungen zur Terrasse nach und setzt sich bis in den Sammlungsraum im Bereich des Lichthofs fort, wo Moser im Wettbewerb eine eingeschossige Halle vorsah (Abb. 25). Der Rest des Innenhofs ist nach oben offen; die Hoffassaden, die Moser dann in Wandelgänge auflöste, sind Aussenfassaden. Den Wechsel zum hohen Lichthof, mit dem Moser einer Forderung der Baukommission entsprach – Gull brachte dafür das Vorbild des Zürcher Stadthauses ins Spiel, wenig später entwarf er selbst für das Polytechnikum solche Hallen (Abb. 27)[63] –, veränderte die Anfangsidee grundlegend. Die

---

61 «Wettbewerb der Universitätsbauten in Zürich», in: *SBZ* 51 (1908), S. 145–149, 162–167, 191–195, hier S. 167.
62 Johann Caspar Wolff, Bericht [an den Zürcher Erziehungsdirektor Franz Hagenbuch], 17. Oktober 1857, StAZ V II 23 (3.7b). Ich danke Dieter Weidmann herzlich, dass er mir die (hier sanft geltenden Regeln angepasste) Transkription des betreffenden Ausschnitts überlassen hat. Der gesamte Bericht ist im Anhang seiner Dissertation abgedruckt: Dieter Weidmann, *Gottfried Sempers ‹Polytechnikum› in Zürich. Ein Heiligtum der Wissenschaften und Künste,* 2 Bde., Diss. ETH Zürich 2010; vgl. auch ebd., S. 499 f.
63 Hermann Fietz, Antrag an die Baudirektion zur Genehmigung des Bauprojekts und des Projekts zur Korrektur der Künstlergasse, 9. Mai 1910, StAZ, VII 15. a.3; vgl. auch Manetsch 2006 (wie Anm. 3), S. 31.

lichtdurchflutete «Lunge» des Kollegiengebäudes steht nun in der Reihe der monumentalen Lichthöfe von Paris, Strassburg und Berlin (Abb. 26).

Wie die Freiburger Notiz belegt, plagte die Planänderung Moser noch eine Weile. Räumlich blieb der Lichthof separiert. Mosers Vorschlag vom Frühjahr/Sommer 1909, die Haupttreppe bis in den Lichthof zu verlängern, wies die Baukommission als überflüssig zurück.[64] Bis heute muss man die in den Lichthof hinunterführenden Treppen suchen. In der architektonischen Gestaltung reagierte Moser mit einem Vexierspiel von Abkopplung und Anbindung, wobei die Eigenständigkeit der beiden Raumzonen von Sammlung auf der einen Seite und dem übrigen Kollegiengebäude auf der anderen im Gesamteindruck dominiert: Die grossen Bogenöffnungen zwischen Lichthof und Westhalle setzen einen Kontrapunkt zum Pfeilerrhythmus der darüberliegenden Geschosse. Einen gewissen Ausgleich bieten die Stellen, an denen das Kollegiengebäude gewissermassen in den Lichthof hinein atmet: In der nordwestlichen Hofecke, wo sich der Turm durch einen Wechsel der Öffnungen im Lichthof abzeichnet; oder da, wo sich das Haupttreppenhaus – mit seiner Form zugleich ein Echo auf den halbrunden Eingangsvorbau an der Rämistrasse – in den Lichthof schiebt. Mit seinem geschlossenen Mauersockel bleibt es aber letztlich eine Aussichtskanzel (Abb. 31).[65]

Wenn es auf der Studienreise vom Sommer 1909 einen Bau gab, von dem Moser im Grossen etwas gelernt hat, war es wohl German Bestelmeyers gerade fertiggestellter Erweiterungsbau für die Münchner Universität. Die monumentale Thermenarchitektur von deren zentraler Halle hielt Moser in einer flüchtigen Skizze fest; «zu Zürich» notierte er darüber (Abb. 28 und 29).[66] Hans-Dieter Nägelke zählt Bestelmeyers Bau zusammen mit Fischers Jenaer Universität zu den Beispielen einer zwar historisch fundierten, aber die «Autonomie von Linie, Fläche und Raum» obenanstellenden und «deshalb überzeitlichen Formauffassung».[67] Hält man Fotos der Münchner und der Zürcher Halle nebeneinander, so scheint es, als habe Moser die Wucht von Bestelmeyers kassettierten Gewölben gleichsam in die unteren Geschosse absacken lassen. Dem vergleichsweise feingliedrigen Wandaufbau Bestelmeyers antwortet das Gitternetz von Mosers Glasdach, das

---

64 Manetsch 2006 (wie Anm. 3), S. 104.
65 Die heutigen Öffnungen im Sockelgeschoss des Treppenturms stammen aus der Phase der von Rolf Wolfensberger geleiteten grossen Sanierung zwischen 1991 und 2006.
66 Tage- und Notizbuch 1909, gta Archiv / ETH Zürich (Nachlass Karl Moser, 33-1909-TGB-7a).
67 Nägelke 2000 (wie Anm. 19), S. 163.

Abb. 25: Karl Moser, Kollegiengebäude und Biologisches Institut, Wettbewerbsentwurf, 1908. Querschnitt

Abb. 26: Friedrich Hitzig und Hermann Rückwardt, Hauptgebäude Technische Hochschule Berlin, 1878–1884. Glashof

Abb. 27: Gustav Gull, Naturwissenschaftliches Institut der ETH Zürich, 1909–1916. Lichthof. Aufnahme von 1925

Abb. 28: German Bestelmeyer, Erweiterungsbau Hauptgebäude Ludwig-Maximilians-Universität München, 1906–1909. Grosse Halle

Abb. 29: Karl Moser, Grosse Halle in Bestelmeyers Erweiterungsbau der Ludwig-Maximilians-Universität München. Skizze, Juli 1909

Abb. 30: Biologisches Institut, Windfang. Aufnahme von 2010

Abb. 31: Lichthof im Hauptgebäude, in der Ecke hinten links zeichnet sich der Turm ab, um 1914

225

als eine Transformation der Münchner Kassettenmaschen in solche aus Eisen und Glas gelesen werden kann.

Im Kontrast – und Zusammenklang – mit dem Raster der «schwer gestalteten» Lichthof-Arkaden,[68] die sich hell vor dem Pompejanisch-Rot der Wandelgänge abheben, gewinnt auch Mosers Glasdach Monumentalität. Anders als bei Gustav Gulls vier Jahre jüngerem Glasdach über dem Sammlungshof des Naturwissenschaftlichen Instituts (Abb. 27) ist es eine Monumentalität des Industriezeitalters, die Grossartigkeit der industriell hergestellten Grossform, Mosers zeitgenössische Antwort, zu der ihn auch Bestelmeyers Treppenhalle inspiriert haben kann. In der Festschrift von 1914 kommentiert Moser in eben dieser Richtung: «[…] wir können es zu der monumentalen Sachlichkeit bringen, welche die Denkmäler des alten römischen Unternehmervolkes auszeichnet».[69] Auf diese Weise verschmilzt Moser humanistisches Erbe und moderne Technologie im Grossen. Im Biologischen Institut praktiziert er ein analoges Verfahren im Kleinen, wenn auch in gegenläufiger Richtung und für den eiligen Besucher eher unmerklich. Hier braucht es gewissermassen den geduldigen, aufs Kleine gerichteten Blick des Naturforschers, um zu bemerken, dass die dichte Reihe der Säulchen im Windfang eigentlich Heizungsrohre sind (Abb. 30).[70]

Im Lichthof des Kollegiengebäudes begegneten die Studierenden und Dozenten, sofern sie nicht zum Kreis der Archäologen gehörten, den Skulpturen des «römischen Unternehmervolks» (und jenen seiner Lehrer, der Griechen) hauptsächlich als von oben, aus den Wandelgängen und dem Treppenhaus hinabschauende, im Blick in ein versunkenes Reich, oder auch, konkreter, in eine «Baugrube» oder «Ausgrabungsstätte».[71] Diejenigen, die den Rektoratsflur entlanggingen, fanden sich gewissermassen flankiert vom «Göttergarten» im Parterre und den zunächst nackten, in einer späteren Version dann auch bekleideten Jünglingen und jungen Frauen, mit denen Paul Bodmer den wichtigsten Flur des Kollegiengebäudes ausgemalt hatte (Abb. 34 und S. 288, Abb. 10). Die Zusammenschau der beiden Raumzonen führt exemplarisch ein Bildpaar in der Publikation des Neubaus in der *Schweizerischen Bauzeitung* vor Augen (Abb. 33). Während die

Atlas 16, 22, 42 und 93

---

68 Baur (Einführung), in: *Die neue Universität Zürich* 1914 (wie Anm. 1), S. 10.
69 Moser, «Das Universitätsgebäude», in: *Universität Zürich* 1914 (wie Anm. 2), S. 105.
70 Otto Rudolf Salvisberg, der 1908 im Büro Curjel & Moser am Wettbewerbsprojekt mitarbeitete, variierte dieses Motiv später im Eingang zum ETH-Maschinenlaboratorium.
71 Manetsch 2006 (wie Anm. 3), S. 105.

Wandelhalle vor der Aula durch eine Reihe von Professorenbüsten auf hohen Piedestalen konventionelle Erwartungen getroffen haben dürfte, konnten sich die Studierenden in Bodmers Jugend gespiegelt finden. Wie Bodmers Figuren hoben auch sie sich, wenn sie sich in den Wandelgängen bewegten, «ganz wundervoll wie aus einer unendlichen purpurnen Tiefe» ab.[72] Dies alles rief den Unmut vieler auf den Plan, die die Malereien teils sogar mit Stockhieben traktierten, während die Burschenschaft der Zofingia den Neubau immerhin (und dies auch nur virtuell) mit Bier taufte (Abb. 36). Nur wenige der Studierenden und Dozierenden teilten die positive Sicht von Albert Baur: «Die Wahl dieser Künstler beweist, dass es sich in der neuen Hochschule nicht um einen im alltäglichen Sinne lehrhaften Wandschmuck handeln kann, es wird da kein Anschauungsmaterial zur Geschichte oder Kunsttheorie vermittelt. [...] Aber dass der Architekt diesen starken Glauben an die Jugend hat, [...] das beweist, dass er vom richtigen Geiste erfüllt ist, wie er in alle Teile einer Hochschule verbaut werden soll: von einem Geiste des Vertrauens zur kommenden Zeit und zum Schaffen der begeisterten Jugend».[73]

Architektonischer Monismus?

An diesem Punkt traf sich auf eine Art die von Moser vertretene Auffassung von (Bau-)Kunst mit der sich zur Weltanschauung verfestigenden monistischen Naturwissenschaft Ernst Haeckels: Da, wo das Geheimnis der Natur und des Lebens wissenschaftlich nicht aufzulösen ist, treten Vergeistigung (respektive Beseelung) und eine vergeistigte Kunst auf den Plan. In diesem Sinn erklärte Moser einen Entwurf Hermann Hubers für das dann vor dem Auditorium Maximum aufgehängte Triptychon *Lehren und Lernen:* Hier «horchen» Jünglinge «auf die Verkündigung» ihres Lehrers, der durch «einen tiefen durchgeistigten Ausdruck und Körper» gekennzeichnet ist.[74] Und wenn der Alt-Rektor der Universität, August Egger, 1916 in seiner Verteidigung der Ausmalung der «naturwissenschaftlich-mechanistische[n]» Naturbetrachtung die «Weltschöpfung des souveränen Künstlergeistes» entgegengesetzt,[75] so bleibt im Schöpfungsbegriff bei aller kategorischen Trennung doch ein gemeinsames, analoges Moment erhalten.

Atlas 45 und 83

---

72 Baur (Einführung), in: *Die neue Universität Zürich* 1914 (wie Anm. 1), S. 11.
73 Ebd., S. 14 f. Zur Ausmalung vgl. auch den Beitrag von Matthias Vogel, S. 270–293, sowie die Kommentare zum Bilderatlas.
74 Zit. nach *Universität Zürich,* hrsg. von der GSK (Schweizerische Kunstführer, Serie 27, Nr. 270), Basel 1980, S. 22.
75 August Egger, «Wege zur Kunst», in: *Wissen und Leben* 9 (1916), S. 430–438, hier S. 435 f. Vgl. auch den vollständigen Abdruck dieses Textes im Anhang.

Wissenschaft und Kunst teilen ihren Bezug zum Leben: «Denn all unsere Wissenschaft hat nicht als fertiges, ruhendes Besitztum ihren wahren Wert, sondern als lebendige Kraft des Erkennens [...]. Das Anerlernte ist wertlos», heisst es in der Ansprache von August Egger, damals noch Rektor, bei der Einweihung des Neubaus – und man darf diese Sätze trotz der bei solchen Gelegenheiten üblichen Klischees auch wörtlich nehmen.[76] Umgekehrt besteht Moser in der Einweihungs-Festschrift auf einer «Lebendigkeit» von Architektur jenseits wissenschaftlicher Rationalität: «Ein Bauwerk ist kein Kleidergerüst fleissig erworbener Wissenschaft, sondern ein gewachsener Organismus, ein aus der Gegenwart geborener und in der Gegenwart lebender beseelter Körper.»[77]

Der mit Mosers Sichtweise verbundene Fokus auf der plastischen Form geht mit Adolf Göllers um 1900 einflussreichen architekturästhetischen Schriften zusammen, in denen der Stuttgarter Architekturprofessor die Ablösung einer Schönheit des «geistigen Gehalt[s]»[78] ikonografisch aufgeladener Stilarchitektur durch eine «Kunst der sichtbaren reinen Form» propagierte. Nicht stilgeschichtliche Gelehrsamkeit, sondern subjektives Empfinden bestimme das architektonische Gestalten aus «Formgedächtnisbildern». Die «gebräuchlichen Kunstformen und Schmuckformen» sollen in freier und individueller Gestaltung neu kombiniert und mit einer «neuartige[n] Gruppierung der Baumassen» verbunden werden. Wichtiger als jede Stilform ist «ein an sich wohlgefälliges, bedeutungsloses Spiel von Linien oder von Licht und Schatten».

Göllers ästhetische Maximen scheinen auch für Mosers Universität zu gelten.[79] Eine diesen entsprechende Grundhaltung hat Moser – später – unter anderem in Abgrenzung zu Sempers Polytechnikum formuliert, das er als «gruppierte[n] und aufgelöste[n] Bau» beschrieb. «Die einzelnen Teile sind nicht besonders logisch miteinander verbunden. Es sind einfach ineinander geschobene Kuben.»[80] Für sich dagegen beanspruchte Moser, in seiner Arbeit «stets auf die baukünstlerische

---

76 Ders., «Ansprache», in: *Universität Zürich. Rektoratsreden und Jahresberichte 1 (1914): Die Einweihung der neuen Universität (Die offiziellen Ansprachen) und Jahresbericht 1913/14*, S. 17–23, hier S. 18.

77 Moser, «Das Universitätsgebäude», in: *Universität Zürich 1914* (wie Anm. 2), S. 105.

78 Cornelius Gurlitt, «Göller's ästhetische Lehre», in: *Deutsche Bauzeitung* 21 (1887), S. 602–607, hier S. 602; vgl. Nägelke 2000 (wie Anm. 19), S. 143f., danach auch die hier und die im folgenden zitierten Passagen aus Adof Göller, *Zur Ästhetik der Architektur*, Stuttgart: Wittwer 1887. Zur Göller-Rezeption im Umfeld Mosers vgl. Gerhard Kabierske, «Curjel & Moser und Hermann Billing. Wechselwirkungen in der ‹Jung-Karlsruher Architekturschule› 1890 bis 1915», in: Oechslin/Hildebrand 2010 (wie Anm. 34), S. 92–111, hier S. 96f.

79 Zu Mosers Kombinatorik («Stilmix») vgl. auch den Beitrag von Stanislaus von Moos, S. 232–267.

80 gta Archiv / ETH Zürich (Nachlass Karl Moser, 33-1924-TGB-2).

Gesamtidee und nicht auf Details den Hauptwert gelegt» zu haben, denn eine Architektur könne «nur bestehen, wenn ihre Einheit gesichert ist». Der Weg dorthin führte für ihn über die plastische Gestaltung: «Wir müssen uns beim Arbeiten klar werden über unsere Aufgabe als Plastiker, von der Linie, mit welcher wir uns auszudrücken pflegen, müssen wir abstrahieren und plastisch, Licht und Schatten sehen lernen.»[81] Von Paul Frankl übernahm Moser den Begriff der «Raumdivision», in dem die «Stücke» ihre «Existenzfähigkeit» nur im Bezug auf das Ganze haben.[82] Räume können bei Moser in Wölfflinscher Tradition mit «Energie» Menschen in Bewegung setzen.[83]

An Ludwig Nehers Senckenbergmuseum in Frankfurt (1904–1907), bis heute eines der bedeutendsten naturkundlichen Museen in Deutschland, zu dem die Studienreise der Baukommission 1909 ebenfalls führte, kritisierte Moser besonders den Ausstellungshof: «[…] ganz verfehlt, weil die Architektur eine zu grosse Rolle spielt.»[84] Die Festschrift zur Eröffnung des Frankfurter Museums enthält im Tafelteil eine Aufnahme, die illustriert, was Moser störte: Das prominent in Szene gesetzte grosse Dinosaurierskelett ist in einem Innenhof abgestellt, der wie ein provisorisch überdeckter Hinterhof wirkt (Abb. 32).[85] Einheit und plastische Gestaltung im Moserschen Sinn gibt es hier nicht. Die einzige organische Linie zieht das geschwungene Rückgrat des Dinosauriers durch den Raum. In Mosers Zürcher Lichthof dagegen teilen sich die antiken Statuen diese Rolle mit den fliessenden Formen der Haupttreppe, die die Menschen energisch zu ihrem Endpunkt, der Aula, hochsaugt oder sie wieder sanft herunterspült, und dem wie von einer inneren Kraft des Raums nach oben gewölbten Glasdach – «eine der eindrucksvollsten und eigenartigsten Raumschöpfungen der modernen Baukunst» (Abb. 35 und 37).[86]

---

81 Karl Moser, «Cathedrale, Kirche», undatierter Seminarvortrag (um 1920), gta Archiv / ETH Zürich (Nachlass Karl Moser, 33-T-40). Vgl. auch den Abschnitt «‹Architektonische› Plastik» im Beitrag von Stanislaus von Moos, S. 263f.

82 Karl Moser, «Entwicklung der kirchl. Baukunst in der deutschen Schweiz. I.) Allgemeine Einleitung», Seminarvortrag, Wintersemester 1917/18, gta Archiv / ETH Zürich (Nachlass Karl Moser, 33-T-38).

83 Moser, «Cathedrale, Kirche» (wie Anm. 81).

84 Karl Moser, Tage- und Notizbuch 1909, gta Archiv / ETH Zürich (Nachlass Karl Moser, 33-1909-TGB-7a).

85 *Festschrift zur Erinnerung an die Eröffnung des neuerbauten Museums der Senckenbergischen Naturforschenden Gesellschaft zu Frankfurt am Main am 13. Oktober 1907*, Frankfurt a. M.: Gebrüder Knauer 1907, Tafel II.

86 Baur (Einführung), in: *Die neue Universität Zürich* 1914 (wie Anm. 1), S. 10. Vgl. auch die ähnlichen Beobachtungen zum Glasdach bei Stanislaus von Moos, «Karl Moser und die moderne Architektur», in: Katharina Medici-Mall (Hrsg.), *Fünf Punkte in der Architekturgeschichte. Festschrift für Adolf Max Vogt*, Basel/Boston/Stuttgart: Birkhäuser 1985, S. 248–275, hier S. 257.

Abb. 32: Ludwig Neher, Senckenbergmuseum, Frankfurt am Main, 1904–1907, Lichthof

Abb. 33: Rektoratsflur und Blick in die Archäologische Sammlung. Bildpaar in der Publikation des Neubaus in der *SBZ*, 1914

Abb. 34: Rektoratsflur mit Ausmalung von Paul Bodmer, überarbeitete Version, 1914/15

Abb. 35: Lichthof (Foto Katherine York, 2012)

Abb. 36: Alex Zschokke, Bildpostkarte der Zofingia Zürich zur Einweihung der Universität, 1914

Abb. 37: Haupttreppenhaus im Lichthof (Foto Katherine York, 2012)

231

Rendez-vous im Lichthof

Stanislaus von Moos

1. Typus, Stilmix, «Biologie»

In den fünf Jahrzehnten nach seinem Tod (1936) interessierte Karl Moser als «Fall» fast nur unter dem Vorzeichen der Frage, ob und inwiefern dieser Architekt zur Entstehung des Neuen Bauens oder gar des «Internationalen Stils» beigetragen habe.[1] Da das Universitätsgebäude, Mosers bei Weitem grösstes Projekt, kaum den entsprechenden Nachweis erbringt, blieb die Wertschätzung der Kollegen jahrzehntelang zurückhaltend – mindestens in der Schweiz. Das hat sich erst in den 1970er-Jahren geändert; im Grunde mit Aldo Rossi.

Atlas 16, 22 und 42 Rossi berichtet, er habe während seiner Lehrtätigkeit an der ETH in Zürich, 1971–1975, manche Morgenstunde im Lichthof des Kollegiengebäudes der Universität zugebracht. Die Erfahrung dieses Orts, den er «mit einem Basar voller Leben, einem öffentlichen Gebäude oder einer Thermenanlage aus der Antike» verglich («was ja eine Universität sein sollte»), ist später in seinen Entwurf für das Regierungsgebäude in Triest eingegangen (Abb. 1).[2] Aus den zwei Zürcher Lichthöfen, demjenigen des Kollegiengebäudes und demjenigen des Biologischen Instituts, der heute stark verändert ist, sind in Rossis Projekt deren drei geworden.

[1] Der vorliegende Essay schliesst an Überlegungen an, die meiner Zürcher Antrittsvorlesung zugrunde lagen: «Karl Moser und die moderne Architektur», in: Katharina Medici-Mall (Hrsg.), *Fünf Punkte in der Architekturgeschichte,* Basel: Birkhäuser 1985, S. 248–275. – Abgesehen von monografischen Arbeiten zum Universitätsgebäude, die anderswo in diesem Buch aufgeführt werden, erwiesen sich mehrere im Rahmen eines im Wintersemester 1998/99 gemeinsam mit Cornelius Claussen durchgeführten Moser-Seminars verfasste Seminararbeiten als nützlich; so insbesondere eine Arbeit von Karin Plaschy über den «Lichthof». Die Baugeschichte der Universität Zürich ist seither durch Thomas Gnägi zusammengefasst in: Werner Oechslin und Sonja Hildebrand (Hrsg.), *Karl Moser. Architektur für eine neue Zeit, 1880 bis 1936,* Zürich: gta Verlag 2010, Bd. 2, S.186–194, sowie jetzt v.a. im vorliegenden Buch von Sonja Hildebrand, S. 196–230; unentbehrlich war ferner Thomas Manetsch, «Die Universität und ihre politischen, sozialen und bildungstheoretischen Konnotationen. Eine ideengeschichtliche Momentaufnahme am Beispiel des Universitätsneubaues in Zürich 1906–1914», unveröff. Lizenziatsarbeit Universität Zürich, 2006.

[2] Aldo Rossi, *Wissenschaftliche Selbstbiografie,* Bern/Berlin: Gachnang & Springer 1988 (Erstausgabe in englischer Sprache New York: IAUS, 1981; überarbeitete und erweiterte Neuausgabe Zürich: Park Books 2014), S. 22. Zum Projekt für das Regierungsgebäude in Triest siehe Alberto Ferlenga, *Aldo Rossi. Architetture 1959–1987,* Milano: Electa 1987, S. 98–103.

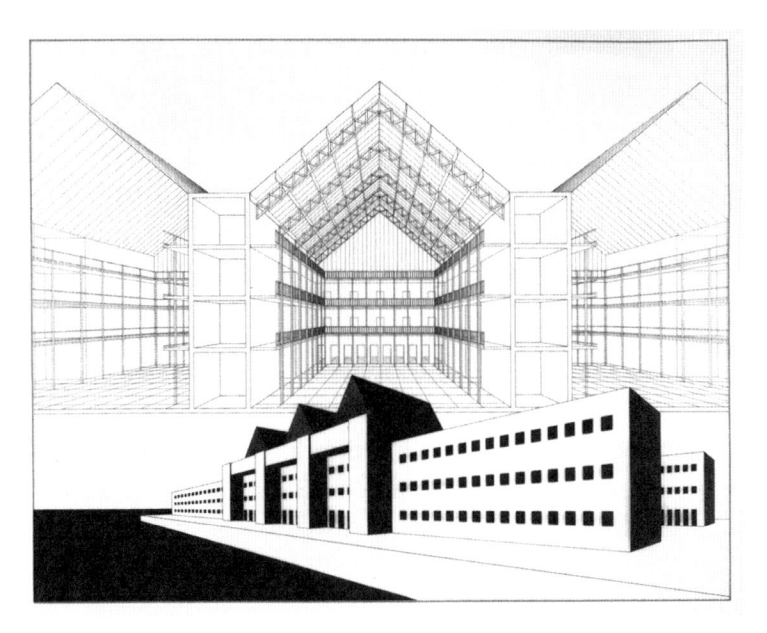

Abb. 1: Aldo Rossi, Verwaltungsgebäude für die Region Triest, 1974. Projekt

Ihre Form erinnere, so Rossi, an das «pyramidenförmige Dach des Kunsthauses Zürich», wobei er einräumte, dass er die Erinnerung an das Kunsthaus vielleicht mit jener an die Universität vermische (Abb. 7 und 21; siehe auch S. 297, Abb. 2). Fotografien von Heinrich Helfenstein setzten noch weitere Assoziationen in Gang. Da Helfenstein die vom Architekten zuhanden seiner Autobiografie bestellten Aufnahmen an einem Feiertag gemacht habe, seien «der lichterfüllte Raum und die Laubengänge hoch oben vollkommen leer»; die Fotografien zeigen nichts weiter als «dessen Bereitschaft, bewohnt zu werden», so Rossi. Von den Palmen angeregt, die auf den Bildern zu sehen waren, «assoziierte ich ein enormes Gewächshaus», fährt er fort. «Ich sah dabei die Universität mit dem *Invernardero*, dem Palmenhaus von Barcelona vor mir, mit den Gärten von Sevilla und Ferrara, wo ich eine beinahe vollkommene Stille empfinden kann.»[3]

Rossis Überlegungen sind symptomatisch für ein Nachdenken über Architektur, das neben der theoretischen Systematik den mäandrierenden Fluss von Assoziationen nicht nur gelten lässt, sondern sogar privilegiert. Darüber hinaus gewähren diese Überlegungen Einblick in die Zürcher Zeit des Architekten und in

3 Ebd., S. 23.

die Hintergründe seines Projekts für Triest.[4] Dieses blieb ja unausgeführt. Vielleicht ging es dort auch gar nicht primär um die Lösung einer konkreten Aufgabe. Im Vordergrund steht eher die didaktische *dimostrazione* zum vergessenen Einmaleins des Bauens in der Stadt und zur architektonischen Repräsentation gesellschaftlichen Zusammenlebens. Obwohl bei dieser Spurensuche eine Vielzahl von Referenzen ins Blickfeld geraten (lombardische Laubenganghäuser des 19. Jahrhunderts oder Jean-Baptiste Godins Familistère in Guise und vielleicht sogar die Bahnhofshallen von London oder Madrid sowie Jeremy Benthams Panopticon und seine Abwandlungen in den Gefängnissen des 19. Jahrhunderts), so ist das, worauf es ankommt, letztlich im Typus des Klosterhofs oder des Kreuzgangs vorgeformt. Allgemeiner: in der einfachen Gruppierung von vier Bauflügeln mit Arkaden um einen rechteckigen Hof, wie sie in mittelalterlichen Klosteranlagen üblich war. Die Besuche im Lichthof scheinen Rossi das Potenzial dieser Entdeckung bestätigt zu haben. Dabei ist natürlich die Bestimmung des Baus als Hörsaalgebäude einer Hochschule alles andere als ein Zufall. Während Jahrhunderten konnte die bauliche Gestalt von Universitäten gar nicht anders gedacht werden denn als eine Abwandlung dieses Typs. Das Quartier St. Germain in Paris, die Universitäten von Bologna, Genua, Coimbra, die Cloisters von Oxford und Cambridge usw. und ihre Abwandlungen in den Quadrangles der Universitäten von Princeton oder Yale sind nur die bekanntesten Beispiele (Abb. 2 und 3).[5] Dass sich die Universität Zürich als «Unternehmen» heute im Moserschen Kollegienhaus besser verkörpert sieht als im Vorstadt-Campus auf dem Irchel, ist vor diesem Hintergrund kein Zufall (vgl. S. 169, Abb. 19).

Geschichtslektion ...

Im Lichthof des Kollegiengebäudes selbst sind die skizzierten Verweise auf die Geschichte teils offen, teils in verschlüsselter Form umgesetzt. Durch die Hanglage bedingt, blickt man von den Wandelhallen des Erdgeschosses in den abgesenkten Lichthof hinab. Man müsste sein Volksschulwissen ausblenden, um in Anbetracht

Atlas 16 und 19

---

4 Zu Rossis Zürcher Zeit siehe jetzt Kurt W. Forster, «Architektur vor dem Verstummen retten. Rossis Zürcher Jahre als Transit», in: Ákos Morávanszky und Judith Hopfengärtner (Hrsg.), *Aldo Rossi und die Schweiz. Architektonische Wechselwirkungen,* Zürich: gta Verlag 2011, S. 119–130.

5 Siehe immer noch Konrad Rückbrod, *Universität und Kollegium. Baugeschichte und Bautyp,* Darmstadt: Wissenschaftliche Buchgesellschaft 1977; ferner etwa Paul Venable Turner, *Campus. An American Planning Tradition,* New York/Cambridge MA: The Architectural History Foundation/MIT Press 1984, S. 9–15, 215–253.

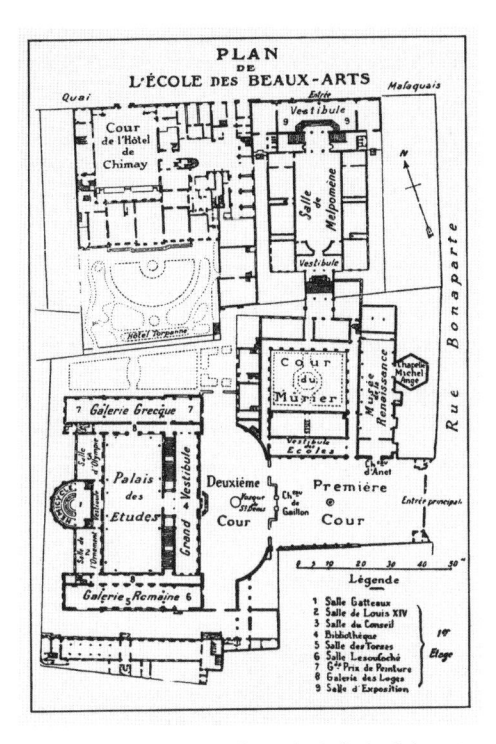

Abb. 2: Couvent des Petits-Augustins in Paris. Seit 1819 Sitz der École des Beaux-Arts. Situation um 1880(?) mit dem Palais des Études (unten links), dem Eingangshof (unten rechts) sowie der Chapelle des Petits-Augustins mit Skulpturensammlung (Mitte rechts)

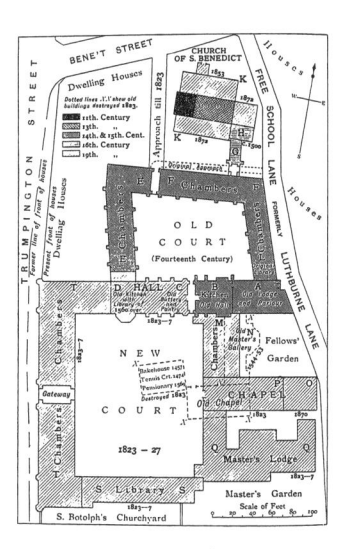

Abb. 3: Corpus Christi College in Cambridge, England, gegründet 1332. Situationsplan (nach Thomas D. Atkinson, *Cambridge Described and Illustrated*, London, 1897)

Abb. 5: Karl Moser, Kollegiengebäude und Biologisches Institut der Universität. Modellansicht der beiden Hofbauten der Universität mit der damals projektierten «modernen» Erweiterung Richtung Süden

Abb. 4: Hof des Palais des Études der École des Beaux-Arts in Paris mit Abgusssammlung. Lithografie von Sellier, um 1880

der gekoppelten romanisierenden Säulen in den Lichthoföffnungen, dank denen die Wandelhallen in ein Halbdunkel getaucht sind, das den Lichthof selbst umso heller erscheinen lässt, das Modell des mittelalterlichen Kreuzgangs zu übersehen Abb. 7 und 8). In seiner formalen Ausgestaltung folgt der «Klosterhof»,[6] jedoch keineswegs dem Diktat des ihm zugrunde liegenden Typs. Die Schauseiten gehorchen vielmehr dem Wandaufriss barocker Sakralbauten; die Jesuitenkirchen von Luzern oder Solothurn können als Anregung gedient haben – Mosers Aquarellstudien nach der Klosterkirche Einsiedeln, 1909 entstanden, sprechen in diesem Zusammenhang für sich (Abb. 6).[7] Der Kreuzgang erscheint so dem «Kirchenschiff» implantiert – eine Art symbolischer Wiedergutmachung für den wenige Jahre zuvor nach Vorgaben von Stadtarchitekt Gustav Gull abgebrochenen romanischen Fraumünsterkreuzgang?[8] Dass Moser der Tektonik des «barocken» Wandaufbaus mit seinen Emporen überall dort wieder den Boden entzieht, wo er ausgerechnet unter tragenden Pfeilern Bogenöffnungen anordnet (wie am Westflügel des Lichthofs; siehe Abb. 7), kommt dann noch dazu. Regeln sind hier offensichtlich dazu da, nicht befolgt, sondern auch gezielt unterlaufen zu werden.

Atlas 16

Selbst im Fall der modernen, d.h. scheinbar technisch determinierten Lösung des Lichthofdachs, das den riesigen Raum tagsüber in blendendes Licht taucht, ist die Historie im Spiel. Die Form der an einer nüchternen Konstruktion befestigten Glasdecke («Muldendach») ist von hölzernen Dachkonstruktionen italienischer Rathäuser des frühen 16. Jahrhunderts abgeleitet (Salone in Padua, Basilica in Vicenza, Palazzo della Ragione in Brescia) bzw. von jüngeren Adaptationen dieses Typs, etwa im Treppenhaus der Würzburger Residenz.[9]

Atlas 16

... oder Geschichtsverleugnung?

Karl Mosers Kommentare zum Kollegienhaus sind hinsichtlich solcher Vorbilder unergiebig. Das mag überraschen, in Anbetracht von Mosers offensichtlichem Interesse an dem System stilistischer Einflüsse und Abhängigkeiten, die der Ar-

---

6 «In monumentaler Ruhe, an einen alten romanischen Klosterhof gemahnend, stehen die starken, glatt verputzten Mauern des Lichthofs [...] da», schreibt Albert Baur 1914 in seiner Einführung, in: *Die neue Universität Zürich. Photographische Aufnahmen des kantonalen Hochbauamtes,* Zürich: Orell Füssli 1914, S. 5–15, hier S. 10.
7 Auf weitere Referenzen, z.B. das Wandschema des Treppenhauses von Charles Garniers Opéra in Paris, gehe ich hier nicht ein; vgl. von Moos 1985 (wie Anm. 1), S. 252.
8 Regine Abegg und Christine Barraud Wiener, *Die Kunstdenkmäler des Kantons Zürich. Die Stadt Zürich II.1,* Bern: GSK 2002, S. 83f., 129–131.
9 Siehe von Moos 1985 (wie Anm. 1), S. 254, 256f., Anm. 14.

Abb. 6: Karl Moser, Innenraumstudie der Klosterkirche Einsiedeln, um 1909. Pastellskizze

Abb. 7: Lichthof der Universität Zürich mit Abgusssammlung des Archäologischen Instituts, Aufnahme nach 1919

Abb. 8: Universität Zürich. Haupttreppe im Kollegiengebäude (Foto Katherine York, 2012)

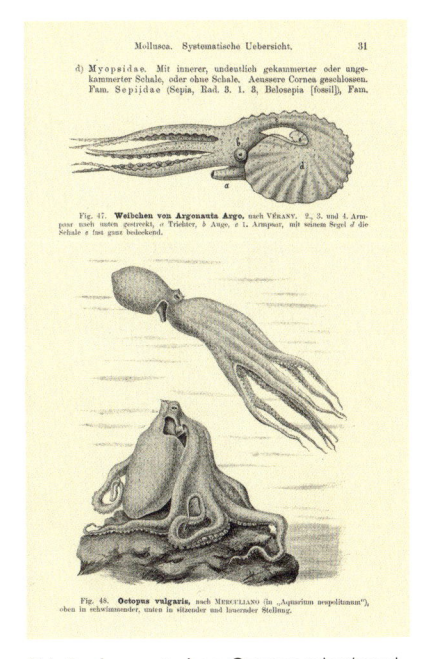

Abb. 9: «Argonauta Argo, Octopus vulgaris und andere Mollusken». Abbildung aus Arnold Lang, *Lehrbuch der vergleichenden Anatomie der wirbellosen Thiere*, Jena 1900

chitekturgeschichte zugrunde liegen. Jeder bildungsbürgerlichen Lesart des Baus als gebaute Geschichte sollte offenbar ein Riegel vorgeschoben werden. «Der Wert eines Baues hängt nicht von einzelnen Bauformen ab, war auch nie davon abhängig», schrieb er 1914. Wer gegenwärtige Baukunst verstehen und erfassen wolle, der dürfe «sich nicht durch klassisch gewordene Formensprachen in seinem Urteil beirren lassen». Ein Bauwerk sei «kein Kleidergerüst fleissig erworbener Wissenschaft, sondern ein gewachsener Organismus, ein aus der Gegenwart geborener und in der Gegenwart lebender beseelter Körper».[10]

Die fortschrittliche Architekturkritik nahm solche Proklamationen der Geschichtsverleugnung noch so gern beim Wort. So etwa André Michel, der das Zürcher Kunsthaus und die Universität noch 1926 als Beispiele für den Mut, mit der Vergangenheit zu brechen, ins Feld führt, und darüber hinaus für die Entschlossenheit, «die Hülle des Baus in vollständige Übereinstimmung mit der Funktion und mit den Materialien, aus denen sie zusammengesetzt ist, zu bringen».[11] – Die Überprüfung am Objekt fällt umso schwerer, als bekanntlich weder «Funktion» noch «Material» beim Bauen feststehende Grössen sind.

Bio-Historizität

Der Tabuisierung der Historie setzt Moser, wie man sieht, die Biologisierung von Form und Raum entgegen. Sein Abgrenzungskampf gegen die *«kopierende Verwendung historischer Stilformen»*, wie Wilhelm Kienzle es ausdrückte,[12] bezieht seine höhere Legitimation durch die Biologie; genauer: die Idee, dass ein Bau als «gewachsener Organismus» aufgefasst werden müsse, als «ein aus der Gegenwart geborener und in der Gegenwart lebender beseelter Körper». Das Argument der Zweckmässigkeit, das Prinzip, mit einem Minimum an Aufwand ein Maximum an praktischem Nutzen zu erzielen, hatte natürlich zuerst die Baukommission im

---

10 Karl Moser, «Das neue Universitätsgebäude», in: *Universität Zürich. Festschrift des Regierungsrates zur Einweihung der Neubauten 18. April 1914,* Zürich: Orell Füssli 1914, S. 103–106.

11 Frei übersetzt nach André Michels zusammenfassender Darstellung der frühen Moderne in der Schweiz: «A coté des réminiscences du passé nous voyons surgir, au XXième siècle, quelques édifices dans lesquels l'architecte rompt courageusement avec les souvenirs d'antan pour affirmer l'esprit moderne et pour mettre l'enveloppe de sa construction en accord complet avec le but auquel elle doit servir et avec les matériaux dont elle est composée. C'est le cas du Kunsthaus et de l'Université de Zurich, constructions dues toutes deux à M. Karl Moser.» Andre Michel, *Histoire de l'art depuis les premiers temps chrétiens jusqu'à nos jours,* Bd. VIII, 2. Teil, Paris: A. Colin 1926, S. 853.

12 Wilhelm Kienzle, *Karl Moser, 1860–1936,* Zürich: Zürcher Kunstgesellschaft 1937; vgl. weiter unten. – Auf Mosers Position im Übergang vom Historismus des 19. Jahrhunderts zur Moderne gehe ich nicht näher ein. Zum Grundsätzlichen siehe noch immer Henry-Russell Hitchcock, *Modern Architecture. Romanticism and Reintegration,* New York: Da Capo Press 1929 (Neuausgabe 1993), sowie davon ausgehend Stanislaus von Moos, «Kraft und Integration. Karl Moser und die Moderne», in: Oechslin/Hildebrand 2010 (wie Anm. 1), Bd. 1, S. 256–293.

Visier, die auf den Franken achten muss. Man sollte aber zwei Dinge nicht übersehen: Erstens, dass die Baukommission der Universität durch einen Zoologen von europäischen Format präsidiert war; und zweitens, dass die Biologie zum Zeitpunkt des Neubaus der Universität als so etwas wie deren internationales Aushängeschild galt.

Nicht nur in den Dimensionen des Neubaus spiegeln sich diese Zusammenhänge, sie prägen auch die Form. Mittels grosser, durch vertikale Profilstangen zusammengefasster Fensterflächen als Laborgebäude gekennzeichnet («Messel-Motiv»), stellt sich der Biologietrakt als Sitz der Naturwissenschaften in Szene. In den Augen des Zoologen Arnold Lang, des Präsidenten der universitären Baukommission und faktischen Bauherrn des Biologischen Instituts, hatte der Bau nicht nur der biologischen Forschung zu dienen. Es war Langs Absicht gewesen, Zürich zum Sitz der wichtigsten europäischen «Aussenstation» des Phyletischen Museums zu machen, das sein Lehrer und Mentor Georg Haeckel in Jena aufgebaut hatte.[13] Der Neubau hatte mithin auch die bedeutende Zoologische und Paläontologische Sammlung beider Hochschulen aufzunehmen und anhand dieser Sammlung die moderne Evolutionslehre einem breiten Publikum vor Augen zu führen. Selbstsicher setzt Moser diesen Anspruch an der heutigen Karl Schmid-Strasse in Szene, an der Stelle, wo sich Universität und Polytechnikum Auge in Auge gegenüberstehen. Haeckel selbst war vom Resultat offensichtlich angetan. Dass die «Entwürfe und Pläne» für den «prachtvollen Neubau der Universität» nicht von Lang persönlich stammen, sondern von einem Architekten namens Moser, scheint er übersehen zu haben.[14]

Atlas 8 und 13

Atlas 33 und 34

Mosers genuines Interesse an den Naturwissenschaften dürften ihn als Gesprächspartner für Lang geradezu prädestiniert haben.[15] Mit der Bauaufgabe «Naturhistorisches Museum» war er spätestens seit 1897 vertraut. Während eines Besuches in London hatte er damals das grosse, einige Jahre zuvor eröffnete Natural

---

13 Ernst Viktor Guyer, «Vom Naturaliencabinett der Naturforschenden Gesellschaft in Zürich zum Zoologischen Museum der Universität», in: *Vierteljahresschrift der Naturforschenden Gesellschaft Zürich*, 1974, S. 361–404. Einen ausführlichen Überblick zu Geschichte und Aufbau der Zoologischen Sammlungen gibt Langs Nachfolger Karl Hescheler, «Arnold Lang in Zürich, 1889–1914», in: Ernst Haeckel u.a., *Aus dem Leben und Wirken von Arnold Lang*, Jena: Gustav Fischer 1916, S. 127–255; siehe neuerdings auch David Streiff, «Wenn Hüllen zu Inhalten werden. Zur Bedeutung der Architektur am Zoologischen Museum der Universität Zürich», in: Francisca Loetz und Aline Steinbrecher (Hrsg.), *Sammelsurium der Tiere. Geschichte und Geschichten des Zoologischen Museums der Universität Zürich,* Zürich: Chronos 2008, S. 55–63.
14 Ernst Haeckel, «Arnold Lang», in: ders. u.a. 1916 (wie Anm. 13), S. 1–21: «Der prachtvolle Neubau der kantonalen Universität Zürich und die innere Einrichtung des darin untergebrachten Instituts wurde wesentlich nach seinen Entwürfen und Plänen ausgeführt.» (S. 15)
15 Zu Mosers Interesse an den Naturwissenschaften siehe anderswo in diesem Buch, insbesondere, S. 156–161.

History Museum besucht. Die Idee, anhand von über die Fassaden verteilten und in die Portalrückwand eingefügten Terrakottafiguren eine Art gebaute Entwicklungsgeschichte der Arten im Tierreich zu geben, hat ihn offenbar besonders fasziniert. Zurück in der Schweiz griff er die Idee sofort auf.[16] Als er jedoch 1912 mit dem Bildhauer Wilhelm Schwerzmann Möglichkeiten erörterte, das Portal zum Biologietrakt mit «educational decoration»[17] zum Thema Evolution zu schmücken, konnten die naturalistischen Tierfiguren von Gibbs und Canning nicht mehr als Vorbilder dienen. Inzwischen standen neuere und näher liegende Vorlagen zur Verfügung, in Gestalt von Ernst Haeckels unlängst erschienenem und rasch berühmt gewordenem Prachtswerk *Die Kunstformen der Natur* (1904).

Atlas 28–31, 33 und 34

Bio-Form und Barock

Atlas 32

Es mag unsinnig erscheinen, Mosers architektonisches Lehrgebäude anhand einer für den Unterricht bestimmten Handskizze rekonstruieren zu wollen. Immerhin eröffnet allein Mosers grafischer Duktus vielsagende Perspektiven. Ist es ein Zufall, dass seine Darstellung der Entwicklung der Baustile an ein Korallenriff erinnert? Wusste er darum, dass Charles Darwin in der Koralle die Wandlungsfähigkeit der Natur verkörpert sah und in ihr das «Bildsymbol der Essenz seiner Forschungen» erkannte?[18] – Man mag einwenden, dass Mosers Figur eher an den verzweifelten Kampf Laokoons und seiner Söhne mit dem Meeresungeheuer erinnere und somit die Entwicklung der Stile eher als Resultat des Widerstreits der Kräfte im Netzwerk der Geschichte erscheine. Doch wäre nicht gerade dies im Sinne Darwins gedacht?

Zurück in den Lichthof. In der Treppenanlage des Kollegiengebäudes hat Moser die in dem Schema angedeutete Synthese von Biologie und Historizität architektonisch vorweggenommen (Abb. 8). Mosers Schilderung des Berliner Schlosses, 1918 aufgezeichnet (das Schloss wurde bekanntlich 1950 gesprengt), könnte auch auf jenes der Universität gemünzt sein: Ein «Treppenhaus […] im

---

16 Zum Natural History Museum und seiner plastischen Ausschmückung siehe Michael Stratton, *The Terracotta Revival. Building Innovation and the Image of the Industrial City in Britain and North America,* London: Victor Gollancz in association with Peter Crawley 1993, S. 70–77; zu Mosers Besuch im Museum und dessen Folgen siehe Stanislaus von Moos, «Die ‹Römerburg› und die Industriekultur. Zu einem längst zerstörten Landhaus von Curjel & Moser in Baden (1898/99)», in: Hanns Hubach, Barbara von Orelli-Messerli und Tadej Tassini (Hrsg.), *Reibungspunkte. Ordnung und Umbruch in Architektur und Kunst* (Festschrift für Hubertus Günther), Petersberg: Michael Imhof 2008, S. 189–198.
17 Stratton 1993 (wie Anm. 16), S. 76.
18 Horst Bredekamp, «Darwins Korallen», in: Anke te Heesen und Petra Lutz (Hrsg.), *Dingwelten. Das Museum als Erkenntnisort,* Köln/Weimar/Wien: Böhlau 2005, S. 77–88.

alten grossen Sinne des plastischen Vorquellens und Aufklaffens, schwere pralle Säulen, Öffnungen tief und saugend.»[19] In der Tat liegt es nahe, Mosers Spur zu folgen und etwa bei Schlüter nach Vorstufen für die Zürcher Treppenlösung zu suchen. Und doch ist im Zusammenhang der vorquellenden und aufklaffenden Formen sowie der tiefen und saugenden Öffnungen, die hier beschworen werden, auch an die Mollusken und Protozoen zu denken, von denen es in den Büchern Haeckels und Langs nur so wimmelt (Abb. 9). Nicht zum ersten Mal findet Mosers organizistisches Kunstwollen im Barock die ihm gemässe Raumform. Es waren Heinrich Wölfflin und Cornelius Gurlitt, die in den 1880er-Jahren den Sinn des Publikums (und der Architekten) für die oben beschriebenen Wirkungen geschärft hatten; Wölfflin hat in *Renaissance und Barock* ja auch bemerkt, dass seine Zeit dem Barock verwandt sei.[20] Insofern ist die Treppenanlage programmatisch barock *und* modern.

Atlas 28–31

2. Die Universität als Museum

Karl Moser möchte sein gesamtes Œuvre als ein Aufbegehren gegen die Konvention verstanden wissen. Vor diesem Hintergrund scheint es nichts als konsequent, dass er seine Studienzeit an der École des Beaux-Arts in Paris im Rückblick nur beiläufig erwähnt bzw. fast nur wie einen jugendlichen Fehltritt gelten lässt.[21]

---

19 «Über meinen Aufenthalt in Berlin vom 13.–29. Dez. 1918», Typoskript; gta Archiv / ETH Zürich (Nachlass Karl Moser).
20 Worauf Moser selbst hinweist in den Notizen zu einem Seminar über «Entwicklung der kirchlichen Kunst in der deutschen Schweiz (Allg. Einleitung)», WS 1917/18; vgl. Heinrich Wölfflin, *Renaissance und Barock*. München: Bruckmann 1888, S. 73. – Zur «barocken» Sensibilität Mosers allgemein siehe Werner Oechslin, «Bauen aus der Notwendigkeit. Karl Moser, vor und nach der (und gegen die) Epochenschwelle», in: ders./Hildebrand 2010 (wie Anm. 1), Bd. I, S. 15–57, hier S. 30–45, sowie insbesondere zur angesprochenen Treppenlösung Bruno Carl, «Karl Mosers Rückschau auf die europäische Architektur. Zum 50-jährigen Bestehen des Zürcher Universitätsgebäudes», *NZZ*, 16. April 1964: «Wie im Barock ist der Hauptreppe die architektonische Mitte eingeräumt. Kraftvoll sprengen die gepaarten Treppenläufe den Raum und drängen in den Binnenhof hinaus.» – Suchte man nach einem konkreten Vorbild für Mosers Treppe, würde man es am ehesten in der fürstbischöflichen Residenz in Bruchsal finden, die kaum 30 km vom Standort des Büros Curjel & Moser in Karlsruhe entfernt ist. Dazu siehe Kurt Lupp, *Schloss Bruchsal. Bau, Zerstörung und Wiederaufbau*, Heidelberg-Upstadt/Weiher-Basel: verlag regionalkultur, 2003, Abb. 16, 30, 38.
21 Moser war 1883–1884, nach Abschluss seines Studiums am Polytechnikum, eingeschriebener Student an der École des Beaux-Arts in Paris. In seinem eigenen Lebensbericht spielt er die Bedeutung dieser Episode massiv herunter; siehe ders., «Lebenslauf», in: *SBZ* 107 (1936), S. 154 f. Mosers Biografen (Hermann Kienzle, Sigfried Giedion, Hans Curjel u.a.) knüpfen hier nur allzugern an. Giedion: «Die Académie des beaux-arts [sic!] scheint ihn ebenso wenig gehalten zu haben wie Paris selbst, obwohl sich Mitte der achtziger Jahre in Frankreich wichtige Ereignisse vorbereiteten.» («Karl Moser, 1860–1936», in: *NZZ*, 4. März 1936) Noch pointierter Hans Curjel: «1882 ging Moser […] an die École des Beaux-Arts in Paris, die – nach einer späteren Aufzeichnung Mosers – ‹von bedrückender Konvention und leerem Formalismus

Abb. 10: Joseph Michael Gandy, *Interior of a Palace,* um 1800 (Victoria & Albert Museum, London)

Abb. 11: Gottfried Semper, Eidgenössisches Polytechnikum Zürich, Bauzeit 1858–1865. Schnitt durch das Hauptgebäude mit Vestibül (links) sowie Erdgeschosshalle mit der Archäologischen Sammlung beider Hochschulen, um 1880

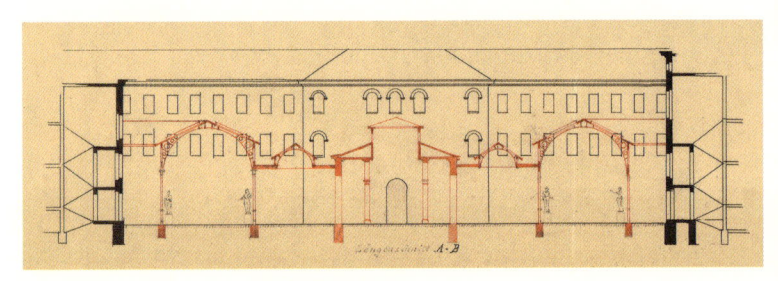

Abb. 12: Adolphe Tièche, Eidgenössisches Polytechnikum Zürich. Vorschlag für den Ausbau der archäologischen Sammlungsräume, um 1880

Abb. 13: Félix Duban, Eingangshof der École des Beaux-Arts in Paris mit dem wiederaufgerichteten Torbogen zum Schloss Gaillon (Mitte) und der Fassade des Palais des Études

Abb. 14: Gustav Gull, Hoffassade des Schweizerischen Landesmuseums Zürich mit rekonstruierter gotischer Kapelle. Bleistiftzeichnung, undatiert (um 1892)

Doch wie soll man vor diesem Hintergrund die offensichtliche Ähnlichkeit seines weitaus grössten jemals realisierten Bauvorhabens mit dem Palais des Études der École des Beaux-Arts in Paris erklären (Abb. 4)? Ein blosser Zufall? Eine verräterische Panne? Oder triumphiert im tatsächlich gebauten Lichthof und seinem darin versenkten «Göttergarten» ganz einfach die Schwerkraft der Architekturgeschichte über das vermeintlich bessere Wissen des Architekten? Oder eilte bei der Selbsteinschätzung das Denken ganz einfach der Realität davon? – Vielleicht sollte man den Widerspruch übersehen und den Nettoertrag dem Konto des souveränen «Praktikers» Moser gutschreiben, der für jede Aufgabe das passende Gewand sucht – und findet –, selbst wenn er dabei über den eigenen Schatten springen muss.[22]

Folgt man den Worten des Architekten, so lag ihm nichts ferner als das Szenario eines architekturgeschichtlichen Lehrgartens mit «romanischem» Kreuzgang, «modernem», jedoch auf morphologischen Prämissen des Cinquecento beruhenden Glasdach und obendrein noch «barocker» Schlosstreppe.[23] Versteht man das Kollegiengebäude jedoch im Sinne seiner eigenen institutionellen Prämissen als eine Kombination von Museum und Schule, so liegt de facto nichts näher als gerade das. Die Idee, zuhanden des Unterrichts an der Universität Zürich eine Sammlung von Gipsabgüssen nach griechischen und römischen Bildwerken anzulegen, geht auf das Jahr 1850 zurück.[24] Nachdem eine damals vom Altphilologen Heinrich Meyer-Ochsner eingereichte Anfrage an Alfred Escher, den Erziehungsdirektor des Kantons, abschlägig beantwortet worden war, tätigte eine ad hoc gegründete «Kommission der für Anschaffung von Gipsabgüssen vereinigten Dozenten der Hochschule und des Polytechnikums» erste Ankäufe. Zunächst im

beherrscht› war.» (Hans Curjel, «Karl Cölestin Moser», in: *Biographisches Lexikon des Aargaus,* Aarau: Sauerländer 1958, S. 549–554, hier S. 550). Ferner Hermann Kienzle: «… weder die Studienjahre am Eidgenössischen Polytechnikum und an der École des Beaux-Arts in Paris […] hinterliessen tiefere Spuren.» («Karl Moser, 1860–1936», in: *Das Werk* 4 [1936], S. 97–100)

22 In diese Richtung zielt etwa Werner Oechslins Beschwörung der «Notwendigkeit», deren Dienst Mosers Baukunst verschrieben gewesen sei (Oechslin 2010 [wie Anm. 20], Bd. 1, S. 15–57). – Man halte Peter Meyer daneben: «Hätte das Architektur-Chamäleon Karl Moser noch länger gelebt, es hätte gewiss noch Ronchamp über-rontschämpelt.» («Autobiografische Notizen», in: Katharina Medici-Mall, *Im Durcheinandertal der Stile. Architektur und Kunst im Urteil von Peter Meyer (1894–1984),* Basel/Boston/Berlin: Birkhäuser 1998, S. 429)

23 S. weiter oben, S. 240f.

24 Otto Waser, «Die Zürcher Archäologische Sammlung. Ihre Entstehung und Entwicklung», in: *Neujahrsblatt auf das Jahr 1935 zum Besten des Waisenhauses in Zürich,* 1935, S. 3–65, hier S. 8 (den Hinweis auf diese Quelle verdanke ich Martin Bürge); ferner neuerdings Christian Zindel, «Vorwort», in: Hans Peter Isler (Hrsg.), *Verzeichnis der Abgüsse und Nachbildungen in der Archäologischen Sammlung der Universität Zürich,* Zürich: Archäologisches Institut der Universität Zürich 1998, S. 8–10.

«Künstlergütli» aufgestellt, dem Sitz der Zürcher Kunstgesellschaft an der Künstlergasse, wurden diese bereits 1858 auf Betreiben von Jacob Burckhardt in die Aula der Universität überführt, die damals im Hinteramt des Augustinerkonvents, also nahe der heutigen Bahnhofstrasse, einquartiert war. 1865 konnten sie zusammen mit der von Gottfried Semper für die Architekturschule angelegten Lehrsammlung in die dafür bestimmte Erdgeschosshalle des Polytechnikums einziehen, wo sie bis 1914 blieben (Abb. 11).[25] Karl Dilthey, der Direktor der Sammlung, pries sie 1873 als «die einzige nennenswerte Anstalt dieser Art in der ganzen Schweiz»[26] und nur wenig später sah sich sein Nachfolger Hugo Blümner bereits gezwungen, zusammen mit seinem Kollegen Gottfried Kinkel eine Vergrösserung der Sammlungsräume zu beantragen (1877).[27] Adolphe Tièche erarbeitete daraufhin ein entsprechendes Projekt (Abb. 12).

Vor diesem Hintergrund erwies sich der geplante Neubau der Universität als ein Lichtstreifen am düsteren Horizont. Allerdings zogen sich die nun einsetzenden Verhandlungen zwischen dem Kanton Zürich und der Eidgenossenschaft, die künftige Unterbringung der Sammlung betreffend, über Monate hin.[28] Sowohl die Abgusssammlung als auch die Sammlung von Originalen wurde bis auf einige, allerdings gewichtige Bestände, die von der ETH zurückbehalten wurden, schliesslich in das Programm für den Neubau der Universität aufgenommen.[29] Moser hatte das «Kunstsammlungshaus» denn auch längst in die Universitätsplanung aufgenommen, als Gustav Gull im Auftrag des Bundes Pläne für einen

25 Ebd., S. 12–15; zur Geschichte der Lehrsammlung siehe Adrian Zimmermann, «‹Unserer Landesausstellung zur nothwendigen Vervollständigung, dem Polytechnikum zur bleibenden Zierde›. Vom Schicksal der Abgüsse nach Frührenaissance-Skulpturen aus dem Kanton Tessin», in: *Georges-Bloch-Jahrbuch des Kunstgeschichtlichen Seminars der Universität Zürich*, Zürich: Kunstgeschichtliches Seminar der Universität Zürich 1996, S. 41–56.
26 Ebd., S. 19.
27 Der Verbitterung darüber, dass dieser und sämtliche darauf folgende Anträge erfolglos blieben, machte Blümner 1893 in der *NZZ* Luft. 1898 doppelte er nach, es sei nun fünf Jahre her, dass er in der Zeitung seine «‹Beschwerde- und Bittschrift› in Sachen unserer Abgusssammlung» habe erscheinen lassen, nicht ohne sie «in Separatabzügen an alle nur denkbaren Behörden und Räte in Bund und Kanton» zu verschicken. Doch sei das Resultat «absolut Null» gewesen. Hugo Blümner, «Die Sammlung der Gipsabgüsse im Polytechnikum zu Zürich, ihre Gegenwart und Zukunft», in: *NZZ*, 9. August 1893; ferner Waser 1935 (wie Anm. 24), S. 27 f., und seither Zimmermann 1996 (wie Anm. 25), S. 51.
28 Dass die Archäologische Sammlung inzwischen dank der Hilfe der Antiquarischen Gesellschaft Zürich um wichtige originale Bildwerke und um Kleinkunst aus Griechenland und Vorderasien bereichert worden war, machte die Sache nicht einfacher. Siehe August Egger, «Klageschrift dem vertraglichen Schiedsgericht eingereicht vom Kanton Zürich», 1910 (StAZ U.710.2); ferner Waser 1935 (wie Anm. 24), S. 28.
29 Mit Ausnahme gewisser Bestände an antiker Kleinkunst, die nicht aus dem Besitz der ETH entlassen wurden, so insbesondere der «wertvollen Sammlung griechischer Vasen» (Otto Waser), die in der Folge während langer Jahre im Arbeitszimmer Gustav Gulls an der ETH untergebracht war (Mitteilung von Martin Bürge). Siehe in diesem Zusammenhang Waser 1935 (wie Anm. 24), S. 38, und insbesondere Otto Benndorf, «Die Antiken von Zürich», in: *Mitteilungen der Antiquarischen Gesellschaft* (1872), S. 151–166.

selbstständigen Museumsbau für die Archäologische Sammlung ausarbeitete, die dann freilich Makulatur blieben (1910/11).[30] Während nun die Sammlung im Begriff war, in der neuen Universität zu «glänzender Auferstehung» zu gelangen,[31] begann die Architekturschule der ETH nach 1911 ihren eigenen Vorrat an Gipsabgüssen nach Bildwerken der Antike und der Renaissance aufzubauen. 1960 – die Bauschule hatte inzwischen ihren Kurswechsel in Richtung Moderne institutionalisiert – wurde freilich der gesamte, auf 1000 bis 1500 Stücke geschätzte Bestand bis auf wenige Reste «entsorgt» bzw. an die Universität abgeschoben.[32]

Der «Göttergarten» und das «Foyer West»

Schon im 1908 eingereichten Wettbewerbsprojekt für den Neubau des Kollegienhauses und des Biologischen Instituts war der Sammlungshof gegenüber dem Erdgeschoss um ein Stockwerk vertieft angeordnet, was sich aufgrund der Hanglage des Baus auch aufdrängte.[33] Gemäss dem Wettbewerbsprojekt sollte der Sammlungsraum auf der Höhe des Erdgeschosses durch ein wetterfestes Glasdach überdeckt werden; die Fensteröffnungen der Laubengänge darüber wären verglast worden. Erst das Ausführungsprojekt von 1910 sah vor, das Glasdach anzuheben und so von den Wandelgängen der oberen Geschosse her jene spektakulären Einblicke in die Sammlung zu ermöglichen, die den Lichthof berühmt machten (Abb. 7). Diese Idee brachte einen doppelten Effekt: einerseits wurde der Hof des Hörsaalgebäudes so erst eigentlich «zum Kern der ganzen Hochschulanlage» und andererseits die Sammlung der Gipskopien im Erdgeschoss zum selbstverständlichen Teil seines künstlerischen Gesamtkonzepts.[34] Dabei blieb der Sammlungsbereich dem universitären Alltag im Grunde weitgehend entzogen, was der Situation noch eine zusätzliche Aura verlieh.[35] Wie die Überreste einer früheren Zivilisation, die man aus dem

Atlas 16, 22 und 42

---

30 Siehe die *Protokolle des Regierungsrats* 1911.267 und 1912.216 (StAZ, VII 15a.4) sowie das darin erwähnte Schreiben des Eidgenössischen Departements des Innern an den Regierungsrat des Kantons Zürich (1911); ferner Waser 1935 (wie Anm. 24), S. 33 f.
31 Waser 1935 (wie Anm. 24), S. 38.
32 Zimmermann (wie Anm. 25), S. 54.
33 «Wettbewerb für die Universitätsbauten in Zürich», in *SBZ* 51 (1908), S. 145–149. Auf den Planunterlagen in *Beschreibung und Kostenberechnung des Bauprojekts für die neue Universität in Zürich* (Zürich: Buchdruckerei Zürcher Post, 1910) ist der Hof als «archäologischer Sammlungshof» beschriftet (StaZ).
34 Die Idee ist das Resultat einer Sitzung der Hochschulkommission im September 1908 und geht offenbar auf Voten von Kantonsbaumeister Hermann Fietz und Gustav Gull zurück; siehe Manetsch 2006 (wie Anm. 1), hier S. 101.
35 Noch heute überrascht, dass der Lichthof von der stadtseitigen Vorhalle her nur duch einen schmalen seitlichen Eingang her betreten werden kann. Besucher aus der Stadt erreichten die Archäologische Sammlung nicht durch das für die Studierenden und die Dozenten bestimmte stadtseitige Vestibül, sondern durch die separate, unmittelbar daneben angeordnete Museumspforte.

Geröll jüngerer Epochen befreit hat, präsentierten sich die Gipse nach der Art einer archäologischen Grabungsstätte, die man von oben einsehen, jedoch im Normalfall nicht selbst betreten kann. Wie Antiquitäten in einem Schaufenster sind sie zugleich anwesend und dem Zugriff entrückt.[36]

Das Prinzip Rekonstruktion

Im Zusammenhang von Bauten, die der materiellen Sicherung und dem Studium von historischen Denkmälern und historischem Wissen dienen (das Zürcher Universitätsgebäude gehört durchaus in diese Gattung), war die Vergegenwärtigung von Geschichte mithilfe von Rekonstruktionen historischer Bauten oder Bauteilen (seien diese nun mehr oder weniger exakt) und vor allem mithilfe von Spolien jeder Art seit dem frühen 19. Jahrhundert eine Selbstverständlichkeit gewesen. In den USA hatte Thomas Jefferson den Weg gewiesen, indem er die University of Virginia in Charlottesville als eine Art klassizistischen Themenpark der abendländischen Baukunst einrichtete.[37] In den Campusen von Princeton oder Yale lebte diese Tradition der Geschichtsvergegenwärtigung mittels Architektur und Bauschmuck bis in die Zwischenkriegszeit fort. Die Anfänge des Spolienmuseums im engeren Sinn liegen in Frankreich: Es genügt, an Richard Lenoirs kleines Freilichtmuseum von Bauresten im Couvent des Petits-Augustins im Saint-Germain in Paris zu denken, aus dem später das Musée des Monuments Français erwuchs, bevor sich 1816 die École des Beaux-Arts an diesem Standort einrichtete (Abb. 2, 4 und 13).[38] In dem 1893–1898 gebauten Schweizerischen Landesmuseum besass Zürich selbst ein hervorragendes neues Beispiel dieses Museumstyps. Locker um einen rechteckigen Innenhof gruppiert, bieten die Ausstellungsräume einen abwechslungsreichen *voyage pittoresque* durch die Schweizergeschichte. Annähernd exakte Rekonstruktionen historischer Referenzbauten aus dem Mittelalter und der Renaissance bestimmen innen wie aussen das Profil des Baukomplexes und lassen ihn als einen «gleichsam enzyklopädischen Organismus» erscheinen (Abb. 14).[39]

---

36 «Wie Daphne unter Apolls Berührung» hat sich die Antike hier «in der Metamorphose zum musealen Objekt dem lebendigen Zugriff entzogen»; so Manetsch 2006 (wie Anm. 1), S. 105.

37 Turner 1984 (wie Anm. 5), S. 76–87.

38 Andrew McClellan, *Inventing the Louvre. Art, Politics, and the Origins of the Modern Museum in Eigteenth-century Paris*, Cambridge: Cambridge University Press 1994, S. 155–197.

39 Jacques Gubler, *Nationalisme et internationalisme dans l'architecture moderne de la Suisse*, Lausanne: L'Age d'Homme 1975, S. 29. Zu dem von Gull verfolgten Prinzip der «stilistischen Kongruenz zwischen Ausstellungsgut und Architektur» siehe André Meyer, «Museale Architektur am Beispiel des Schweizerischen Landesmuseums in Zürich», in: *Festschrift Walter*

Als angehender Architekt war Moser nicht nur mit der «Gipsothek» des Polytechnikums bestens vertraut, sondern auch mit dem Prototypen einer archäologischen Schau- und Studiensammlung in der zweiten Hälfte des 19. Jahrhunderts schlechthin: dem Palais des Études der École des Beaux-Arts (Abb. 4). Seine eigene Architektur wollte er freilich als eine Alternative zum erzählfreudigen Eklektizismus des 19. Jahrhunderts verstanden wissen. Doch hinderte ihn das keineswegs daran, auch seinerseits auf die Architekturgeschichte zurückzugreifen, um für die Archäologische Sammlung der Universität einen angemessen «historischen» Rahmen zu schaffen. Mochte Gull im Landesmuseum noch das Ziel verfolgt haben, den Besucher mithilfe archäologisch exakt nachgebildeter architektonischer Versatzstücke in eine andere Zeit zu versetzen, so ging es Moser mindestens um den Versuch, mit dem Mittel eines «ambientamento storicizzante» ein historisches Klima zu evozieren.[40] Der Lichthof insgesamt folgt diesem Konzept. Dass dabei die Wandelhalle des Erdgeschosses nur ungefähr Anmutung eines romanischen Kreuzgangs besitzt, ist Teil der Strategie. Dazu passt, dass das Westfoyer, das u.a. für die Aufstellung der Sammlung griechischer und vorderasiatischer Klein- und Reliefkunst bestimmt war, gegen Süden mit einer Nische abschliesst. Die Idee, dem Raum so eine sakrale Aura zu geben, war keineswegs aus der Luft gegriffen, wie die Analogie mit der alten Sakristei des Couvent des Petits-Augustins zeigt, die ja, wie das Westfoyer in Zürich, eine Flanke des «Kreuzgangs» bildet. Beide Orte dienen der Aufstellung von Plastik (Abb. 2, siehe auch s. 215, Abb. 17).[41]

Atlas 68

Drack zum 60. Geburtstag, Stäfa: Gut 1977, S. 211–213. Zur Entstehung des Schweizerischen Landesmuseums siehe jetzt Hanspeter Draeyer, *Das Schweizerische Landesmuseum Zürich. Bau- und Entwicklungsgeschichte 1889–1998,* Zürich, Schweizerisches Landesmuseum/Bern, Bundesamt für Kultur 1999, und Chantal Lafontant Vallotton, *Entre le musée et le marché. Heinrich Angst: collectionneur, marchand et premier directeur du Musée national suisse,* Bern: Peter Lang 2007, insbesondere S. 276–281.

40 Die Idee, dem Museumspublikum durch die architektonische Evokation historischer Räume zum Verständnis der darin ausgestellten Kunstwerke zu erleichtern, hatte in Wilhelm von Bode ihren bedeutendsten Advokaten im frühen 20. Jahrhundert; Wilhelm Valentiner und später Alexander Dorner befruchteten die entsprechenden Diskussionen in den USA auf Jahrzehnte hinaus, worauf hier nicht einzutreten ist. Zur Aktualität von Bodes siehe Peter-Klaus Schuster, «Bode als Problem», in: Angelika Wesenberg (Hrsg.), *Wilhelm von Bode als Zeitgenosse der Kunst,* Ausst.-Kat. Nationalgalerie, Staatliche Museen zu Berlin, Berlin: Staatliche Museen zu Berlin – Preussischer Kulturbesitz 1996, S. 1–31, sowie Stephan Waetzoldt, «Wilhelm von Bode – Bauherr?», ebd., S. 55–68.

41 Schon kurz nach der Eröffnung der Universität sah sich der Architekt denn auch in aufhaltsame Streitereien um die Ausmalung dieser Nische verwickelt; ein weiteres Indiz dafür, wie ernst es den Benutzern mit der sakralen Würdeform war (Atlas 68). Waser 1935 (wie Anm. 24), S. 37 f.; siehe auch die umfangreiche Korrespondenz der Zürcher Baudirektion mit dem Direktor der Archäologischen Sammlung, Hugo Blümner, und mit Moser hinsichtlich der Ausmalung (StaZ, VII 15 a.5).

3. Stein und Schein

«Materialgerechtigkeit» gehört zu den Axiomen moderner Gestaltung. «Nur einen Herrn kennt die Kunst, das Bedürfnis. Sie artet aus, wo sie der Laune des Künstlers, mehr noch, wo sie mächtigen Kunstbeschützern gehorcht», so Gottfried Semper 1834. Und weiter, zur Frage der Materialechtheit: «Es spreche das Material für sich und trete auf, unverhüllt, in der Gestalt, in den Verhältnissen, die als die zweckmässigsten für dasselbe durch Erfahrungen und Wissenschaften erprobt sind. Backstein erscheine als Backstein, Holz als Holz, Eisen als Eisen, ein jedes nach den ihm eigenen Gesetzen der Statik. Dies ist die wahre Einfachheit.»[42] – Nicht wenige der späteren Schriften Sempers werden aufzeigen, dass sich die Frage als weit komplexer erweist als es auf Anhieb erscheint. Hundert Jahre Designtheorie haben sich seither an der Frage der Materialgerechtigkeit und entlang von Stichworten wie den eben zitierten die Zähne ausgebissen. «Werkbundmässig» sei gleichbedeutend mit «materialgerecht», hielt Max Bill noch 1949 fest; doch sobald man frage, was der Begriff konkret beinhalte, falle die Antwort schwer. «Wir entdecken, dass das Einhalten von Materialgerechtigkeit sehr stark von der Funktionserfüllung abhängig ist. Anderseits kann bekanntlich fast aus jedem Material jede Form hergestellt werden, ohne dass man ohne weiteres das eine echt, das andere unecht bezeichnen dürfte», so Bill.[43]

Als Architekturlehrer an der ETH hat sich Karl Moser in den 1920er-Jahren wortgewaltig für materialgerechte Gestaltung und konstruktive Logik im Bauen eingesetzt. Ihm war bewusst, dass sein eigenes früheres Werk, und so auch die Zürcher Universität, in den Augen seiner Schüler dem proklamierten Ideal nur sehr bedingt entsprachen. Ein Vergleich des Lichthofs der Universität mit der Amsterdamer Börse von Hendrik Petrus Berlage kann dies verdeutlichen (1903 vollendet; Abb. 18). Die Lösungen unterscheiden sich in fast jeder Hinsicht: Mosers Architektur ist wuchtig und prunkt mit Masse; Berlages Architektur zelebriert filigrane Leichtigkeit. Mosers Universität gehorcht einer Logik der breitspurigen Repräsentation; Berlage unterwirft sich dem Prinzip Ökonomie. Moser glaubt an die Allmacht der Form. Jeder Versuch, das Kollegienhaus und seine

---

[42] Gottfried Semper, «Vorläufige Bemerkungen über bemalte Architectur und Plastik bei den Alten (1834)», in: ders., *Kleine Schriften,* hrsg. von Hans und Manfred Semper (1884), Reprint Mittenwald: Mäander Kunstverlag 1979 (Kunstwissenschaftliche Studientexte; VII), S. 215–258, hier S. 217, 219.

[43] Max Bill, «Schönheit aus Funktion und als Funktion», in: *Das Werk* 8 (1949), S. 272–274.

diffuse Materialität (Granit in Böden und Treppen, Marmor in Säulen und Wandbekleidungen, Gussbeton in Umgebungsmauern, Pfosten, Architravstützen und Brunnen) auf den Gedanken der konstruktiven Ökonomie zurückzuführen, ist zum Scheitern verurteilt: Ein Blick hinter die Putzwände und unter die Putzgewölbe der Wandelhallen offenbart ein «heilloses» Durcheinander von Bruchstein, Backstein und scheinbar mal so, mal anders versetzten Betonträgern (Abb. 15).

Berlage hinwiederum benutzt bei der Börse innen wie aussen Backstein sowie, an den konstruktiv wichtigen Stellen, Einsätze von Sandstein. Er setzt dem Ganzen eine Art Fabrikdach auf, das durch präzis dimensionierte eiserne Fachwerkträger gestützt ist. Diese ruhen auf Konsolen auf, sodass die Gewölbekonstruktion aus den Wandpfeilern herauszuwachsen scheint und damit eine «organische» Einheit bildet. Die Art, wie Last und Seitenschub des Dachgerüsts von den Wandpfeilern abgefangen und in die Mauermasse aufgenommen werden, wird so zu einer exemplarischen Demonstration materialgerechter Architektur. Mosers Glasdach hat mit alledem nichts zu tun. Scheinbar gewichtslos überspannt der gewaltige gläserne Baldachin, bahnenweise in wienerischem Fast-Quadratmuster unterteilt, den Luftraum: eine nach oben geblähte Haut. Die Hängekonstruktion verschwindet hinter den Mattscheiben des Glasdachs; die Position der einzelnen Fachwerkträger stimmt nicht einmal mit derjenigen der Metallfassungen überein. «Konstruktion» und «Form» (oder: Sein und Bewusstsein dieser Architektur) klaffen demonstrativ auseinander (siehe Abb. 7 und 26, ferner S. 225, Abb. 31).

Atlas 16

Mosers Universitätsgebäude an der Amsterdamer Börse zu messen (oder an der Kirche Notre-Dame du Raincy der Brüder Perret), mag im Grunde so absurd sein wie das Vorhaben, einem Krebs, einem Aal oder einem Tintenfisch vorzuwerfen, nicht wie eine Gazelle gebaut zu sein. Tatsache ist jedoch, dass die «Morphologie der wirbellosen Tiere»[44] als Analogon architektonischer Rationalität durch den Triumph des Neuen Bauens auf Jahrzehnte hinaus ausser Kurs gesetzt wurde. Nicht so der konstruktive Rationalismus, wie ihn Berlage praktizierte. Berlage hätte seine eigene Dachlösung problemlos mit den Theorien Sempers in Verbindung gebracht, also zum Beispiel mit dem Gedanken, dass jedes kunsttechnische Produkt Resultat des «materiellen Dienstes oder Gebrauchs, der bezweckt wird» sein müsse, und vor allem «des Stoffes, der bei der Produktion benutzt wird, so-

---

44 Arnold Lang, *Handbuch der Morphologie der wirbellosen Thiere,* Jena: Gustav Fischer 1894 (2., umgearbeitete Auflage 1900).

wie der Werkzeuge und Prozeduren, die dabei in Anwendung kommen».[45] Da sich Semper selbst nicht von der Formenwelt der Renaissance zu befreien vermochte und so, wie Berlage meinte, an der Umsetzung seiner Ideen gescheitert sei, hielt Berlage es sogar für die besondere Leistung seiner Generation, wenn nicht von ihm selbst, diese erstmals «korrekt» umgesetzt zu haben.[46]

Konstruktiver Rationalismus oder «Kunst»?

Geht man davon aus, dass sich die «Modernität» von Architektur um 1910 an der formbestimmenden Rolle von Material und Konstruktion misst, so sind die ungefähr zeitgleich mit der Universität entstandenen Bauten Gustav Gulls, insbesondere die Städtischen Amtshäuser und die Naturwissenschaftlichen Institute der ETH selbstredend «moderner» als jene Mosers.[47] Auch Charles Edouard Jeanneret (Le Corbusier) hätte es damals so gesehen. Für ihn war die «Erneuerung der Architektur» um 1915 nur auf dem von Perret vorgezeichneten Weg des konstruktiven Rationalismus denkbar (Abb. 16; siehe auch S. 224, Abb. 27).[48] Indem er seine 1924–1926 erbaute Antoniuskirche in Basel, die erste «Betonkirche» der Schweiz, ganz aus Stahlbeton ausführte, und dabei statt dicker, in Stein gehauener Mauern filigrane Betonstützen einsetzte, unterwarf Karl Moser seine Architektur später selbst demonstrativ dem Prinzip der konstruktiven Ökonomie (Abb. 19). Hatte Perrets Kirche Notre-Dame du Raincy ausserhalb von Paris den Anstoss zur Trennung von der «wirbellosen» Architektur gegeben? Oder war es der Entwurf einer Markthalle für Zürich Wiedikon, den Mosers Sohn Werner 1921 beim Vater als Diplomarbeit eingereicht hatte, und bei dem die Lösung der Antoniuskirche bereits vorweggenommen scheint (Abb. 17)? – Die Maillartschen Pilzdeckenstützen, die beim Universitätsgebäude zwar schon vorhanden, aber

---

45 Gottfried Semper, *Der Stil in den technischen und tektonischen Künsten, oder Praktische Aesthetik*, Bd. 1, Frankfurt a.M.: Verlag für Kunst und Wissenschaft 1860, S. 8. Zu Berlages Auseinandersetzung mit Semper siehe *Grundlagen und Entwicklung der Architektur*, Rotterdam: W.L. & J. Brusse o.J. [1908?], sowie ders., *Over Stijl in Bouwen Meubelkunst*, Rotterdam: W.L. & J. Brusse 1921.

46 Die Auffassung, Semper habe seine in *Der Stil* vertretenen Prinzipien verraten, indem er seiner eigenen Arbeit als Entwerfer Vorbilder aus der italienischen Renaissance zugrunde legte, war ein Topos in der Designtheorie des frühen 20. Jahrhunderts; so auch bei Joseph Gantner, «Semper und Le Corbusier», in: *Annalen* 1 (1927), H. 7/8.

47 Siehe Uta Hassler und Lukas Zurfluh, «Pragmatische Materialwahl und das Ideal des Monolithischen. Karl Moser und die Baukonstruktion», in: Oechslin/Hildebrand 2010 (wie Anm. 1), Bd. I, S. 198–217, hier S. 212. Mit Recht argumentieren die Verfasser, dass «die Frage der Beherrschung des Bauprozesses […] und der Verfügbarkeit technischer Lösungen» für Moser zwar «zentral» war, jedoch nicht «formbestimmend»; dass sie mithin «den Organisator» und kaum den Baukünstler Moser gefordert habe (S. 199).

48 Charles Edouard Jeanneret, «Le renouveau de l'architecture». In *L'Œuvre*, 2/3 (1914), S. 33–37.

Abb. 15: Einblick in den Wandaufbau des Universitätsgebäudes während der Umbauarbeiten im Biologischen Institut, ca. 1984

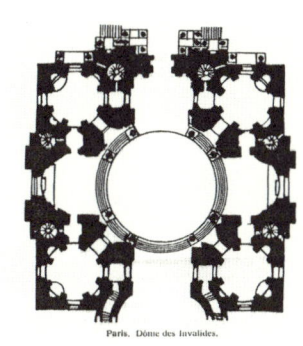

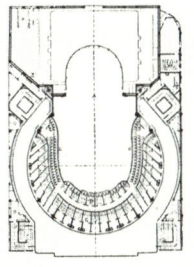

Abb. 16: Grundriss des Dôme des Invalides von Louis Visconti, um 1840 (links) und des Théatre des Champs-Élysées der Gebrüder Perret, um 1910 (rechts). Nach Charles-Edouard Jeanneret, «Le renouveau de l'architecture» (1914)

Abb. 17: Werner M. Moser, Projekt einer Markthalle. Diplomarbeit, eingereicht an der ETH Zürich (1921)

Abb. 18: Hendrik Petrus Berlage, Amsterdamer Börse, erbaut 1898–1903. Aufnahme von ca. 1982

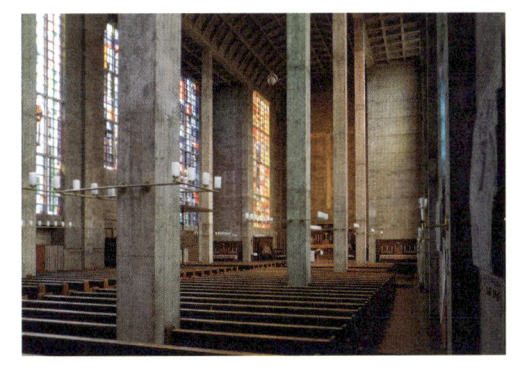

Abb. 19: Karl Moser, Antoniuskirche in Basel, erbaut 1925–1927. Blick ins Hauptschiff, Aufnahme von 2008

dem Blick vollkommen entzogen waren,⁴⁹ wurden bei Werner M. Moser zum dominanten Formelement.

Die langen Jahre von Karl Mosers Resistenz gegen den konstruktiven Rationalismus nur auf sein eigenbrötlerisches Verständnis von architektonischer «Biologie» zurückzuführen, würde heissen, die architekturtheoretische Diskussion der Zeit vor dem Ersten Weltkrieg zu ignorieren. Ein Aufsatz von Karl Scheffler, 1907 unter dem Titel «Stein und Eisen» publiziert, wirft nützliches Licht auf den vorliegenden «Fall». «Konstruktion ist nicht Kunst», betont Scheffler, als wollte er zu einer Kritik von Berlages Börse ausholen. «Der Konstrukteur tut das Notwendige und sinnt höchstens noch darauf, wie er dieses verbergen oder verschönern könnte; der Künstler aber geht weit darüber hinaus [...] und sucht den darin verborgenen Sinn gleichnishaft durch freie Formbildung zu illustrieren. [...] Dort (in der Konstruktion) herrscht der Zweck selbstherrlich; hier (in der Kunst) denkt der Mensch darüber [...].» Und immer noch Scheffler: «Nie geht das zweckvoll Nützliche, das naturalistisch Charakteristische mit dem zwecklosen Schönen zusammen. Es sind zwei Welten».⁵⁰

Moser dürfte um 1910 ähnlich gedacht haben. Setzte er dadurch sakrosankte Prinzipien der Semper-Tradition aufs Spiel, Prinzipien, die Berlage noch «korrekt» ins Werk gesetzt hatte? Oder knüpfte er ganz im Gegenteil bei differenzierteren Überlegungen Sempers an (von denen er damals möglicherweise nicht einmal Kenntnis hatte) und trug so dazu bei, die Semper-Schule neu zu definieren?⁵¹ Ob Moser Schefflers Text kannte tut wenig zur Sache. Man könnte den Spiess genauso gut umdrehen und fragen, inwiefern Schefflers (und unter anderem auch Mosers) Anschauung mit Nietzsche zusammenhängt. Es gelte einzusehen, «dass unsäglich mehr daran liegt, wie die Dinge heissen, als was sie sind», so Nietzsche.

49 Hassler/Zurfluh, «Pragmatische Materialwahl», in: Oechslin/Hildebrand 2010 (wie Anm. 1), S. 205.
50 Kapitel «Stein und Eisen», in: Karl Scheffler, *Moderne Baukunst*, Berlin: Bard 1907, S. 1–22, hier S. 10 und 17. – Ganz von solchen Auffassungen sollte dann auch Gustav Adolf Platz ausgehen, der u.a. Behrens dafür lobte, «den Stilbegriff von der materialistischen Kruste gereinigt zu haben», also «Stil» nicht mehr, wie es Semper gemeint hatte, vom Gebrauch und von der Technik, sondern vom «Kunstwollen» her definiert zu haben (*Die Baukunst der neueren Zeit,* Berlin: Propyläen Verlag, 1927, S. 90).
51 Zu denken wäre etwa an Sempers Kritik der «zu dünnen» Gusseisenprofile der Decke in der Bibliothèque Ste. Geneviève in Paris (von Henri Labrouste). Semper beklagte den Mangel an Anschaulichkeit von Eisenkonstruktionen, die nach dem Prinzip der konstruktiven Ökonomie berechnet sind, und regte an, deren scheinbare Zerbrechlichkeit durch vorgeblendete «Masse» visuell zu kompensieren. Solche Aussagen machen deutlich, dass die «Materialform» für Semper in späteren Jahren eine zunehmend «symbolische» Form ist. Zur Diskussion dieses Problems s. Julius Posener, «Die Architektur und das Eisen: Labrouste, Semper, Gurlitt, Gropius», in ders., *Vorlesungen zur Geschichte der neuen Architektur. arch+,* August 1983, S. 62–66.

«Der Ruf, Name und Anschein, die Geltung, das übliche Mass und Gewicht eines Dinges – im Ursprunge zu allermeist ein Irrthum und eine Willkürlichkeit, den Dingen übergeworfen wie ein Kleid und seinem Wesen und selbst seiner Haut ganz fremd – ist durch den Glauben daran und sein Fortwachsen von Geschlecht zu Geschlecht dem Dinge allmählich gleichsam an- und eingewachsen und zu seinem Leibe selber geworden; der Schein von Anbegin wird zuletzt fast immer zum Wesen und wirkt als Wesen!»[52] Schefflers Gegenüberstellung von Konstruktion und Kunst scheint hier auf ihren anthropologischen Kern zurückgeführt. Letztlich führt die Spur jedoch wiederum zur Baukunst zurück. Nietzsches grandiose Metaphern sind nicht einfach «aus dem Leben gegriffen». Sie haben etliche Voraussetzungen in der Architektur und im architektonischen Denken seiner Zeit, und nicht zuletzt bei Gottfried Semper.[53]

4. Synthese der Künste

Als Walter Gropius im Bauhausmanifest 1919 zu einer neuen Einheit der Künste aufrief, fasste er im Grunde Überlegungen zusammen, die bereits für die vorausgegangene Generation der Arts-and-Crafts-Bewegung wegleitend gewesen waren: «Das Endziel aller bildnerischen Tätigkeit ist der Bau! Ihn zu schmücken war einst die vornehmste Aufgabe der bildenden Künste, sie waren unablösliche Bestandteile der grossen Baukunst. Heute stehen sie in selbstgenügsamer Eigenheit, aus der sie erst wieder erlöst werden können durch bewusstes Mit- oder Ineinanderwirken aller Werkleute untereinander.»[54]

Entschlossen, die blosse Abwandlung der Grammatik historischer Stile zu überwinden und die Architektur zu einer Sache des «inneren Drangs», der «Beseelung» und der «Idee» zu machen, hatten Curjel & Moser schon um 1900 eine führende Rolle beim Aufbau einer neuen «Einheit der Künste» eingenommen.

---

52 Friedrich Nietzsche, *Die fröhliche Wissenschaft*, in: *Nietzsche Werke. Kritische Gesamtausgabe,* hrsg. von Giorgio Colli und Mazzino Montinari, 5. Abt., Bd. 2, Berlin: Walter de Gruyter & Co., S. 98.

53 Fritz Neumeyer hat aufgezeigt, in welchem Ausmass Nietzsches Kunstbegriff allgemein und Nietzsches Formel von der Kunst als dem «guten Willen zum Scheine» von den Theorien Sempers geprägt ist *(Der Klang der Steine. Nietzsches Architekturen,* Berlin: Gebr. Mann 2001).

54 Walter Gropius, «Programm des Staatlichen Bauhauses zu Weimar» (Weimar 1919); abgedruckt in: Hans Maria Wingler, *Das Bauhaus. 1919–1933 Weimar – Dessau, Berlin und die Nachfolge in Chicago seit 1937,* Bramsche: Rasch 1975 (1. Ausgabe 1962), S. 39.

Doch wie ist diese «Einheit» zu definieren? Die Mehrdeutigkeit von Begriffen wie «Einheit» und «Synthese» im Zusammenhang von Architektur ist eine der Schwierigkeiten im Umgang mit Curjel & Moser. Ist das, was bei Moser die «Einheit» letztlich bestimmt, primär in der Architektur selbst verwirklicht, insofern, als sich das architektonische Projekt selbst als gestaltete «Einheit» definiert, und am Ende sogar als gebaute Skulptur? – Eine so verstandene Synthese erfüllte sich ganz im architektonischen Entwurf; sie hätte den Maler und den Bildhauer nur als Anreger, nicht aber als Partner nötig.[55] Oder ist mit Begriffen wie «Einheit», «Synthese» oder «Integration» in erster Linie ein sozialer Prozess gemeint, beziehungsweise, konkret, die Zusammenarbeit von Architekten mit Bildhauern, Malern, Kunsthandwerkern, die für ihre eigene Arbeit am Bau selbst verantwortlich sind? In diesem Falle entfiele mindestens ein bedeutender Teil der Arbeit des Architekten auf das kuratoriale Mentoring.

Die Fähigkeit dieses Architekten, von Fall zu Fall von der Rolle des souveränen Gestalters plastisch gedachter Bauorganismen in die Rolle des Koordinators scheinbar auseinanderstrebender künstlerischer (und anderer!) Interessen zu schlüpfen, streift bisweilen das Chamäleontische – oder, je nachdem, die Selbstverleugnung. Nicht immer gelingt der Ausgleich zwischen dem «Autokraten» Moser, der für den grossen Entwurf verantwortlich ist, und dem «Demokraten», der entschlossen ist, noch andere neben sich zur Geltung zu bringen. Dass der Drang, die Architektur in den Dienst plastischen Ausdrucks zu nehmen, keine Besonderheit Mosers war, zeigt nur schon der Gedanke an Zeitgenossen wie Antoni Gaudí, Henry van de Velde, Joseph Maria Olbrich oder Hermann Obrist. Ungewöhnlicher war die Entschlossenheit, sich bei der Realisierung seiner Bauten so konsequent «auf einen Stab von Künstlern, den er aus einer anzunehmenden Affinität heraus auswählte» zu verlassen.[56] Mosers vielfältige Arbeit am Bau ist denn auch nicht frei von der Gefahr, «in ein disparates Potpourri» zu münden und «die Verbindlichkeit des Entwurfs in Frage (zu) stellen.»[57]

Die Pauluskirche in Basel ist das früheste Exempel der für Europa vielleicht einmaligen interdisziplinären Spannweite dieses Vorhabens (Einweihung 1901).

---

55 Im Hinblick auf Le Corbusier, der dieses Modell bevorzugte, hat man daher von «Auto-Synthese» gesprochen.
56 Ulrich Maximilian Schumann, «Karl Moser und die bildenden Künste», in: Oechslin/Hildebrand 2010 (wie Anm. 1), Bd. 1, S. 128–145, hier S. 133.
57 Ebd., S. 144. Schumann meint freilich (aus meiner Sicht recht optimistisch), es mache «eine der beachtenswertesten Qualitäten der Architektur von Curjel und Moser aus», dass sie das Potpourri konsequent vermieden habe.

Als man mit dem Aushub für den Universitätsneubau begann, ging der bisher wichtigste Bau von Curjel & Moser in Zürich der Fertigstellung entgegen: das Kunsthaus (Abb. 21; siehe auch S. 297, Abb. 2). Wie schon bei der Pauluskirche, hatte Moser auch beim Kunsthaus eine ganze Schar von Künstlern zur Mitarbeit beigezogen. Da er sich im Hinblick auf den Universitätsneubau spätestens seit 1908 intensiv mit der Aufgabe «archäologisches Sammlungsgebäude» zu befassen hatte (nämlich im Zusammenhang der Universität), ist es kein Zufall, wenn sich auch dieses anfänglich ganz dem Jugendstil verpflichtete Projekt zunehmend dem Thema «Antike» annäherte. Schon die Idee, das «blinde», da von oben beleuchtete, zweite Obergeschoss des Sammlungsgebäudes durch eine Reihe von kolossalen Metopen zu schmücken, weist in diese Richtung. Der Architekt soll «frostig und distanziert» reagiert haben, als er feststellte, dass der Bildhauer Carl Burckhardt, den er mit dem Auftrag betraut hatte, zwar weit unmittelbarer auf das Thema der Parthenonmetopen einging, als seine eigenen Vorgaben dies suggeriert hatten,[58] das Thema «Lebenskampf» jedoch «in einem grossen Bewegungszug, der auch über die Ecke führte, zusammenfasste».[59] Auf Mosers Drängen hin fand Burckhardt schliesslich die Form einer Reihung von Relieftafeln und mehrfach profilierter Lisenen, die kaum anders gelesen werden kann als eine ins Riesenhafte vergrösserte Abfolge von Metopen und Triglyphen.

Die Antike und das Museum

1907, kurz bevor Karl Moser zusammen mit Burckhardt die Lösung für die Kunsthausfassade erarbeitete, die wir heute kennen, reiste der Genfer Fotograf Frédéric Boissonas nach Athen und fotografierte die Metopen und den Fries des Parthenon. Da es eine mechanische Möglichkeit der Bildentzerrung innerhalb der Kamera damals nicht gab, musste Boissonas den Skulpturenschmuck von einer hohen Leiter aus annähernd horizontal ins Visier nehmen (Abb. 20). Das Resultat dieser Operation ist ein 1914 erschienenes, zweibändiges Werk zur Akropolis.[60] Weder Moser noch Burckhardt können Boissonas' Bände zum Zeitpunkt

---

58 Siehe den entsprechenden Fassadenriss von Curjel & Moser vom Januar 1908; Ulrike Jehle-Schulte Strathaus, *Das Zürcher Kunsthaus. Ein Museumsbau von Karl Moser,* Basel/Boston/Stuttgart: Birkhäuser 1982, S. 88.
59 Brief des Bildhauers Arnold Hünerwadel an seine Frau; zit. nach Alice Boner, «Nischenfiguren und Reliefs am Zürcher Kunsthaus (1910–1913)», in: Dorothea Christ (Hrsg.), *Carl Burckhardt,* Basel: Kunsthalle Basel 1978, o.S.
60 Maxime Collignon und Frédéric Boissonas, *Le Parthénon. L'histoire, l'architecture et la sculpture,* Genf: Librairie Centrale d'Art et d'Architecture 1914.

Abb. 20: Frédéric Boissonas fotografiert eine Metope vom Gebälk des Parthenon in Athen, um 1912

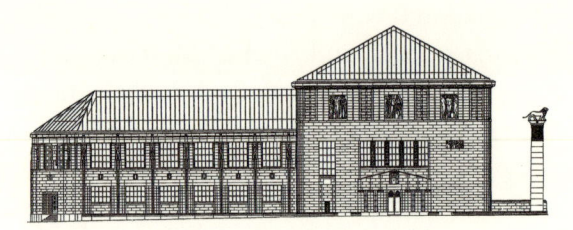

Abb. 21: Karl Moser, Kunsthaus Zürich, definitives Projekt 1907. Aufriss der Fassade gegen den Heimplatz

Abb. 22: Auguste Rodin, *Die Bürger von Calais*, Modell

Abb. 23: Lichthof der Universität Zürich mit Aufstellung der Abgusssammlung nach Otto Waser. Aufnahme nach 1918

Abb. 24: Ferdinand Hodler, *Einmütigkeit*, 2. Fassung, Entwurf für das Wandbild im Rathaus Hannover, 1913 (Kunsthaus Zürich)

der Arbeit am Kunsthaus gekannt haben. Umso überraschender ist die Analogie der Interessen. Ähnlich wie Boissonas (und letztlich im Nachvollzug jener Operation, die knapp hundert Jahre vor ihm Lord Elgin mit seinem Abtransport der *Elgin Marbles* aus Athen in Angriff genommen hatte) entkoppeln Moser und Burckhardt die skulpturale Zierform von ihrem architektonischen Zusammenhang und überführen sie so in die reine Sichtbarkeit. Sie machen mithin das, was moderne Kunst und im Weitern das moderne Museum überhaupt im Grunde ausmacht, zum eigentlichen Thema der Architektur.[61]

Moser war also auf die Aufgabe, im Kernpunkt der Universität ein archäologisches Museum anzuordnen, in hohem Masse vorbereitet. Die Platzierung der Sammlungsbestände geschah in Zusammenarbeit mit Hugo Blümner, der als Direktor des Archäologischen Instituts die Interessen des Fachs in der Senatskommission für den Universitätsbau vertrat. Die kostbaren Bestände an originalem Kunstgut aus Vorderasien und Griechenland fanden, auf Nischen verteilt, im vertieften Foyer West Aufstellung (Aegyptiaca, Reliefs, Grabschmuck, Vasen, usw.). Nachdem die Abgüsse nach dem Reliefschmuck des Parthenons über die Schmalseiten des Hofs verteilt waren (Süden: Metopen; Norden: Panathenäenfries) und auch die Abgüsse nach dem Pergamonaltar an der Längsseite des Hofs ihren Platz gefunden hatten, konnte Blümner die Aufstellung der Gipsabgüsse im Lichthof und im Forum Süd an die Hand nehmen (siehe S. 225, Abb. 31, und S. 230, Abb. 33).[62] Hatten die Scherwände in der Westhalle eine «kunsthistorische Anordnung nach Perioden und Schulen» erleichtert, so sah sich Blümner im Lichthof freilich mit dem «Übelstand» konfrontiert, die Abgüsse im freien Raum anordnen zu müssen.[63] Dies scheint ihn dazu verleitet zu haben, sie nach der Art von *tableaux vivants* zu szenisch anmutenden Ensembles zusammenzustellen. «In Kreisen zu Gruppen vereinigt», wurden die Statuen «wie in einer Santa conversazione» zueinander in Beziehung gebracht, schrieb Otto Waser, Blümners Nach-

Atlas 16 und 22

---

61 Zur Rolle der Fotografie in der Antikenrezeption im 19. und frühen 20. Jahrhundert und zur Diskussion der *Elgin Marbles* durch Quatremère de Quincy und andere siehe etwa James Hall, *The World as Sculpture. The Changing Status of Sculpture from the Renaissance to the Present Day,* London: Chatto & Windus 1999, S. 223 f. und passim. Die hier skizzierten Überlegungen sind ausführlicher erörtert in Stanislaus von Moos, «Karl Moser. Die Kunst. Das Haus», in: *NZZ,* 17. April 2010.
62 Für die Einzelheiten der Aufstellung siehe Hugo Blümner, *Führer durch die archäologische Sammlung der Universität Zürich,* Zürich: Albert Müller 1914, sowie Arnold Lang, «Das Kollegiengebäude», in: *Universität Zürich. Festschrift des Regierungsrates zur Einweihung der Neubauten 18. April 1914,* Zürich: Orell Füssli 191, S. 107–112.
63 Blümner 1914 (wie Anm. 62), S. ivf.

folger. So sei etwa der Augustus von Primaporta mit anderen Figuren zusammengestellt «als ob er wirklich an sie seine Ansprache richte».[64]

Da die Abgusssammlung 1919 anlässlich der Feier zum 100. Geburtstag von Gottfried Keller für kurze Zeit ausgeräumt werden musste, bot sich Waser die Gelegenheit einer umfassenden Neuanordnung. In der Absicht, «gipsernes Gewimmel» tunlichst zu vermeiden, ordnete er eine strenge Gruppierung nach Statuentypen an. Anders als zuvor präsentieren sich die Standbilder jetzt geschlossen in Reih und Glied und auf die westliche Längswand des Lichthofs ausgerichtet. Hinter dem ersten Glied folgten, ebenfalls als Reihe, die Sitzfiguren. «Den Clou des Ganzen sollte die Nike von Samothrake bilden, emporgehoben auf den an 2 m hohen Sockel, in eine Höhe, wie sie das auf dem Deck eines Schiffes stehende Urbild einnahm, und ähnlich den Raum beherrschend aufgestellt wie heute das Original, das im Louvre auf dem obersten Podest des Grand Escalier Daru seinen alles dominierenden Platz hat.»[65] (Abb. 7 und 23) Massgebend seien vor allem zwei Gesichtspunkte gewesen: einmal «die Anpassung an den gegebenen Raum in dem Sinne, dass die Statuen dessen grossartige Dimensionen statt zu stören eher noch unterstreichen würden» und dann «der Versuch, der einzelnen Statue möglichst gerecht zu werden», wenn auch, wie Waser beifügt, «unter Berücksichtigung des Chronologischen». Beides sei in der früheren Aufstellung durch Blümner vernachlässigt worden.

Die Absicht, mithilfe der Neueinrichtung den gegebenen Raum und seine «grossartigen Dimensionen» zu unterstreichen, deutet an, dass Karl Moser bei der Neuaufstellung eine mehr als bloss beiläufige Rolle spielte. Oder wäre die von Waser beschworene «grandiose Feierlichkeit der Reihenordnung» etwa dem «Zeitgeist» geschuldet, bzw. einem zunehmenden Interesse künstlerisch aufgeschlossener Kreise an Erscheinungen der frühklassischen und archaischen Kunst auf Kosten von Hochklassik und Hellenismus? Spiegelt sich in der Neuanordnung Wasers Kritik an den Vorlieben seines Vorgängers für spätklassische und hellenistische Porträtkunst und für die psychologisierende Affektregie einer gewissen damals aktuellen zeitgenössischen Plastik? – Ferdinand Hodlers «Parallelismus» liegt in Anbetracht der straffen Neuanordnung der Gipse als Stichwort geradezu auf der Hand. Und als Vorbild allenfalls sogar das gewaltige, für das

Atlas 42 und 78

---
64 Waser 1935 (wie Anm. 24), S. 41.
65 Ebd., S. 42.

Rathaus von Hannover geschaffene Wandbild «Die Einmütigkeit», von dem das Zürcher Kunsthaus ja eine frühe Fassung besitzt (Abb. 24).

Rächt sich hier Hodler an Rodin, dem «grössten Künstler» des Jahrhunderts, bzw. an den «Bürgern von Calais» und deren vielleicht irritierender Beliebtheit gerade auch unter Archäologen (Abb. 22)?[66] – Waser weist ausdrücklich auf die Beratung durch Karl Moser, «den Schöpfer des herrlichen Raumes», hin.[67] Den Nationalmaler Hodler im Schosse der Universität zu ehren wäre 1919, im Jahr nach dem Tod des Künstlers, mit Sicherheit auch kein abwegiger Gedanke gewesen. Zumal nicht für Moser, den Architekten der Universität, nachdem klargeworden war, dass aus der von ihm gewünschten Ausmalung der Aula endgültig nichts werden würde.[68]

Atlas 37 und 38

Zickzackwege Richtung Archi-Skulptur

Die Universität ist auch insofern ein Schlüsselwerk, als sich an ihm das ganze Spektrum der um 1914 verfügbaren Möglichkeiten, Architektur und Plastik gegeneinander auszuspielen, aufzeigen lässt. Abermals erweist sich das Kunsthaus mit seinen gewaltigen Metopen als nahe liegender Einstieg. Die Lösung verkörpert ein Paradox. Einerseits bedeutet schon die Vergrösserung der Metopen ins Kolossale eine demonstrative Aufwertung der Skulptur gegenüber der Architektur; andererseits ist ihre skulpturale Wirkung jedoch in die Fläche zurückgebunden und insofern der Architektur wieder untergeordnet (Abb. 21; siehe auch S. 297, Abb. 2).

Während Karl Moser seine Zusammenarbeit mit Burckhardt dazu benützt, die Skulptur in die Schranken der Reliefwirkung zu verweisen, also zu architektonisieren, markiert er am benachbarten Ausstellungsbau den dazu komplementären Vorgang. Er erlaubt der Skulptur, in der Form von rundplastischen Figürchen aufzutreten, forciert aber gleichzeitig auch das Rundplastisch-Werden der Architektur selbst. Für die Sichtbarkeit der «Kunst am Bau» hat das beträchtliche Fol-

---

66 Siehe in diesem Zusammenhang etwa Georg Treu, «Hellenistische Stimmungen in der Bildhauerei einst und jetzt», in: Otto Crusius, Otto Immisch und Th. Zielinski (Hrsg.), *Das Erbe der Alten. Schriften über Wesen und Wirkung der Antike*, Leipzig: Richterichsche Verlagsbuchhandlung 1910; sowie Ernst Buschor, *Vom Sinn griechischer Standbilder,* Berlin: Gebr. Mann 1942 (2., um ein Nachwort erweiterte Aufl. 1977), S. 55.
67 Waser 1935 (wie Anm. 24), S. 41.
68 Zu Hodlers geplantem, aber nicht ausgeführtem Aula-Wandbild siehe Atlas 37 und 38 sowie S. 127. 1950 wurde das für Abgüsse nach römischen Bildwerken reservierte Südfoyer «freigelegt» und 1956 der gesamte mobile Bestand an Gipsabgüssen (mit Ausnahme der Reliefs und der *Nike von Samothrake*) in das Gebäude des Archäologischen Instituts, die frühere Augenklinik überführt, so auch die Sammlung von Originalen.

gen. Einerseits verhilft die im Hauptbau ins Werk gesetzte Strategie den dort ausgestellten Reliefs zu einer einmaligen Präsenz im Stadtraum; andererseits degradiert die im Ausstellungsflügel ins Werk gesetzte Strategie die dort aufgestellten Nischenfiguren von Paul Osswald und Arnold Hünerwadel zu dekorativen Accessoires. Wenn James Hall Recht hat, der behauptet, dass sich die Architektur in der zweiten Hälfte des 20. Jahrhunderts die Skulptur zunehmend einverleibt habe, sodass letztere als Gattung Gefahr laufe, im 21. Jahrhundert nur noch in der Form von Architektur zu überleben, so hat Moser diesem Gedanken im Ausstellungsflügel vorgearbeitet.[69]

Der Lichthof als inszenierter «Paragone»

Dass sich die von Moser ins Werk gesetzten Strategien des Dialogs von Architektur und Plastik im Lichthof ihr Rendez-vous geben, liegt schon an der Bedeutung dieses Orts als der Mitte der Universität.

Emblematisch in diesem Zusammenhang die kolossalen, durch ein Gesims zusammengefassten Pfeilerstümpfe, die den oberen Abschluss des Treppenhauses bilden. Liest man sie als Baluster, sind sie «zu gross»; liest man sie als Sockel, so fehlt die darüber aufgepflanzte Skulptur. Liest man sie als Pfeilerstümpfe, so bleibt unerklärlich, wieso sie nicht verputzt, sondern in Kunststein ausgeführt sind. Ihre Aufgabe besteht offenbar darin, den Dialog mit dem Parthenonfries und dem Pergamonaltar im Lichthof aufzunehmen.[70] Nicht anders als die Metopen im Kunsthaus oder der Lippenstift in Claes Oldenburgs Abklärungen im Hinblick auf ein «Lipstick»-Monument auf dem Picadilly Circus in den 1960er-Jahren (Abb. 25) – oder als Pipilotti Rists Chaiselongue im Lichthof! – funktionieren diese Baluster als Elemente der barocken Vereinheitlichung. Sie sind skulpturale Variationen zum Thema der Kolossalordnung. Gleichzeitig fordern sie den Betrachter dazu auf, die Kreativität der eigenen Wahrnehmung ins Spiel zu bringen, so, wie es schon Adolf von Hildebrand angedeutet hatte: «Gar Manchem werden, wenn er mal nachts bei Laternenschein das Gras be-

Atlas 16 und 78

---

69 James Hall, «Beyond Relief», in: ders. 1999 (wie Anm. 61), S. 218–252. Ansätze einer Diskussion des Problems bei Markus Brüderlin (Hrsg.), *ArchiSkulptur,* Ausst.-Kat. Fondation Beyeler, Riehen/Basel, Ostfildern: Hatje Cantz 2004; vgl. auch Stanislaus von Moos, «Die Welt als Skulptur. Zur Aktualität der ‹Synthese der Künste›», in: Regula Krähenbühl (Hrsg.), *Avantgarden im Fokus der Kunstkritik. Eine Hommage an Carola Giedion-Welcker (1893–1979),* Zürich: Schweizerisches Institut für Kunstwissenschaft 2011, S. 17–32.
70 Mehr dazu bei von Moos 1985 (wie Anm. 1), S. 254 f.

Abb. 25: Der Künstler Claes Oldenburg prüft den idealen Standort für das *Lipstick Monument* in London, 1966

Abb. 26: Kollegiengebäude. Blick von der Terrasse des Wandelgangs im 2. Obergeschoss auf den «Ring» der Postamente beim Aufgang zur Aula. Aufnahme von 1983

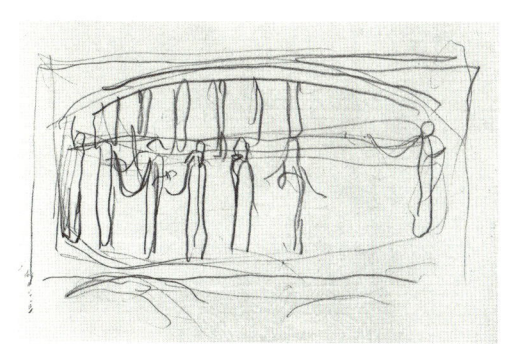

Abb. 28: Ferdinand Hodler, *Blick in die Unendlichkeit*. Skizze für das Wandbild im Treppenhaus des Zürcher Kunsthauses, um 1912(?) (Kunsthaus Zürich)

Abb. 27: Kollegiengebäude. Blick durch die Vergitterung des Treppenpodests zwischen dem 2. und 3. Obergeschoss auf die Arkaden des Lichthofs. Aufnahme von 2012

trachtet, die einzelnen Halme mit ihren langen Schlagschatten wie Bäume erschienen sein, sodass er in die sonst so einfache Wiese wie in einen geheimnisvollen Wald hineinschaute, in welchem die Käfer als grosse Ungetüme hausen.»[71] Massstabssprünge wie der, den Moser hier inszeniert, gehorchen einer ähnlichen, proto-surrealen Optik. Entsprechend vielfältig die Herausforderungen, mit denen gerade dieser Bau dem mit einer Kamera Bewaffneten aufwartet (Abb. 27).

Atlas 18

Anders freilich aus der Sicht des obersten Zwischenpodests im Treppenaufgang. Hier bilden die Pfeilerstümpfe einen abgesenkten Vorhof für die Aula – besser: einen «Ring». In einem seiner Projekte für das Kunsthaus hatte Moser einen kleinen, halbrund geschlossenen Vorgarten vorgesehen. Dort ist die Idee vorgeformt.[72] Es mag forciert erscheinen, diesen «Ring» mit dem Motiv des «Reigens» bei Ferdinand Hodler in Verbindung zu bringen, zumal Hodler das Thema in dem schliesslich ausgeführten Wandbild für das Treppenhaus des Kunsthauses ja wieder verwarf (Abb. 28).[73] Andererseits ist es müssig, darüber zu spekulieren, wie und in welcher Form Hodlers Wandbild für die Aula der Universität, wäre es denn ausgeführt worden, mit dem gebauten «Ring» über dem Treppenhaus korrespondiert hätte. Immerhin darf man nicht wenige von Hodlers Skizzen zu *Floraison* sicher auch als Variationen zum Thema des Reigens verstehen.[74] Hat Moser seinen «Ring» etwa gar als vorweggenommenen Resonanzboden für den von ihm gewollten Auftritt Hodlers in der Aula konzipiert?

Atlas 18 und 38

Schliesslich die Führung der Treppe selbst und insbesondere der monumentale Handlauf, der beinahe von Zaha Hadid hätte entworfen werden können (Abb. 31). Dank eines erhaltenen Modells des Treppenhauses kann man das Prinzip der barocken Vereinheitlichung, ja der «Kannibalisierung» der Plastik durch das Medium Architektur, von der weiter oben die Rede war, in seiner entwicklungsgeschichtlichen Dynamik verfolgen. Im Modell, das um 1912 entstanden

---

71 Adolf von Hildebrand, «Einiges über die Bedeutung von Grössenverhältnissen in der Architektur», in: ders., *Gesammelte Schriften zur Kunst,* Köln/Opladen: Westdeutscher Verlag 1969, S. 374.
72 Jehle-Schulte Strathaus 1982 (wie Anm. 58), S. 38 f. Als Leitbild könnte Stonehenge gedient haben (Hinweis von Werner Oechslin im Rahmen eines Moser-Kolloquiums in der Bibliothek Werner Oechslin, 2008).
73 Gabriela Christen, *Ferdinand Hodler – Unendlichkeit und Tod. Monumentale Frauenfiguren in den Zürcher Wandbildern,* Berlin: Dietrich Reimer 2008, S. 87 f.
74 Bernhard von Waldkirch, *Ferdinand Hodler. Tanz und Streit. Zeichnungen zu den Wandbildern* Blick in die Unendlichkeit, Floraison, Die Schlacht bei Murten *aus der Graphischen Sammlung,* Ausst.-Kat. Kunsthaus Zürich, Zürich 1998.

sein muss, sieht Moser für das Treppenhaus noch konventionelle Balustraden und auf den Zwischenpodesten Skulpturengruppen vor. In der ausgeführten Fassung wird dann die Architektur selbst zur Skulptur (Abb. 29).

«Architektonische» Plastik

Moser hat nach der Fertigstellung des Universitätsbaus noch einmal mit Burckhardt zusammengearbeitet: im Hinblick auf den Badischen Bahnhof in Basel. Die Rede ist hier von den Allegorien der beiden Basler Flüsse Rhein und Wiese, die den vor dem Bahnhof angeordneten Brunnen rahmen; ein Ensemble, das offensichtlich dem Vorbild von Adolf von Hildebrands Wittelsbacherbrunnen in München verpflichtet ist.[75] Erneut wird Skulptur hier als tektonisierendes Korrektiv eingesetzt im Zusammenhang einer Architektur, die bereits im Begriff ist, sich unter den Augen des Betrachters ins Skulpturale zu verflüchtigen. In einem ähnlichen Sinne wird dann Paul Osswald beim Hauptgebäude der Universität den Auftrag übernehmen, mittels Plastik den Universitäts-Prospekt von der Gloriastrasse her auf seine Frontalansichtigkeit festzulegen – einen Prospekt, genauer: ein Bauwerk als Ganzes, das die Spielregeln der klassischen Architektur bereits über Bord geworfen hat. Noch radikaler die Situation beim Biologietrakt, wo Hermann Hallers allegorische Figuren eine ähnliche Rolle spielen, jedoch umso schwächlicher anmuten, als die von Wilhelm Schwerzmann dekorativ aufgerüstete Architektur unmittelbar daneben mit ihren massigen Säulen und Haeckelschen Phantasiekapitellen mit geradezu brünstiger Üppigkeit auftrumpft und so mindestens im Ansatz jene Kannibalisierung der Plastik durch die Architektur vorwegnimmt, die später Le Corbusier oder noch später Frank Gehry im Grossen umsetzen werden.

Atlas 76 und 80

Atlas 34

In beiden Fällen, bei Osswald wie bei Haller zieht sich die Plastik auf klassizistische Positionen figürlicher Bildhauerei zurück; hier wie dort spielt sie im Zusammenhang von Mosers zunehmend ungeduldigerem Aufbruch zu einer «skulpturalen» Kraftentfaltung die Rolle des retardierenden Moments. Doch ist Mosers Sprachlabor vielseitig genug, um auch andere Formen des transdisziplinären Dialogs oder der transdisziplinären Annäherung zu ermöglichen. Mag solches im

---

75 Zum Badischen Bahnhof siehe Ulrich Maximilian Schumann, «Empfangsgebäude Badischer Bahnhof Basel», in: Oechslin/Hildebrand 2010 (wie Anm. 1), Bd. 2, S. 177–181; leider ohne Diskussion der Brunnenanlage von Carl Burckhardt.

einen Fall dem Modus barocker Überwältigung eigentümlich sein, so ist es im anderen dem *Geist der Gotik* geschuldet (Abb. 30).[76]

Auch fliessende Übergänge sind nicht ausgeschlossen; gelegentlich auch solche, die dem Bereich der unfreiwilligen Komik angehören. Auf der Ebene der formalen Abstraktion, auf der sich Mosers Architektur oder etwa die Skulptur Otto Kappelers oder Wilhelm Schwerzmanns zunehmend bewegen, werden Begriffe wie «Gotik», «Rhythmus», «Eurythmie» und schliesslich, eben – Hodler est omen – «Parallelismus» austauschbar (die erwähnten Stichworte finden sich alle in Mosers Notizbüchern).[77]

Flucht in die Autonomie: die Malerei

Atlas 7, 36, 40, 41, 44, 45, 49, 58, 62, 64, 66, 74 und 75

Atlas 54, 57 und 59

Auch die meisten der von Moser zur Mitwirkung herbeigerufenen Künstler geben sich im Lichthof und in den entlang der Wandelgänge angeordneten Instituten ihr Rendez-vous. Waren es von den Bildhauern Otto Kappeler und Paul Osswald, so sind es von den Malern Hermann Huber, Augusto Giacometti, Heinrich Altherr, Reinhold Kündig, Albert Pfister, Eugen Meister und Otto Baumberger. Paul Bodmers Ausmalung des ursprünglichen Dozentenzimmers und der südlichen Erdgeschosswandelhalle wurde bekanntlich verhindert, genauer: nach zwei Versuchen mangels Akzeptanz bei der Professorenschaft wieder ungeschehen gemacht – bei dieser Auslöschung soll Bodmer übrigens mindestens zum Teil auf eigene Initiative gehandelt haben.[78]

Interessanterweise waren es beinahe ausschliesslich die Maler, die in der Professorenschaft und darüber hinaus in der Öffentlichkeit für Aufruhr sorgten, während die Bildhauer, obzwar auch sie nicht völlig ungeschoren davonkamen,[79] unter der Deckung des volkstümlichen Respekts vor der «tüchtigen Handwerksarbeit» von Anrempelung verschont blieben.

Vom «Kunstskandal», den Moser in seiner Funktion als «Kurator» der künstlerischen Einrichtung der Universität und insofern als eine Art Harald Szeemann der damaligen Schweizer Kunst hervorrief, ist anderswo in diesem Buch die Rede.

---

76 Karl Scheffler, *Der Geist der Gotik,* Leipzig: Insel 1917.
77 Zur Bedeutung Ferdinand Hodlers für Mosers Architekturverständnis siehe S. 156–162. Zum Hodlerschen Parallelismus und seiner Bedeutung für die neue Architektur siehe neuerdings Schumann, «Empfangsgebäude Badischer Bahnhof Basel», in: Oechslin/Hildebrand 2010 (wie Anm. 1), v.a. S. 134 f.
78 Gottfried Wälchli, *Paul Bodmer. Eine Monografie,* Zürich: Rascher 1954, S. 13. Siehe auch Bildkommentare zu Atlas 57–59.
79 Siehe den Aufsatz von Matthias Vogel, S. 270–293.

Abb. 29: Curjel & Moser Architekten, Modell des geplanten Treppenhauses des Kollegiengebäudes der Universität mit Skulpturenschmuck auf den Treppenpodesten in der Sammlung der Universität Zürich. Aufnahme von 2010

Abb. 30: Detail der Westfassade des Biologiegebäudes mitsamt Turm und «Messel-Motiv». Im Vordergrund ein Teil von Otto Kappelers *Reitergruppe* (1919). Aufnahme von 2012

Abb. 31: Kollegiengebäude. Handlauf des Treppenhauses in der ausgeführten Form, ohne Baluster und ohne Skulpturenschmuck. Aufnahme von 2012

Trotz seinen anderslautenden Bekenntnissen als Kunst-Kurator und Förderer junger Kunst stellte sich der *Architekt* Moser mit seinem Bau als Traditionalist dar. Anders wäre es in Zürich ja gar nicht zu dem grossen Auftrag gekommen. Indem er nun aber die Malerei (im Gegensatz zur Architektur, und auch im Gegensatz zur Plastik) von ihrer traditionellen Verpflichtung auf idealisierende Schilderung mythologischer Inhalte oder historischer Begebenheiten entband – ja sogar von ihrer Verpflichtung auf das «schöne Handwerk» – lief das Kunstkonzept der Universität mit aller Wucht den bildungsbürgerlichen Erwartungen einer Mehrheit von Professoren (und Studierenden![80]) ins Messer. Nicht zufällig auch denjenigen Hugo Blümners, mit dem Moser bei der Einrichtung der Abgusssammlung im Lichthof eng zusammengearbeitet hatte. Blümner liess es sich übrigens nicht nehmen, vor dem Hintergrund früherer Voten zum «Kunstskandal» an der Universität 1916 noch einmal eine Lanze für den klassizistischen Kunstkanon zu brechen.[81]

Dass im Zusammenhang mit Mosers kuratorialen Anstrengungen gewisse Grenzen sichtbar wurden, die das authentische Gesamtkunstwerk vom beliebigen Kunst-Potpourri trennen, sollte im Rückblick nicht verschwiegen werden. Der Konsens, der nötig ist, um einer systematische Förderung «junger» Kunst im öffentlichen Raum zur Offizialität zu verhelfen, wird sich in der Schweiz erst in den 1960er-Jahren einstellen – *for better or for worse*. Kurz- und mittelfristig blieb Mosers partizipationsromantische Parteinahme für die «Avantgarde» weitgehend folgenlos. Die Mehrheit der von ihm 1914 in den Vordergrund gerückten «wilden» Künstler verschrieb sich in der Zwischenkriegszeit einem eminent konsensfähigen «Helvetischen Arkadien».[82] Auch dies ist ein Stück Wirkungsgeschichte des Zürcher «Kunstskandals» von 1914.

Atlas 56

---

80 Zu den Letzteren gehörte auch der nachmalige Kunstgeschichtsprofessor an der ETH, Linus Birchler. Er habe «gar kein Verständnis» für die «ohne Modellierung und ohne Konturen» gemalten Figuren Bodmers gehabt. «Wir unverständigen Jungen erlaubten uns damals einen dummen Scherz mit Ihrer Kunst», so Birchler in «Dem 75-jährigen Paul Bodmer (19. August 1961)», in: *Neue Zürcher Nachrichten*, 19. August 1961.

81 Hugo Blümner, «Kunst, Volk und Jugend. Zu den Kunstartikeln von F. Vetter und A. Egger», in: *Wissen und Leben* 9 (1916), S. 570–578. Als Moser am 10. Januar 1914 im Rahmen eines Vortrags die von der Jury bestätigte Auswahl der Künstler der Fakultät beliebt zu machen versuchte (vgl. den Text im Anhang), griff Blümner als erster in die Diskussion ein, um sich gegen den Juryentscheid zu verwahren, während sich Waser, der anschliessend sprach, zurückhaltender äusserte und sich sogar als ein Bewunderer Hodlers zu erkennen gab. (StaZ Z 70. 2113)

82 Siehe dazu noch immer Marie-Louise Lienhard, *Helvetisches Arkadien. Ein Bilderessay aus der ersten Hälfte des Jahrhunderts*, Ausst.-Kat. Helmhaus Zürich, 1999.

Neue Zürcher Zeitung 22. Dez. 1913 3. Abendblatt und Zürcher Post 23. Dez. 1913 No. 301.

Zürcher Tagblatt N° 301 vom 23. Dez. 1913.

Künstlerische Ausschmückung der neuen Universität.

Wir erhalten folgende Zuschrift:

In diesen trüben Dezembertagen sind viele Hunderte zu der stolzen neuen Universität hinaufgezogen und haben sich die Entwürfe für den künstlerischen Schmuck des Dozentenzimmers und des Senatszimmers angesehen. Dieses allgemeine Interesse ist sehr erfreulich. Weniger erfreulich ist aber doch wohl das allzurasche Urteil über die prämierten Entwürfe und über den Spruch der Jury. Das darf der Unterzeichnete um so unbefangener feststellen, als er zusammen mit Herrn Regierungsrat Dr. G. Keller die Minderheit des Schiedsgerichts bildete. Aber bei der Beurteilung, den die Entwürfe in der Oeffentlichkeit gefunden, sind mancherlei Mißverständnisse unterlaufen. Manche haben nicht einmal genau beachtet, welcher Hubersche Entwurf zur Ausführung kommen soll. Die wenigsten kennen die Räumlichkeiten genauer, für welche die Werke bestimmt sind. Die Wenigsten kennen die Bestimmung dieser Räumlichkeiten genauer. Das wohl zu knapp ausgefallene Protokoll orientiert auch nicht ausreichend über die intensive, mehr als fünfstündige und zumeist in die genannten Räume verlegte Arbeit des Preisgerichts. Manche von den Arbeiten die in der öffentlichen Meinung anscheinend in den Vordergrund gerückt werden, und die zum Teil unzweifelhaft gute Qualitäten aufweisen, wurden durchaus einstimmig abgelehnt. Deshalb wollen die Dozenten der Universität welche doch neben der Regierung und der Künstlerschaft die Nächstbeteiligten in dieser Angelegenheit sind, einen Vortrag des Architekten und eine Aussprache abwarten, welche allerdings erst im Januar stattfinden kann. Sie lehnen es ab, Stellung zu nehmen, bevor sie in der Lage sind, sich eine wohlbegründete Ansicht zu bilden. So allein ziemt es sich für die Männer der Wissenschaft. Wie wir übrigens vernehmen, wird auch die Regierung in den nächsten Tagen sich die Entwürfe in den Räumlichkeiten für die sie bestimmt sind, vorzeigen lassen.

Professor Dr. A. Egger.

*

Die Ausstellung der Entwürfe ist bis 28. Dezember verlängert worden. Sie ist

---

Wandgemälde-Konkurrenz.

Zürcher Volk, Parteien aller Richtungen, erhebt einmütig Protest und vereinigt Euch zum Kampf gegen das Urteil eines einseitigen Preisgerichtes, das es wagt **Euren stolzen Universitätsbau mit Produkten einer krankhaften Geistesrichtung** zu verunstalten.

Der hohe Regierungsrat wird höflich gebeten, nach Schluss der akademischen Ferien die Entwürfe dem grossen Kreise der Professoren, Studierenden und dem Volke nochmals zugänglich zu machen.

57002

Zürcher Bürger.

Die „Kunst" im neuen Universitätsgebäude. Die „N. Z. Z." schreiben über die ausgestellten Entwürfe für den Wandschmuck des Dozenten- und Senatszimmers im neuen Universitätsgebäude in Zürich mit Resignation: „Die Jury hat ihr Urteil gefällt! Hodler saß in der Jury und die Hodler-Schule hat den Sieg davongetragen. Ob der nun auf die Kantonsgrenzen beschränkte Wettbewerb, eine Art Heimatschutz, hier angewandt war, bleibt sich gleichgültig; denn ob statt des Zürchers ein Berner oder Genfer mit Kopien aus Hodlers Sammelmappe aufrückt, ist bei dem sehr fühlbaren Mangel an künstlerischer Selbständigkeit für uns egal. Hauptsache für den konkurrierenden Künstler bleibt, daß er das Kollegium der Jury kennt und sich danach einrichtet. Schwer lastet die Hand des Herrn und Meisters auf der freien Kunst, und wir andern, die nichts davon verstehen, schleichen verdutzt, beschämt vorbei an den Preisgekrönten, hinaus aus den Hallen, werfen von den Höhen einen Blick auf den See und die Stadt und enteilen flüchtigen Fußes der Stätte. Man gehe, sehe und — verwundere sich!"

Abb. 32: Zeitungsartikel zum Zürcher Kunstskandal, Ende 1913. Blatt aus dem Rektoratsarchiv der Universität

III. Kunst und Publikum um 1915

Idylliker als Skandalkünstler

Die Wandbilder von Paul Bodmer und Hermann Huber für das neue Universitätsgebäude

Matthias Vogel

Kunstskandale sind für die Künstler und die Kunstwelt immer auch Laboratorien, in denen die Grenzen dessen, was präsentabel ist und sich zeigen lässt, erforscht werden.[1] Spätestens seit Gustave Courbet in der Mitte des 19. Jahrhunderts ist der Skandal zum beliebten Instrument in den Händen der Künstler und Kunstvermittler geworden, um die Blicke der Öffentlichkeit auf sich und die Bilder zu ziehen. Denn nach ihrer Emanzipation von Kirchen- und Fürstendienst finden sich Künstler und ihre Werke nur zu oft in der selbstreferentiellen Welt des Kunstsystems wieder: Hier funktionieren sie zwar nach eigenen Regeln, werden jedoch von einem Grossteil der Bevölkerung mit Missachtung gestraft. Mit sensationellen Ausstellungsbildern, *exhibition pieces,* sowie, mehr und mehr, auch mittels Skandalen versuchen daher die Produzenten die Aufmerksamkeit des grossen Publikums auf ihre Werke und ihre Person zu lenken.[2]

In den Kunstskandalen, die die Geschichte der letzten zwei Jahrhunderte wie einen roten Faden durchziehen, verlassen Kunstwerke für einen Augenblick ihre abgeschottete Welt des interesselosen Wohlgefallens und der Selbstgenügsamkeit. Sie werden zum Symptom für den Zeitgeist und für soziale Positionen und weisen im einigen Fällen auf zukünftige Entwicklungen ausserhalb ihrer ikonischen Fragestellungen hin – seien es Probleme in Bezug auf das Geschlechterverhältnis, die nationale Identität oder die Stellung des Menschen in der Natur, um nur einige zu nennen. Wiederholt dringt die Künstlerschaft dabei in den Bereich des nackten menschlichen Körpers vor, eines Kontinents, der immer von neuem überraschende weisse Flecken aufweist. Die Enthüllung stellt sich oft in den Dienst der Wahrheit: *Nuda veritas.* Das Nackte dient als Apotropäum gegen das Philister-

---

[1] Vgl. Tobias G. Natter, «Über die Grenzen des Ausstellbaren. Das Nackte und das Öffentliche in der Wiener Kunst um 1900», in: ders. und Max Hollein (Hrsg.), *Die Nackte Wahrheit. Klimt, Schiele, Kokoschka und andere Skandale,* Auss.-Kat. Schirn Kunsthalle, Frankfurt, und Leopold Museum, Wien, München/Berlin/London: Prestel 2005, S. 17–41.

[2] Vgl. Oskar Bätschmann, *Ausstellungskünstler. Kult und Karriere im modernen Kunstsystem,* Köln: DuMont 1997, S. 29–36.

Abb. 1: Zweite Cato-
Broschüre, 1914

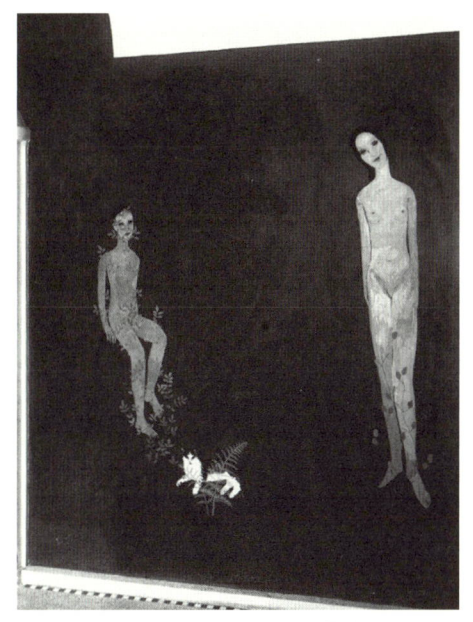

Abb. 2: Paul Bodmer, Wandmalerei im Erdgeschoss
des Kollegiengebäudes, zweite Fassung 1914/15
(übertüncht 1916)

tum, mit ihm beginnt das Wechselspiel von Entblössung und Zurschaustellung hier, Erregung und Empörung dort.³ Auch in der Moderne entzünden sich Kunstskandale oft am Nackten, der Unmut wird aber durch die Eigenwilligkeit der Formensprache und die dunklen symbolträchtigen Inhalte massgeblich gesteigert. Als Beispiel können Gustav Klimts Fakultätsbilder herangezogen werden, die für die Ausschmückung der Aula bzw. des grossen Festsals der Universität Wien vorgesehen waren und die seit ihrer ersten öffentlichen Präsentation im Jahr 1900 heftige Reaktionen provozierten. Die Gegner, unter denen die Professoren – wie später dann auch im Fall der Zürcher Universität – besonderes Gewicht hatten, beklagten nicht nur die Obszönität der nackten Körper, sondern auch den undefinierbaren Stil und die unklare Symbolik. Über allem stand immer wieder das Schlagwort der «hässlichen Kunst» im Raum.⁴

Atlas 36, 50–52
und 54

3   Andreas Mayer, «Enthüllung und Erregung. Kleine Physiologie des Skandals», in: Natter/Hollein 2005 (wie Anm. 1), S. 55–66.
4   Sabine Fellner, *Kunstskandal! Die besten Nestbeschmutzer der letzten 150 Jahre,* Wien: Ueberreuter 1997, S. 85–121.

In Bezug auf die Dauer der Kunstskandale kann man mit Recht von Augenblicken sprechen. So schnell die Empörung auch hochschwappt, so schnell glätten sich in der Regel die Wogen wieder. Der grosse Aufschrei in unserem Fall, angesichts der Wanddekorationen im neuen Zürcher Universitätsbau von Karl Moser, dauerte nicht viel länger als ein bis zwei Wochen. Der Höhepunkt der Auseinandersetzung lag in den Tagen vor Weihnachten 1913. In dieser Angelegenheit beruhigten sich allerdings die Gemüter nicht gleich, zumal dem in den Zeitungen und andernorts vorgebrachten «Volkswillen» nur zögernd stattgegeben wurde. Immer wieder flackerten Unmutsäusserungen und Gehässigkeiten auf. Waren zunächst Journalisten und die Presse Ursache für den Skandal, so übernahmen später einige Professoren der Universitäten Zürich und Bern die Wortführung unter den Gegnern der Wanddekorationen. Mehrfach wurden sie mit Interventionen beim Regierungsrat direkt vorstellig. Da sich diese Tätigkeiten in der Regel nicht in der Öffentlichkeit abspielten, hatten sie allerdings nicht mehr das Potenzial zu einem grossen allgemeinen Aufruhr.

Der Widerwille und die Empörung gegen die moderne Malerei im neuen Universitätsgebäude zeigten in einigen Fällen drastische Folgen. Es kam zur weitgehenden Abänderung, zum Übertünchen oder Verhängen bereits bestehender Wanddekorationen. Paul Bodmer ist diesbezüglich das bekannteste Opfer (Abb. 7), aber auch die Künstler Reinhold Kündig (Englisches Seminar), Albert Pfister (Historisches Seminar), Eugen Meister (Romanisches Seminar) und Karl Hügin (Deutsches Seminar) sahen einige ihrer Arbeiten, die grösstenteils in den Sommermonaten des Jahres 1914 entstanden waren, nach kurzer Zeit wieder vernichtet – teilweise oder ganz.[5] Der Skandal führte allerdings nicht wie in früheren Fällen und anderen Ländern zum unfreiwilligen Exil oder gar dem Freitod der betroffenen Künstler.[6] Allerdings kam es auch nicht durch die übrig geblieben «Skandalbilder», die ja nur zum Teil öffentlich zugänglich waren und sind, zu einem Zustrom von Kunstbeflissenen und Neugierigen.

---

5 Als erstes wurden die Malereien von Reinhold Kündig im Englischen Seminar auf Verlangen des Institutsleiters Theodor Vetter nach kaum halbjährigem Bestehen wieder übertrichen, vgl. Schreiben Vetters an Regierungsrat Gustav Keller vom 27. März 1915; das gleiche Schicksal erlitten die Dekorationen von Albert Pfister in der Bibliothek des Historischen Seminars nach einer Eingabe der Professoren Paul Schweizer, Gerold Meyer von Knonau und Wilhelm Oechsli am 22. März 1915 (StAZ V II 15 a.7). Einzig die Allegorien der Architektur, Malerei und Bildhauerei, die Otto Baumberger für das Kunsthistorische Institut schuf, konnten ohne grosse Änderungen dank des positiven Gutachtens von Institutsleiter Josef Zemp bis in die Gegenwart erhalten werden (Abb. 8), vgl. auch das Aktenmaterial im UAZ, AC 2.3.5.

6 Vgl. Fellner 1997 (wie Anm. 4), S. 7–9.

Aufbruch in die Moderne

Der Widerstand gegen den Aufbruch, der im neuen Universitätsgebäude nicht zuletzt im Bereich der Wanddekorationen angestrebt wurde, überrascht nicht, schon eher seine Intensität. Nicht ganz klar ist, wie breit die Abwehr gegen die Wanddekorationen im Kreis der Universitätsangehörigen und der breiten Bevölkerung abgestützt war. Bei den Dozenten war die Übermacht der Gegner offenbar erdrückend; in entsprechenden Abstimmungen gab es in der Regel 4/5-Mehrheiten für die Rückweisung der Wandmalereien. Bei den Studierenden, die von der Presse oft als Opfer und arme Verführte hingestellt wurden, ist es schon schwieriger, eine Übersicht zu gewinnen, zumal sie nicht stimmberechtigt waren und allenfalls mit Stockhieben gegen die Wandmalereien ihre Meinung kundtaten. Wie weit die Gegnerschaft unter Journalisten und Publizisten verbreitet war, ist auch nach einer genaueren Analyse nicht klar. Zwar überwiegt der gehässige Ton in Tageszeitungen und Zeitschriften, aber es scheint, dass einige wenige Persönlichkeiten aus Politik und Kultur, die den rückwärtsgewandten Schweizer Sezessionisten[7] nahestanden, für grosse Publizität gesorgt haben, indem sie an Zeitungen im Kanton Zürich und ausserhalb mehr oder weniger identische Artikel schickten. Allerdings ist nicht zu leugnen, dass viele Journalisten sowohl der fortschrittlichen *(Das Volksrecht)* wie auch konservativen Presse *(Neue Zürcher Nachrichten)* mit der Meute bellten und die angeblich obszönen Schmierereien, die sie oft nicht selbst gesehen hatten, verdammten. In den Meinungsäusserungen kommt, wie noch zu zeigen sein wird, ein ungutes Gemisch heterogener Ideologien zum Ausdruck. Sie reichen vom militanten Antimodernismus über einen radikalen Föderalismus bis zur Blut- und Bodenverherrlichung, wie sie im Vorfeld des Ersten Weltkriegs auch in der Schweiz fest verankert war. Geeint waren die Gegner in ihrer Überzeugung, dass sie in unsicheren Zeiten alles Neue abwehren und als Sittenwächter fungieren mussten.

Künstler wie Hermann Huber und Paul Bodmer haben – wie dies etwas später die Dadaisten in Zürich taten – den Skandal nicht selbst inszeniert, jedoch mit seiner Performativität gespielt und seine Requisiten geschickt arrangiert. Sie kannten zumindest die Erwartungen und lösten diese bewusst nicht ein.[8]

---

7 Zum Begriff siehe weiter unten, S. 277f.
8 Vgl. den Briefwechsel zwischen Paul Bodmer und Reinhold Kündig in den Jahren 1913 und 1914, der von einer forschen, aber naiven Aufbruchsstimmung zeugt; SIK-ISEA, Nachlass Kündig, HNA 045 Kündig Reinhold 3.12 und 3.145.

Bei Wanddekorationen wurde um 1910 als selbstverständlich erachtet, dass sich die Historienmalerei in den Dienst der dominanten Schwesterkunst Architektur stellt. Auch wenn von der Bauleitung kein inhaltliches Programm für die Wanddekorationen vorgegeben worden war,[9] schwebten einem grossen Teil der politischen Auftraggeber Allegorien des Wissens und des Wissenserwerbs vor. Diese sollten nicht nur mit der Funktion des Gebäudes und seiner Architektur eine Synthese bilden, sondern inhaltlich und ästhetisch ansprechend sein.[10] Die Zürcher Künstler machten die Universität bis zu einem gewissen Grad zum Experimentierfeld, indem sie sich vor allem dem technisch-formalen Virtuosentum, der akademischen Aktdarstellung, der Zentralperspektive und dem Illusionismus jeglicher Art verweigerten. Gegen die gängige Symbolik setzten sie zum Teil Bildlösungen, die dunkel und unverständlich waren, da sie mehr individuellen Mythologien und weniger der Bildtradition folgten. Gerade Bodmer hatte bei aller Entsexualisierung seiner Figuren ein androgynes Ideal vor Augen, das latent mit Homoerotik aufgeladen war (Abb. 6). Der Ephebenkult, der seit der Décadence in vielen Teilen Europas gepflegt wurde, besass im Freundeskreis von Otto Meyer-Amden bei aller Blässe auch etwas Subversives, indem er das in der Eidgenossenschaft verbreitete Ideal eines harten, athletischen und wehrbereiten Mannes in Frage stellte.[11] Das stark introvertierte kontemplative Lebensgefühl, das in den gesamten Kompositionen, aber auch in den einzelnen Figuren zum Ausdruck kommt, besitzt mystisch pantheistische oder zumindest naturreligiöse Dimensionen (Abb. 2). Ein Gutachten, das von Karl Moser in Auftrag gegeben wurde, nimmt Bezug auf die Kriegsereignisse in Europa und spricht im Bezug auf die Malereien der Korridorwand vom Ausdruck «innerer Erlebnisse», von der Sehnsucht nach dem, «was unserem Zeitalter fehlt: Ruhe, Frieden, Freude, Beschaulichkeit, Tatkraft».[12] Der eigentliche Skandal dieser Malereien lag, wie oft in der Moderne, nicht nur im Bereich des Inhalts der Kunsterzeugnisse, sondern in je-

Atlas 51

9 Das im Juni 1913 entworfene «Konkurrenzprogramm» für das Senats- und Dozentenzimmer gab nur den Massstab und die Technik (Öl auf Leinwand) der Entwürfe vor und machte die Künstler darauf aufmerksam, dass vor allem der Raumbezug bewertet werden soll (StAZ V II 15 a.5).

10 Die politischen Instanzen hatten allerdings die Vergabe der Arbeiten für den künstlerischen Schmuck am neuen Universitätsgebäude ganz in die Hände von Karl Moser gelegt – dies mit der Begründung, dass die Werke der Bildhauer und Kunstmaler «vollständig im Sinne und Geist der ganzen Architektur behandelt werden sollten»; Protokoll der Baudirektion vom 22.5.1913 (StAZ V II 15 a.5).

11 Vgl. Reinhold Hohl, «Knabenbilder – ein Thema im Werk von Otto Meyer-Amden», in: *Otto Meyer-Amden (1985–1933)*, Ausst.-Kat. Kunsthalle Basel, Basel: Schwabe 1979, S. 5–31.

12 Gutachten vom 6.10.1914 (StAZ V II 15 a.6).

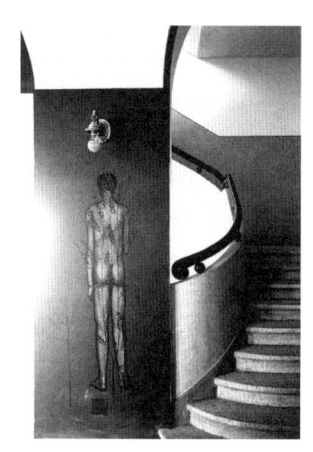

Abb. 3: Paul Bodmer, Rückenakt beim Treppenaufgang im Erdgeschoss des Kollegiengebäudes, erste Fassung der Ausmalung, Frühjahr 1914 (noch im selben Jahr vom Künstler selbst übermalt)

Abb. 4: Paul Bodmer, Aktfigur beim Treppenaufgang im Erdgeschoss des Kollegiengebäudes, Vorversion der ersten Fassung der Ausmalung, Frühjahr 1914 (nach kurzer Zeit vom Künstler selbst übermalt)

Abb. 5: Paul Bodmer, Frauenfigur beim Treppenaufgang im Erdgeschoss des Kollegiengebäudes, zweite Fassung der Ausmalung, Winter/Frühjahr 1914/15 (übertüncht 1916)

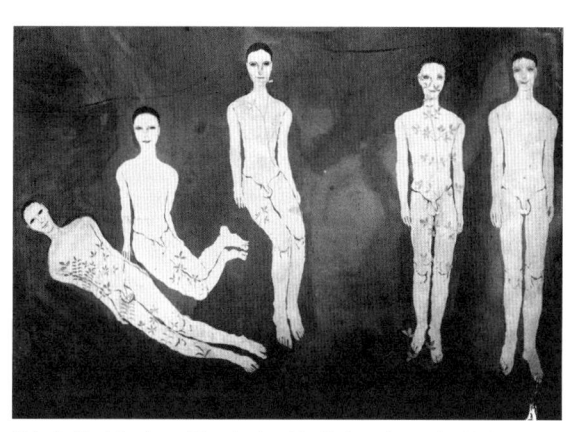

Abb. 6: Paul Bodmer, Wandmalerei im Erdgeschoss des Kollegiengebäudes, zweite Fassung, 1914/15 (übertüncht 1916)

Abb. 7: Paul Bodmer, Wandmalerei im Erdgeschoss des Kollegiengebäudes, zweite Fassung, Winter/Frühjahr 1914/15 (übertüncht 1916)

nem von Form und Technik. Indem durch die Dekorationen die Wand als Fläche akzentuiert und unmittelbare koloristische Ausdrucksformen, das Präsentische, gesucht wurden, verstiessen sie gegen die Norm. Im Hinblick auf die späteren Arbeiten der gleichen Künstler müssen wir uns aber fragen, ob in den für das Universitätsgebäude entworfenen und ausgeführten Wanddekorationen der Maler des Zürcher Kreises wirklich mehr als bloss eine esoterisch angehauchte, rückwärtsblickende Fortschrittlichkeit zum Tragen kommt.

Kulturpolitische Kämpfe

Die Schweiz kannte schon im 19. Jahrhundert kulturpolitische Auseinandersetzungen, Geplänkel und Querelen, wie sie im Umfeld von Staatsaufträgen, etwa politisch motivierten Denkmälern, fast zwangsläufig entstehen. Erinnert sei an das Winkelried-Denkmal von Ferdinand Schlöth in Stans oder das Tell-Denkmal von Richard Kissling in Altdorf.[13] Am Ausgang des Jahrhunderts erlebte das Land mit der Auseinandersetzung um die Marignano-Fresken für den Waffensaal des Schweizerischen Landesmuseums auch einen ausgewachsenen Kunstskandal.[14]

Aus dem erbitterten Kampf mit den Traditionalisten waren die Modernisten, in der Schweiz oft auch Hodler-Schule genannt, nach 1900 erstarkt hervorgegangen. Sie hatten es verstanden, in wichtigen Kunstgremien wie der Eidgenössischen Kunstkommission (EKK) oder der Gesellschaft der Schweizer Maler, Bildhauer und Architekten (GSMBA) Schlüsselpositionen und die Mehrheit zu erlangen.[15] Als eine Folge davon waren Künstler wie Cuno Amiet, Giovanni Giacometti, Max Buri oder Emil Cardinaux, die alle dem Hodler-Kreis zugerechnet wurden, an der Nationalen Kunstausstellung und lokalen Veranstaltungen wiederholt mit grossen Werkgruppen zu sehen.

Atlas 37 und 38

Gleichzeitig wurde Hodler von seinen Exegeten zum idealen Vertreter einer nationalen Schweizer Kunst hochstilisiert. Häufig waren Stimmen zu hören, die behaupteten, in der Kunst der «modernen Malergruppe» um Hodler seien die

---

13 Vgl. Florens Deuchler, *Kunstbetrieb,* Disentis: Desertina 1987 (= Ars Helvetica II), S. 71–84.
14 Pierre Vaisse u.a., «Un scandale artistique dans le sanctuaire de la mémoire nationale (1896–1900)», in: *Die Erfindung der Schweiz 1848–1998. Bildentwürfe einer Nation,* hrsg. vom Schweizerischen Landesmuseum und dem Schweizerischen Institut für Kunstgeschichte, Ausst.-Kat. Schweizerisches Landesmuseum, Zürich, Zürich: Chronos 1998, S. 196–301. Einige Beobachter sahen dann auch in dem hitzigen Für und Wider um die Wandbildentwürfe für das Universitätsgebäude in Zürich eine Reminiszenz dieses ersten grossen Kunstskandals.
15 1913 war Ferdinand Hodler Zentralpräsident der GSMBA, Cuno Amiet Vizepräsident der EKK und Sigismund Righini, der glühende Hodler-Verehrer, stand der Sektion Zürich der GSMBA vor.

Zeichen der «schweizerischen Eigenart», einer «nationalen Kunst» zu erkennen. Rudolf Rahn und Jakob Baechtold wurden als Kronzeugen zitiert, wenn es darum ging, die «Schweizer Kunst» zu charakterisieren. In ihrem Sinn wurde im «derb Gesunden, im naturwüchsig Realistischen, im plastisch Sinnlichen, im nüchtern Verständigen und im charakteristisch Ursprünglichen, in der Lust am kernhaft Tüchtigen, am Konkreten und Besondern» die Eigenart der ästhetischen Kultur in der Schweiz gesehen. Vor allem sei das Ornamentale und Dekorative und damit auch die Wandmalerei die eigentliche Domäne der Schweizerkunst.[16] Hans Graber meinte hingegen, eine Spezialität der «modernen schweizerischen Kunst» im Hang zum «gedanklichen Moment», ja zum Symbolischen und Phantastischen erkennen zu können. In Bezug auf Hodler hielt er fest: «Es ist ein gewaltiger Versuch, einzelne grosse, ewige Naturphänomene und die metaphysischen Beziehungen der Menschen zu ihnen, ferner gewisse typische, allgemeingültige Vorgänge des menschlichen Seelenlebens in symbolhaft wirkenden Gemälden zu gestalten.»[17]

Gegen die Dominanz Hodlers und seiner künstlerischen Freunde erhob sich ein Teil der Künstlerschaft, der sich 1906 zur Sezession, der Schweizerischen freien Künstlervereinigung, zusammenschloss. Diese Künstler beriefen sich in ihren Arbeiten, die die getreue Naturnachahmung als wichtigstes Ziel hatten, auf den Volksgeschmack, den die Modernisten angeblich völlig ignorierten.[18] Allmächtig war die «Hodler-Cliqué», wie sie von den Sezessionisten despektierlich genannt wurde, allerdings nicht. Der «Meister» selbst erhielt in der Schweiz nach den Landesmuseumsfresken von 1900 zehn Jahre lang keine grossen Wandbildaufträge mehr; solche führte er bekanntlich in Jena und Hannover aus. Es war Karl Moser, der den Monumentalmaler Hodler in die Schweiz zurückholte, indem er ihm 1910 den Auftrag für die Ausmalung des Treppenhauses im neu errichteten Kunsthaus Zürich vermittelte; das wichtige Werk *Blick in die Unendlichkeit* entstand (vgl. S. 261, Abb. 28). Es war gleichfalls Karl Moser, der Hodler die Aus-

---

16 C. Benziger, «Schweizerkunst», in: *Wissen und Leben* 7 (1914), S. 758–766, hier S. 760 und S. 762.
17 Hans Graber, *Jüngere Schweizer Kunst,* Basel: Schwabe 1918, Bd. 1, S. 8.
18 Als der reinste Ausfluss dieses Geistes können die beiden «Cato-Broschüren» gelten. Vgl. *Die Schweizer-Abteilung auf der XI. Internationalen Kunstausstellung München. Zur Steuer der Wahrheit von Cato,* München: Vereinigte Kunstanstalten 1913. Hinter dem Arzt Felix Wolff, der unter dem Pseudonym Cato publizierte, standen Schweizer Künstler, die in München lebten und der Schweizer Sezession nahestanden. Alt-Bundesrichter Johann Winkler setzte sich ebenfalls für die sezessionistischen Anliegen ein. So wollte er die EKK, angeblich «eine Art Staat im Staate» stärker durch politische Organe kontrollieren lassen; Johann Winkler, *Missstände in der Schweizerischen Kunstpflege,* Bern: s.n., 1911.

schmückung der Stirnwand der Aula der Universität Zürich überliess – notabene ohne einen Wettbewerb für diesen zentralen Ort in dem Gebäude ausschreiben zu lassen. Die Durchführung eines Wettbewerbs für die Wanddekorationen im Dozenten- und im Senatszimmer der Universität im Sommer 1913 mutet im Wissen darum wie ein Ablenkungsmanöver an. Der Souverän und die Dozentenschaft sollten das Gefühl erhalten, bei der Ausgestaltung dieses wichtigen Bauwerks mitdiskutieren zu dürfen – dies, nachdem die meisten Aufträge für die Bauplastik vom Architekten und der Baukommission bereits direkt vergeben worden waren.

Atlas 38

Atlas 54

Das kulturpolitische Klima in der Schweiz war just zu diesem Zeitpunkt für die modernistischen Tendenzen ungünstig. Während Jahren übten sich die Sezessionisten sowie gleich gesinnte Journalisten und Politiker mit Nadelstichen wider die «Hodler-Clique». Ab Sommer 1913 witterten sie endlich ihre Chance und bliesen zum Generalangriff gegen Fortschritt und Modernismus in Kunst, Kultur und Gesellschaft.[19] Der Skandal um die Wandbilder im Universitätsgebäude Zürich kann als Teil dieser Kampagne angesehen werden. Den Anfang hatte jedoch der Wirbel um das offizielle Plakat für die Landesausstellung in Bern 1914 gemacht. Das legendäre «Grüne Ross» hatte im Herbst 1913 in der Presse nicht nur für Spott, sondern auch für Wut und Empörung gesorgt. Man schlug auf Emil Cardinaux ein und meinte die ganze modernistische Richtung. Gleichzeitig wurde, angefacht durch die «Cato-Broschüre», die Qualität der Eidgenössischen Kunstausstellung und des Schweizer Beitrags zur Internationalen Kunstausstellung in München 1913 angezweifelt. Im Ständerat wurde im Dezember 1913 und Januar 1914 durch die Motion Heer eine Debatte entfacht, die eine Neuzusammensetzung der Eidgenössischen Kunstkommission, eine Neuausrichtung der Kunstförderung und eine generelle Beschneidung der Autonomie der Künstlerschaft zum Ziel hatte. Sollte sich nichts ändern, wurden Kürzungen der Bundesausgaben für die Kunst in Erwägung gezogen.[20] Oft war in dieser Auseinandersetzung vom Graben zwischen dem gesunden Volksempfinden, dem allgemeinen Geschmack einerseits und den «krankhaften» oder einfach «hässlichen»

---

19 Einen Überblick über das Kräftegemenge dieser Jahre versuchte folgende Schrift zu geben: Ulrich Diem, «Betrachtungen zur Schweizer Kunstpflege», [Zürich]: *Zürcher Post*, 1914.
20 Zu den kunstpolitischen Auseinandersetzungen dieser Jahre in der Schweiz vgl. Lisbeth Marfurt-Elmiger, «Künstlergesellschaften. Kunstförderungspraxis im Ausstellungswesen zur Zeit der Nationalen», in: Jörg Huber (Red.), *Der Bund fördert – der Bund sammelt. 100 Jahre Kunstförderung des Bundes,* Baden: Lars Müller 1988, hier v.a. S. 32–34.

Erzeugnissen der «neukünstlerischen Richtung» die Rede. Die Moderne Kunst kümmere sich kaum noch um das Publikum oder lasse es bewusst im Stich.[21] Gleichfalls wurde dagegen opponiert, dass die meisten Kunstkritiker in der Malerei Hodlers und seiner Freunde Zeichen für das Erstarken einer «nationalen Schweizer Kunst» sahen.

Die Gegner der Modernisten liessen es nicht bei verbalen Attacken bewenden. Im November 1913 wurden im Zürcher Kunsthaus Brandanschläge gegen Bilder von Max Buri und Cuno Amiet verübt. Die Untersuchungsergebnisse wurden am 20. Dezember 1913 publik. Viele Journalisten zeigten Verständnis für diese «Verzweiflungstat», die – wie sie vermuteten – von einem Künstler verübt worden war, der von den Modernisten von der Teilhabe am Kunstbetrieb ausgeschlossen worden war.[22]

Die Stimmen, die in diesem aufgeheizten Klima zur Besonnenheit aufrufen oder gar Partei für die Modernisten ergriffen, waren spärlich. Am 9. November 1913 verteidigte der Kunstkritiker der *Neuen Zürcher Zeitung,* Hans Trog, die GSMBA gegen die Angriffe, indem er sie als einzige legitime Vertreterin der gesamten Künstlerschaft bezeichnete, und fuhr fort: «Daran ändert das geistlose anmassliche Geschimpfe Bestellter oder Neidischer nicht einen Deut. Freilich auf schlecht Unterrichtete oder auf solche, denen alle und jede Fähigkeit, gelegentlich sogar der gute Wille fehlt, ein eigenes Urteil sich zu bilden, weil für sie nur das Was, nicht das Wie in der Kunst existiert, und sie in den Künstlern nicht viel mehr als die Lieferanten einer Art patriotischen Anschauungsmaterials erblicken – auf sie mag eine solche, skrupellos inszenierte Hetze unter Umständen ihren Eindruck nicht verfehlen».[23]

Ein weiterer Wegbereiter der Moderne sowie vehementer Gegner der Sezession war der Kunstkritiker Albert Baur, der u.a. für die Zeitschriften *Wissen und Leben* und *Das Werk* schrieb. Er liess keine Gelegenheit aus, über die «ganz schlechten Bilder» der Sezessionisten herzuziehen.[24] Innerhalb der lebhaften Debatte zur Frage, wer über die Kunst urteilen sollte – nur Künstler und professionelle Kunstkritiker oder auch die Laien –, war Baur eine wichtige Stimme. Nicht die Masse des Volkes, nicht die Gebildeten und schon gar nicht die Politiker sollten das

---

21 Vgl. den Artikel «Kunst und Publikum», in: *Der Landbote,* 23. Dezember 1913.
22 Vgl. «Attentat auf Gemälde im Zürcher Kunsthaus», in: *Neue Zürcher Nachrichten,* 20. Dezember 1913.
23 «Die Ausstellung der Gesellschaft Schweiz. Maler, Bildhauer und Architekten im Kunsthaus», in: *Neue Zürcher Nachrichten,* 9. November 1913.
24 Albert Baur, «Die XII. Nationale Kunstausstellung (Schluss)», in: *Wissen und Leben* 7 (1914), S. 564.

Sagen haben, wenn es um den Wert der Kunst gehe, sondern Experten, die sich redlich um ein Verständnis für die zeitgenössische Kunst bemühten.[25] Der Chefredaktor der Zeitschrift *Wissen und Leben*, Ernest Bovet, sah sich daraufhin veranlasst, gegen solche in seinen Augen extreme Äusserungen Stellung zu beziehen. Er bezweifelte, dass «die Kunstkritiker das Monopol der künstlerischen Erleuchtung» haben sollten und sah die Bundesversammlung «vollständig befugt», eine Kunstdebatte zu führen.[26]

Kunst für Eliten statt für das Volk

In dem aufgeladenen kulturpolitischen Klima wurde am 17. Dezember die Ausstellung im Lichthof der neuen Universität eröffnet, die die Resultate des Wettbewerbs zur Ausschmückung des Gebäudes einem breiten Publikum vor Augen führen sollte. Sogleich traten verschiedene Exponenten in der Presse eine Polemik los. Zunächst griffen sie das Verfahren an. Meist wurde der Tatsache noch Verständnis entgegengebracht, dass nur Künstler am Wettbewerb teilnehmen durften, die aus dem Kanton Zürich stammten oder hier ansässig waren. Die Kürze des Verfahrens wurde jedoch als äusserst bedenklich erachtet. Der Wettbewerb war im Sommer 1913 ausgeschrieben worden, Mitte September (später verlängert auf Dezember) mussten die Entwürfe vorliegen. Nur Künstler der Hodler-Schule, die von Moser schon im Vorfeld informiert worden waren – so etwa die Vermutung im *Landboten* –, hätten unter diesen Umständen eine Chance gehabt, etwas Überzeugendes abzuliefern.[27] Auch die kurze Dauer der Ausstellung (17.–21. Dezember, später verlängert auf bis zum 28. Dezember) wurde bemängelt. Zusammen mit der frühen täglichen Schliessung der Ausstellung um 16.00 Uhr führe das dazu, dass ein grosser Teil der Bevölkerung vom Besuch ausgeschlossen werde. Das Volk könne sich kein Bild machen und werde bewusst übergangen. Die grösste Kritik zog jedoch die Zusammensetzung der Jury auf sich: Neben je einem Vertreter aus Politik (Regierungsrat Gustav Keller) und Bildung (Universitätsrektor August Egger) sassen in der fünfköp-

---

25 Vgl. Albert Baur, «Die XII. Nationale Kunstausstellung (Fortsetzung)», in: ebd., S. 505.
26 Ernest Bovet, «Gedanken eines Tagelöhners über Kunstkritik», in: *Wissen und Leben* 7 (1914), S. 478. Bovet hatte als Professor für französische und italienische Literatur an der Universität Zürich gegen die Entwürfe von Bodmer und Huber gestimmt und verteidigt in dem Artikel auch das Recht der Dozentenschaft auf eine solche Unmutsbekundung.
27 «Zur kantonalen Kunstkonkurrenz betr. Ausschmückung der neuen Universität Zürich», in: *Der Landbote*, 20. Dezember 1913.

figen Jury drei Vertreter der «Hodlerrichtung», nämlich neben Karl Moser und Cuno Amiet, Hodler selbst.

Durch diese einseitige Künstlervertretung machte sich die Jury tatsächlich angreifbar. Besonders diesbezüglich wurde der Begriff des Skandals in der Auseinandersetzung häufig gebraucht; von einer Kunst für die bildungsbürgerlichen künstlerischen Eliten statt für das Volk war die Rede. So notwendig, wie eine Revision des Urteils sei auch eine Neubesetzung der Jury. Da und dort wurde ein direktes Mitspracherecht des Souveräns gefordert. Rektor Egger sah sich in öffentlichen Artikeln gezwungen, das Vorgehen des Gremiums zu verteidigen. Er gab sich gleich zu Beginn der Zeilen als ein Vertreter einer Minderheitsmeinung zu erkennen, die er zusammen mit Regierungsrat Keller vergeblich gegen die übrigen Mitglieder der Jury vertreten habe. Er schildert jedoch das gesamte Auswahlverfahren als gewissenhaft. Der Beurteilung sei eine fünfstündige Diskussion vorausgegangen, in die man alle fünfzig eingereichten Entwürfe einbezogen habe. Es sei frei von allen Vorurteilen und Präferenzen abgelaufen, und schliesslich hätten durchaus gute Argumente gesiegt. Das Problem sei, dass die Kritiker keine Ahnung von den Räumlichkeiten hätten, für die die Malereien bestimmt seien. Er stellte in Aussicht, dass sich die Professorenschaft erst nach dem auf Mitte Januar anberaumten Vortrag von Architekt Karl Moser zum Wandschmuck ein abschliessendes Urteil bilden werde.[28]

Der erste Preis bei der Ausschmückung des Dozentenzimmers war auf Paul Bodmer und seine Entwürfe mit dem unverbindlichen Titel *Ausdruck* gefallen, den zweiten Preis teilten sich drei Künstler: Ernst Würtenberger mit der Arbeit *Hohe Promenade,* Hans Trudel mit *Alma Mater* und Arnold Loup mit *Ernte*. Im Fall des Senatszimmers gab es drei erste Preise, aber Hubers Entwurf *Der Verkünder* (dessen Titel zunächst schlicht *Punkt* lautete) wurde von der Jury zur Ausführung empfohlen. Eduard Stiefel mit *Die Dürstenden* und Otto Séquin mit *Universität* hatten das Nachsehen. Am gleichen Tag, an dem Rektor Egger seine Klarstellungen drucken liess, erschien im *Zürcher Tagblatt* ein Aufruf an das Volk, sich gegen die «Produkte einer kranken Geistesrichtung» zur Wehr zu setzen.[29]

Neben dem Ausschreibungs- und Auswahlverfahren wurden oft inhaltliche Aspekte zur Zielscheibe der Kritik. Wenn von «künstlerischen Exzessen» und

---

28 «Künstlerische Ausschmückung der Universität Zürich», in: *Zürcher Post,* 23. Dezember 1913.
29 *Zürcher Tagblatt,* 23. Dezember 1913.

Atlas 36, 49
und 57–59

Atlas 7 unten,
46 und 81

«abgrundtiefer Geschmacklosigkeit» die Rede ist, dann ist die Nacktheit der Figuren gemeint, die der Studentenschaft in ihrem Streben nach Geistigem nur hinderlich sein könne. Keine anständige Frau dürfe diese Werke – «Schmierereien in höchster Potenz» und «Nahrung für den Psychiater» – sehen. Mehrmals wurde auch die Symbolsprache der Entwürfe bemängelt, die eine platte und geistlose «Pfefferkuchensymbolik» sei.[30] Gelegentlich wurde die Formsprache der prämierten Entwürfe angegriffen, allenthalben ist von «Höhlenmalerei» die Rede, die jedem natürlichen Formempfinden spotten würde.[31] Satirische Zeitschriften wie *Der Nebelspalter* und *Der neue Postillon* nahmen die Idee auf und publizierten entsprechende Karikaturen.[32] Auch der abschätzig gemeinte Begriff eines «unerträglichen Primitivismus» wurde in diesem Zusammenhang in die Diskussion geworfen, damit weniger auf eine aussereuropäische Kunst anspielend als auf eine künstlerische Ausdrucksweise, wie sie von den Vertretern der italienischen Proto- und Frührenaissance gepflegt wurde. Hodler und seine Mitstreiter hatten den in romanischen Ländern gebräuchlichen Stilbegriff als Auszeichnung für ihre eigenen Bestrebungen ins Spiel gebracht: «Seit der Kunstübung der Primitiven hatte man dies Prinzip der Harmonie [Wiederholung, Parallelismus] aus dem Gesichtsfeld verloren, man dachte nicht mehr daran. Man suchte den Reiz des Verschiedenartigen und man wurde zu Zerstörern der Einheit.»[33] An anderen Orten wurden die Werke Bodmers und Hubers formal auch einfach als «Hodlerei» oder «Hodleriana» charakterisiert und damit gleichzeitig abgekanzelt.[34] Nicht selten wurde in diesem Kampf der «Meister» selbst – wie Hodler oft mit einem ironisch Unterton genannt wurde – gegen das «bedenkliche Epigonentum», das nur noch ekelerregende Karikaturen hervorbringen könne, in Schutz genommen.[35]

An der Hetze, die sich meist auf der Frontseite und nicht in den Feuilletons abspielte, beteiligten sich Zeitungen wie das *Zürcher Tagblatt,* die *Neuen Zürcher*

---

30 «Ein Wort zum Kunststreit über die Zürcher Universitätsgemälde», in: *Neue Zürcher Nachrichten,* 30. Dezember 1913.
31 «Ein Nachklang zu den Kunstdebatten in Bern», in: *Neue Zürcher Nachrichten,* 22. Dezember 1913.
32 Vgl. Matthias Fischer (Hrsg.), *Ferdinand Hodler in Karikatur und Satire,* Bern: Benteli 2012, S. 210–213.
33 Ferdinand Hodler, «Die Einheit im Kunstwerk», in: *Das Werk* 1 (1914), H. 1, S. 20.
34 Vgl. Robert Dünki, «Lesefrüchte zu einem Kunstskandal», in: *Uni Zürich. Mitteilungsblatt des Rektorates* (1985) H. 3/4, S. 26 f. In einem Schmähbrief an Regierungsrat Gustav Keller vom 22. Dezember 1913 taucht eine identische Wortwahl wie im Zeitungsartikel auf. Eingeleitet wird die Zuschrift aber mit folgenden Worten: «Ich kann mir nun absolut nicht vorstellen, wie ein Regierungsrat, ein Universitätsrektor und ein Architekt vor einem Hodler zusammenknicken und precis die allerhässlichsten Bilder prämieren können. Das heisst man denn doch wahrlich Kunst-Schinduderei treiben. Herrgott Donnerwetter! Schämt Euch alle Drei vor der ganzen Bevölkerung.» (StAZ V II 15 a.5)
35 U.a., «Kunst und Publikum», in: *Der Landbote,* 23. Dezember 1913.

Nachrichten, das *Volksrecht,* der *Landbote* und weitere Blätter der Zürcher Provinz und anderer Kantone. Die Debatte wurde in der Regel von nicht spezialisierten Journalisten geführt. Nur die Kunstkritiker der *Neuen Zürcher Zeitung* und der *Zürcher Post* hoben die Auseinandersetzung auf ein Niveau jenseits der Stammtische. Hans Trog, von seinen publizistischen Gegnern häufig als Partisane der Moderne verschrien, ging in seiner ersten differenzierten Stellungnahme vom 18. Dezember nicht auf die Polemik ein. Er selbst war keineswegs restlos überzeugt von den Entwürfen. Besonders jene von Bodmer besässen farblich und dekorative Qualitäten, sie nähmen jedoch, soweit man die kryptischen Figuren entziffern könne, keinerlei Bezug zu den Räumlichkeiten und der Institution, in denen sie angebracht werden sollten. «Mir will vorkommen: ein ernsthafter Künstler sollte sich nie für zu vornehm halten, auf den Charakter eines Raumes Rücksicht zu nehmen. Handelt es sich also wie in unserem Fall um Räume, die für das Zusammensein von Männern der Wissenschaft bestimmt sind, so sollte, scheint mir, im künstlerischen Schmuck etwas von dieser ganz spezifischen geistigen Atmosphäre zum Ausdruck gelangen.»[36] Die Entwürfe von Hermann Huber für das Senatszimmer schienen dem Kritiker angemessener. *Der Verkünder,* so der Titel, lag in zwei Fassungen vor, die Trog jeweils minuziös beschrieb und zum Urteil gelangte, dass die Arbeiten eine «Delikatesse des Farbigen» besässen und dass in den Figuren «bei all ihrer äusseren Primitivität» eine «Innigkeit und Beseeltheit» lebe.

Hans Trog forderte die Veröffentlichung der Juryprotokolle, damit die nur schwer nachvollziehbaren Entscheide transparent würden. Dies geschah schon am folgenden Tag; nun hingen die Protokolle neben den Entwürfen im Lichthof. Daraufhin begab sich Trog nochmals zur Universität und resümierte dann deren Inhalt in aller Breite. Dabei zeigte er auf, weshalb die Argumentationen in seinen Augen widersprüchlich waren. So würden gute Entwürfe mit der Begründung ausgeschieden, dass «die Idee nicht verständlich sei in ihrer Beziehung zur Universität», das durchaus brauchbare Kriterium werde jedoch nicht auf Bodmers Arbeiten angewendet. So lautet das Fazit Trogs: «Das Protokoll löst somit nicht nur die Rätsel, von denen in unserem ersten Artikel die Rede war, nicht, sondern gibt bloss neue, womöglich noch schwierigere dem Besucher der Ausstellung zu lösen. Wenn das die Kritik nicht laut sagen dürfte, wozu wäre sie dann noch nütze?»[37]

---

36 «Die Wandgemälde-Konkurrenz für den Zürcher Universitätsneubau», in: *NZZ,* 18. Dezember 1913.
37 «Das Protokoll», in: *NZZ,* 20. Dezember 1913. Im Bericht des Preisgerichts von der Sitzung am 16. Dezember 1913 wird

Die *Neue Zürcher Zeitung* erhob in dieser Auseinandersetzung also für einmal keine laute Stimme gegen die erklärten Antimodernisten. Diese Rolle blieb der Redaktion und dem Kunstkritiker der *Zürcher Post,* der mit dem Kürzel E.S. zeichnete, vorbehalten. In einer redaktionellen Stellungnahme heisst es dort: «Die Beurteilung der Entwürfe für die Ausschmückung des Senats- und Dozentenzimmers in der neuen Universität ist zurzeit heiss umstrittene Tagesfrage in unserer Stadt. Hitziger ist kaum je um die Religion gestritten worden, als gegenwärtig bei uns über Kunst. Dass dabei Kritiker (in ausserzürcherischen Blättern) in einen Ton verfallen, der für Gassenjungen besser passt als für Kunstkritiker, ist bedauerlich; die Kunst auf die Strasse zu schleifen, sollte die Achtung vor jedem ehrlichen künstlerischen Bestreben und vor den Mitgliedern der Jury verbieten.» In mehreren Interventionen bezieht dann der Kunstkritiker der gleichen Zeitung direkt gegen die Gegner des Verfahrens und für den Juryentscheid Stellung. Besonders Bodmers Ausdruck nimmt er auch gegen Trog in Schutz. Er wagt nicht nur eine formale Analyse, sondern auch eine inhaltliche Deutung, in der vom Reitersmann, der «die Höhen der Wissenschaft» erstürmt, und von der Alma Mater, die die «Früchte der Weisheit spendet», die Rede ist. Am Ende schliesst er sich dem Urteil der Jury an, in dem zu lesen ist, «dass mit den einfachsten Mitteln eine ausserordentliche Lebendigkeit erreicht sei».[38] Gegenüber den Entwürfen Hermann Hubers dagegen hält sich die Begeisterung des Kritikers in engen Grenzen. So löst auf ihn «das absichtliche Zurückgehen auf das Primitive» einen befremdenden Eindruck aus.

Die Professoren nehmen Stellung

Die Künstler, die in den Jahren 1913/14 den Kunstskandal in Zürich verantworteten, waren noch jung, Mitte zwanzig und auf der Suche nach einer persönlichen Ausdrucksweise. Sie hatten sich auf ihrer künstlerischen Wanderschaft in Deutschland kennen gelernt und bildeten mit Reinhold Kündig, Albert Pfister, Karl Hügin und anderen einen Zürcher Freundeskreis, dessen geistiges und künstlerisches Zentrum Otto Meyer-Amden war. Huber war zudem Mitglied der Künstlergruppe Moderner Bund und darüber hinaus im Kunstbetrieb bestens

Atlas 51 und 86

Bodmers Entwurf durchaus differenziert und zurückhaltend beurteilt. Zwar wird betont, dass «mit den einfachsten Mitteln eine grosse Lebendigkeit der Darstellung erreicht werde» und dass «die Farbwirkung auf den Ort abgestimmt sei», aber es wird auch angemerkt, dass bei «einzelnen Teilen eine bessere Durcharbeitung zu wünschen ist». (StAZ V II 15 a.5)

38 «Die Entwürfe zu den Wandmalereien in der neuen Universität Zürich», in: *Zürcher Post,* 20. Dezember 1913.

vernetzt. Beide gelten nach einem avantgardistischen Beginn, zu dem die Wandbildentwürfe für die Universität gezählt werden, in ihrer weiteren künstlerischen Entwicklung als Traditionalisten und Idylliker. Ohne einen unmittelbaren Kausalzusammenhang herstellen zu wollen, kann man sagen, dass die Ereignisse um die Entwürfe für die Wanddekorationen an der Universität Zürich zu diesem Werdegang beigetragen haben.[39] Auf der inhaltlichen Ebene klingt schon hier das «helvetische Arkadien» an, für das das malerische Werk von Bodmer und Huber bekannt ist.[40]

Atlas 56

Am Samstag, den 10. Januar, verteidigte Karl Moser die Arbeiten von Paul Bodmer und Hermann Huber vor der versammelten Dozentenschaft.[41] Er hob hervor, dass gerade Bodmer die «Gestaltung des ganzen Raumes zu einer Einheit, die Steigerung des Raumgefühls mit den einfachsten Mitteln» zum Ziel gehabt und dieses, soweit man das anhand der Entwürfe beurteilen könne, auch erreicht habe. Bei Hubers Vorschlägen rühmte Moser die «klassische Einfachheit und Klarheit». Die Diskussion, die sich an den Vortrag anschloss, war offenbar äusserst lebhaft; allerdings wurde den Pressevertretern verboten, im Detail darüber zu berichten. Soviel ist den Mitteilungen zu entnehmen: Offensichtlich haben sich vor allem Gegner der Entwürfe zum Wort gemeldet, und die Vertreter des Fachs Kunstgeschichte an der Universität, die Professoren Josef Zemp und Carl Brun, liessen sich überhaupt nicht vernehmen.[42] In einem Bericht von Alt-Rektor Arnold Meyer, der für den erkrankten August Egger die Versammlung leitete, heisst es, dass etliche Professoren in ihren lebhaften Missfallensäusserungen «das Recht eines an der klassischen Kunst orientierten Geschmackes gegenüber einer neueren einseitigen Kunstrichtung» einforderten».[43] Die Anträge, die Entwürfe

---

39 Im Jahre 1916 lösten Wandmalereien von Paul Bodmer für das Schulhaus Letten in Zürich vor allem bei der Lehrerschaft eine ähnliche Welle der Entrüstung aus, ihr sittliches, aber auch künstlerische Empfinden war getroffen. Der Künstler musste einen grossen Teil der Arbeiten übermalen, vgl. dazu Hans Bloesch, «Neues Schulhaus im Lettenquartier Zürich», in: *Das Werk* 3 (1916), S. 113–125.

40 *Helvetisches Arkadien. Ein Bildessay aus der ersten Hälfte des Jahrhunderts,* Ausst.-Kat. Helmhaus Zürich, Zürich 1999. Zum Status Bodmers als Idylliker vgl. Peter Meyer, «Wandgemälde von Paul Bodmer in der Aula der Universität Zürich», in: *Das Werk* 20 (1933), S. 321–323; Gottfried Wälchli, *Paul Bodmer. Eine Monographie,* Zürich: Rascher 1954, S. 22 f.; Richard Häsli, «Bekenntnis zur Tradition», in: *NZZ,* 21. Dezember 1983. Zu dem von Huber: *Hermann Huber. Eine Monographie,* mit einführenden Aufsätzen von Hans Trog und Curt Glaser, Potsdam: Müller 1924, S. 34; Vgl. auch Curt Glaser, «Hermann Huber. Zur Ausstellung seines Gesamtwerkes bei Paul Cassirer in Berlin», in: *Das Werk* 10 (1923), S. 74; Curt Sponagel, «Hermann Huber», in: *Das Werk* 24 (1937), S. 38.

41 Vgl. den Abdruck des leicht gekürzten Vortrags im Anhang, S. 356–362.

42 «Die Entwürfe zu den Wandmalereien in der neuen Universität», in: *Zürcher Post,* 14. Januar 1914.

43 Bericht des Rektorates vom 14.I.1914 (StAZ V II 15 a.5).

nicht zur Ausführung gelangen zu lassen, wurden mit 50:11 (Huber) und 48:11 (Bodmer) angenommen. Sie hatten jedoch keinen bindenden Charakter.[44]

Die Baudirektion des Regierungsrats, die über das weitere Schicksal der Wanddekorationen zu bestimmen hatte, blieb jedoch durch die Pressekampagne und das Urteil der Professorenschaft nicht unbeeinflusst. Die politischen Verantwortlichen liessen dem Architekten bei der künstlerischen Ausschmückung – zumal im Bereich der Malerei – nicht mehr die bisher gewährte, weitgehende Entscheidungsgewalt. Sie wollten bestimmen, was ausgeführt werden sollte und was nicht, Moser selbst kam dabei nur noch eine beratende Funktion zu.[45] Zunächst suchte man nach Möglichkeiten, die Entwürfe nicht zur Ausführung kommen zu lassen. Auch die «Zweite Cato-Broschüre», die ausführlich auf die Vorfälle um die «Wandbilder im Neubau der Zürcher Universität» einging, mag eine gewisse Wirkung auf die Mehrheit der Baukommission gehabt haben (Abb. 1). Die Schmähschrift wurde von den Kreisen, die den Entwürfen feindlich gesinnt waren, Regierungsrat Keller zugeschickt und befindet sich noch heute unter den Akten. Der Autor beschliesst in diesem Pamphlet seine einseitigen Schilderungen der Debatte rund um die Wandbildentwürfe mit folgenden Worten: «Das Fazit ist eine unzweifelhafte, für die Hodlerclique und für das Preisgericht beschämende Verurteilung der einseitigen Kunstrichtung dieser Herren nicht bloss durch das Publikum und in der Zürcher Presse, sondern durch die überwiegende Mehrzahl der Dozentenversammlung der Universität Zürich.»[46] In dieser Situation setzte sich Moser mehrmals bei Regierungsrat Keller für die Entwürfe ein. Am 28. Januar mit dem Argument, dass die ablehnenden Voten durchwegs von der deutschen Dozentenschaft stammten: «Wir erleben ein eigenartiges Schauspiel, dass deutscher reaktionärer Geist in der Schweiz eine Sache zu Fall bringen will, welche in der liberalen deutschen Presse (siehe *Frankfurter Morgenblatt* vom 28. Januar 1914) lebhafte Zustimmung fand.»[47]

Als Folge des Skandals, so Bodmer in einem autobiografischen Rückblick, habe er für das Dozentenzimmer auf Geheiss der Baukommission neue Entwürfe

---

44 Über einen Antrag Mosers und seiner Anhänger unter den Professoren, dass die Entwürfe unter strenger Aufsicht des Architekten und der Künstler des Preisgerichts zur Ausführung kommen sollten, wurde nicht mehr abgestimmt, da die meisten Anwesenden die Versammlung nach der ersten Abstimmung schnell verliessen.
45 Vgl. Protokoll der Baudirektion vom 6.2.1914 (StAZ V II 15 a.6).
46 Streitschrift gegen die Hodler-Clique von Cato, München: Vereinigte Kunstanstalten 1914, S. 27.
47 StAZ V II 15 a.6.

liefern müssen, «die aber abgelehnt wurden. Und dabei blieb es.»[48] Die abgelehnten zweiten Entwürfe hingen als Memento noch einige Jahre im Dozentenzimmer. 1916 kam die Baudirektion nochmals auf die Angelegenheit zurück: Bodmer solle, wie es sein Wunsch sei, nochmals neue Entwürfe vorlegen, allerdings erst nach Ablauf von drei Jahren, «damit diese Angelegenheit für eine Reihe von Jahren zur Ruhe kommt.»[49] Danach hatte der Künstler offenbar kein Interesse mehr an der Aufgabe, zumal er auch mit anderen Malereien an der Universität schlechte Erfahrungen gemacht hatte: Nach einem Vertragsabschluss mit Moser im März 1914 hatte Bodmer gleich mit der Ausmalung des Vestibüls im Biologischen Institut und der südlichen Korridorwand im Erdgeschoss des Kollegiengebäudes begonnen (Abb. 3). Die Baukommission machte die Weiterarbeit an den anderen Orten von den Resultaten abhängig. Diese befriedigten jedoch einmal mehr in keiner Weise, das «Ganze sei immer noch unerfreulich». In einer Stellungnahme von Regierungsrat Heinrich Mousson (damals noch Direktor der Justiz und Polizei) heisst es, dass der Künstler nicht das Recht haben sollte, «die Formen nach seiner Empfindung und der augenblicklichen Inspiration zu bilden».[50] Die Natur und nicht die Imagination galt in massgebenden Kreisen offensichtlich immer noch als Richtschnur für die künstlerische Tätigkeit. Bodmer, offenbar ermuntert durch Moser, übertünchte seine Figuren im Korridor und fertigte in Kürze eine zweite Fassung an. Gleichzeitig arbeitete er auch im Treppenhaus weiter; dabei variierte er seinen beanstandeten Stil und seine Thematik nur leicht (Abb. 4 und 5).[51] Nach einer weiteren Besichtigung der Arbeiten durch den Regierungsrat wurde dem Künstler schliesslich von den politischen Instanzen mitgeteilt, dass sämtliche seiner Malereien nicht befriedigten, dass diejenigen im Vestibül des Biologischen Instituts zu skizzenhaft seien. Da die Treppenhausskizzen gegenüber den Korridorskizzen «nichts Neues bringen», könnten sie jedoch schon jetzt als ungenügend gelten. Bodmer solle jegliche Weiterarbeit unterlassen.[52]

Atlas 50 und 52

Atlas 36, 49 und 57–59

48 Paul Bodmer, «Vom Lehrling zum Kunstmaler», in: *Zolliker Bote* 4 (1984), S. 11.
49 Protokoll der Baudirektion vom 26.1.1916 (StAZ V II 15 a.7).
50 Schreiben vom 12.10.1914 (StAZ V II 15 a.6).
51 An einigen Stellen ist gar eine dritte Fassung dokumentiert. Die Abfolge lässt sich folgendermassen rekonstruieren: Auf einzelne erste Versuche mit Figuren in einer flächigen Malweise (Abb. 4) folgte die erste durchgehende Fassung der Wandmalereien im Erdgeschoss. Bodmer verliess dabei seinen flächigen Stil und zeichnete seine Figuren in der Art Hodlers, aber auch in der Hubers, plastischer und klar konturiert. Die zweite Fassung darf als die radikalste angesehen werden; sie bringt ausgesprochen flächige, muskellose Gestalten, die schwerelos in ihrer Umgebung zu schweben scheinen (Abb. 5).
52 Protokoll der Baudirektion vom 24.10.1914 (StAZ V II 15 a.6).

Abb. 8: Otto Baumberger, Wandmalerei im ehemaligen Kunsthistorischen Seminar, dem heutigen «Wölfflin-Zimmer», 1914

Abb. 9: Hermann Huber, *Lehren und Lernen,* 1914/15

Abb. 10: Rektoratsflur mit Ausmalung von Paul Bodmer, erste Version, 1914

Abb. 11: Paul Bodmer, *Wissen. Nicht Wissen Können,* Fresko in der Aula der Universität Zürich, 1933

1915 blieben die Werke noch stehen, aber 1916 heisst es in der Zeitschrift *Wissen und Leben* triumphierend, dass das «Farbengemüse» nun endlich mit einem roten Stoff überspannt sei.⁵³ Noch im gleichen Jahr musste der Künstler die Gemälde in den Korridoren eigenhändig übertünchen. Bestehen blieben hingegen die gleichfalls beanstandeten Medaillons im Vestibül des Biologischen Instituts. Der Autor des Artikels in *Wissen und Leben,* Ferdinand Vetter, Professor für germanische Philologie und ältere deutsche Literatur in Bern, gab vor, das Wort im Namen einer weitgehend übergangenen Zürcher Dozentenschaft zu ergreifen. Vetter setzt mit dem Lob für das Gebäude von Karl Moser ein und geht kurz und wohlwollend auf die Bauplastik ein, bei deren Zuteilung dem Architekten «völlig freie Hand gelassen» worden sei: «Die Figuren und Figürchen […] sind zumeist tüchtige, ernste Leistungen gereifter Kunst, die etwas Eigenes zu sagen haben und auch uns etwas sagen.» Dann jedoch hebt eine mehrseitige Philippika gegen die Moderne an. Die Malereien an der Universität Zürich werden durchwegs als «Massenbeispiel» für die «Verirrung der Kunst» gesehen, wie sie für die Gegenwart bezeichnend sei. Das Gemälde Hubers diene am ehesten noch der Erheiterung der Studenten nach trockenen Vorlesungen, da sich der Künstler eigenwillig weit von der Naturvorlage abgewandt habe. So verunstalteten «dicke, schwarze Umrisslinien den licht- und schattenlosen, ziegelroten Menschenkörper, den wir sonst in der Wirklichkeit mit unseren Augen sanft gerundet und seitlich erhellt in die umgebende Luft übergehen sehen». Es seien vor allem die anatomischen Ungenauigkeiten der Figuren «ohne Muskeln, ohne Knochen», die zu dem Eindruck «abschreckender Hässlichkeit» beitrügen. Der Autor warnt eindringlich vor der Entfremdung zwischen dieser internationalistischen, enigmatischen Kunst und dem Volk: «Was soll dieses Volk mit der Kunst anfangen, die bereits in unseren Kunsttempeln herrscht und die ihm nun auch an der höchsten Bildungsstätte seiner Jugend als die allein wahre und berechtigte geboten wird, – einer Kunst, die allem Heimatlichen, allem Vaterländischen sorgfältig aus dem Weg geht, alles dem Volke Verständliche, alles bisher für schön Gehaltene geflissentlich meidet».⁵⁴

In einer dezidierten Entgegnung auf die Anwürfe Vetters geht August Egger, Jurist und in der entscheidenden Wettbewerbsphase Rektor der Universität Zü-

Atlas 50 und 52

Atlas 83

---

53 Ferdinand Vetter, «Die Malereien im neuen Zürcher Universitätsgebäude», in: *Wissen und Leben* 9 (1916), S. 345–352, hier S. 347. Vgl. den Abdruck des Textes im Anhang, S. 363–370.
54 Ebd., S. 346, S. 347, S. 351.

rich, in der gleichen Zeitschrift auf die Forderung nach einer demokratischen Urteilsfindung im Bereich der Kunst ein. Er räumt ein, dass es zur Zeit einer Einheitsreligion die Entfremdung zwischen den Schichten geringer war. Seit dem Beginn der Neuzeit und der Entwicklung individualistischer Lebensentwürfe sei jedoch die «kulturelle Homogenität des Volkes» auseinandergebrochen; danach hätten sich die Künstler zu Recht nicht mehr auf das «Schönheitsempfinden des Volkes» besonnen, zumal es ein solches in der städtischen Kultur des Industriezeitalters gar nicht mehr gebe. Nicht die Maler und Bildhauer sollten sich in einer solchen Zeit dem Geschmack der Mehrheit anpassen, vielmehr sei das Volk von ihnen zu leiten: «Deshalb kann eine wirkliche Anteilnahme des Volkes und eine künstlerische Gesundung des Volkes nur durch unsere eigene, junge Kunst herbeigeführt werden.» Da die Künstler ganz ihrem «eigenen Empfinden» folgen müssten, könne in der Gegenwart keine erstzunehmende Kunst entstehen, deren Schönheit und deren Bedeutung sich dem «Volksganzen» unmittelbar erschlössen. Im Weiteren geht Egger darauf ein, dass der Schönheitskanon in der Moderne im Fluss sei und dass man deshalb mit Blick auf die Vergangenheit nicht ein Schönheitsideal absolut setzen dürfe. Das gleiche gelte für ein weiteres Argument der «Populärästhetik», die mangelnde Naturnachahmung: «Die Kunstgeschichte ist eine Geschichte des ewig wechselnden Verhältnisses des Künstlers zur Natur.» Das in der Gegenwart dominierende naturwissenschaftlich-mechanistische Naturbild könne und dürfe nicht das der Künstler sein, weil sie dem «Reich des schönen Scheins und dem der Phantasie» verpflichtet seien. Damit wies er jene Kritiker zurecht, die die anatomischen und botanischen Freiheiten, die sich vor allem Bodmer, aber auch Huber und Küng nahmen, als einen Mangel anprangerten. Schliesslich nimmt Egger den damals virulenten Diskurs über eine nationale Schweizer Kunst auf. Die Schweizer Malerei im Allgemeinen und an der Universität Zürich im Besonderen sei eine «nationale Kunst, die reiche Züge kräftiger, schweizerischer Eigenart» aufweise.[55]

Ein weiterer Teilnehmer an der Debatte stösst sich vor allem daran, dass Professor Vetter sich als «Schönheitsbarometer» aufspiele und «in einem süsslichen ‹pro vobis› das Zürcher Volk zum Sturm gegen die Universitätsmalereien aufzurufen versuchte.»[56]

55 August Egger, «Wege zur Kunst», in: *Wissen und Leben* 9 (1916), S. 430–438, hier S. 430, S. 432, S. 435, S. 437. Vgl. den Abdruck des Textes im Anhang, S. 371–379.
56 Hans Raschle, «Die Malereien im neuen Zürcher Universitätsgebäude. Eine Antwort an Herrn F. Vetter in Bern», in: *Wissen und Leben* 9 (1916), S. 545.

Der absolute und dogmatische Schönheitsbegriff des Akademikers sei an den alten Griechen und Raffael geschult und deshalb für die moderne Kunst völlig unzureichend. Gegen die historische und kulturelle Prägung und damit gegen die ständige Veränderlichkeit der Schönheitsvorstellungen nimmt wiederum Hugo Blümner, Professor für Archäologie und Altphilologie an der Universität Zürich und Leiter der Archäologischen Sammlung, Stellung. Richtschnur für die Künstler bleibe «ein absolut Schönes», der menschliche Körper, der sich über die Jahrhunderte nur unwesentlich verändert habe: «Nicht so, wie ihn der Zufall darbietet, sondern der menschliche Körper in seiner Vollkommenheit.» Die meisten der Künstler, die an der Universität tätig waren und sind – Huber und Altherr werden ausgenommen –, wichen von den Vorgaben der Natur nicht infolge eines Ausdruckswillens, sondern wegen des «absoluten Mangels an Können» ab. Deshalb entstünden Menschen «ohne Knochengerüst und Muskeln, bei denen Ober- und Unterarm, Ober- und Unterschenkel ohne Gelenke wurstartig ineinander übergehen, oder wo Arm und Beine dünne Stöckchen sind, oder wo der Körper fünfzehn und mehr Kopflängen hat». Der Autor eifert sich darüber, dass Studenten und Dozenten der Universität Zürich als «Versuchskaninchen» für die Wirkung der modernen Malerei herhalten müssten. Er behauptet, dass 90 Prozent der Dozentenschaft die meisten Malereien an der Universität ablehnen würden, weshalb die Leiter der Seminarien Gott danken würden, «wenn ein derber Maurerpinsel über diesen Wandschmuck dahinführe».[57] Diese Art der Argumentation musste Egger besonders treffen, denn er hatte sich in seinem Artikel gegen die Art und Weise gewehrt, wie die Professorenschaft im Januar 1914 von der «schwärzesten Kunstreaktion» instrumentalisiert worden war: «Es musste einem in der Seele wehtun, zu sehen, in welche Gesellschaft wir da geraten waren und wer alles sich nun mit Behagen auf uns berief.»[58]

Atlas 16, 22, 60, 68, 71 und 72

Übertünchen und Verwässern

Gleichsam als Wiedergutmachung für den verbalen und handfesten Vandalismus an seinen Korridorsmalereien durfte Bodmer rund zwanzig Jahre nach diesen Vorfällen, in der Nachfolge von Hodler und Augusto Giacometti, die ihre Ideen nicht verwirklichen, die Stirnwand in der Aula der Universität Zürich

---

57 Hugo Blümner, «Kunst, Volk und Jugend. Zu den Kunstartikeln von F. Vetter und A. Egger», in: *Wissen und Leben* 9 (1916), S. 570–578, hier S. 576, 575.
58 Egger 1916 (wie Anm. 55), S. 433.

Atlas 56 ausmalen. Der Künstler hatte sich stilistisch von seinen radikalen Anfängen fortbewegt. Nun mussten die Figuren nicht mehr «ganz ohne Modellierung und ohne Konturierung auskommen», doch blieb der «freie rhythmische Zusammenklang stiller Gestalten», wie Linus Birchler anlässlich des 75. Geburtstag des Künstlers die ersten Universitätsfresken treffend beschrieb, bestehen.[59] Und auch der Sinn der Werke hat sich nur um Nuancen verschoben, da wie dort geht es um das Nicht-Wissen respektive das *Nicht-Wissen-Können* – so der Titel des Aula-Bildes (Abb. 11).

Was die Dozenten am 10. Januar 1914 im Detail an Argumenten gegen die Wandmalereientwürfe von Bodmer und Huber vorgebracht haben, wissen wir nicht. Aber womöglich haben sie intuitiv gespürt, dass in Form dieser Kunstwerke auch ein antirationales esoterisches Gedankengut in die heiligen Hallen des wissenschaftlichen Geistes gelangen könnte. Verkünden – denken wir an den Titel von Hubers ersten Entwürfen – war diesen Künstlern wichtiger als Lehren, Visionen empfangen wichtiger als Verstehen. Sinnlich intuitives Erfassen wird dem fachbezogenen Wissen zumindest als gleichberechtigt gegenübergestellt. Innerlichkeit und Stille, zu der sich auch die Träumerei, Versenkung und Isolation gesellen, wird dem lebhaften Diskurs vorgezogen. Darüber hinaus sind es monistische Visionen vom friedlichen Ausgleich polarer Gegensätze wie Emotio und Ratio, Mann und Frau, Kultur und Natur, die hier zum Ausdruck kommen. Die Welt wird in der Kunst Bodmers emanatistisch gedeutet. Da alles Ausfluss einer einzigen metaphysischen Quelle ist, kommt es zu harmonischen Einbettung des Einzelnen ins Universum.[60]

Die Wandbildentwürfe von Hermann Huber hatten ein etwas glücklicheres Schicksal als diejenigen von Bodmer. Nachdem herausgekommen war, dass die Gemälde Hubers im Atelier eines Jurymitglieds, demjenigen von Cuno Amiet, entstanden waren, forderte die Baudirektion den Maler auf, freiwillig auf die Dekoration des Senatszimmers zu verzichten.[61] Nach Interventionen von Moser und Amiet wurde als Kompromiss ein neuer Standort in der Wandelhalle zwischen den beiden Eingängen zum Auditorium Maximum bestimmt.[62] Dort befindet

---

59 Linus Birchler, «Dem 75-jährigen Paul Bodmer», in: *Neue Zürcher Nachrichten*, 19. August 1961.
60 Vgl. Wälchli 1954 (wie Anm. 40).
61 Ohne weitere Diskussion oder Wettbewerb wurde der Auftrag zur Ausmalung des Senatszimmers an den Basler Heinrich Altherr vergeben, der schon früher für Karl Moser tätig gewesen war.
62 Protokoll der Baudirektion vom 7.2.1914 (StAZ V II 15 a.6).

sich das Werk noch immer, allerdings in einer stark überarbeiteten, zum Tryptichon erweiterten Form (Abb. 9). Auch hat ihm der Künstler den weit unverfänglicheren Namen *Lehren und Lernen* gegeben. Bevor Huber das Werk vollenden konnte, musste er sich zahlreichen Abänderungswünschen der Baukommission beugen, etwa was die Disposition der horizontal liegenden Figur anbetraf. Im Herbst 1914 bescheinigt ihm das Aufsichtsgremium «Fortschritte gegenüber der Skizze», aber noch immer musste er sich wegen Abänderungswünschen der Kommission an den Kantonsbaumeister Fietz wenden. Und auch nach seiner Fertigstellung sah sich das Werk zunächst Anfeindungen ausgesetzt.[63] Allmählich teilte die Arbeit jedoch das Los vieler baukünstlerischer Leistungen an der Universität Zürich: Sie treten diskret in den Hintergrund und werden von den Benutzern des Gebäudes kaum noch beachtet.

Aus den Quellen der Baudirektion und der Baukommission wird deutlich, dass die massgebenden politischen und kulturellen Instanzen eine recht liberale Haltung einnahmen und die neuen Strömungen in der bildenden Kunst bis zu einem gewissen Grad unterstützen wollten. Wie auch in anderen kulturpolitischen Entscheiden in der Schweiz, ging es um die Integration fortschrittlicher Kräfte, die ansonsten ein revolutionäres Gefahrenpotenzial darstellen könnten. Wie im vorliegenden Fall führte die heftige Reaktion der kulturpolitisch reaktionären Fraktionen – seien es Journalisten, Universitätsdozenten oder Parlamentarier – allerdings immer wieder dazu, dass die politischen Instanzen die Autonomie der Künstler im Bereich öffentlicher Aufträge stark beschnitten und opportunistische Urteile über Entwürfe fällten, die nicht konsensfähig waren. Die Diffamierung des Neuen in Kunst und Kultur lohnte sich ein weiteres Mal. Dadurch gelangten vielversprechende Werke nur in einer stark verwässerten Form oder überhaupt nicht in die Öffentlichkeit.

Atlas 45 und 83

---

63 Vetter 1916 (wie Anm. 53), S. 347.

Meditieren statt repräsentieren

Der skulpturale Bauschmuck der Universität

Franz Müller

Obwohl das Kollegiengebäude der Universität Zürich heute fast ausschliesslich als architektonische Leistung gewürdigt wird, wurde dafür wiederholt der Begriff des Gesamtkunstwerks bemüht. Für Emil Maurer gründet die Qualität des Baus sogar spezifisch in der «Entfaltung aller Künste im Gesamtkunstwerk».[1] Karl Moser selbst war 1914 überzeugt, dass mit der Gelegenheit zu «raumgestaltender Arbeit» ein nachhaltig positiver Effekt auf die Entwicklung der bildenden Kunst ausgelöst worden sei und dass die Kooperation der drei Künste zur «Beseitigung verworrener Kunstbegriffe» führe.[2]

Ist im Zusammenhang mit dem Bauwerk heute aber von Kunst die Rede, handelt es sich ausschliesslich um Malerei, eine Malerei, die Ende 1913 eine heftige Debatte auslöste und grösstenteils nach kurzer Zeit wieder entfernt und damit nur von wenigen Zeitgenossen überhaupt gesehen wurde. Die Skulpturen hingegen erregten damals kaum Aufsehen, wurden wohlwollend aufgenommen und selbst von erbitterten Gegnern der Wandgemälde als «zumeist tüchtige, ernste Leistungen gereifter Kunst, die etwas Eigenes zu sagen haben und auch uns etwas sagen»[3], akzeptiert. Heute sind sie, obwohl in ihrem ursprünglichen Bestand fast integral erhalten[4], im Gegensatz zu den verschwundenen Malereien kein Thema mehr.[5] Allenfalls wird, wenn sie im Kontext der Rede vom Gesamtkunstwerk nicht ganz verschwiegen werden können, beiläufig auf sie hingewiesen als gleich-

Atlas 7, 14, 19, 21, 23, 30, 33, 36, 40, 67, 73 und 86

---

1 Emil Maurer, «Die Universität Zürich, ein architektonisches Kunstwerk», in: *Unsere Kunstdenkmäler* 22, 1971, S. 142 f., hier S. 142.
2 Karl Moser, «Das neue Universitätsgebäude», in: *Universität Zürich. Festschrift des Regierungsrates zur Einweihung der Neubauten 18. April 1914*, Zürich: Orell Füssli, 1914, S. 103–106, hier S. 105.
3 Ferdinand Vetter, «Die Malereien im neuen Zürcher Universitätsgebäude», in: *Wissen und Leben* 16 (1916), S. 345–352, hier S. 346.
4 Nur von Otto Kappelers zwei grossen Urnen mit Reliefs, die ursprünglich vor dem Kollegiengebäude an der Künstlergasse standen, ist eine vor das Biologiegebäude verschoben worden; die andere scheint verloren zu sein.
5 Ulrich Maximilian Schumann bspw. erwähnt die bauplastischen Werke der Universität Zürich in seinem Aufsatz «Karl Moser und die bildenden Künste», in: Werner Oechslin und Sonja Hildebrand (Hrsg.), *Karl Moser. Architektur für eine neue Zeit, 1880 bis 1936*, Zürich: gta Verlag, 2010, Bd. 1, S. 129–145, mit keinem Wort.

Abb. 1: Paul Osswald, *Maria,* 1914, oberer Eingang des Biologiegebäudes an der Künstlergasse

sam etwas lästige, weil unübersehbare Ausblühungen des per se skulpturalen Baukörpers. Emil Maurers Fazit von Anfang der 1970er-Jahre entspricht wohl nach wie vor dem kunsthistorischen Konsens: «Allerdings, das Einzelne spricht uns heute nicht mehr an – Relikte einer schmächtigen, weltfremden Jugendidealität.»[6] In sein negatives Urteil schloss er jedoch die Malereien mit ein.

Hinter Karl Mosers eigenem auffallendem Understatement hinsichtlich Umfang des skulpturalen Dekors – «Da und dort, an den drei Eingängen vor allem ist einem bescheidenen Schmuck Platz eingeräumt worden»[7] – möchte man eine ähnliche Einsicht vermuten. Der Architekt verwies damit aber wohl bloss auf die unterschiedlichen Konzepte bei der Universität und beim nahezu gleichzeitig entstandenen Kunsthaus, dessen Fassaden gleichsam als Ikonostasen gestaltet sind (Abb. 2). Die Wahl der Künstler spricht ja deutlich genug für den bauplastischen Ehrgeiz auch bei der Universität.

6   Maurer 1971 (wie Anm. 1), S. 143.
7   Moser 1914 (wie Anm. 2).

Im Gegensatz zu den noch weitgehend unbekannten Malern, die erst zu einem relativ späten Zeitpunkt über einen Wettbewerb in der zweiten Jahreshälfte 1913 dazustiessen, berief Moser die Bildhauer schon in einem früheren Projektstadium.[8] Bei Otto Kappeler, der gut zwei Drittel aller Skulpturen und plastischen Dekorationen ausführte, Paul Osswald, Hermann Haller und Wilhelm Schwerzmann handelte es sich um zwar ebenfalls noch junge, aber bereits erfahrene Plastiker, mit denen Moser bei verschiedenen Bauten, beispielsweise bei der Ersparniskasse in Aarau und vor allem beim Kunsthaus Zürich, schon zusammengearbeitet hatte und die auch für andere namhafte Architekten wie die Gebrüder Pfister und die Gebrüder Bräm in Zürich tätig waren.[9] Eine Ausnahme stellte Margherita Osswald-Toppi, die damals noch sehr junge Gattin Paul Osswalds dar. Laut eigenen Aussagen modellierte sie die neunzehn Reliefs für die Wände des Lichthofs sowie die Tondi mit den Personifikationen der Justiz und der Geschichte über den Türen zu den entsprechenden Hörsälen.[10]

Atlas 40

Besonders wegen ihrer Beiträge für die Fassaden des Kunsthauses bezeichnete Hans Bloesch, Redaktor der 1914 gegründeten Zeitschrift *Das Werk,* seinen Schulkameraden Haller und Osswald als «die beiden bedeutendsten Vertreter schweizerischer Plastiker».[11] Dass er dabei den Basler Carl Burckhardt unterschlug, ist angesichts der Tatsache, dass dieser an verschiedenen Bauten Mosers und insbesondere auch am Kunsthaus Zürich entscheidend mitwirkte, kaum verständlich. Für die Universität durfte Burckhardt dann wenigstens die Büste des Zoologen Arnold Lang gestalten (Abb. 3). Auch Moser selbst äusserte sich 1915 im Rahmen seines Berichtes über «Die kirchliche Kunst an der Landesausstellung» sehr lobend über Osswald und Schwerzmann und sprach dabei unverhoh-

---

8 Im Mosers Tagebuch 16 von 1912 findet sich die Notiz: «Universität Zürich. Für die weitern Raeume sollte die Mitarbeiterschaft von Zürcher Künstlern gesucht werden. Württenberger, Righini, Ruegg, Pfister, Meister, Kappeler.» (gta Archiv / ETH Zürich, Nachlass Karl Moser, 33-1912-TGB-16).

9 Insbesondere Kappelers bauplastisches Œuvre ist sehr umfangreich. Dazu: *Otto Kappeler (1884–1949) – bedeutendster Schweizer Architekturplastiker?,* hrsg. vom Bieler Museumsverein, Ausst.-Kat. Rockhall, Biel, Basel: Dürst 1986, S. 23. Zu Hallers Œuvre: Maria Theresia Apel, *Hermann Haller. Leben und Werk 1880–1950,* Münster: Lit, 1996 (Kunstgeschichte – Monographien, 11); Typoskript des im Zusammenhang mit dieser Dissertation angefertigten Werkkatalogs in vier Bänden in der Bibliothek des Schweizerischen Instituts für Kunstwissenschaft SIK-ISEA, Zürich.

10 Siehe dazu: «Kleine Chronik. Vom Bauschmuck der Zürcher Universität», in: *NZZ,* 11. Januar 1954; «Bildhauer-Arbeiten im Kollegiengebäude», Typoskript, Universität Zürich, Rektoratsarchiv, 220 1. Osswald-Toppi, geboren 1897, war zur Zeit, als die Arbeiten für die Universität entstanden, also erst 17 Jahre alt. Sie wurde wohl beigezogen, da ihr Mann von der Arbeit an den Steinskulpturen für den Aussenbau in Anspruch genommen wurde. Im Artikel von Hans Bloesch, «Paul Osswald», in: *Das Werk* 1 (1914), H. 4, S. 14–24, werden Reproduktionen dieser Werke (S. 15–17) ihrem Mann Paul Osswald zugeschrieben.

11 Bloesch 1914 (wie Anm. 10), S. 16.

Abb. 2: Kunsthaus Zürich, der Sammlungsflügel mit den Reliefs von Carl Burckhardt, nach 1925

Abb. 3: Carl Burckhardt, *Bildnis Arnold Lang*, 1916, Universität Zürich, Paläontologisches Institut

Abb. 4: Paul Osswald, *Minerva*, 1914. Relief über dem Haupteingang des Biologiegebäudes

Abb. 5: Skizze einer den Uni-Turm bekrönenden Figur aus dem Tagebuch von Karl Moser, 1912

Abb. 6: Otto Kappeler, *Phoenix*, 1914. Supraporten der Aulatüren

297

len *pro domo,* wenn er ausgerechnet Osswalds Akt mit Fackel hervorhob, die Studie zu einem der Reliefs über dem Haupteingang des Kollegiengebäudes.[12] Schwerzmanns plastische Ornamente empfahl er als Steigerung und Bereicherung der grossen architektonischen Form und bezeichnete die Wertschätzung des abstrakten Dekors als «Errungenschaft der romanischen und gotischen Periode»[13].

Atlas 67 und 76

Atlas 30, 33, 34

Es war wohl jedem Zeitgenossen klar, dass er damit den üppigen bauskulpturalen Schmuck seines an mittelalterlichen Reminiszenzen reichen Universitätsgebäudes legitimierte. Aber ausser Haller, der bis zu seinem Tod 1950 eine grosse, auch internationale Popularität erlangte, sind die Bildhauer der Universität heute genauso vergessen wie ihre Skulpturen. Dies hat einerseits mit dem im Zug der Expansion der Moderne in der Nachkriegszeit einhergehenden Verzicht auf skulpturalen Schmuck der Architektur zu tun, andererseits ist es eine Konsequenz der auf die Abfolge von Avantgarden fokussierten Kunstgeschichte. Deren Raster liess die Skulpturen der Vergessenheit anheimfallen.

Konventionelle Allegorien und moderner Stil

Ihre ursprüngliche Akzeptanz überrascht nicht. Abgesehen von Schwerzmanns Ornamenten handelt es sich um figurative Werke, hauptsächlich um weibliche und männliche Akte, wie sie damals, gekennzeichnet mit Attributen, mit oder ohne Draperien, jede repräsentative Architektur schmückten – erinnert sei einmal mehr an das fast gleichzeitige, umfangreiche skulpturale Programm für die Fassaden des Kunsthauses. So zurückhaltend Beschriftungen, Kostümierungen und Attribute bei den Figuren auf den Postamenten vor den Eingängen, auf den Reliefs über den Portalen und auf den Brunnen eingesetzt sind, so lassen sich doch einige Vertreterinnen und Vertreter des klassischen antiken Personals identifizieren: Minerva (Abb. 4) und Prometheus im Bogenfeld des Nordportals bzw. über dem Eingang Rämistrasse (Osswald); Pallas Athene, Ganymed und ein Satyr bei den Pferdegruppen vor dem Eingang Künstlergasse, Apollo und die Pferde des Sonnenwagens über dem Windfang des Haupteingangs Rämistrasse (Abb. 10); erneut Pallas Athene und die Verkörperungen der Fakultäten als Schmuck der Türe zum Rektorat, Faune auf den Brunnen (Kappeler); Justitia und die Verkör-

Atlasn 14, 34, 67 und 76

Atlas 7 oben

---

12 Karl Moser, «Die kirchliche Kunst an der Landesausstellung», in: *Das Werk* 2 (1915), S. 121–135: Diese Arbeit zeige «[…] die letzten Konsequenzen der Erkenntnisse Osswalds mit Bezug auf Raumfüllung und plastische Durchbildung. Sie ist ein Beweis dafür, wie intensiv Osswald in die Probleme der plastischen Kunst einzudringen bemüht ist.» (S. 128)
13 Ebd., S. 130.

298

perung der Geschichte (Osswald-Toppi); dazu Phoenix (Supraporten der Aulatüren; Abb. 6) und weitere mythologische Figuren im Bereich der Portale. Die plastischen Beiträge zur Universität wahrten in Bezug auf ihr durchaus konventionelles Motivspektrum das Dekorum, sodass gar keine Diskussion über die künstlerische Qualität der einzelnen Werke aufkam. Der Antikenbezug funktionierte zugleich als bildungsbürgerliche Sanktionierung der Nacktheit, die bei einigen Wandgemälden trotz höherem Abstraktionsgrad Anstoss erregte.

Atlas 36 und 40

So ist es verständlich, wenn die Haller-Expertin Maria Theresia Apel im Zusammenhang mit den Plastiken für die Universität aus grosser zeitlicher Distanz von einer «rückwärtsgewandte[n] Haltung» sprach und das Fehlen von Avantgardekünstlern unter den berücksichtigten Bildhauern feststellte. Ihre Ideale seien, so Apel, «weitgehend in der Tradition der Pariser École des Beaux-Arts zu suchen».[14] Das sahen einige Zeitgenossen der Künstler ganz anders. Albert Baur etwa schrieb in der Festschrift zur Eröffnung der Universität 1914: «Nur dem Kenner wird es gelingen, diese Künstler nach der Art, wie sie den modernen Stil ausdrücken, auseinanderzuhalten. Denn es ist endlich EIN STIL, nach Klarheit, nach Einfachheit, nach ruhigem Adel strebend, allem Akademischen abhold, nicht nach dem Naturabguss, sondern nach der Umgestaltung des Zufälligen durch Gedanke und Gefühl ringend.»[15] Noch Elka Spoerri gestand in ihrem Artikel für das *Künstlerlexikon der Schweiz* Osswald nichts weniger zu, denn «mitbeteiligt am Beginn der neuzeitlichen Schweizer Plastik um 1900»[16] gewesen zu sein, neben seinem Freund Hermann Haller, der – seltsam genug – bei Baur keine Erwähnung fand.[17]

Rückwärtsgewandt oder modern und neuzeitlich? Für die Künstler stellten dies keine unvereinbaren Gegensätze dar. Sie rekurrierten im Formalen auf die vorklassischen Epochen der Antike, das italienische Quattrocento und das Mittelalter, verabscheuten hingegen die naturalistische, historische Denkmalplastik ihrer unmittelbaren Vorgänger, gegen die sie sich mit tektonisch klar gebau-

14 Apel 1996 (wie Anm. 9), S. 109.
15 Albert Baur (Einführung), in: *Die neue Universität Zürich. Photographische Aufnahmen des kantonalen Hochbauamtes*, Zürich: Orell Füssli, 1914, S. 5–15, hier S. 14.
16 In: Eduard Plüss und Hans Christoph von Tavel (Hrsg.), *Künstlerlexikon der Schweiz. XX. Jahrhundert*, Frauenfeld: Huber 1963–1967, Bd. 2, S. 711.
17 Grund für die Abwesenheit in der Festschrift von 1914 (siehe Anm. 15) mag sein, dass seine Figuren zum Zeitpunkt der Drucklegung noch nicht auf den Postamenten vor dem Biologiegebäude aufgestellt waren und deshalb auch nicht auf den reproduzierten Fotografien zu sehen sind.

Abb. 7: Rom, Piazza del Campidoglio. Dioskurengruppe und Senatorenpalast

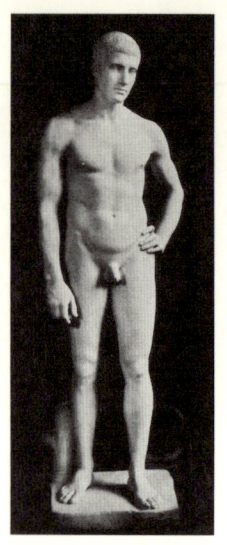

Abb. 8: Adolf von Hildebrand, *Stehender junger Mann,* 1881–1884 (Nationalgalerie Berlin)

Abb. 9: Otto Meyer-Amden, *Gärtnerbild,* 1911 (Kunsthaus Zürich)

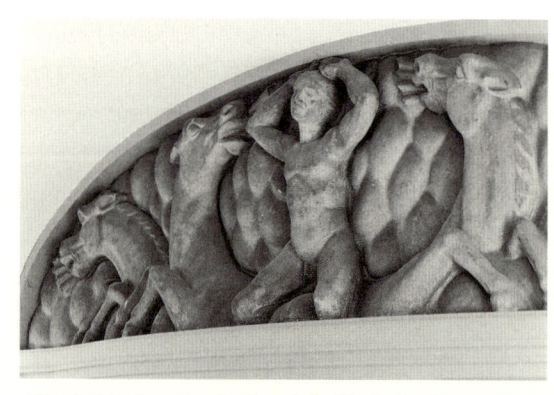

Abb. 10: Otto Kappeler, *Apollo und die Pferde des Sonnenwagens,* 1914. Tympanon über dem Windfang, Haupteingang Rämistrasse, Detail

ten, betont schlichten Figuren abzuheben versuchten. Avantgardistisch war dies zu Beginn des Ersten Weltkrieges zwar nicht, aber durchaus modern im Vergleich zu den populären Denkmälern und Bauplastiken von Richard Kissling oder Hugo Siegwart. Deren Ikonografie der historischen Gelehrsamkeit und antiquarischen Präzision war für die jungen Bildhauer trotz gelegentlicher Rückversicherungen bei einem herkömmlichen antikisierenden Figurenarsenal keine Option mehr. Sie vermieden illustrative Eindeutigkeit und wiesen der Form das Primat der Aussage zu.

Der Bau verlangt kein Gedicht. Form als verschwiegener Inhalt

Hallers Figuren vor dem Biologiegebäude sind beispielhaft dafür. Im Januar 1913 schrieb der Bildhauer aus Paris an Moser: «Als ich die Architektur und den Platz der Figuren studierte, wurde mir klar, dass es liegende Figuren sein müssten im Gegensatz zu den vielen Senkrechten des Baues. Die Strasse vor dem Portal führt bergab und dies Bergabführen verbunden mit der grossen Horizontalmasse des Baues liess mich in den Figuren eine Bewegung suchen, die vermittelnd dazwischen stände. Dieses Problem glaube ich gelöst zu haben, indem beide Figuren in dieser Bewegungslinie ⎯⎯⋏ komponiert sind. Die männliche Figur kommt natürlich auf den bergaufwärts liegenden Klotz die weibliche auf den bergabwärts liegenden.»[18] Und weiter: «Ich bin sicher, dass die Fassade durch Osswalds Diagonalwirkungen und meine leichte Asymmetrie, die Sie übrigens auch schon in Ihren Kapitellen haben, sehr belebt werden wird.» Dass der situationsbedingten, formal begründeten halb aufgerichteten Körperhaltung der Figuren auch eine inhaltliche Motivation eignet, geht aus dem gleichen Brief hervor: «Falls die Figuren getauft werden müssen, so kann man sie Jüngling und Sphinx nennen. für mich liegt der Ursprung der männlichen Figur in der Jünglingssehnsucht nach Weib, Abenteuer, Ferne und in der weiblichen liegt ein unbewusstes Wehren gegen diese Gefühle, die wie Angreifer auf sie eindringen. Es ist mir natürlich im Grunde nicht darum zu tun, diese Gefühle darzustellen, sondern die Gefühle haben eben Form angenommen und Figuren gezeitigt und die will ich darstellen.»

Atlas 23 und 34

---

18 Hermann Haller aus Paris an Karl Moser, 20. Januar 1913; gta Archiv / ETH Zürich (Nachlass Karl Moser). Modell für den männlichen Akt stand der Abessinier, den Haller in mehreren Plastiken darstellte (Apel 1996 [wie Anm. 9], Nr. P33, P34, P35).

Drei Monate später äusserte sich Hermann Haller noch einmal zur Ambivalenz von Form und Inhalt seiner Architekturplastiken, optierte aber nun klar für das Primat einer formalen, gleichsam abstrakten Lesart: «Wie Sie sehen bin ich viel abstrakter geworden, und das kam ganz von selbst, weil ich die Figuren auf die Seite legte und ihren Aufbau nach der Wand Ihres Baus richtete. [...] und architektonisch werden Sie mit mir zufrieden sein. Namen für die Figuren weiss ich noch keine vielleicht haben Sie eine phantasiereichere Ader dafür und sonst sinds halt liegende architectonische Figuren wie sie der Bau verlangt. Der Bau verlangt ja kein Gedicht, das muss doch jedermann einleuchten.»[19] Seinem Mäzen Theodor Reinhart in Winterthur erläuterte er, die Figuren seien bewusst wie Architektur gebaut, den männlichen Akt insbesondere habe er «in grossen Flächen decident» angelegt, was für «eine architektonische Arbeit die Hauptsache» sei.[20] Maria Theresia Apel konstatierte denn auch einen Mangel an «geistige[r] Intensität» und «psychologische[r] Spannung» zwischen den beiden Figuren.[21]

Wenn es darum ging, über thematische Aspekte ihrer Skulpturen Auskunft zu geben, legten auch Hallers Bildhauerkollegen eine auffallende Scheu oder gar unverhohlenen Widerwillen an den Tag. Aus dem Protokoll der Baudirektion des Kantons Zürich über die «Abnahme der Bildhauerarbeiten bei der Universität Zürich» vom 10. Dezember 1917 geht hervor, dass Osswalds Figuren auf den Postamenten vor dem Eingang Rämistrasse gemäss Aussagen des Künstlers seine Reliefs über dem Eingang «bereichern» sollen, «speziell die Mittelfigur, welche die Menschheit darstellt, die den göttlichen Funken der Erkenntnis empfängt. Die beiden sitzenden Menschen, der Jüngling und das Mädchen, nehmen diesen Vorgang an sich geistig wahr, weshalb ihnen ein sinnender, fast träumerischer Ausdruck verliehen wurde. Daneben haben die Figuren ihre dekorative Wirkung zu erfüllen.»[22] Auch für seine beiden Figuren beim oberen Nebeneingang zum Biologiegebäude an der Künstlergasse war gemäss Osswald «in erster Linie das dekorative Element bestimmend» gewesen. «Dann aber», so fährt das Protokoll fort, «wollte er das religiöse Gefühl in den beiden Figuren Maria (Abb. 1) und Josef zum Ausdruck bringen.» Diese Aussage überrascht in zweifacher Hinsicht: Einer-

vgl. Atlas 80

---

19 Hermann Haller aus Paris an Karl Moser, 20. April 1913; gta Archiv / ETH Zürich (Nachlass Karl Moser).
20 Hermann Haller aus Altenrode an Theodor Reinhart, 28. August 1913, hier zit. nach Apel 1996 (wie Anm. 9), S. 110.
21 Ebd.
22 Aus dem Protokoll der Baudirektion des Kantons Zürich vom 10.12.1917; StAZ Nr. 2148.

seits entsprechen die mit Tüchern leicht drapierten klassischen Akte in keiner Weise der traditionellen Ikonografie der Mutter und des Nährvaters Jesu', und andererseits stellt sich die Frage nach der Bedeutung, die sich aus der Platzierung christlich konnotierter Figuren vor dem Biologiegebäude ergeben sollte. Dem benachbarten, den unteren Eingang an der Künstlergasse flankierenden Figurenpaar von Kappeler lag ebenfalls eine rein dekorative Absicht zugrunde, es sollte lediglich einen organischen Abschluss der Mauer bilden. Der hervorgehobene formale Aspekt war wohl nicht die ganze Wahrheit, wenn man bedenkt, dass eine Replik des knienden weiblichen Aktes das Grab von Kappelers Künstlerkollegen Eugen Zeller schmückte, und die Replik der sinnenden männlichen Figur als Grabmal von Kappelers Mutter diente.[23]

Atlas 19 und 20

Auf die Spitze trieb Kappeler das Spiel aus inhaltlichen Andeutungen und der Behauptung rein formaler, der Architektur dienender Intentionen bei seinen Skulpturen in seinem Brief vom März 1919 an den Rektor der Universität. Seine Absichten bei der Gestaltung der beiden sogenannten Pferdegruppen vor dem Eingang Künstlergasse seien «rein sculpturaler Natur» gewesen. Die «tatsächliche Gestaltung erwuchs für mich», schrieb Kappeler, «aus absolut beweisklaren sculpturalen Überlegungen heraus». Über «die Ideen der Darstellung» könne er sich zwar nachträglich schon Gedanken machen, aber letztlich sei die Interpretation jedem freigestellt. Als blosse Beschreibung, ohne die offensichtlich zu identifizierenden Gestalten der Pallas Athene und eines Satyrs zu erwähnen, und vielleicht doch zugleich als Anspielung auf eine enigmatische, verborgene Thematik notierte er einzig: «Die Jugend, wie sie aus der Hohen Schule reitet, einmal mit, einmal ohne Führung, das letztere mal also auch nicht reitet, das Tier auch nicht gelenkt wird, deshalb wohl stutzt.»[24] An anderer Stelle erklärte er, «die Figuren seien erläuternde Beigaben, welche nicht beschrieben werden können», jedoch «bis ins kleinste Detail dem leitenden Gedanken dienstbar gemacht».[25]

Atlas 8, 14 und 86

Maria und Josef als Akte und die aus der Hochschule reitende Jugend sind tatsächlich eher schwer zu vermittelnde Inhalte und vielleicht auch nur als Evokationen einer über die formalen Qualitäten der Skulpturen gesuchten Stimmung zu verstehen. Dieser Prozess der «Transsubstantiation» figurativer Allegorie zu

---

23 Rolf Dürst, *Otto Kappeler im Zürcher Meyer-Amden-Kreis. Spuren einer noch unerforschten Begegnung*, Zürich/Schwäbisch Hall: Orell Füssli 1985, S. 13.
24 Otto Kappeler an Theodor Vetter, 30. März 1919, Universität Zürich, Rektoratsarchiv.
25 Aus dem Protokoll des Regierungsrates vom 7.7.1919, hier zit. nach Dürst 1985 (wie Anm. 23), S. 58.

abstrakter, aber bedeutungsvoller Form äussert sich – wenigstens bietet sich eine solche Sicht hier an – auch in einer Folge von Skizzen in einem von Karl Mosers Tagebüchern von 1912. Die Blätter zeigen den Turmhelm der Universität, der von einer geflügelten Figur bekrönt wird, einmal überschrieben mit «Panthion», einmal mit «Viktorie auf der Universität», und schliesslich abstrahiert zu einer Form, die der ausgeführten Kuppellaterne ähnelt (Abb. 5).[26]

Ausdrucksplastik vs. Bauplastik

«Alleiniges Recht hat die Form. Sie wird zur Sprache ausgebildet, das Leben zu schildern.» So apodiktisch äusserte sich der deutsche Plastiker Georg Kolbe, als er Anfang 1912 in seinem Textbeitrag für den Katalog der Ausstellung *Ausdrucks-Plastik* in der Kunsthalle Mannheim den Charakter «des neuen Weges in der Plastik» beschrieb.[27] Als unmittelbare Vorbilder anerkannten die «Ausdrucksplastiker» ausschliesslich Adolf von Hildebrand hinsichtlich «Gemessenheit und Zurückhaltung» – wie Willy F. Storck 1914 in seiner Einleitung zur Folgeausstellung «neuzeitlicher Bildhauer» in der Mannheimer Kunsthalle schrieb[28] – sowie Auguste Rodin, denn er «packte mit genialer Hand das Leben und verfeinerte das Empfinden wie keiner seit der Renaissance», wie Kolbe es emphatisch ausdrückte[29]. Der Mensch ohne literarische oder allegorische Verbrämung wurde in Gestalt des Aktes zum autonomen Kunstwerk erhoben.[30]

Wenn hier Bezug genommen wird auf den Begriff der Ausdrucksplastik, obwohl er sich in der Kunstgeschichte nicht durchzusetzen vermochte, so geschieht das aus mehreren Gründen: Zum einen besassen die beiden didaktischen Ausstellungen von 1912 und 1914 in Mannheim für die junge Bildhauergeneration vor dem Ersten Weltkrieg durchaus Manifestcharakter, und zum anderen war Hermann Haller als einziger Schweizer beide Male vertreten,[31] 1912 notabene mit einer Studie zu einer seiner Figuren für die Fassade des Zürcher Kunsthauses.

---

26 gta Archiv / ETH Zürich (Nachlass Karl Moser, 33-1912-TGB-15).

27 Georg Kolbe, «Moderne Plastik», in: *Ausdrucks-Plastik. IV. Ausstellung des Freien Bundes zur Einbürgerung der bildenden Kunst in Mannheim,* Ausst.-Kat. Kunsthalle Mannheim, Feb.-März 1912, S. 1.

28 Willy F. Storck, «Einführung», in: *II. Ausstellung von Zeichnungen und Plastiken neuzeitlicher Bildhauer,* Ausst.-Kat. Kunsthalle Mannheim, Mai-Juli 1914, S. 3–9, hier S. 4.

29 Kolbe 1912 (wie Anm. 27).

30 Vgl. Ursel Berger, «Einführung», in: dies. (Hrsg.), *Ausdrucksplastik,* Kolloquium Georg-Kolbe-Museum Berlin (Bildhauerei im 20. Jahrhundert, 1), Bremen: WMIT Druck und Verlag 2002, S. 7–9, hier S. 8.

31 In der Ausstellung von 1914 war zudem August Suter aus Basel vertreten, der 1917 Karl Mosers Schwiegersohn wurde.

Abb. 11a: Gebrüder Bräm, Zwinglihaus (1923–1925), Zürich Wiedikon: Arkade im Predigtsaal mit Fresken von Hermann Huber und Paul Bodmer sowie Kapitellen von Otto Kappeler

Abb. 11b: Reinhold Kündig, *Adam und Eva,* Fresken, Zürich, Zwinglihaus

Abb. 11c: Kapitelle von Otto Kappeler, Zürich, Zwinglihaus

Abb. 12: Karl Geiser, *Knaben- und Mädchengruppe,* 1937, Bern, Gymnasium Kirchenfeld

Abb. 13: Hermann Hubacher, *Ganymed,* 1952, Zürich, Bürkliterrasse

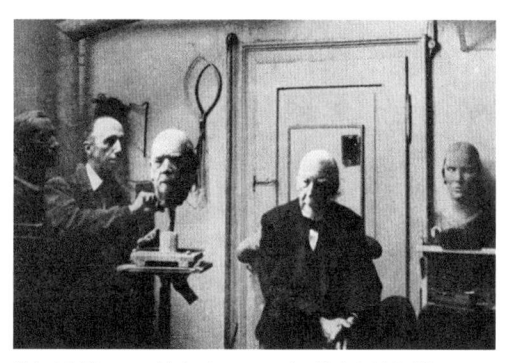

Abb. 14: Hermann Hubacher porträtiert Heinrich Wölfflin, 1944

Seine Kunst weist ihn geradezu als paradigmatischen Ausdrucksplastiker aus. Zudem lassen sich die Ideale, wie sie Kolbe formulierte – Form, Ausdruck, Empfindung, Leben –, in den Skulpturen der Universität ohne Weiteres wiederfinden. Albert Baurs Beschreibung ihres einheitlichen Stils der Klarheit, Einfachheit, des ruhigen Adels sowie des Gedanken- und Gefühlvollen als einer modernen Formensprache ist denn auch nichts anderes als eine Kurzfassung von Kolbes hier zitiertem Text.[32]

Die Werke von Haller, Kappeler und Osswald tragen also zweifellos das Signum der Modernität. Ihre Gestaltung als ruhende «Existenzfiguren» nach dem bewunderten Vorbild Hildebrands widersprach ihrer Aufgabe als Bauskulpturen ebenfalls nicht (Abb. 8). Da sie aber anders als die in die Plastizität der Fassade eingebundenen Statuen am Ausstellungsflügel des Kunsthauses vom Baukörper losgelöst und vor dem Kollegien- und dem Biologiegebäude platziert wurden, geriet ihnen ausgerechnet ihre Modernität, das heisst ihr Charakter als autonome Kunstwerke zum Problem. Der Bezug von Osswalds sinnenden Postamentfiguren an der Rämistrasse zur Architektur etwa soll gemäss Auskunft des Künstlers in ihrer geistigen Wahrnehmung des auf den Fassadenreliefs illustrativ dargestellten Geschehens bestehen.[33] So scheint gerade die von Maria Theresia Apel bei Hallers liegenden Figuren kritisierte «überschaubare formale Konzeption» ohne Ausdruck von geistiger Intensität, ihre äussere Monumentalität, die «keinen inneren Reichtum» birgt,[34] Resultat eines Anpassungsprozesses zu sein: Sphinx und Jüngling wurden zu sinnentleerten, die Architektur formal jedoch sinnvoll begleitenden Formträgern, die keiner Deutung bedürfen. Auch Osswalds Reliefs über dem Eingang zum Biologiegebäude und an der «Apsis» des Haupteingangs des Kollegiengebäudes erfüllen die Funktion als skulpturaler Bauschmuck, so spröde ihre Gestaltung und so banal ihre Ikonografie sein mögen. Hingegen beten, träumen und sinnieren die knienden und kauernden Jünglinge und Mädchen durchaus dekorativ und anrührend, aber verloren vor den beeindruckenden Fassaden. Ihre Verwendung als Grabfiguren spricht für ihre Qualität als autonome Werke und verweist auf ihre Schwäche als Architektursklupturen.

32 Baur 1914 (wie Anm. 15).
33 Protokoll der Baudirektion (wie Anm. 21).
34 Apel 1996 (wie Anm. 9), S. 110.

Der Künstler als geistiger Führer

Otto Kappelers erst 1918 vollendete zwei Pferdegruppen auf den die breite Treppe flankierenden Postamenten vor dem Turmeingang an der Künstlergasse sind hinsichtlich ihrer Grösse und der Komplexität des ikonografischen Programms die anspruchsvollsten Skulpturen. Ihre Vorbilder haben sie unübersehbar in den Dioskurengruppen des Kapitols (Abb. 7). Eine monumentale und feierliche Wirkung, wie sie die nicht zu vermeidende Assoziation an das römische Pendant weckt, kommt aber kaum zustande, da sie sowohl zu wenig hoch als auch mit zu grossem Abstand voneinander und asymmetrisch zum Portikus platziert wurden. Die linke Gruppe steht zudem unmittelbar vor der Ecke des Biologiegebäudes, sodass sie anders als ihr Gegenüber nicht als Freiplastik wahrgenommen wird. Selbst diese zwei Gruppen sind von einer auffallenden Verhaltenheit, obwohl die rechte mit der das Pferd führenden Pallas Athene «den Vorwärtsdrängenden» darstellen soll.[35] Der auf dem Pferd reitende nackte Jüngling ist durch das Attribut des Adlers zu seinen Füssen als Ganymed zu deuten; und im bärtigen Mann der linken Gruppe, der sich an das «stutzende» Pferd lehnt, wird ein Bildnis des «prophetisch in die Zukunft sinnend[en]» Malers Otto Meyer-Amden vermutet.[36]

Atlas 8,14 und 86

Atlas 86

Meyer-Amden, der sich selbst am Wettbewerb für die Wandgmälde beteiligt hatte, war sowohl mit Kappeler als auch mit Hermann Huber, Paul Bodmer und Reinhold Kündig befreundet und stellte in diesem Künstlerkreis eine verehrte geistige Autorität dar. In der Gestaltung der Pferdegruppen als Paraphrase der römischen Dioskurenmonumente und durch die Parallelisierung von Pallas Athene mit dem in antikischer Nacktheit dargestellten Meyer-Amden kommt eine religiöse Überhöhung des Künstlers, wenn nicht gar seine Vergöttlichung zum Ausdruck, die weit über eine heimliche Reverenz des Bildhauers an einen Freund hinausgeht. Ein zentrales Thema von Meyer-Amdens idealistischem Denken war die religiöse Erneuerung durch Kunst, das er im Motiv des die Erleuchtung erwartenden Jünglings variierte (Abb. 9). Sein mystisch geprägtes, esoterisches Natur- und Menschenideal liegt auch Kappelers «Doppelmonument» zugrunde. Was – mit Pallas Athene, Ganymed und einem Satyr – eine Allegorie des Wissens und der Wissenschaft sein könnte, ist letztlich ein Stein gewordenes Manifest der theosophisch gefärbten Privatmythologie einer Gruppe junger

Atlas 35 und 51

---

35 Aus dem Protokoll des Regierungsrates vom 7.7.1919, hier zit. nach Dürst 1985 (wie Anm. 23), S. 58.
36 Dazu: Dürst 1985 (wie Anm. 23), S. 62 und S. 67.

Abb. 15: Otto Kappeler, plastische Fensterrahmung im Kollegiengebäude, Turmeingang, nach 1914

Abb. 16: Otto Kappeler, Bögenunterseiten des Portikus des Turmeingangs, nach 1914

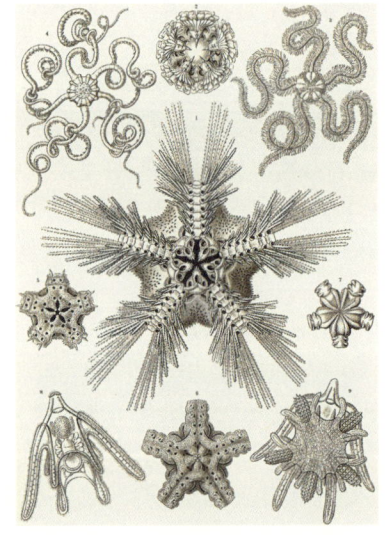

Abb. 17: Ophiodea, Schlangensterne, Tafel 10 aus Ernst Haeckel, *Kunstformen der Natur*, Leipzig/Wien: Bibliographisches Institut 1898–1904

Abb. 18: Biologiegebäude. Reliefs mit Tierdarstellungen an den Fassaden: Eichhörnchen

Künstler. Sie kreist statt um Wissenserwerb um Vergeistigung, um Erleuchtung statt um Gelehrsamkeit, um Mystik statt um Reflexion, um pantheistische Einfühlung in die Natur statt um ihre Analyse.

Kappelers Apollo im Tympanon des Windfangs im Vestibül des Haupteingangs erscheint denn auch weniger als ein souveräner Lenker des Sonnenwagens denn als ein das Licht ekstatisch, aber passiv Empfangender (Abb. 10). Von hier aus lassen sich die lagernden Jünglinge und Mädchen von Kappeler und Osswald als Assistenzfiguren der Pferdegruppen oder eben als Proselyten eines kontemplativen Künstlerordens unter der Führung Otto Meyer-Amdens deuten. Obwohl stilistisch weniger provokativ und von vermeintlich unverbindlicher Ikonografie, atmen sie den gleichen Geist wie die verschmähten Wandmalereien Bodmers und Hubers, die der *unio mystica* von (göttlicher) Kunst, neuem Menschen und Natur huldigten und einer positivistischen Wissenschaft wenig Kredit gaben. Die erwähnte Zurückhaltung der Künstler in Bezug auf nachvollziehbare Interpretationen ihrer Werke war konsequent. Rationale Erklärungen hätten ihrem Anspruch des Numinosen und nur kontemplativ zu Erkennenden widersprochen.

Wie weit eine solche esoterische Kunstreligion den Absichten Karl Mosers entsprach, muss offen bleiben. Er entwarf bekanntlich eine grosse Anzahl reformierter und katholischer Gotteshäuser, zwei davon in der Nähe der Universität, und das Kollegiengebäude strahlt im mehrstöckigen «Kreuzgang» des Lichthofs durchaus selbst eine sakrale Atmosphäre aus. In seinen Tagebüchern finden sich zahlreiche längere Reflexionen über religiöse Fragen. Aber nicht Moser, sondern die Brüder Adolf und Heinrich Bräm boten den Universitätskünstlern – sowohl den Malern einschliesslich Meyer-Amden als auch dem Bildhauer Kappeler – erneut die Gelegenheit zur Zusammenarbeit. Sie schufen mit dem Zwinglihaus in Wiedikon das letzte Zürcher Gesamtkunstwerk. Statt um Kunstreligion im Geist des Jugendstils und des Expressionismus, die vor dem Hintergrund des Weltkriegs reichlich abgehoben anmutet[37] und deren timides Pathos der Beseeltheit ab Frühjahr 1916 von den Dadaisten gleich unterhalb des Kollegiengebäudes im Niederdorf mit subversiver Lust an der künstlerischen Blasphemie der Lächerlichkeit preisgegeben wurde, ging es in dieser Kirche nun um konventionelle religiöse Kunst (Abb. 11a–c).

Atlas 16 und 22

---

37 Eine Kassette an der Unterseite von einem der Bögen des Portikus am Fuss des Uniturms trägt die Inschrift «ZU / BEGINN DES / GROSSEN / KRIEGES / VOLLENDET / OKT 1914». Die Kassetten mit den figurativen Reliefs stammen von Otto Kappeler.

Die Skulpturen vor dem Kollegien- und dem Biologiegebäude, insbesondere Kappelers Pferdegruppen, blieben nicht ohne Wirkung auf andere Künstler. Vielleicht darf man in diesem Zusammenhang sogar Karl Geisers Knaben- und Mädchengruppen aus den 1930er-Jahren für das Berner Kirchenfeldgymnasium nennen, mit denen der Künstler zwar auch seiner Vorstellung von «Jugendidealität» Ausdruck verlieh, ohne aber gelehrte Anspielungen und Mystizismen zu bemühen (Abb. 12). Und Hermann Hubachers 1952 aufgestellter Ganymed auf der Bürkliterrasse am Zürichsee, der notabene einer Stiftung des Zürcher Ordinarius für Kunstgeschichte Heinrich Wölfflin zu verdanken ist, kann ohne Zweifel als später Reflex von Kappelers reitendem nacktem Jüngling alias Ganymed gesehen werden; auch hier die Betonung rein formaler Absichten durch den Bildhauer und dennoch nicht zu übersehen eine verwandte Bewunderung des Epheben als ideale Verkörperung des Menschlichen (Abb. 13). Daran, am in sich ruhenden, mit Geist begabten unversehrten Menschen als höchstem Ausdruck alles Lebendigen zweifelten auch nach der zivilisatorischen Katastrophe des Zweiten Weltkriegs weder der Stifter noch der Bildhauer (Abb. 14).

Der figurative skulpturale Bauschmuck des Universitätsgebäudes wird begleitet und zugleich kontrastiert von dekorativen Reliefs im Bereich des Portikus an der Künstlergasse und des monumentalen Hauptportals des Biologietraktes. Ihnen geht jede klassische Gemessenheit und Zurückhaltung in formaler und inhaltlicher Hinsicht ab. Üppig schwellende Volumen und eine barock anmutende Fülle von Formen brechen an einigen Stellen aus den Fassaden und wuchern um vereinzelte Türen und Fenster mit geradezu surrealer Selbstherrlichkeit, die jeder plausiblen repräsentativen Funktion Hohn spricht (Abb. 15). Otto Kappelers kassettierte Bogenunterseiten am Turmportikus zeigen eine Folge von allerlei Ornamenten, Pflanzen und Tieren, Fabelwesen, Putti, Segelschiffen, kreisenden Planeten und Symbolen, als gelte es wie bei skulptierten Kapitellen in mittelalterlichen Kirchen den ganzen physischen und metaphysischen Kosmos und seine Geschichte zu erzählen (Abb. 16). Bei Wilhelm Schwerzmanns ornamentaler Portaleinfassung lassen sich in den Rapporten des abstrakt scheinenden Musters kristalline und vegetabile Formen sowie einzelne Tiere wie Krebse erkennen.

Abgesehen von den verspielten barocken Reminiszenzen der ebenfalls in die Ornamente eingefügten Putti kommen keine allegorischen Motive vor. Als formale Referenz diente weniger das Mittelalter als vielmehr die zu dekorativen Ta-

Atlas 30, 33 und 34

feln komponierten wissenschaftlichen Darstellungen niederer Tiere und Pflanzen in Ernst Haeckels äusserst populären und aktuellen Publikation *Kunstformen der Natur* (Abb. 17). Ausserdem wird der Direktor des Zoologischen Instituts, Arnold Lang, der beim Bau des Universitätsgebäudes eine zentrale Rolle innehatte, als Haeckel-Schüler ebenfalls prägend Einfluss genommen haben. Hier, in verschiedenen Kapitellen und in den naiv-liebevollen Tierreliefs an den Fassaden des Biologiegebäudes (Abb. 18) kommt wie bei den Wandbildern Bodmers und den Skulpturen Kappelers und Osswalds eine monistische Weltsicht zum Ausdruck, deren Grundlage aber die moderne Evolutionstheorie bildet und nicht eine religiös überhöhte Kunst- und Lebensphilosophie. Bedenkt man, dass Schwerzmann zum George-Kreis gehörte, fügt sich aber das eine zum anderen.

Die fast aufdringliche Sinnlichkeit dieser plastischen Dekorationen mag heute fremder anmuten als die stilistische Dezenz der Jünglings- und Mädchenfiguren. Sie ist aber ebenso aussagekräftig und trägt mindestens so viel zur Qualität des Gesamtkunstwerks bei.

IV. Weiterbauen

Weiterbauen an der Zürcher Universität:
Von Karl Moser zu Gigon/Guyer

Arthur Rüegg

Im Lauf ihrer Geschichte ist die «Uni» aus allen Nähten geplatzt. Die Studierendenzahl hat sich seit 1914 verzehnfacht. Offenbar führte kein Weg an einer beträchtlichen Verdichtung und Erweiterung des von Karl Moser konzipierten Hauptgebäudes vorbei. Heute ist das Original nur noch in einer transformierten Form vorhanden. Allerdings wurden auffällige Veränderungen des Äusseren vermieden, und auch im Innern begeistert die Mosersche Rauminszenierung nach wie vor – ja sogar, seit die Studierenden die Gipsabgüsse aus dem «Göttergarten» vertrieben haben und die angrenzenden Bereiche durchlässiger geworden sind, mehr denn je. Manchen Ort innerhalb des Gebäudes vermag der Dialog von Alt und Neu mit neuen Energien aufzuladen. Es bestehen also durchaus gute Gründe, für einmal – in Anbetracht des positiven Gesamtergebnisses – nicht nur die ursprünglichen Qualitäten des hochkarätigen Schutzobjekts zu untersuchen, sondern auch die Eingriffe in dessen ursprüngliche Integrität. Alles zusammengenommen ergibt ein faszinierendes Spektrum von Ansätzen zum Weiterbauen an einer starken architektonischen Setzung.

Karl Moser: «Erweitern»

Wenn der Rezensent der Zeitschrift *Das Werk* die Freude über die Vollendung des «überaus wohlgeratenen» Baus – «ausnahmsweise» – mit den meisten seiner Mitbürger teilte, so hatte dies nicht nur mit der «klaren Gliederung der ganzen Masse [zu tun], bei der sich das Innere und die Aussenform nach allen Seiten hin in wohlgeordnetem Gleichgewicht entsprechen». Auch die dekorative Ausgestaltung weckte seinen ungeteilten Beifall. «Es ist eine Freude zu sehen, wie sich Karl Moser hier einen Stab von künstlerischen Helfern herangebildet hat, lauter junge Leute, die zum ersten Mal sich an einem gewaltigen Bau betätigen können».[1] In der Tat hatte der Architekt nicht nur die Fassaden und die Erschliessungszonen

1 Albert Baur, «Neue Universität in Zürich», in: *Das Werk* 1 (1914), H. 4, S. 1–13.

Abb. 1: Kollegiengebäude. Dozentenzimmer (früher Fakultätszimmer) mit von Karl Moser entworfener Lampe. Aufnahme von 2012

in Zusammenarbeit mit Plastikern und Malern sorgfältig akzentuiert, sondern auch die bedienten Räume ihrer Nutzung entsprechend ganzheitlich durchgestaltet. In seinem Büro entstanden vom süddeutschen Jugendstil inspirierte Entwürfe für Täfelungen und Stukkaturen, Gitter, Leuchten, Sitzgruppen, Kleiderständer, Vitrinen und Schrankmöbel, ja selbst für eingebaute Uhren.[2] In zahlreichen Räumen liessen sich Wandbilder integrieren – nicht nur in der Aula oder im Senatszimmer, sondern auch in den Räumen einzelner Institute. Kaum je zuvor hatte Moser das zeittypische Ideal des Gesamtkunstwerks umfassender verwirklicht als in diesem Bau. Vieles ist inzwischen ersetzt und erneuert worden, das meiste davon während der ersten grossen Renovation 1965–1970. Manches ist aber noch erhalten, etwa das Fakultätszimmer mit seinen weich modellierten Täfern und der schweren Kassettendecke, in deren rot gefassten Feldern Stuckrosetten eingesetzt sind (Abb. 1). Dort ist sogar Mosers Mobiliar mitsamt den

Atlas 43 und 61

Atlas 41, 44, 62 und 61

2   Vgl. *Universität Zürich,* hrsg. von der GSK (Schweizerische Kunstführer, Serie 27, Nr. 270), Basel 1980, S. 16–31.

vierteiligen Lüstern aus Messing und Glasstäben noch im Gebrauch. Im prächtig ausgemalten «Wölfflin-Zimmer» dagegen zeugen die leeren blauen Büchervitrinen von einer teifgreifenden Veränderung der Wissensvermittlung (S. 288, Abb. 8).

1913/14 waren an der Zürcher Universität 1700 Studierende immatrikuliert.[3] Mosers auf dieser Basis dimensioniertes Hauptgebäude ist das künstlerisch überhöhte Abbild der damaligen Wissenskultur. Der Bau widersetzt sich leichtfertiger Veränderung. Im Vergleich zu den netzartigen, relativ hierarchielosen Strukturen, wie sie in den 1960er- oder 1970er-Jahren im Hinblick auf leichte Anpassbarkeit und Erweiterbarkeit entworfen wurden,[4] mag Mosers Bau starr erscheinen (vgl. S. 169, Abb. 19). Seine hierarchisch-klare Anordnung der Räume um die zwei grossen Lichthöfe des Kollegiengebäudes und des Biologischen Instituts herum – die eine «überraschend leichte Orientierung in dem grossen Gebäude gestattet»[5] – zeigt jedoch bei näherer Betrachtung eine Vielzahl von Orten, wo die Einlagerung zusätzlicher Nutzungen überraschend gut gelingen kann. Das Dachgeschoss und die oberen Turmgeschosse beispielsweise hatte der Architekt selbst als Leerstellen für einen späteren Ausbau bestimmt.

Früh packte Moser auch die Frage der Erweiterbarkeit an. Schon 1914 entwickelte er die Idee einer axialsymmetrischen Verdoppelung des eben vollendeten Baus (Abb. 2). Drei Jahre später legte er dem Regierungsrat des Kantons Zürich eine mit einem naturalistischen Modell und minutiös ausgearbeiteten Perspektiven visualisierte Studie für eine entsprechende Erweiterung vor, die (zunächst?) die Kantonale Verwaltung aufnehmen sollte.[6] Zwei vorspringende Flügel betonen – zusammen mit den beiden symmetrischen Türmen, einem leicht erhöhten Kuppelbau und einem kolossalen Säulenpaar – die Mitte einer auf eine Terrasse gesetzten klassizistisch-strengen Grossform, der zahlreiche weitere Bauten aus Mosers Hand beigesellt worden sollten. Enorme Substruktionen verraten den Kraftakt, der für die Realisierung dieser gewaltigen Stadtkrone auf dem steil abfallenden Gelände nötig gewesen wäre – und ihm keineswegs nur zum ästheti-

---

3 Genau waren es 1688 Studierende, davon 217 Frauen; vgl. *Universität Zürich. Festschrift des Regierungsrates zur Einweihung der Neubauten, 18. April 1914,* Zürich: Orell Füssli 1914, S. 100.
4 Vgl. die Erweiterungen der Philipps-Universität in Marburg von Schneider/Spieker/Scholl, der Freien Universität Berlin von Candilis/Josic/Woods und der ETH Lausanne von Jakob Zweifel.
5 Baur 1914 (wie Anm. 1), S. 3.
6 Vgl. Thomas Gnägi, «Hauptgebäude (Kollegien- und Biologiegebäude) der Universität Zürich», in: Werner Oechslin und Sonja Hildebrand (Hrsg.), *Karl Moser. Architektur für eine neue Zeit, 1880 bis 1936,* Zürich: gta Verlag 2010, Bd. 2, S. 192 f. Das Modell ist im Hauptgebäude der Universität ausgestellt.

schen Vorteil gereicht hätte. Mit dieser Setzung einer «prächtigen Akropolis»[7] für das künftige Gross-Zürich verliess Moser das Prinzip des «innigen Zusammenwachsens von Bauland und Bauwerk», das ihn beim Entwurf der Universität geleitet hatte. In der *Festschrift* von 1914 hatte er noch betont, dass «an Stelle einer über 130 Meter langen Fassade an der Künstlergasse gruppierte Baumassen getreten [sind], welche eine reichere und bewegtere Wirkung erzielen».[8]

Mosers Erweiterungsvorschlag ist nicht nur wegen der Umdeutung der ursprünglichen Situationslösung ein Sonderfall. Auch das detailgetreue Weiterstricken der architektonischen Motive durfte sich ausschliesslich der Meister selbst erlauben (Abb. 3). Nach dem Scheitern des für Zürcher Massstäbe megalomanen Ansatzes, versuchte Moser in den Jahren 1930/31 das Erweiterungsvorhaben mit einer nunmehr dem Neuen Bauen verpflichteten Architektursprache nochmals umzusetzen. Er hielt zwar an der bereits vorgeschlagenen Aufstockung des Kollegiengebäudes fest, sah nun aber einen Anbau in Form von drei entlang der Hangkante zurückgestaffelten, flach gedeckten Gebäudeflügeln vor.[9] Der neue Vorschlag hatte drei entscheidende Vorteile: Erstens liess sich die asymmetrische Komposition des Hauptgebäudes von 1914 mit der gelenkigen Erweiterung weiterführen; zweitens bot sich auch eine zeitlich gestaffelte Ausführung an, wobei in einer ersten Etappe unmittelbare Defizite wie das Fehlen von Lese- und Arbeitsräumen für die Studierenden behoben werden sollten, in einer zweiten dann ein Physiktrakt und ein für die Kantonsschule bestimmter Querriegel dazukommen würden. Entscheidend ist schliesslich drittens die architektonische Beziehung von Alt und Neu. Moser verhielt sich jetzt gegenüber seinem Wurf von 1914 so, wie jeder andere begabte Architekt aus dem Kreis des Neuen Bauens es auch getan hätte. Er beliess dem Hauptgebäude seine dominante Wirkung und verzichtete auf jegliche formale Anbiederung. Das Zurückschneiden der neuen Betontrakte auf die Traufhöhe des Kollegiengebäudes, die Mineralität ihres Baumaterials sowie das Vorpflanzen ihrer Sockelzonen mit Baumreihen genügten, um aus den «gruppierten Baumassen» unterschiedlichen Zuschnitts ein neues Ganzes entstehen zu lassen. Dieser exemplarische Ansatz zum Thema des Weiterbauens wurde jedoch ebenfalls ad acta gelegt.

Atlas 1 und 8

Atlas 1

7 Ebd., S. 192.
8 Karl Moser, «Das neue Universitätsgebäude», in: *Universität Zürich* 1914 (wie Anm. 3), S. 103.
9 Pläne und Modellfotos der Erweiterungsstudien: gta Archiv / ETH Zürich (Nachlass Karl Moser, 33-1917-5 [erstes Erweiterungsprojekt], 33-1930-1 [Aufstockung Kollegiengebäude] und -2 [südliche Erweiterung Kollegiengebäude]).

Werner M. Moser, Rolf Wolfensberger, Stefan Zwicky: «Überformen»

Ein immer wieder beklagtes Manko des neuen Universitätsgebäudes betraf das Fehlen von grossen Auditorien, insbesondere einer Aula magna, die etwa dem Dies academicus einen würdigen Rahmen geboten hätte. «Zwingende klingende Gründe» hätten zur Dimensionierung der bloss rund 350 Personen fassenden Aula geführt, rapportierte Rektor Arnold Lang – eine Einschränkung, die «überdies durch die Erwägung einigermassen erleichtert wurde, dass die Aula [...] nur wenige Male im Jahre benutzt wird».[10] Nachdem die Zahl der Studierenden kontinuierlich zugenommen hatte, wurde das Problem aber immer gravierender. Karl Mosers Sohn Werner erhielt im Dezember 1944 von Kantonsbaumeister Heinrich Peter den Auftrag zum Studium einer «Einrichtung für Feierlichkeiten, Dies academicus, Antrittsvorlesungen der Ordinarii» im Lichthof des Kollegiengebäudes.[11] Der Umbau war als Provisorium bis zur Errichtung von geeigneten Erweiterungsbauten gedacht, wobei zunächst Platz für die im «Göttergarten» – dem weitgehend geschlossenen untersten Geschoss des Lichthofs – angesiedelten Teile der Archäologischen Sammlung gefunden werden musste und der Nachweis einer befriedigenden Akustik zu erbringen war.

Werner M. Moser dachte zu Beginn über einen Anbau an das Kollegiengebäude oder einen Ausbau des mächtigen Dachvolumens nach, arbeitete sich in die heikle Aufgabe ein und legte bis 1949 eine beträchtliche Zahl von Lösungsansätzen für die Umgestaltung des Lichthofs vor. Gemäss Kantonsbaumeister Peter war es sinnvoll, «den Redner an die stadtseitige Längswand zu setzen».[12] Moser prüfte daraufhin eine bergseitige Erschliessung mittels Verlängerung des bestehenden Haupttreppenhauses, studierte aber auch offene, im Innern des Lichthofs geführte Treppenanlagen, die von der bergseitigen Eingangshalle in den «Göttergarten» hinunterführten (Abb. 4 und 6). «Eine Treppe mit freiem Schwung wäre [ein] zu schwerer Akzent neben der Körperform des Treppenhauses», notierte er in diesem Zusammenhang, und weiter: «Architektonische Anpassung – Materialgefühl? Eisen? Gitterwerk?»[13] Der ehemals radikale Verfechter des Neuen Bauens hatte beim Bau der Kirche Altstetten (1936–1941)[14] und des Kongresshauses

Atlas 77 und 79

---

10 Arnold Lang, «Das Kollegiengebäude», in: *Universität Zürich* 1914 (wie Anm. 3), S. 110.
11 Werner Moser, Telefonnotiz vom 12. Dezember 1944; gta Archiv / ETH Zürich (Nachlass Haefeli Moser Steiger, 100-0204).
12 Werner Moser, Besprechungsnotiz vom 1. Februar 1945; gta Archiv / ETH Zürich (Nachlass Haefeli Moser Steiger, 100-0204).
13 Werner Moser, Notizen vom 7. Januar 1946; gta Archiv / ETH Zürich (Nachlass Haefeli Moser Steiger, 100-0204).
14 Vgl. Silvio Schmed und Arthur Rüegg (Hrsg.), *Evangelisch-reformiertes Kirchenzentrum Altstetten. Erneuerung und Erweiterung,* Zürich: gta Verlag 2012.

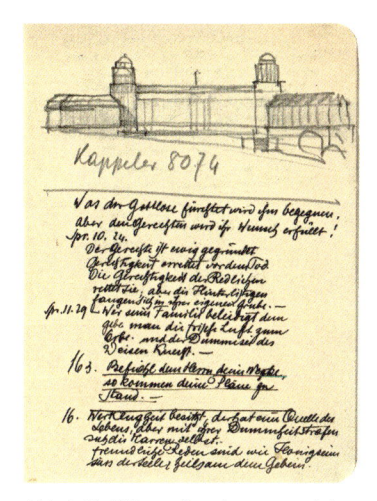

Abb. 2: Karl Moser, Erweiterungsprojekt, Studie im Notiz- und Tagebuch, 1916

Abb. 3: Karl Moser, Universität Zürich, Studie südliche Erweiterung, 1930. Modellfoto

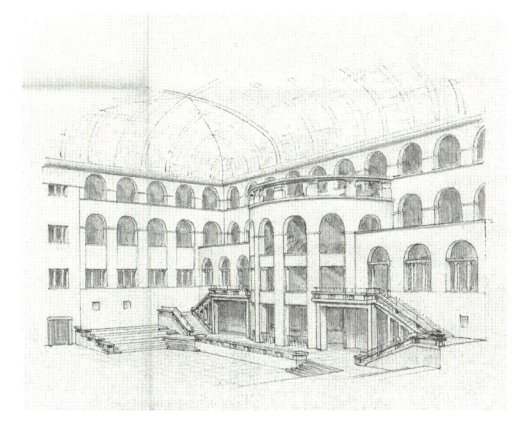

Abb. 4: Werner M. Moser, Studie für einen Umbau des Lichthofs, «Vorschlag 1», Januar 1947

Abb. 5: Verona, Scala della Ragione. Postkarte aus dem Archiv von Werner M. Moser

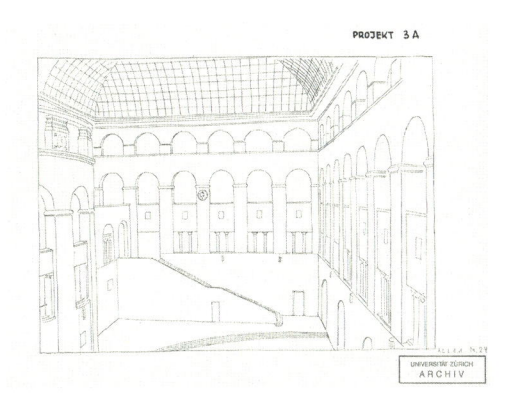

Abb. 6: Werner M. Moser, Studie für einen Umbau des Lichthofs, «Projekt 3A», Januar 1947

Zürich (1936–1939)[15] gelernt, Alt und Neu nicht als Entweder-Oder, sondern als Stimmungsfrage zu betrachten. Gleich zu Beginn nahm er sich vor, historische Referenzen für seine den Hofwänden entlang geführten Treppen zu suchen: «Strozzi, Pitti, Villa Farnese, Farnesina, Stockholm – wo publiziert?, Dogenpalast?».[16] In seinen Arbeitsunterlagen haben sich Fotografien der Rathäuser von Basel und Rheinfelden erhalten, aber auch Bilder vom Rektorenpalast in Ragusa und von der Scala della Ragione in Verona (Abb. 5). Die in seinem Büro skizzierten Betontreppen vermögen trotzdem nicht ganz zu überzeugen – ebenso wenig wie die etwas angestrengt wirkende Reliefierung des Bodens für die Platzierung von rund 1180 Sitzgelegenheiten (Abb. 7). Als Moser sogar noch die Höherlegung der mit abgeknickten Stufen gegliederten Fläche zwecks unterirdischem Einbau von kleineren Auditorien vorschlug, drohte der wunderbare Hallenraum vollends aus den Fugen zu geraten.

Atlas 77

Der Bildhauer August Suter – Mosers Schwager – schrieb ihm am 18. März 1947, es sei «natürlich möglich, den Lichthof höher zu legen, es erfordert dies aber einerseits einen Verzicht auf die Grösse und die Kraft, die der Hof heute darstellt. Andererseits besteht eine gewisse räumliche Durchdringung und Verbindung des Lichts mit den angrenzenden unteren Räumlichkeiten des Westteils, der damit abgeschnitten wird […]. Ich habe das erstemal mir bewusst gemacht, wie stark der Bau centriert und formal konzipiert [ist].»[17] Moser hatte die Veränderung des Raums durch eine Simulation mit Calicot-Bahnen sichtbar gemacht. Er selbst kam zum Schluss, «dass die reduzierte Raumhöhe genügen würde», kritisierte allerdings den allseitig anschliessenden Boden ebenfalls, der «die architektonische Physiognomie des Raums» beeinträchtigte. In der Folge versuchte er, die neue Betonplatte stärker von den Wänden abzulösen und die talseitige Fuge durch die Überbrückung mit kurzen Freitreppen zu dramatisieren. Nach der auf Januar 1949 angesetzten Präsentation eines grossformatigen Modells vor dem Regierungsrat versandete das problematische Vorhaben – offenbar zum Bedauern des Architekten, der an dieser Sitzung noch den letzten

15 Vgl. Arthur Rüegg und Reto Gadola (Hrsg.), *Kongresshaus Zürich 1937–1939. Moderne Raumkultur,* Zürich: gta Verlag 2007.
16 Wie Anm. 13.
17 Brief von August Suter an Werner Moser, 18. März 1947; gta Archiv / ETH Zürich (Nachlass Haefeli Moser Steiger, 100-0204). Eine gute Darstellung der Projektentwicklung geben Werner Mosers «Bemerkungen zu den Skizzen vom Januar und vom Dezember 1947 über den Umbau des Lichthofes der Universität Zürich», Typoskript, 23. Dezember 1947; gta Archiv / ETH Zürich (Nachlass Haefeli Moser Steiger, 100-0204).

Trumpf ausspielen wollte: «Schluss: [Die] Aufgabe [hätte] auch meinen Vater interessiert».[18]

Die Transformation von Bauwerken hat natürlich eine lange Tradition. Angesichts von Werner Mosers Vorschlägen erinnert man sich mit einem mulmigen Gefühl an den Einzug von Zwischenböden unter den kostbaren gotischen Gewölben der Zürcher Wasser- und der Predigerkirche, während die tatsächlich realisierten Umbauten des Kollegiengebäudes das kulturelle und das ästhetische Potenzial von Überformungen durchaus zu demonstrieren vermögen.

Rolf Wolfensberger, der zwischen 1991 und 2006 eine gross angelegte Sanierung des Kollegiengebäudes leitete, gelang der Einbau zahlreicher neuer Nutzungseinheiten praktisch ohne Beeinträchtigung des architektonischen Gefüges. In Zusammenarbeit mit der Denkmalpflege schützte er nicht nur das halbe Dutzend der überlebenden Raumkunstwerke – etwa das erwähnte «Wölfflin-Zimmer» – vor wesentlichen Veränderungen, sondern auch die repräsentativen Erschliessungszonen. In gewissen Bereichen verdichtete er, andere spielte er dafür wieder frei. Er erhöhte die Durchlässigkeit des Lichthofs auf der Nord- und auf der Ostseite und fand für neue Infrastruktureinrichtungen und kleine Verpflegungs- und Einkaufsmöglichkeiten einen selbstverständlichen Platz in Umgängen und ehemaligen Nebenräumen. Die Summe dieser diskret formulierten Eingriffe und Überfassungen trägt wesentlich zur Attraktivität des Baus für die heute Studierenden bei. Am spektakulärsten geriet zweifellos der Einbau eines Dozentenrestaurants mit Lounge, Produktionsküche und Seminarräumen auf zwei Geschossen des Uniturms, für den der Zürcher Architekt und Designer Stefan Zwicky beigezogen wurde. Der ehemalige Fechtsaal – den Moser in den Plänen noch als «disponiblen Raum» ausgewiesen hatte – erhielt eine Auskleidung aus dunklem Nussholz und eine pompejanisch-rote Rupfenbespannung; das Mobiliar stammt von Zwicky selbst, teils wurden Möbel von Max Ernst Haefeli, dem Partner Werner Mosers, verwendet (Abb. 9). Den zweigeschossigen, einen Viertel des Grundrisses einnehmenden Essbereich dominiert ein würfelförmiges Lichtobjekt aus Porzellanplättchen, das den Raum zentriert und die dunklen Materialien zum Leuchten bringt. Die räumlich dichte Packung zeigt, wie eine geschickte Analyse des Be-

---

18 Werner Moser, Notizen zur Präsentation des Modells, 18. Januar 1949; gta Archiv / ETH Zürich (Nachlass Haefeli Moser Steiger, 100-0204).

Abb. 7: Werner M. Moser, Universität Zürich, Studie für Einbauten in den Lichthof, 1949. Modellfoto

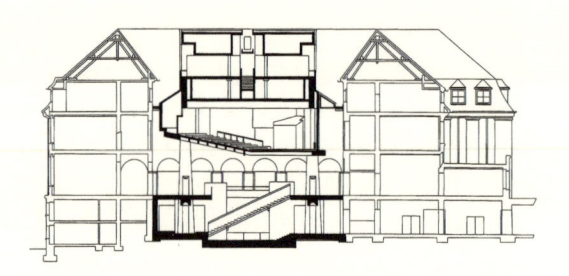

Abb. 8: Ernst Gisel, Einbau des Historischen Seminars im Lichthof des Biologischen Instituts, 1984–1991. Schnitt

Abb. 9: Stefan Zwicky, Einbau Restaurant UniTurm, 2004–2006

Abb. 10: Gigon/Guyer Architekten, Neubau Hörsaal, Vorprojekt 1996. Fotomontage

Abb. 11: Werner Frey, Neubau Mensa, 1968/69 (auf einem Inserat der Firma Jansen, Profilstahlrohre)

Abb. 12: Gigon/Guyer Architekten, Neubau Hörsaal, 1996–2002. Innenraum des Hörsaals

stands neue Nutzungspotenziale freilegen und grosse gestalterische Freiräume eröffnen kann. Solche dem aktuellen Gebrauch verpflichtete Vorhaben können allerdings nur gelingen, wenn sich die bestehende Baustruktur und das neue Raumprogramm in eine sinnvolle Beziehung bringen lassen.

Ernst Gisel: «Implantieren»

Nicht nur der grosse Lichthof im Kollegiengebäude ist eine Leerstelle, die zur Einlagerung neuer Nutzungen geradezu verführt. Schon im Herbst 1930 erhielt Karl Moser von der Kantonalen Direktion öffentlicher Bauten den Auftrag, die Einrichtung einer Aula magna im etwas kleineren Lichthof des Biologischen Instituts zu prüfen und jenen «Teil der Sammlungen, der nicht unbedingt für Lehrzwecke erforderlich ist, in einem besonderen Gebäude unterzubringen». Die Universität lehnte dieses Vorhaben jedoch kategorisch ab, und der Direktor des Biologischen Instituts hielt bei dieser Gelegenheit ein für alle Mal fest, dass innerhalb seines Gebäudes «weder jetzt noch später andere als solche Raumerweiterungen stattfinden, die [...] dem Institut allein» dienen.[19]

Ein halbes Jahrhundert später wurden die Prioriäten anders gesetzt. Um 1984 sah sich Ernst Gisel mit der Aufgabe konfrontiert, in den Lichthof des Biologischen Instituts einen Hörsaal für 400 Personen sowie eine Bibliothek und weitere Räumlichkeiten für das Historische Seminar einzubauen. Im Vergleich zum Kollegiengebäude sind die räumliche Durchbildung und der künstlerische Schmuck in diesem Hof etwas bescheidener; selbst das Glasdach war um 1960 kurzerhand zugedeckt worden, nachdem die Storenanlage zur Regulierung des Lichts funktionsuntüchtig geworden war. Dem Lichthof war damit seine wichtigste architektonische Qualität abhandengekommen. Trotzdem brauchte es einen selbstbewussten, auf Augenhöhe mit Karl Moser formulierten Eingriff, um die Zerstörung des räumlich wie sozial bedeutenden Zentralraums wettzumachen. Gisel gelang das Kunststück mit einem dialektischen Verfahren, das sich über die Umkehrung des Vorgefundenen definiert: Er implantierte zunächst vier rund 17 Meter hohe Betonpfeiler, die eine raumhaltige «Platte» tragen. Darin brachte er die Bibliothek unter, darüber baute er die weiteren Räume

---

19 Brief von Karl Moser an die Direktion der öffentlichen Bauten des Kantons Zürich vom 4. Februar 1931; gta Archiv / ETH Zürich (Nachlass Karl Moser, 33-1930-2).

des Historischen Seminars, und zuoberst platzierte er die Haustechnik. Den Hörsaal hängte er unter der «Platte» ab; dessen ansteigende, künstlerisch gestaltete Untersicht schwebt gleichsam über der Hallenfläche, die – ergänzt um weitere Räume in einem neuen Untergeschoss – nach wie vor das Zoologische Museum aufnimmt (Abb. 8). Die expressiv formulierte Ingenieurkonstruktion aus präzise gegossenem weissem Sichtbeton ist vom tektonisch aufgebauten Altbau abgesetzt und führt einen «kontrastierenden Dialog» (Irma Noseda)[20] mit den Verputz- und Natursteinflächen des historischen Baus, während das durch Lichtschlitze wieder einsickernde Tageslicht an den ursprünglichen Charakter des Lichthofs erinnert.

Gisels 1991 bezogenes «Haus im Haus» biedert sich nicht an. Im Unterschied zu Werner M. Mosers Überformung des Originals handelt es sich um ein Implantat, das einerseits einen eigenen Charakter besitzt und andererseits den Bestand respektiert. Die Gleichzeitigkeit und prinzipielle Gleichwertigkeit von Alt und Neu schärft die Identität der beiden Teile und macht die inneren Grenzen und Brüche sichtbar und erlebbar. Diese Differenzierung bedeutet aber nicht, dass die historischen Teile nur als Folie für die Inszenierung des aufregend Neuen aufgefasst würden. Im Gegenteil: Gisels Neubau bezieht sich präzise auf das Vorhandene, etwa – wie Stanislaus von Moos unterstreicht – mit der «Art wie das Deckenmotiv an der Untersicht des Hörsaals (eine Arbeit von Martin Schwarz) auf die Moserschen Arkaden antwortet».[21] Auch Gisels scharf geschnittene Volumetrie ist in den – ebenfalls von Gisel renovierten – Räumen des Biologischen Instituts schon angelegt. Obwohl es im konkreten Fall scheinbar mühelos gelang, die vorgefundene Situation und das neue Raumprogramm ins Gleichgewicht zu bringen, ist das Auffüllen von Lichthöfen grundsätzlich «eine unmögliche Aufgabe».[22] Auf das Kollegiengebäude würde sich das Verfahren kaum übertragen lassen, weil hier nicht nur eine grossartige Raumschöpfung, sondern auch die räumliche Mitte und das soziale Zentrum der Universität zur Disposition gestellt würden.

---

20 Vgl. Irma Noseda, «Einbau in die Universität Zürich», in: dies. (Hrsg.), *Bauen an Zürich,* Zürich: Bauamt II der Stadt Zürich, S. 69–71.
21 Stanislaus von Moos, «Die Plastik des Entwurfsprozesses», in: Bruno Maurer und Werner Oechslin (Hrsg.), *Ernst Gisel Architekt,* 2. überarb., erw. und aktual. Auflage, Zürich: gta Verlag 2010, S. 87–91, hier S. 90.
22 Eine Aussage der Denkmalpflegekommission des Kantons Zürich, zit. in Bruno Maurer, «Historisches Seminar, Kollegiengebäude II, Universität Zürich, 1978/1984–1991», in: ebd., S. 264–267, hier S. 264.

Werner Frey, Gigon/Guyer: «Anlagern»

Wenn sich grosse Räume nur mit enormen Schwierigkeiten in den Baubestand einfügen lassen, liegt das Ausweichen auf die unmittelbar angrenzende Umgebung nahe. Auch ausserhalb der Fassadenmauern gibt es indessen bauliche Strukturen, die zu erhalten sind und für derartige Vorhaben die Grenzen setzen. Dies trifft insbesondere auf die dem Kollegiengebäude talseitig vorgelagerte, mit markanten Stützmauern gehaltene Terrasse zu, die Karl Moser als einen mit Buchshecken eingefassten und mit Rasen belegten «Gartenhof» ausbildete.

1968/69 baute der Zürcher Architekt Werner Frey an deren östliche Stützmauer eine zweigeschossige Mensa an, wobei er allerdings die gesamte Küchenanlage – von aussen kaum wahrnehmbar – unter der bestehenden Terrasse versteckte (Abb. 11). Um den Eindruck des «Anlagerns» zu verstärken, löste Frey das Volumen des Verpflegungstrakts mit Hilfe von Fensterbändern so stark auf, dass es nicht als Substruktion sondern als atektonische Schichtung von abgestaffelten Betonplatten gelesen wird. Bergseits trennte er es mit Hilfe der abgetreppten Doktor-Faust-Gasse von der steil abfallenden Wiese ab. Die raren, etwa im Inserat eines beteiligten Unternehmers publizierten Fotografien[23], suggerieren denn auch einen horizontal gelagerten eleganten Solitär, der mit einer vertikalen Betonskulptur kontrastiert ist – es handelt sich um die *5-teilige Säule aus 10 identischen Gruppen* (1967–1969) von Carlo Vivarelli, einem dem Kreis der Zürcher Konkreten nahe stehenden Künstler. Mit 600 auf zwei Galerie verteilten Plätzen konnten in drei Schichten bis 2000 Studierende verpflegt werden.[24] Der mit einem unterirdischen Korridor verbundene Lichthof des Kollegiengebäudes diente nun als Aufenthaltsraum vor und nach den Mahlzeiten.

Fast dreissig Jahre später erhielten Annette Gigon und Mike Guyer 1996 den Auftrag, nochmals einen grossen Hörsaal mit 500 Sitzplätzen in den Baukomplex der Universität zu integrieren. Nun ging es darum, das enorme Volumen der Moserschen Terrasse selbst zu erschliessen und das neue Auditorium unterirdisch an das Kollegiengebäude anzulagern. Gigon/Guyer versuchten zunächst, den beträchtlichen Eingriff mit einem auf die bestehende Stützmauer aufgesetzten Glaskubus zu artikulieren, der ein markantes Zeichen am Eingang zur Universität

---

23 Inserat publiziert in: *Werk* 57 (1970), S. LXXXII. Die Mensa wurde publiziert in: Florian Adler, Hans Girsberger und Olinde Riege (Hrsg.), *Architekturführer Schweiz*, Zürich: Artemis 1969; erw. Neuausgabe 1978, dort S. 148.

24 In der Zwischenzeit ist auch dieser Neubau von Rolf Wolfensberger sorgfältig überarbeitet und nutzungsmässig optimiert worden.

gesetzt hätte²⁵ (Abb. 10). Dieser Ansatz scheiterte leider an denkmalpflegerischen Bedenken.

Heute deuten von aussen nur wenige, aber subtil formulierte Hinweise auf den zwischen der Talfassade des Kollegiengebäudes, der Mensa und der Stützmauer an der Künstlergasse eingepassten, aus der bestehenden Terrasse heraus entwickelten Hörsaal (Abb. 12; siehe auch S. 329, Abb. 1).²⁶ Dessen Grundlinie bezieht sich auf die dem Grossen Lichthof vorgelagerte Querhalle, die – ursprünglich Teil der Archäologischen Sammlung, dann lange Zeit mit den Materialien des Sozialökonomischen Instituts verstellt – nun ausgeräumt und zum Zugangsbereich bestimmt wurde. Zwei zwischen die Kreuzgewölbe eingepasste doppelläufige Treppen führen ins Untergeschoss, wo die Sitzplätze des Auditoriums der Falllinie des Hangs folgend treppenartig abgestuft sind. Eine mit vorgespannten Unterzügen optimierte Betondecke überspannt den 23 Meter breiten Saal. Über die ganze Breite der talseitigen Wand fällt das Tageslicht durch eine Reihe von Oblichtkassetten kontrolliert auf den Rednerbereich.

Atlas 48

Der rechteckige Innenraum ist vollständig mit Platten ausgekleidet, die auf der Rückwand des Auditoriums die Schallabsorption übernehmen. Auf der rechten Seitenwand sind sie leicht ausgestellt, um ein Flatterecho zu vermeiden. Über die technischen Aufgaben hinaus erfüllt dieses innere Gehäuse auch eine ästhetische Funktion, indem es die gesamte technische Infrastruktur abdeckt. Dies ist zweifellos seine wahre *raison d'être:* Erst durch das Wegblenden aller expressiven Formen des Rohbaus und der Installationen entsteht jene abstrahierte Raumform, die als Kontrapunkt zur tektonisch aufgebauten Architektur des Kollegiengebäudes zu bestehen vermag. In der Querhalle des Kollegiengebäudes kündigt sich die innere Haut des Hörsaals mit den zwischen die – übrigens ihrerseits hohlen – Gewölbepfeiler gespannten Treppenhäusern an.

Der architektonische Ausdruck des inneren Gehäuses liesse sich auf verschiedene Weise steuern. Gigon/Guyer setzten auf die Kraft der Farbe. Zusammen mit dem Maler Adrian Schiess entwickelten sie ein Kunst-am-Bau-Projekt, das den Aussen- wie den Innenraum umfasst. Aussen verweist das leuchtende Rosa²⁷ eines

---

25 Im Büro Gigon/Guyer sind drei Fotomontagen und zwei Pläne in elektronischer Form archiviert.
26 Eine längere Fassung dieser Passage wurde publiziert in: Arthur Rüegg, «Laut und leise. Zu einigen Umbauten von Gigon/Guyer», in: *Gigon/Guyer Architekten, Arbeiten 2001–2011,* Baden: Lars Müller 2012, S. 305–317 (zum Uni-Hörsaal S. 313–317). In diesem Band sind auch alle Publikationen über den Hörsaal aufgelistet.
27 Das Rosa wurde inzwischen durch ein lichtechteres gelbes Pigment ersetzt.

mittig auf der Terrasse liegenden Wasserbeckens auf den darunterliegenden Hörsaal. Seine Farbe irritiert durch ungewohnte Anwendung – das Rosa ist die Komplementärfarbe zum normalerweise im Wasser eingesetzten Grünton – und lässt es gegenüber den bestehenden Moserschen Bassins als etwas Besonderes erscheinen. Längs der Künstlergasse bestehen die neuen Stützmauern aus mit Rotpigment versetzten Betonschichten, die von unten nach oben immer heller werden. Der Betonierprozess bleibt im fertigen Werk über die unregelmässige, farblich differenzierte Schichtung ästhetisch wirksam.[28]

Die aussen zart angedeutete Farbigkeit erreicht im Innern des Auditoriums eine ungeahnte Intensität. Sämtliche Wand- und Deckenplatten sind entweder in Dunkel- oder Hellrosa, Blau oder Graugrün lackiert. Die grasgrünen Schreibpulte und Stühle spiegeln sich in den hochglänzenden Oberflächen, und die golden reflektierende Verglasung der Dolmetscherkabinen steigert ihrerseits das Spiel der interagierenden Farben zu einem überwältigenden Gesamteindruck, der sich ständig zu verändern scheint. Adrian Schiess bezog seine Farbpalette ausdrücklich auf die Polychromie Karl Mosers – nicht nur auf die mit einem Register differenzierter Rotockertöne gefasste Grosse Halle, sondern auch auf die grünliche Querhalle, den Vorbereich des neuen Auditoriums. Dort künden die in einem intensiven Rosa lackierten Treppenhäuser unübersehbar die unterirdische Farbenwelt an, in der die tatsächlichen Raumbegrenzungen gleichsam aufgehoben sind. Erst der Farbenrausch macht den auf sich selbst bezogenen Raum zum modernen Äquivalent der Moserschen Raumschöpfungen.

Atlas 48

Zwicky – Gisel – Gigon/Guyer: Für das «dialogische Weiterbauen» an einem Denkmal ist die Frage nach der Dominanz von alten oder neuen Teilen ebenso entscheidend wie das Erspüren vorhandener Strukturen und ihres Veränderungspotenzials. So verschieden die jeweilige Ausgangslage für die drei spektakulärsten Eingriffe in Karl Mosers Universität war, so verwandt scheint der Ansatz der Architekten gewesen zu sein. In jedem der Fälle ging es ihnen um die glaubwürdige Erhaltung des Denkmals, aber ihre Aufmerksamkeit galt weder ausschliesslich dem Haus oder dem Garten allein noch ausschliesslich den utilitären Interessen der Nutzer: Sie galt dem Bemühen, für den konkreten Fall ein stimmiges Gleichgewicht zwischen unterschiedlichen – aber als gleichwertig aufgefassten – Dingen herzustellen.

---

28 Vgl. Esther Hodel und Reto Gadola, «Rosa», in: Arthur Rüegg, Reto Gadola, Daniel Spillmann und Michael Widrig, *Die Unschuld des Betons, Wege zu einer materialspezifischen Architektur*, Zürich: gta Verlag 2004, S. 82–85.

«Höhlenmalerei»

Adrian Schiess im Gespräch mit Philip Ursprung zum Hörsaal der Universität von Annette Gigon und Mike Guyer Architekten

Adrian Schiess arbeitet seit den frühen 1990er-Jahren mit Gigon/Guyer Architekten zusammen. Bekannt sind vor allem das Sportzentrum Davos (1996) und die Wohnhäuser an der Susenbergstrasse (2000). Der Hörsaal der Universität Zürich geht auf einen Direktauftrag an die Architekten zurück. Die Arbeit erstreckte sich von 1996 bis zur Eröffnung 2002. Das Gespräch fand am 16. September 2013 in Zürich statt.

PHILIP URSPRUNG Wie kam es zur Zusammenarbeit mit Annette Gigon und Mike Guyer für den Hörsaal der Universität Zürich?

ADRIAN SCHIESS Sie baten mich, das Farbkonzept für den unterirdischen Hörsaal, das Wasserbecken und die Stützmauer zu schaffen. Ich entwickelte das Projekt von aussen nach innen. Der Ausgangspunkt war das Wasserbecken, das ich als eine Art Aussenskulptur verstehe, verwandt mit meinem Work in Progress der *Platten*. Ich stellte mir vor, wie die Menschen auf dem Beckenrand sitzen – fast wie Alice im Wunderland – und in ihrer Phantasie durch den Spiegel eintauchen. In Wirklichkeit betritt man den unterirdischen Saal natürlich über die Treppenhäuser.

PHILIP URSPRUNG Es fällt mir schwer, den Zusammenhang zwischen dem Innen und dem Aussen nachzuvollziehen.

ADRIAN SCHIESS Der Plan, den wir für die Aussenwand hatten, scheiterte. Die Aussenwand sollte sehr farbig sein. Wir wollten eingefärbten Beton verwenden und machten auch diverse Proben. Die Farbe sollte gleichsam durch den Beton ausblühen. Das Innen des Untergeschosses sollte sich aussen manifestieren – ein klassisches Anliegen der Architektur. Ausserdem wollten wir den Hörsaal von der

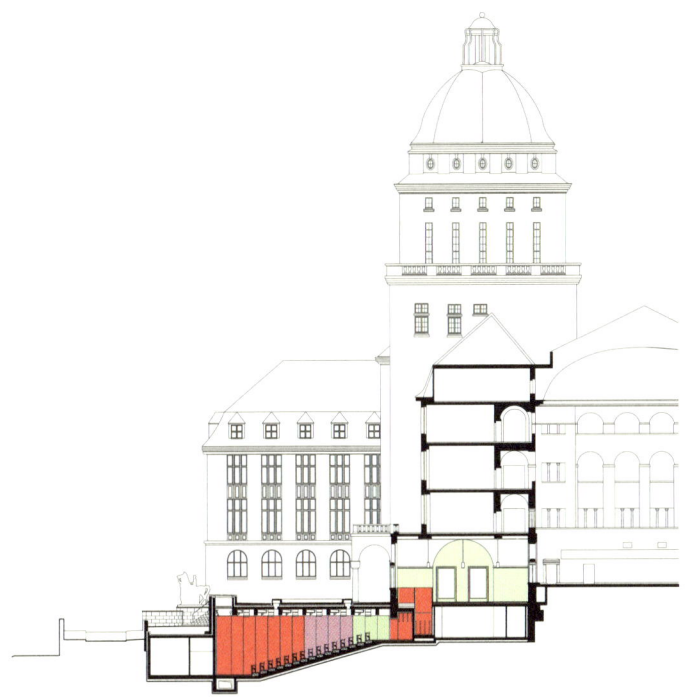

Abb. 1: Gigon/Guyer Architekten und Adrian Schiess, Hörsaalneubau, 1996–2002. Schnitt mit Farbkonzept

angrenzenden Mensa klar unterscheiden. Leider hat der Bauherr dies nicht zugelassen. Der Kantonsbaumeister wollte grauen Beton. Der jetzt sichtbare rosa Farbverlauf ist der Kompromiss. Jedes Mal, wenn ich die Künstlergasse entlang gehe, tut es mir weh: Welch eine verpasste Chance!

PHILIP URSPRUNG Bei meinem letzten Besuch ist mir aufgefallen, dass das Becken farblich nicht zum ursprünglichen Konzept passt.

ADRIAN SCHIESS Das Becken sollte rot sein. Inzwischen ist es gelb, und der Zusammenhang mit dem Hörsaal ist deshalb schwerer nachzuvollziehen. Nach Abschluss der Bauarbeiten liess die Universität das Wasser ab und lagerte Baumaterial im Becken. Der Belag wurde zerkratzt und musste neu gestrichen werden.

Atlas 13

Der Hersteller gab auf die Farbe Rot keine fünf Jahre Garantie – jetzt ist die Skulptur gelb. Wir hatten keine Chance …

PHILIP URSPRUNG   Sie bezeichnen das Becken als Skulptur?

ADRIAN SCHIESS   Ja, ich betrachte es als Skulptur, in der man die Füsse baden kann. Auf der farbigen Oberfläche spiegelt sich die Fassade der Universität, das heisst man kann die Wasseroberfläche auch als ein horizontales Display oder als Leerstelle auffassen. Ich habe eine Ausbildung als Grafiker absolviert, aber ich war nie Student an der Uni, und ich kannte den Bau nicht von innen. Ich sah ihn immer als Krone über der Stadt. Beim Verlassen des Gebäudes spiegelt sich im Becken dann der Himmel, einige Bäume, der Uetliberg – die «Welt», wenn man so will, oder, im Sinne von Wittgenstein, «alles, was der Fall ist». Wir haben im Nachhinein festgestellt, dass wir das Becken grösser hätten entwerfen sollen. Wegen der Dimension des Beckens bleibt es unklar, ob man sich auf einem Platz oder in einem Durchgang befindet.

PHILIP URSPRUNG   «Reflexion» kann nicht nur im Sinne des Spiegelbildes, sondern auch im Sinne einer kritischen Reflexion verstanden werden.

ADRIAN SCHIESS   Mich interessierte der Kontrast vom Hörsaal, wo Geisteswissenschaften unterrichtet werden, Theorien, Konstrukte, und dem Bild der realen Aussenwelt, das sich im Spiegel zeigt. Und auch die Kritik der Institution ist für mich ein Anliegen. Als ich die farbige Betonwand entwickelte, hatte ich die Bilder vom Seilergraben im Hinterkopf, wo während der Bewegung von 1980 die Mauer beim Central von herabfliessender Farbe bunt getüncht war.

PHILIP URSPRUNG   Man könnte auch an 1977 denken, als Harald Naegeli die Mauern der Künstlergasse besprühte.

ADRIAN SCHIESS   Daran habe ich nicht gedacht. Naegelis Interventionen waren ja grafisch. Mich interessiert Malerei, und mich interessiert es, mit Malerei einen Ort zu zeigen.

Abb. 2: Gigon/Guyer Architekten und Adrian Schiess, Wasser-becken über dem Hörsaalneubau, 1996–2002. Mit zweiter, gelber Farbfassung (Foto Katherine York, 2012)

Abb. 3: Gigon/Guyer Architekten und Adrian Schiess, Hörsaalneubau, 1996–2002. Stützmauer an der Künstlergasse (Foto Heinrich Helfenstein)

Abb. 4: Gigon/Guyer Architekten und Adrian Schiess, Hörsaalneubau, 1996–2002. Innenraum (Foto Heinrich Helfenstein)

PHILIP URSPRUNG Mit gefällt der Moment sehr gut, wo man in den Hörsaal eintritt. Ich bin jedes Mal von diesem Übergang in einen Farbraum verblüfft.

ADRIAN SCHIESS Der Übergangsbereich mit der Möblierung ist uns gut gelungen. Man taucht in eine fast unwirkliche Situation ein. Auch mir gefällt besonders der Moment des Eintretens, wo man mit dieser grünen Wiese von Sitzen konfrontiert ist, wie übersät mit Margeriten. Ich ziehe die Farbigkeit aus der sichtbaren Welt. Meine Idee war es, dem Ort des geisteswissenschaftlichen Unterrichts eine psychedelische Atmosphäre entgegenzusetzen. Es ist uns auch gelungen, dass die zuerst vorgesehene plane Innenwand aus Lochpaneelen durch eine Faltung ersetzt wurde. Die Materialen der Möblierung wurden erst spät entschieden, Holz statt Stoff. Der ganze Prozess war ein fortwährender Dialog mit den Architekten, eine enge Zusammenarbeit in jeder Phase des Projekts.

PHILIP URSPRUNG Wie bezieht sich der Hörsaal auf den Bau von Karl Moser?

ADRIAN SCHIESS Ich habe die Farbigkeit teilweise auf Farben abgestimmt, die ich bei Moser gefunden hatte. Die Architekten wünschten einen Bezug zur Aula mit ihrer feierlichen Innenausstattung. Es gab eine Phase, in der wir stoffbespannte Stühle in Erwägung zogen. Der Auftrag der Architekten an mich war, den wie eine Höhle unterirdisch gelegenen Hörsaal auszumalen. Wenn man so will, ist es klassische Höhlenmalerei. Die Architekten waren auf meine Farbigkeit angewiesen. Sie konnten nicht überirdisch bauen und es gab wenig Geld. Klar, dann muss der Maler kommen mit seinen billigen Tricks, um Illusionen zu erzeugen! Auch die Decke haben wir diverse Male verändert. Es geht ja um Deckenmalerei, sozusagen um den Himmel.

PHILIP URSPRUNG Es herrscht der Eindruck eines Bühnenbilds, einer Szenografie. Annette Gigon und Mike Guyer haben eine skulpturale Auffassung von Architektur, sie verwenden dicke Mauern, klare, statische Formen, tektonisch wirkende Strukturen. Dies widerspricht Ihrer Betonung der Oberfläche.

ADRIAN SCHIESS Es war meine Absicht, dass die Benutzer, also Studierende und Professoren, sich als Akteure auf einer Bühne erleben. Es handelt sich also durchaus um Illusion. Wir konnten den Kontrast zwischen physischem Raum und Oberfläche auf die Spitze treiben. Die Illusion spielt auf der Oberfläche. Die Architekten legen den Raum physisch fest, für sie ist die Welt dreidimensional. Für mich als Maler ist alles flach. Die Welt ist wie eine Folie. «Tiefe» ist mir suspekt. Ich kann gar nicht über «Tiefe» sprechen. An der Oberfläche kann ich mich als Maler ins Spiel bringen und das vorgegebene Volumen mit meiner Konzeption und meinen Effekten angreifen. Natürlich muss die Malerei der Architektur folgen. Ich brauche einen Träger. Aber ich kümmere mich nicht um das Volumen Architektur, das ist die Aufgabe der Architekten. Es gibt eine klare Trennung: Ich bin für die Illusion zuständig.

«Die Federn sind so konzipiert, dass man auch hüpfen könnte!»

Pipilotti Rist im Gespräch mit Philip Ursprung zum Denkmal für Emilie Kempin-Spyri im Lichthof der Universität

2008 wurde das von Pipilotti Rist geschaffene Denkmal für Emilie Kempin-Spyri (1853–1901) im Lichthof der Universität Zürich eingeweiht. Das Denkmal in Form einer vergrösserten Chaiselongue ehrt die erste als Juristin promovierte Frau und die erste weibliche Privatdozentin, eine Pionierin für die Gleichberechtigung der Frau. Das Gespräch fand im Atelier von Pipilotti Rist in Zürich am 9. Oktober 2013 statt.

PHILIP URSPRUNG Wie hängt die Chaiselongue mit der Architektur des Gebäudes des Universität zusammen?

PIPILOTTI RIST Die Form, die Verzierungen, der Mut zur Ornamentik war sicherlich von Karl Mosers Architektur unterstützt, die ja bis ins letzte Detail, bis zu den Türklinken, gestaltet ist. Ich habe selber einen Hang zur Ornamentik. Und ich wollte schon immer die Trennungen zwischen Bildender und Angewandter Kunst verschwinden lassen. Darin hat mich Mosers Architektur bestärkt. Aber die Tatsache, dass ich kein Monument errichten wollte, das die traditionelle Heroisierung historischer Figuren fortführt, etwa in Form von Büsten, hat nichts mit dem Gebäude von Moser zu tun. Die Entscheidung für eine Chaiselongue war nicht vom Gebäude abhängig, sondern von der Funktion. Ich wollte, dass man sie benutzen kann. Und ich wollte, dass die Menschen, die darauf Platz nehmen, beim Lesen der auf den Stoffbezug gestickten Sätze vielleicht merken, dass sie sich auf dem Schmerz und den Errungenschaften von Emilie Kempin-Spyri quasi ausruhen.

PHILIP URSPRUNG Die Chaiselongue ist sehr gross. Sie erinnert an frühere Ihrer Installationen, beispielsweise an *Das Zimmer,* das 1994 im Kunstmuseum St. Gallen zu sehen war. Ist die Dimension ortsspezifisch für den grossen Lichthof der Universität?

Abb. 1: Pipilotti Rist, *Chaiselongue. Denkmal für Emilie Kempin-Spyri*, 2008. Einweihung

PIPILOTTI RIST Die Chaiselongue könnte auch anderswo stehen. In einem kleinen Raum würde sie noch grösser wirken. Im Lichthof wirkt sie aus der Distanz, wenn nicht ein Mensch daneben steht, fast klein. Wenn ein Objekt überdimensioniert ist, kann der Eindruck entstehen, dass es putzig sei.

PHILIP URSPRUNG Konnten Sie machen, was Sie wollten? Wurden Sie durch die Auftraggeber oder die Umstände eingeengt?

PIPILOTTI RIST Auf das Monument bezogen war die Zusammenarbeit ein schöner Fluss. Falls ich eingeengt wurde, hätte ich das inzwischen verdrängt … Aber ich konnte tatsächlich nicht alle Ideen verwirklichen. Ich schlug vor, dass die Universität Zürich Emilie Kempin-Spyri, die ja damals – gegen den Widerstand der Universität – auf politischen Druck Privatdozentin wurde, postum den Professorentitel verleihen sollte. Jakob Tanner hat mich dabei unterstützt. Aber die Uni-Leitung ging nicht darauf ein.

Abb. 2–3: Pipilotti Rist mit Carlos Martinez, *Stadtlounge*, St. Gallen, 2005

Abb. 4: Pipilotti Rist, *Chaiselongue. Denkmal für Emilie Kempin-Spyri*, 2008. Einweihung, vorne sitzend die Künstlerin

PHILIP URSPRUNG Haben Sie den Ort gewählt?

PIPILOTTI RIST Der Ort war nicht definiert. Die Chaiselongue könnte überall stehen, sie ist demontierbar. Man hat mir von Anfang an gesagt, dass der Lichthof oft für andere Veranstaltungen benutzt würde und die Chaiselongue deshalb verschoben werden müsste. Aber das war keine Einschränkung.

PHILIP URSPRUNG Die architekturbezogene Kunst ist eine problematische Gattung. Angesichts von Kunst am Bau, von Monumenten, spürt jeder die Anstrengung, die Kompromisse, das Unbehagen, die Konflikte, welche die Entstehung begleiten. Die meisten Vertreter der Universität hätten sich sicherlich gewünscht, dass das Denkmal für Kempin-Spyri in Form einer Büste in die Aula kommt. Wenn ich das Gebäude heute betrete, stelle ich fest, dass die Studierenden die Chaiselongue akzeptiert haben. Sie scheint Orientierung zu geben, anziehend zu wirken. Dies mag damit zusammenhängen, dass sie keine monumentale Autorität ausstrahlt, von den Betrachtenden nicht verlangt, Informationen aufzunehmen, Jahreszahlen zu lesen …

PIPILOTTI RIST Nun, auf dem Schemel ist natürlich ein historischer Verweis eingeschrieben. Die Fakten sind durchaus präsent. Aber man muss sie nicht lesen. Man darf sich ausruhen. Und man kann, wenn man möchte, auch arbeiten. Es scheint, dass die Studierenden dort gerne in kleinen Gruppen zusammen lernen.

PHILIP URSPRUNG Wie bezieht sich die Chaiselongue zur 2005 entstandenen *Stadtlounge* in St. Gallen, die Sie in Zusammenarbeit mit Carlos Martinez entwickelt haben?

PIPILOTTI RIST Es gibt durchaus einen Bezug zur Idee, an einem öffentlichen Ort privaten Raum vorzutäuschen. In St. Gallen beziehen sich der Teppich und die Lampen auf eine Wohnzimmersituation. Sie unterstreichen den gemeinsamen Raum, der uns allen gehört. Dieser Teppich kommt auch in der Chaiselongue vor und definiert den Raum.

PHILIP URSPRUNG Sie sprechen vom gemeinsamen Raum, der uns allen gehört. Und es finden sich in Ihrem Œuvre viele Momente des Gemeinsamen, von den Anordnungen der Möbel zum Betrachten von Videoinstallationen bis zurück zur legendären «Küche» in Neuchâtel, von der aus Sie mit einer Gruppe von Mitarbeitenden die *Schweizerische Landesausstellung* 2001, die als Expo.02 realisiert wurde, geplant haben. In der Theorie ist der Begriff des Gemeinsamen, des *common,* das sich der Kontrolle sowohl durch private wie auch durch öffentliche Instanzen entzieht, seit einigen Jahren virulent. Im Lichthof bieten Sie eine Situation des Gemeinsamen, das die Universität gewöhnlich nicht vorsieht. Normalerweise sitzen die Studierenden in den Hörsälen in Reihen neben- und hintereinander und sind auf die Dozierenden ausgerichtet. In den Bibliotheken wiederum hat jeder seinen eigenen Platz. Es gibt kaum Räume, die das gemeinsame Denken und Lernen favorisieren.

PIPILOTTI RIST Ich bin natürlich sehr dafür, dass es Räume gibt, wo die Regeln aufgelöst werden. Aber ich mache mir auch keine Illusionen über die Wirkung meiner Arbeiten. Ich denke nicht, dass ich Räume schaffen kann, die interessanter sind als die Phantasie derer, die sie benutzen. Die Menschen brauchen ja keine Anleitungen dafür, wie sie Phantasie haben sollen und wie sie die Zensur, auch die Selbstzensur, überwinden können. Am meisten arbeite ich in Ausstellungsräumen, die mich deshalb interessieren, weil sie sich an frühere Funktionen der Kirche anlehnen. Sie ermöglichen den Menschen eine Zeit der Kontemplation jenseits des beruflichen Stresses und der Pflichten des privaten Lebens. Es geht darum, sich der Anforderungen, die einen von allen Seiten bedrängen, zu entledigen. Dies entspricht wahrscheinlich dem von Ihnen erwähnten Begriff des Kommunen.

PHILIP URSPRUNG Ist die Chaiselongue eine Skulptur? Oder eine Szenografie? Oder Architektur?

PIPILOTTI RIST Sie steht der Innenarchitektur sehr nahe. Die Bescheidenheit, die ich Emilie Kempin-Spyri aufdrücke, sollte ich auch als Künstler bieten. Wenn man das Werk als Szenografie bezeichnen möchte, dann als eine Szenografie mit loser Kontrolle. Ich will keine Dramaturgie vorschreiben und ich weiss auch nicht, wie vielfältig die Körper sich dort bewegen.

PHILIP URSPRUNG Wie viel an möglichen Handlungen haben Sie vorausgedacht?

PIPILOTTI RIST Die Federn der Polsterung sind so berechnet, dass man darauf auch hüpfen könnte. Konversieren und Schmusen bekommt dem gestickten Stoff aber besser.

Insert

Tischbombe

René Burri

Die Treppe des königlichen Schlosses von Helsingor, und, aus der Finsternis des Lichthofs herabsteigend, die Erscheinung von Hamlets Vater als Geist. René Burri hat den Moment festgehalten, auch den anschliessenden «Vorhang». Es muss 1954 gewesen sein (oder 1955?), doch offenbar hat kein Archiv der Universität den Anlass dokumentiert. Der Fotograf hat die beiden Bilder unlängst unter Tausenden wiedergefunden.

2013 kam Burri an den Tatort zurück. Auf der Suche nach Ophelia? Beinah sechzig Jahre waren seit der mysteriösen Aufführung vergangen. Absicht war diesmal nicht, den prägnanten Augenblick festzuhalten. Jetzt ging es darum, eine Stimmung einzufangen, die Zeichen der Architektur und der Archäologie, den Flügelschlag der Nike im Lichthof, den riesigen Luftraum darüber, das Gewirr der Stimmen. Studentinnen beim Studieren, beim Plaudern (oder auch nur beim Aufräumen der Mailbox). Ein völlig ermatteter Gast im Turmrestaurant. Und nicht zuletzt die Zürichseelandschaft, in den Fenstern des Moser-Baus und den Vitrinen des Zoologischen Museums gespiegelt.

Wir beobachten René Burri, dessen Name so bekannt ist wie jener des Fotoapparats, den er gewöhnlich benutzt (Leica), bei Lockerungsübungen mit der Digitalkamera. Und wir ertappen den Zürcher bei Augenblicken unkomplizierter Verbundenheit mit der Vaterstadt. Das Resultat ist eine Beschwörung von architektonischem Raum und von Landschaft, wenngleich versteckt im Durcheinander der verstreut liegen gebliebenen Spende einer Geburtstags-Tischbombe. Die Szene mit Lukas Ammann am Schluss der Bildserie gibt die Tonart. Ammann ist der Gegenstand von René Burris zweitem Fund im Archiv. Die Sequenz zeigt den grossen, 1912 geborenen und noch immer aktiven Schweizer Charakterdarsteller bei der Versteigerung von Kuriosa im Lichthof (für einen guten Zweck? Vermutlich ebenfalls 1954 oder 1955 aufgenommen). In den Annalen der Universität fehlt dazu abermals jede Spur. Ein Glück für unser Buch, dass das Gedächtnis der Fotografie manchmal zuverlässiger ist als jenes der Wissenschaft. (SvM)

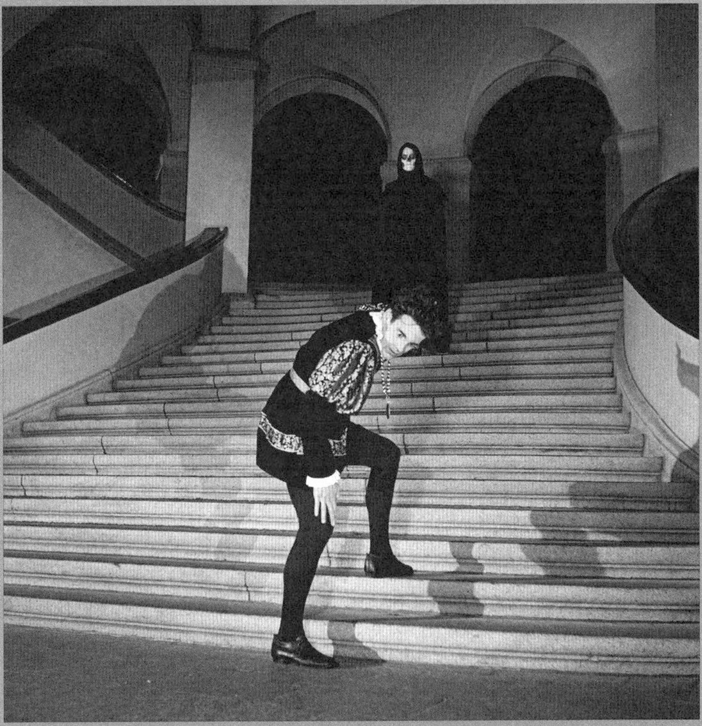

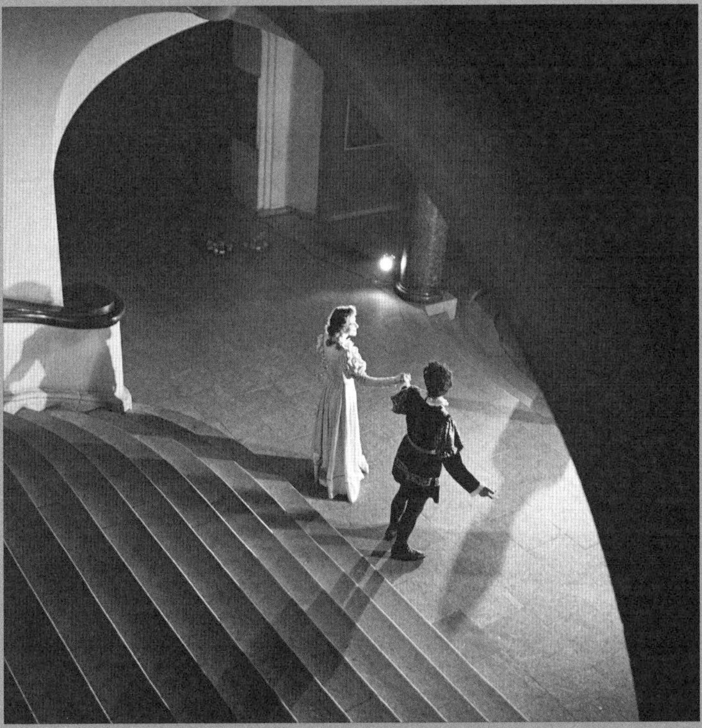

ATHENA-GRVPPE VOM GROSSEN FRIES DES ALTARS VON PERGAMON

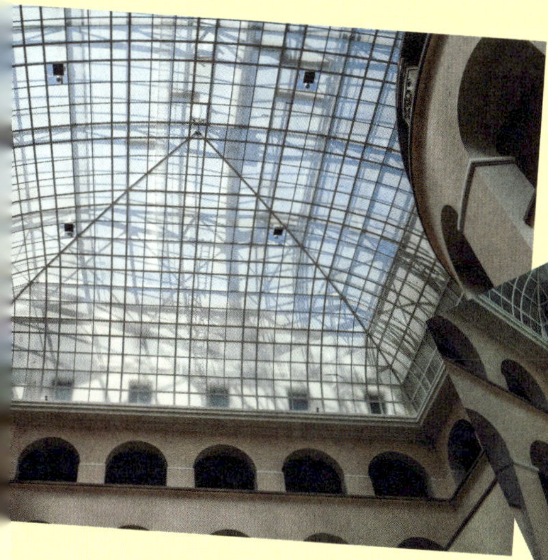

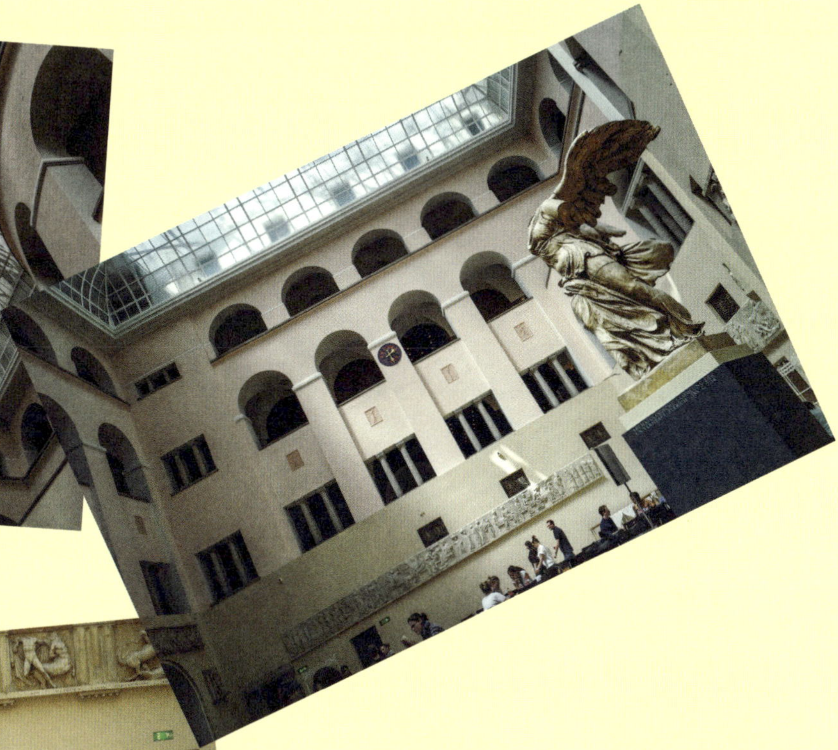

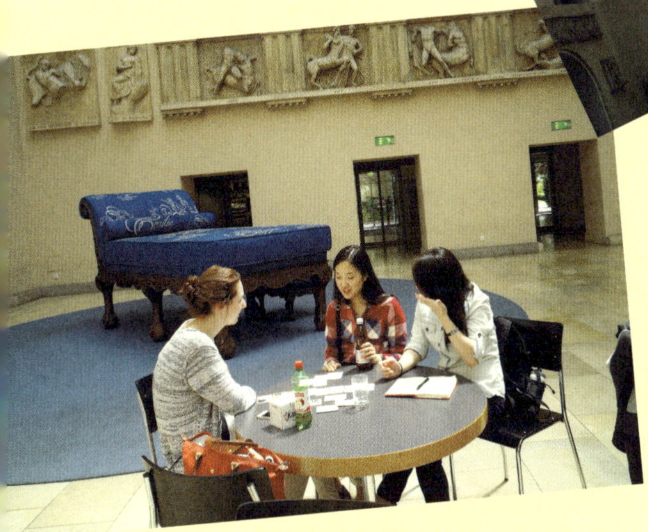

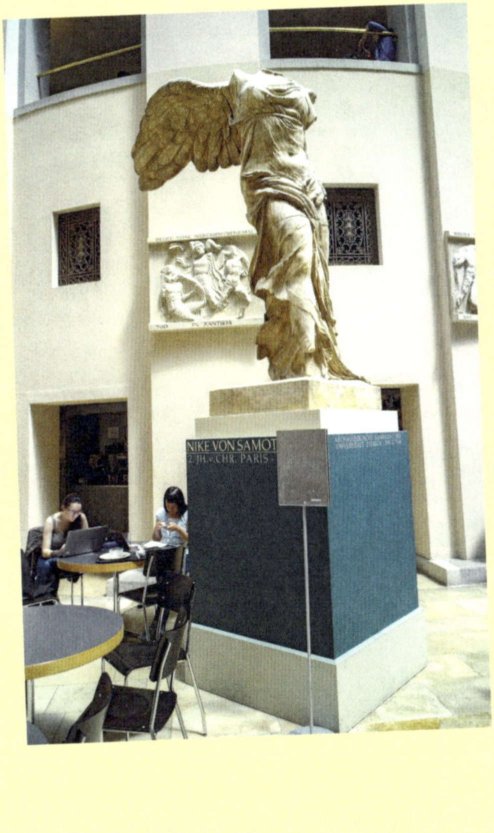
NIKE VON SAMOT
2. JH. v. CHR PARIS

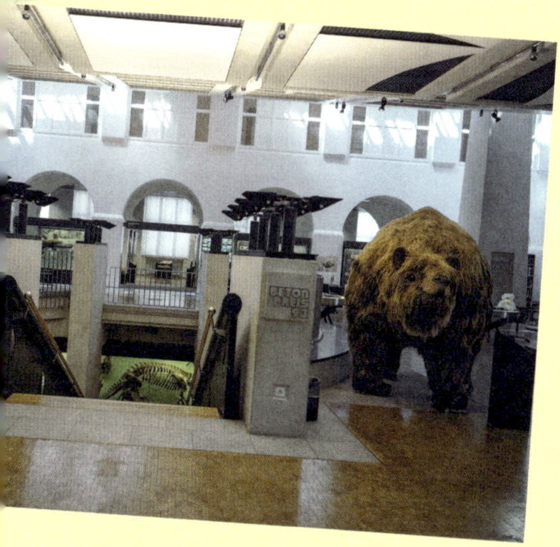

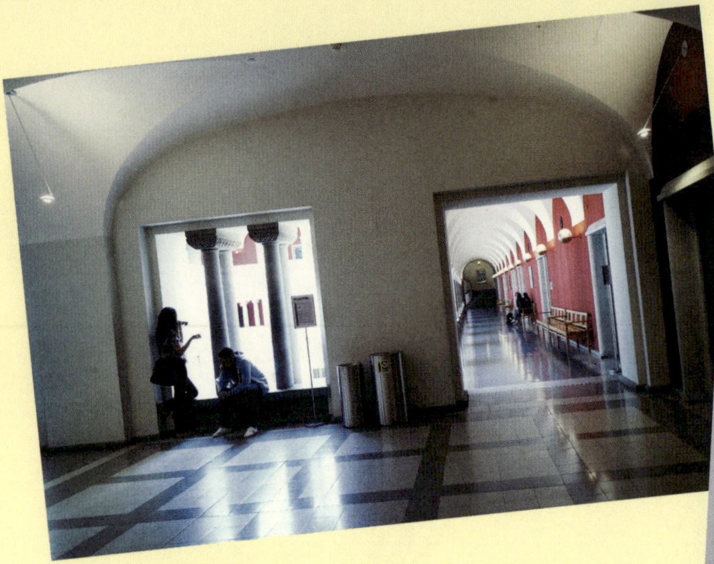

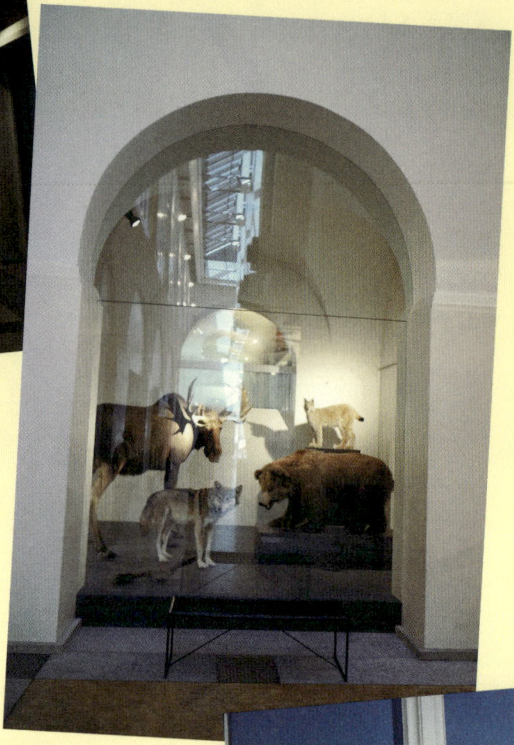

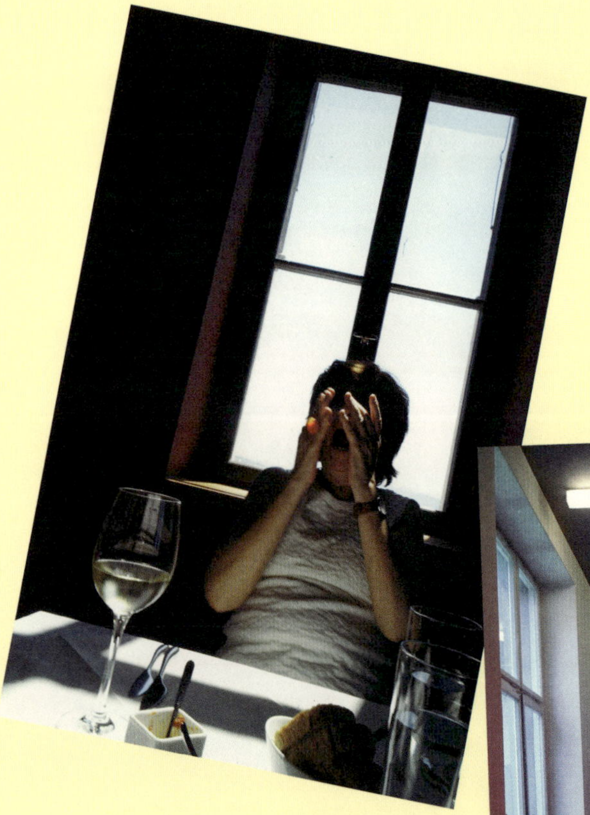

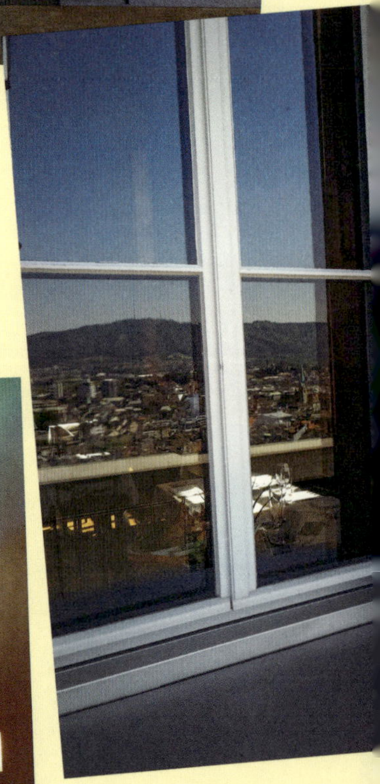

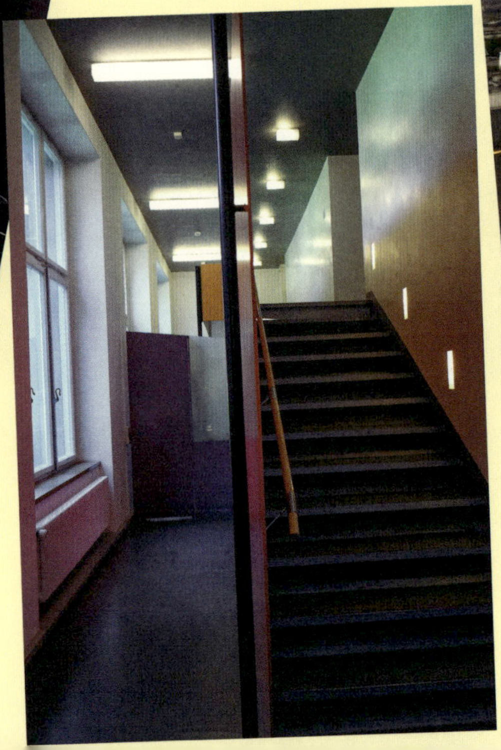

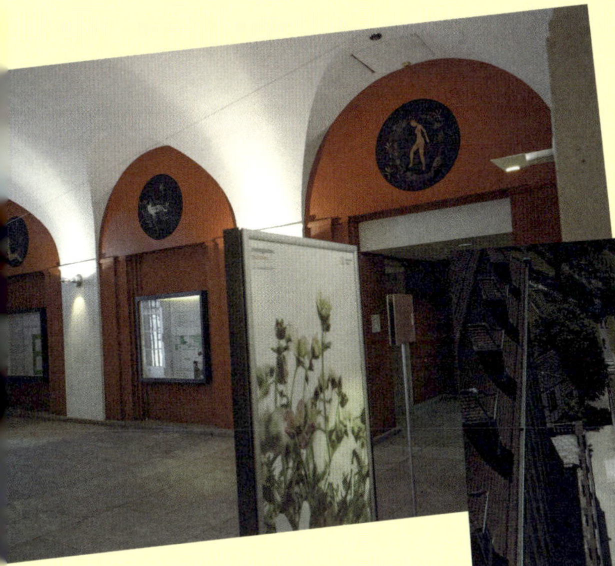

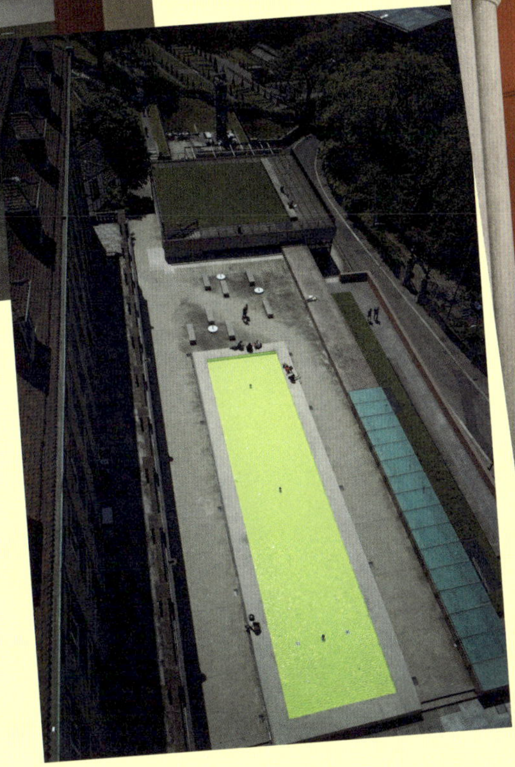

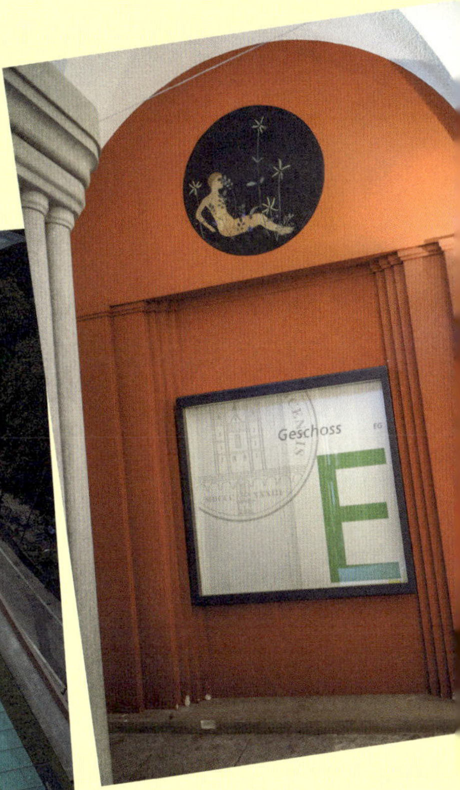

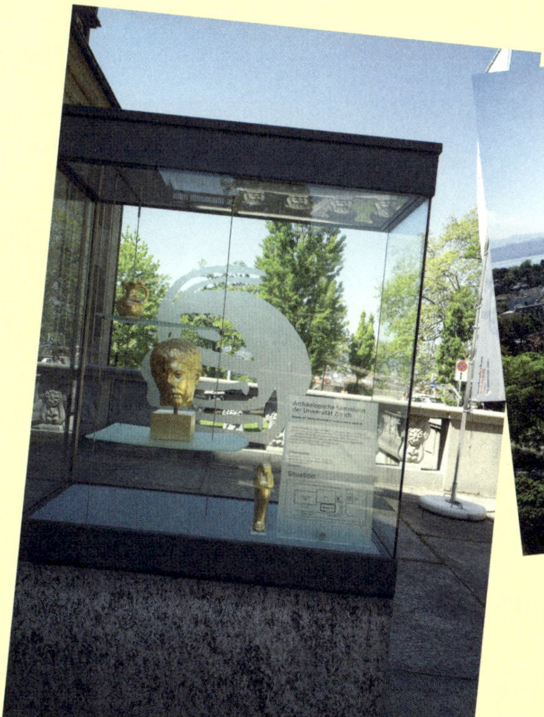

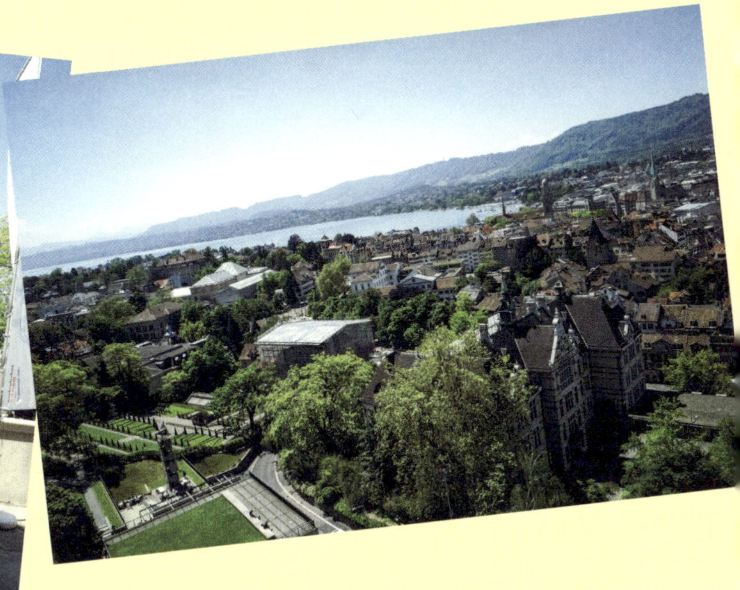

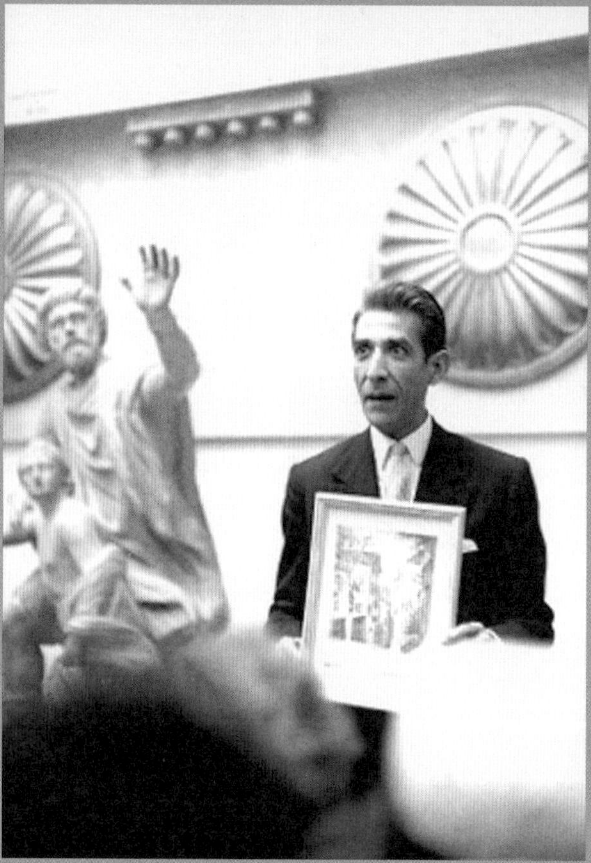

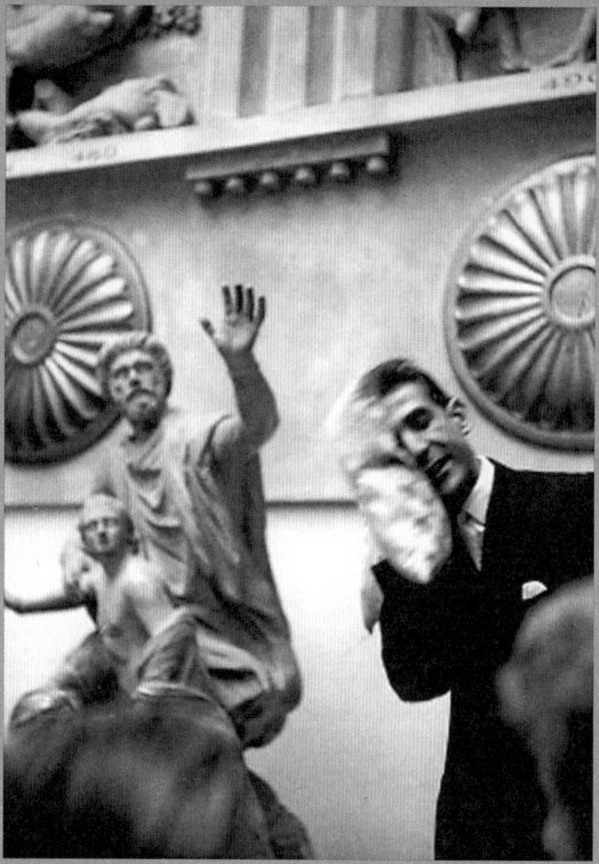

Anhang

Ausgewählte Quellentexte

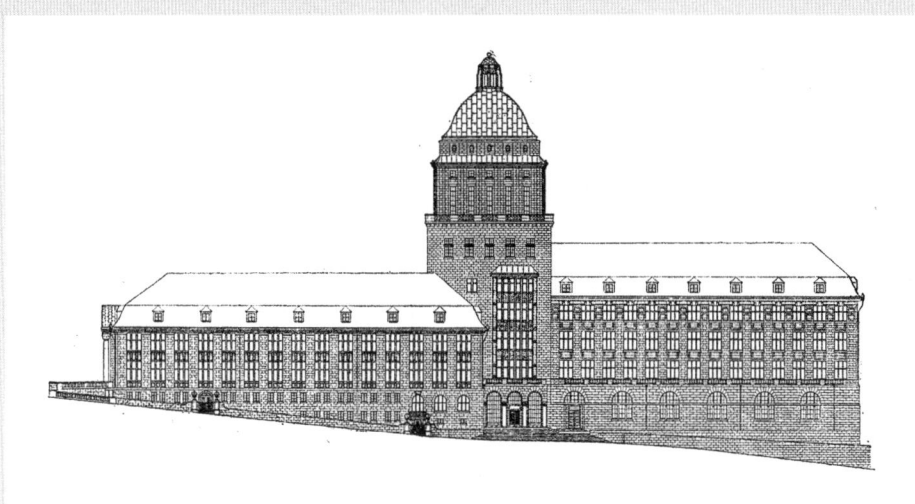

Das neue Universitätsgebäude.

Von Prof. KARL MOSER.

ES gibt nur wenige Städte in Europa, welche bezüglich ihrer Lage Zürich gleichzustellen sind, und vielleicht keine zweite Hochschule, für die ein so schön gelegener Bauplatz bestimmt wurde. Die Bodengestaltung gab Veranlassung zu einem besonders innigen Zusammenwachsen von Bauland und Bauwerk.

Der Sinn zur Ausnützung landwirtschaftlicher Vorzüge des Bauterrains ist in Zürich traditionell. Anlagen wie Rechberg, Stockarhaus, Künstlergut, Schlößli u. a. erfreuen sich heute wieder besonderer Schätzung. Bei allen diesen Bauten wurden die Terrainschwierigkeiten spielend überwunden. Garten- und Hochbauliche Anlagen schmiegen sich natürlich an das Terrain an und bilden zusammen Architekturen von hohem ästhetischen Wert. Das Künstlergut mußte allerdings dem Universitätsbau weichen, aber die Grundzüge der Anordnung jenes bescheidenen Denkmals waren auch für den Neubau maßgebend.

Die beiden Hauptteile der neuen Universität, Biologisches Institut und Kollegiengebäude sind nicht in eine Flucht gelegt. Die südwestliche Fassade des Biologischen Instituts rückt bis zur Flucht des Polytechnikums vor, während das Kollegiengebäude um etwa 35 m gegen die Rämistraße zurückgeschoben wurde. Die Gründe, welche zu dieser Anlage geführt haben, sind folgende:

1. Die Baugruppe folgt der natürlichen Bodengestaltung. Dadurch sind abnorm hohe Sockel- und Terrassenbauten an der Künstlergasse vermieden worden. Die alte Gartenmauer des Künstlergutes kann bestehen bleiben.

2. An Stelle einer über 130 m langen Fassade an der Künstlergasse sind gruppierte Baumassen getreten, welche eine architektonisch reichere und bewegtere Wirkung erzielen.

3. Durch Abdeckung der Südfassade des Biologischen Institutes wird in beiden Häusern eine Anzahl gut beleuchteter Räume gewonnen.

Karl Moser, «Das neue Universitätsgebäude», in: *Universität Zürich. Festschrift des Regierungsrates zur Einweihung der Neubauten 18. April 1914*, Zürich: Orell Füssli, 1914, S. 103–106

4. Eben dadurch bildet sich die schöne Erholungsterrasse, welche mit dem erhalten gebliebenen Teil des frühern Künstlergutgartens in Verbindung gebracht ist.

5. Das Kollegienhaus wird auf die Höhe der Rämistraße gehoben, so daß der Eingang von Osten keine Terrainbewegungen erforderte.

6. Das Kollegiengebäude erhält gegen Süden ebenfalls normale Höhenverhältnisse.

Von großer Bedeutung für die Erscheinung des Baues war die Zusammenfassung der Bauteile zu einem organischen Baukörper. Die beiden Institute sind durch den aufstrebenden Turm zusammengehalten und finden in ihm ihre Krönung und Vollendung. — Am Turm fliessen alle Körper und Linien der Architektur zusammen: hier mußte für einen harmonischen Ausklang gesorgt werden. Die Horizontalbemessungen des Turmes ergaben sich naturgemäß aus der Breite der vier sich schneidenden Gebäudeflügel, die Höhenentwicklung steht im richtigen Verhältnis zum ganzen Bau. Es ist dafür Sorge getragen worden, daß er auch durch eine eventuelle spätere Verlängerung des Kollegiengebäudes nach Süden hin seine Bedeutung nicht viel verlieren wird.

Der Turm ist ohne Absicht zu einem Wahrzeichen der Stadt Zürich geworden, indem er von Osten und Westen Strassenperspektiven abschließt, und vom See wie vom Höngger-Berg her gesehen in der Stadtsilhouette mitspricht. Die Architektur des Baues ist der Ausdruck des einmal gefaßten Grundgedankens. Die Einzelformen und Gliederungen ordnen sich in diesen Gedanken ein und sind nach sachlichen und architektonisch künstlerischen Gesichtspunkten modelliert. Wenn ein Bau gute Massenverhältnisse aufweist, so ist seine Wirkung auf den Menschen für alle Zeiten gerettet. Es kann allerdings durch die Behandlung der Einzelheiten eine weitere Wertsteigerung im ästhetischen Sinne hinzutreten. Einfachheit und Sachlichkeit sind aber die einzigen Grundlagen der Architektur.

Diese Grundsätze waren auch beim Universitätsbau maßgebend. Die Gliederung der Fassaden ist nicht durch Zufall gewählt, sondern sie ist aus dem heutigen großen Lichtbedürfnis im Innern des Hauses entwickelt. Es mußte für die Mehrzahl der Räume die Fensterlichtfläche 1/4 der Bodenfläche betragen. Daß dieses Programm durch einen Flächenbau nicht gelöst werden konnte, liegt auf der Hand. Der Pfeilerbau war die notwendige Folge dieser Bedingung. Darin liegt die Sachlichkeit der architektonischen Gestaltung. Da und dort, an den drei Eingängen vor allem ist einem bescheidenen Schmuck Platz eingeräumt worden.

Für die Reihung und Durcharbeitung der Räume im Innern waren die von der Senatsbaukommission aufgestellten Programme maßgebend. Treppenhäuser, Hallen und Sammlungsräume sind unter den gegebenen Verhältnissen mit einfachen Mitteln, so ausdrucksvoll als möglich ausgebildet worden. Hier insbesondere haben Bildhauer und Maler mitgewirkt, um durch Form und Farbe den Aufenthalt im Hause so anregend als möglich zu gestalten.

Es wäre eine schwierige Aufgabe, auf jede Einzelform einzugehen und sie im besondern verständlich zu machen. Aber darauf kommt es schließlich nicht an. Der Wert eines Baues hängt nicht von einzelnen Bauformen ab, war auch nie davon abhängig, und wer gegenwärtige Baukunst verstehen und tief erfassen will, der darf sich nicht durch klassisch gewordene alte Formensprachen in seinem Urteil beirren lassen. Man darf insbesondere nicht das Verlangen stellen, daß den heutigen Bauwerken zu ihrer Vollendung klassische Kleider umgehängt werden müssen. Ein Bauwerk ist kein Kleidergerüst fleißig erworbener Wissenschaft, sondern ein gewachsener Organismus, ein aus der Gegenwart geborener und in der Gegenwart lebender beseelter Körper. Er lebt und besteht nicht, wie man Jahre hindurch geglaubt hat und noch glaubt, durch das Detail, sondern durch die Gesinnung, aus der heraus er entstanden ist.

Von diesen Gesichtspunkten aus beurteilen wir heute wenigstens die Bauwerke früherer Zeiten. Die gegenwärtige Zeit ist weder durchdrungen von den abgeklärten Anschauungen der Griechen noch von dem unwiderstehlichen Erlösungsdrang, der die gotischen Kathedralen erschaffen hat, aber wir können es zu der monumentalen Sachlichkeit bringen, welche die Denkmäler des alten römischen Unternehmervolkes auszeichnen. Und das wäre schon viel. Dazu brauchen wir aber *eine lebendige Liebe zu der Zeit,* in der wir leben.

Wie in früheren Perioden die Architektur durch Werke der Bildhauerei und Malerei veredelt worden ist, so wurde, wie schon gesagt, auch beim Bau der Universität der schweizerischen und im besondern der zürcherischen Künstlerschaft Gelegenheit zur Mitarbeit und damit zur Entwicklung gegeben. Die Schwesterkünste haben in den vorigen Jahrzehnten schwer darunter gelitten, daß ihnen nur in geringem Maße Aufgaben größern Stils gegeben worden sind. Der Maler war auf den Rahmen seiner Leinwand, der Bildhauer nur auf die Abmessung seines Steinblocks beschränkt. Heute eröffnen sich in dieser Beziehung ganz andere, größere Perspektiven, indem den Künstlern Gelegenheit zu raumgestaltender Arbeit gegeben wird, woraus sich alle Möglichkeiten einer lebendigen Kunstentwicklung vervielfachen. Die Zusammenarbeit der drei Künste wird mit einer mächtigen Förderung der Kunsttätigkeit, positive Resultate und die Beseitigung verworrener Kunstbegriffe herbeiführen.

In drei Abstimmungen bewilligte das Volk des Kantons und der Stadt Zürich die für die neue Universität erforderlichen Mittel, im ganzen eine Summe von Fr. 5,600,000. Davon sind Fr. 4,850,000 für die Hochbauarbeiten, Fr. 550,000 für die Möblierung und Fr. 200,000 für die Umgebungsarbeiten bestimmt.

Auf das Kollegiengebäude entfallen rund Fr. 3,600,000, auf das Biologische Institut rund Fr. 2,000,000.

Karl Moser, [Zur Ausmalung der Universität]

Vorbemerkung:
Das Ergebnis des im Sommer 1913 ausgeschriebenen und im Dezember entschiedenen Wettbewerbs für die Ausmalung des Senats- und des Dozentenzimmers hatte innerhalb und ausserhalb der Universität zu heftigen Protesten geführt. Um die Dozenten über die Gründe für die Entscheidung der Jury zu informieren und ihnen Gelegenheit zu einer Stellungnahme zu geben, lud das Rektorat noch im Dezember 1913 zu einem Vortrag von Karl Moser in die Aula der Universität ein. In seinem Referat vom 10. Januar 1914 verteidigt Moser den Juryentscheid zugunsten von Paul Bodmer und Hermann Huber, wie die nachfolgende Diskussion zeigte allerdings ohne durchschlagenden Erfolg.

Vortrag und Diskussion wurden vom Rektorat in einer Mitschrift festgehalten (StaZ V II 15 a.5). Die vorliegende, leicht gekürzte Transkription des Vortrags folgt der Fotokopie von Karl Mosers handschriftlich ergänztem Typoskript im Universitätsarchiv Zürich (AC 2.3.1). Die Rechtschreibung wurde geltenden Regeln sanft angepasst, Abkürzungen wurden aufgelöst.

(Siehe auch den Beitrag von Matthias Vogel, S. 270–293, sowie die Kommentare zum Bilderatlas

[...] Es ist viel von der Zweckmässigkeit des Konkurrenzverfahrens gesprochen worden. Man glaubte, es wäre besser gewesen, die Aufträge direkt zu vergeben. Aus Künstlerkreisen kam vor und nach Konkurrenzschluss die angenehme Bemerkung, die Prämierten seien schon vorher bestimmt und der Wettbewerb nur zum Schein ausgeschrieben worden.

So ungeheuerlich diese Anklage klingt und eigentlich keiner Erwiderung bedürfte, so muss ich denn doch hier erklären, dass weder eine hohe Regierung des Kantons Zürich noch die Preisrichter sich zur Inszenierung eines solchen Theaters hergegeben haben würden. Der Beginn dieser Veranstaltung war so klar und

Vortrag in der Aula der Universität, 10. Januar 1914

ehrlich wie der Schluss. Es ist Ihnen bekannt, wer die Preisrichter waren.[1] Es darf wohl angenommen werden, dass Sie [...] auch der Meinung sind, dass eine bessere Wahl der Fachleute, der beiden Maler Hodler und Amiet, kaum zu treffen gewesen wäre.

Der Ausfall des Wettbewerbs hat eine Revolution in dem kunstfreundlichen Zürich hervorgerufen, die tatsächlich überraschend war. Es hat den Anschein gehabt, als ob alles, was in mühsamer Arbeit von Behörden, Preisgericht und Künstlern aufgebaut worden ist, wieder niedergerissen werden müsse. Es hat den Anschein gehabt, als ob derselbe Teufel wieder Umgang hielte, der die Juden dazu gezwungen hat, Christus zu kreuzigen und der im Mittelalter die Hexen durch das Volk auf den Holzstoss schleppen liess. Wir mögen daraus ersehen, wie hoch unsere Kultur im Allgemeinen gestiegen ist. Man kreuzigt heutzutage auf andere Weise und verbrennt und zerstört auf andere Art als damals, aber man kreuzigt und verbrennt eben doch und schafft sich selbst und anderen Leiden. Und wenn nun dieser Brand, was wir nicht hoffen wollen, nicht gelöscht werden könnte, so soll er eben brennen. Die Folge wird nur die sein, dass man Märtyrer schafft. Dann werden wir im Verlauf der Jahre erfahren, dass diese Märtyrer, sobald der Heiligenschein über ihrem Haupte glänzt, von ihren heutigen Verfolgern angebetet werden. Das sind Wandlungen, welche sich in den verflossenen 30 Jahren öfters wiederholt und die wir im Allgemeinen und Einzelnen erfahren haben. – Und zu diesen Erfahrungen wäre es wünschenswert, keine weiteren ähnlichen hinzuzufügen. [...]

Kunst ist die Auseinandersetzung des Individuums mit der Aussenwelt. Ein Kunstwerk das Produkt des Auseinandersetzungdranges. Dieser aus jedem Kunstwerk schreiende Schöpfungsdrang findet stets den Weg zu unserer Seele. Die Art der Schöpfung der Kunstwerke oder die Äusserung des schöpferischen Dranges wechselt in ihrer Erscheinung nach Zeit und Rasse, nach Gesinnung und Charakter der Völker und Individuen. Nun ist es eigenartig, dass gerade heute ein tieferer Zwiespalt zu klaffen scheint zwischen der Kunst von heute und der Anforderung, die die heutige Welt an dieselbe stellt. Wir sehen heute da und dort ausdrucksvolle Gegenwartskunst entstehen –, aber eine grosse Mehrheit

---

1 Das Preisgericht setzte sich aus folgenden Personen zusammen: Cuno Amiet, Prof. Dr. August Egger (Rektor), Ferdinand Hodler, Dr. Gustav Keller (Regierungsrat) und Karl Moser [Anm. der Herausgeber].

schielt stets daran vorbei nach Italien. Sie liebt Raffael, Tizian, Correggio und fürchtet sich vor Michelangelo. Warum schaut die Mehrheit nach Italien? Weil sie seit Jahrhunderten gelehrt worden ist, dass in Italien schöne, die schönsten Bilder gemalt worden sind. Sie weiss das aus den Büchern, es steht gedruckt, und die Mehrheit glaubt das aufs Wort. Sie glaubt das umso sicherer, als der seelische Wert dabei gar nicht in Betracht fällt. [...]

Die bildende Kunst der Renaissance war auch ein Produkt eines gewissen Erlösungsdranges, des Erlösungsdranges, aus der Trostlosigkeit, Charakterlosigkeit und Verwirrung der damaligen Zeit herauszukommen. Die Kunst aber ging jenen Fragen nicht zu Leibe. Sie nahm nicht Teil an dem Heilungsprozess von innen heraus. Sie liess die Krankheit bestehen und bedeckte sie mit einer glänzenden Oberfläche. Die Kunst täuschte ein glänzendes Leben vor, sie lebte ein anderes Leben, ein zweites Leben, ein Scheinleben, aber ein Scheinleben höchsten Stiles. Es wurden Heiligenbilder gemalt, ohne tiefe innere Frömmigkeit, ohne Seele; das Programm war lediglich Veranlassung zum Beweise der Könnerschaft. Man jonglierte mit den menschlichen Figuren nur aus Freude an der unvergleichlichen Könnerschaft. [...]

Wir können bewundernd vor diesem Können stehen. Aber dieses Können versagt, wenn wir nach seiner Seele suchen. Nur ein einziger Künstler jener grossen tragischen Zeit stemmte sich gegen die Leichtfertigkeit und gegen die Oberflächlichkeit! Michelangelo! Sein ganzes Werk zeigt den riesenhaften Kampf, den er als Kind seiner Zeit gegen seine Zeit geführt hat.

Und in noch einem Punkte versagt die Renaissancemalerei. Sie versagt überall da, wo sie raumschmückend, als Monumentalmalerei auftreten sollte.

Sie versagt als Wand- und Raummalerei und zwar auch hier aus demselben Grunde wie sie als ausdrucksvolle Schöpfung der Seele versagt, weil die Künstler von ihrer Könnerschaft derart berauscht waren, dass ihnen das Gefühl für Fläche und Raum vollständig abhanden gekommen war.

Vergleichen Sie die alten christlichen Mosaiken in der Markuskirche in Venedig mit denjenigen, welche die Renaissancemaler in demselben Raum entworfen und ausgeführt haben. Vergleichen Sie die Geschlossenheit eines Kuppelmosaiks mit den Kuppelmalereien der Renaissance. Vergleichen Sie eine pompejanische, romanische oder gotische Wandmalerei mit den Arbeiten der raffaelitischen und nachraffaelitischen Zeit.

Vergleichen Sie in den Uffizien in Florenz die intensiven, ausdrucksvollen Arbeiten der Frühitaliener, die im Gang ausgestellt sind, mit den Werken, die in den Sälen durcheinanderhängen. Dann werden Sie auch die Empfindung bekommen, dass es noch mächtige Werte in der Malerei gibt, die die italienische Hochrenaissance-Malerei nicht erkannt hat, die aber bestehen und nach denen stets gesucht wird, so lange Menschen auf der Erde wandeln.

Und solche Werte, die verloren gegangen sind, sind heute wieder gefunden worden, werden uns heute wieder dargeboten. [...] – Hodler ist der Vater nicht nur der schweizerischen, sondern der europäischen Monumentalmalerei. Er hat der Malerei die Wege gewiesen, die sie wieder erträglich macht, er hat ihr wieder eine Sprache gegeben; vorher war's stumm bei uns im Lande. [...]

So ist Hodler mit anderen der grosse Wegweiser geworden, dem wir nachfolgen müssen. Er hat die Fehler, welche der Kunst der letzten paar hundert Jahre anhafteten, überwunden und zwar in zweifacher Weise überwunden. Er hat seine Werke mit einer starken Seele begabt, die mit uns eine lebendige Sprache zu führen vermag. Er hat die Kunst aus der Oberflächlichkeit, aus der gedankenlosen Schönmalerei und aus dem Manierismus, die noch heute überwiegen, er hat die Kunst von den wissenschaftlichen Programmen befreit und stellt uns vor Lebenswerte und vor Schöpfungsakte. Er hat die Grenzen der Malerei, die sich in unsere Tage hinein in Rähmchen und Gefässchen ergossen hat, ins Grenzenlose erweitert. Er hat ihr die Fähigkeit wiedergegeben, Wände und Räume zu schmücken.

In seiner Malerei sind jene Grundsätze wieder verkörpert, die die wunderbaren griechischen, pompejanischen, etruskischen und Frührenaissance-Malereien erstehen liess. Er hat diese Grundsätze erweitert und populär gemacht, und es ist weder eine Sünde noch eine Schande, dass diesem grossem Wegweiser eine Menge Künstler gefolgt sind. Freuen Sie sich darüber, meine Herren! Es sind zwar nicht alle auserwählt von diesen Künstlern, die ihm folgen. Aber ich zweifle nicht daran, dass viele davon als Marksteine in der Entwicklung der Kunst stehen bleiben werden, als Marksteine welche wieder weiter weisen –.

Hodler malt uns keine griechischen Göttergeschichten vor. Er greift ins Leben und lehrt uns leben. Es weist uns die Kraft unserer Vorfahren. Er versinnbildlicht Gefühle, die unser heutiges Leben beherrschen, mit einer Kraft und einer Ausdrucksfähigkeit, die uns erschüttert, und er schenkt uns das alles in einer Einfachheit und einer Verständlichkeit, dass seine Werke wie Glanzlichter in die Verworrenheit der heutigen Zeit hineinblitzen.

Ein solcher Mann ist ein Prophet, der bestehen bleiben und sprechen wird bis in alle Ewigkeit. [...]

Die Presse hat beanstandet, dass bezüglich Verteilung der zweiten Preise kein strenges System durchgeführt worden sei. Es liegt aber in der Natur der Sache, denn die übrigen Arbeiten waren so verschieden in ihrem Charakter und in ihrem Wert, auch so weit verschieden von den zwei erstprämierten Werken, dass selbstverständlich ein einheitlicher Grundgedanke im Spruch des Preisgerichtes diesbezüglich nicht zum Ausdruck gelangen konnte. Die Vorbedingungen dazu waren nicht vorhanden.

Das Preisgericht war verpflichtet, die zweiten Preise zu erteilen, und es hat lediglich diese zweiten Preise als Aufmunterungspreise betrachtet.

Gehen wir nun auf die einzelnen Entwürfe ein. Fangen wir beim Dozentenzimmer an, wobei ich noch die Grundsätze vorausschicken will, die für die Dekoration eines Raumes massgebend sein müssen.

[...] Die Dekoration des Raumes darf und soll an die Arbeiten der Männer der Wissenschaft in keiner Weise erinnern, sondern soll ihre Gedanken in andere Sphären hineinreissen. Der Raum soll den Dozenten bieten, was ein Spaziergang in Gottes freier Natur ihnen bietet. Wenn die Räumlichkeit ähnliche Gefühle auslösen kann, so ist der Beweis offensichtlich, dass die gewählte Dekoration die höchste und beste ist.

Der Entwurf Bodmers ist der einzige unter allen eingelaufenen Entwürfen, welcher diese Gewähr leistet und welcher sich mit dem Raum des Dozentenzimmers ernstlich beschäftigt und auseinandergesetzt hat. Bodmer hat seine Aufgabe nicht darin gesucht, den Fries mit Figuren oder Ornamenten in der einen oder anderen Weise auszufüllen, er hat den ganzen Raum gesehen und sich gefragt: Wie bringe ich nun durch meine Malerei diesen Raum zusammen, wie habe ich zu verfahren, um hier eine räumliche Einheit mit der Malerei zu schaffen? Durch welche Mittel wird es möglich sein, dem Raum eine Ausdrucksfähigkeit zu geben: eine Ausdrucksfähigkeit, welche die Dozenten ablenkt, beruhigt, erhebt.

Diese Fragen hat sich keiner der anderen Bewerber so intensiv gestellt. Bodmer ist durch diese intensive Fragestellung auch zu einer intensiven Formulierung der Antwort respektive seines Entwurfes gekommen. Er hat die Wände durch die

Farbe zu einer einheitlichen Raumwirkung zusammengeschlossen. Um die Halbierungslinie der Wände, die durch die Holztäfelung geschaffen ist, auszuschalten, hat er die rote Farbe in Giebelform noch auf dem oberen Teil der Wände weitergeführt. In diesen Giebel setzt er sein Ornament. Wir müssen auch hierin nicht nach dem Sujet fragen. Wir werden aber hingerissen oder wenigstens interessiert durch die sprechenden und lebhaften Formen des Ornaments, genau so, wie es uns ergeht, wenn wir die Schönheit einer griechischen Vase, der Malerei einer etruskischen Grabkammer, einer pompejanischen Wand ansehen. […][2]

Betrachten Sie diesen Preis eben überhaupt wie alle zweiten Preise als Ermunterungspreise.

Das Senatszimmer: Die fachlichen Preisrichter waren sich bei den Entwürfen für das Senatszimmer nach reiflichem Studium durchaus klar darüber, welcher Entwurf zur Ausführung kommen müsse. Der Entwurf [Hermann] Hubers zeichnet sich vor allen anderen durch ganz klassische Einfachheit und Klarheit aus und erreicht dadurch den stärksten und sprechendsten Ausdruck. Er nennt seine Komposition *Verkündigung*. Fünf Jünglinge sind rhythmisch schön im Raum verteilt. Die Bewegungen und Situationen der einzelnen Figuren schliessen sich zusammen zu einer Formen- und Farbenharmonie, welche jeden Kenner mit Freuden erfüllen muss. […]

Wir wollen aber bei der Beurteilung des Huberschen Bildes nicht nur bei dem Materiellen stehen bleiben. Das Bild ist eine Verherrlichung des Jünglingsgedankens, der männlichen erwachenden Jugend. Es ist gar nicht daran zu zweifeln, dass Sie hochgeehrte Herren in längerer Betrachtung von diesem Bild ergriffen werden. Besitzt denn ein solches Bild nicht die höchste Eignung für ein Senatszimmer. Stellt es den Herren, die sich dort aufhalten, nicht die empfangende, erwachende und erkennende Jugend vor Augen. Die Jugend und den ewigen Frühling, das ewige Leben, das sich der Lehrer erhalten soll. […][3]

Der Wettbewerb ist nicht nur eine künstlerische, sondern auch eine juristische Angelegenheit. Es wurde ausgeschrieben, um positive Resultate zu erhalten unter der Bedingung, dass die zwei erstprämierten Entwürfe die Ausführung zu vorher bestimmtem Honorar erhalten werden. Diese Sache ist so klar gehandhabt wor-

---

2   Im Folgenden wird die Zurückstufung der Wettbewerbseingaben von Arnold Loup und eines weiteren, nicht namentlich erwähnten Künstlers für das Dozentenzimmer begründet.
3   Es folgen Angaben zu heute nicht mehr greifbaren Entwürfen von Eduard Stiefel und Otto Séquin für das Senatszimmer.

den, dass eine andere Deutung oder eine andere Auslegung oder ein anderer Vollzug dieses Vertragsparagraphen einfach undenkbar ist. Eine Jury von ernsthaften Fachleuten hat gesprochen: Die Architekten des Hauses, die durchaus nicht die Absicht haben, ihr Haus – wie es im Tagblatt hiess – verunzieren zu lassen, sind glücklich über die Wahl der trefflichen Mitarbeiter Huber und Bodmer, die durch den Wettbewerb gewonnen worden sind.

Also meine Herren! Haben Sie Vertrauen! Vertrauen in die Bauherrschaft, in die Baudirektion, in die Regierung des Kantons Zürich. Entziehen Sie den Architekten des Hauses das Vertrauen nicht und bringen Sie den jungen Künstlern, die im schweren und heissen Ringen um die Kunst ihre Jugend verbracht haben, Ihr volles Vertrauen entgegen, sie verdienen es. Damit fördern Sie den Bau, die Kunst und die Künstler.

Mit dem Vertrauen, das Sie schenken wollen, machen Sie sich und die anderen glücklich.

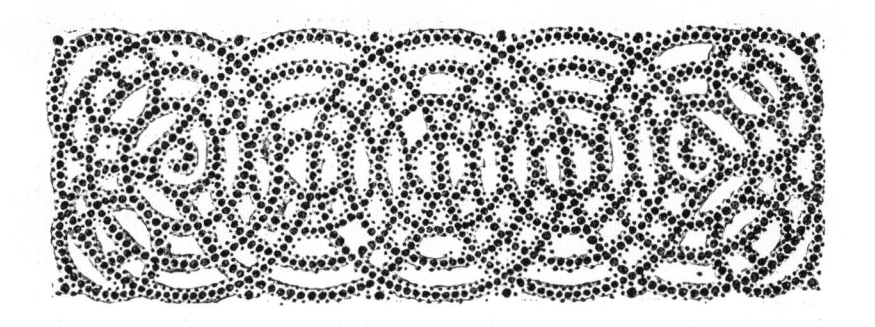

DIE MALEREIEN IM NEUEN ZÜRCHER UNIVERSITÄTSGEBÄUDE.

Stadt und Volk von Zürich haben vor kurzem neben die weit über Land und See hinschauende Eidgenössische technische Hochschule Gottfried Sempers den Neubau ihrer kantonalen Universität hingestellt, zu dem man auch in künstlerischer Hinsicht die Urheber und ihre Helfer aufrichtig beglückwünschen darf. Karl Moser hat den gefährlichen Wettbewerb mit dem klassisch-strengen Nachbargebäude klüglich vermieden, indem er im Gegensatz zu der griechisch-italienischen Symmetrie der Semperschen Front zwei ungleiche, wie zufällig zusammentretende moderne Fassaden, eine vorspringende und eine zurückweichende, schuf und durch den sie verbindenden mächtigen Turmbau der ruhig wirkenden Masse des Polytechnikums ein bewegteres Gegengewicht gab. Im Innern des eigentlichen Vorlesungsgebäudes überrascht der gewaltige Lichthof, der zugleich der Antikensammlung eine sehr würdige, gutbeleuchtete und dem Auge von überall her zugängliche Heimstätte bietet und auf allen Seiten, drei Stockwerke hoch, von lichten Wandelgängen umgeben ist, welche den Zugang zu den Sälen und Zimmern vermitteln. Dass es in Gängen und Gemächern an keiner der modernen Einrichtungen für Licht und Wärme, für Erfrischung und Reinlichkeit fehlt, versteht sich in dem Staatsbau der „regen Zürich" und ihres rührigen und praktischen Volkes von selber und könnte sogar bei den Schwesteranstalten im Vaterlande, die mit solchen Bauten in bescheidenerer Weise vorangegangen sind, einen leisen Neid erregen.

Ferdinand Vetter, «Die Malereien im neuen Zürcher Universitätsgebäude», in: *Wissen und Leben* 9 (1916), S. 345–352

Man hat nun mit Recht zu der bauenden auch die bildende und die malende Kunst herbeigerufen, die hohe Schule des Landes zu schmücken, der bildungbeflissenen Jugend Anregung und Ergetzung zu bieten und gleichzeitig die zahlreichen jungen Künstler der Heimat zu beschäftigen. Dabei ward, wie es heißt, dem verdienten Architekten von dem Leiter des Unterrichtswesens in der Zuteilung und Ausführung der einzelnen Arbeiten völlig freie Hand gelassen. Die zahlreichen meist in Kunststein ausgeführten Bildnerarbeiten des Äußern und des Innern — von den beiden riesigen Gestalten des Mannes und des Weibes am Eingang des Biologischen Instituts bis zu den Figuren und Figürchen an den rauschenden Brunnen, die bis in die obersten Räume hinaufgehen — sind zumeist tüchtige, ernste Leistungen gereifter Kunst, die etwas Eigenes zu sagen haben und auch uns etwas sagen. Auch das von den Professorenfrauen gestiftete Brunnenmosaik, auf dem sich bei längerem Hinsehen von einem etwas aufdringlichen Goldgrund zwei schwarze Frauen loslösen, die den Baum der Wissenschaft begießen, erfreut wenigstens durch den hübschen, dem Ort und Zweck angepassten Gedanken.

Die eigentlichen Malereien aber haben uns fast durchweg einen Eindruck gemacht, von dem wir nicht schweigen können, weil uns da das Massenbeispiel einer für die Zeit bezeichnenden Verirrung der Kunst vorzuliegen scheint, das wir besonders um des Ortes willen, an dem es auf die bildsame Jugend des Landes wirken soll, nicht leicht nehmen können, wenn es uns auch nur als Schweizer angeht und wir weder als akademischer noch als politischer Bürger von Zürich das Recht einer Besprechung haben.

Wir haben bisher noch keine eingehende Kritik über die Gemälde der Herren Baumberger, Bodmer, Huber, Pfister und wie sie sonst noch heißen, gelesen und nur sagen hören, dass von den Studierenden in einem der Wandelgänge mit Stöcken und Regenschirmen eine handgreifliche Würdigung ihrer Arbeiten geübt worden sei, die zur Entfernung der verwegensten unter diesen Malereien geführt habe. In der Tat sieht man jetzt dort, wo im vorigen Jahr ein wirres Chaos von verzeichneten Pferdekruppen und von weiblichen Gestalten in Form von zweischwänzigen Rüben die Wände füllte, die Mauern mit rotem Stoff bespannt, von dem sich die teilweise monumental aufgebauten kunststeinernen Türgerichte nun weit wirksamer als von dem damaligen Farbengemüse abheben. Und jene Malereien sollen bereits die zweite verbesserte Auflage eines ersten „Schmuckes" dieser Art gewesen sein! Aber des Seltsamen, gewaltsam Unschönen ist in Gängen und Zimmern heute noch genug. In einem offenen Vorraum, zu dem sich ein Gang des Mittelgeschosses erweitert, im schönsten von Süden einfallenden Licht, sieht man an der Wand in einer grünen Landschaft eine Anzahl nackter Jünglinge stehen und sitzen, die einem in ihrer Mitte zuzuhören scheinen: ein „Gymnasium" im wörtlichen griechischen Sinne, aber jedenfalls ein modernes Gymnasium ohne Griechisch, mindestens ohne griechische Schönheit! Diese Figuren sind von einer so abschreckenden Hässlichkeit, insbesondere von einer solchen Magerkeit und Muskellosigkeit, dass eine spätere Zeit, wenn sie daraus auf die körperliche Beschaffenheit unserer heutigen Jugend schließen wollte, diese für ein Geschlecht von lauter Auszehrenden halten müsste. Dazu kommt eine willkürliche, von der Natur eigensinnig abgewandte Zeichnung und Färbung: dicke schwarze Umrisslinien des licht- und schattenlosen, ziegelroten Menschenkörpers, den wir sonst in der Wirklichkeit mit unsern Augen sanft gerundet und seitlich erhellt in die umgebende Luft übergehen sehen; Arme und Beine überschlank und falsch in ihren Gelenken sitzend, wie etwa an verrenkten Gliederpuppen — und diese unerfreuliche Gesellschaft soll nun in Zukunft während der Unterrichtspausen die Augenweide der jungen studierenden Männer und Frauen bilden! Zur Erheiterung nach trockenen Vorlesungen mag sie ihnen dienen; aber das war doch kaum die Absicht des Malers und der Besteller.

„Der griechische Künstler bildete nichts als das Schöne", meinte einst der gute Lessing, da er die klassischen Werke als Vorbilder pries; von den heutigen Schweizer Künstlern müsste er wohl das Gegenteil melden. Und was er von dem Einfluss schöner Bildwerke auf die werdenden Mütter und das künftige Geschlecht sagt, müsste für den Nachwuchs der Beschauerinnen dieser Bilder das Schlimmste erwarten lassen.

In den Zimmern, besonders der verschiedenen Seminarien, feiert die neue Kunst noch größere Triumphe. Im Kunsthistorischen Seminar sieht man — wie es scheint, als Darstellung der drei schönen Künste — die ausgewählteste Sammlung von Hässlichkeiten beiderlei Geschlechts beieinander: die Weiber besonders mit gesuchter Vermeidung alles dessen was gefällt und erfreulich ist — flachbrüstig und fleischlos, mit geradlinigen, ewig unfruchtbaren Hüften; die Männer mit geflissentlicher Schaustellung der hässlichsten Teile, aber ohne Muskeln, ohne Knochen, gleich als gölte es, die beiden Geschlechter recht voneinander abzuschrecken. Von Seelen in diesen unmöglichen Leibern, von Augen in denen sich uns die Seele spiegelt, von Händen etwa auch, in denen sie ihre Bewegungen aussprächen — keine Spur oder höchstens eine unbeholfene Andeutung. Das sind nun unsere modernen Künstler, die Raffael einen Schönheitskomödianten nennen dürfen, wie leider Nietzsche einmal im Unmut Schiller als den Moraltrompeter von Säckingen zu bezeichnen wagte: sie mögen sich hüten, dass man sie nicht einst als Hässlichkeitsclowns, als Perversitätssackpfeifer von Hameln belache! Anders als mit dem fremden Wort pervers vermag ich ihre Geistesrichtung mir nicht zu erklären.

Im Deutschen Seminar wälzen sich, die Füße gegeneinander gestemmt, zwei auf rotem Grunde lungernde knallblau gewandete Weiber, hilflos einarmig, zwischen fliegenden Möwen und sich kratzenden Hunden herum; sie hielten, sagte man uns, ursprünglich den einen Arm vor sich auf dem Schoß, was an Bauchweh gemahnte, worauf der Künstler flugs jenen Arm amputierte. Eine andere Wand desselben Raumes zeigt ein vor Magerkeit schlotterndes, nacktes männliches Scheusal zwischen zwei rücklings auf dem Boden liegenden Männern in roten Fräcken und Hosen, mit unendlichen Beinen und gänzlich verkümmerten Füßchen. Darunter steht in schönen Glasschränken die wertvolle Bibliothek, die aus dem Nachlass Jakob Bächtolds für das Deutsche Seminar erworben worden ist. Die Kraftworte möcht' ich hören, die der ehemalige Eigner dieser Bücher, oder die der frühere Leiter des anstoßenden Kunstgeschichtlichen Seminars, Rudolf Rahn, für die heutige künstlerische Ausstattung der Pflegestätten der deutschen und der Kunstwissenschaft — oder vielmehr für die Entwürfe dazu, denn weiter wäre es unter ihnen nicht gekommen — in Bereitschaft gehabt hätten!

Wird man diese Malereien auch in Nachbildungen vervielfältigen und verbreiten, wie man es doch von einem ernsthaften und wertvollen Innenschmuck der Räume eines Staatsgebäudes erwarten dürfte? Ich glaube, man wird sich davor hüten.

Im Historischen Seminar steigen über dem Getäfel an drei Wänden in dreifacher Wiederholung je zwei mächtige geflügelte Fabelungetüme mit kreisrunden gelben Tupfen auf dem weißen Fell gegen eine mit Glotzaugen und verschränkten Armen blödsinnig dasitzende Mittelfigur an: riesige Vergrößerungen einer kleinen irischen Miniatur, wie man uns sagte; was sie mit der Bestimmung des Raumes zu tun haben, ist uns nicht klar geworden. Das Romanische Seminar war anfangs sehr anspruchslos, fast kindlich, mit bloßer Flächenbemalung belebt: an der Decke blaugelbe Kassetten, an den drei blinden Wänden je ein senkrechter blauer Streif; während der Ferien des Seminarleiters, und in Widerspruch mit einer ausdrücklichen Abmachung, wurden diese Streifen mit drei schemenhaften menschlichen Figuren ausgefüllt, die, in Säcken von Segeltuch steckend, sich mit magern Armen und Steckenbeinen daraus zu befreien suchen. Als der zurückkehrende Professor diese zweifelhaften Allegorien wissenschaftlicher Arbeit oder was sie sonst sein sollten, sich nicht wollte gefallen lassen, drohte der Künstler, an dem Tage da sie entfernt würden, sich zu erschießen, sodass sie bis heute geblieben und die künftigen Werke ihres Meisters für die Nachwelt gerettet sind. Der Vorsteher des Englischen Seminars hat bei sich die Beseitigung ähnlichen Schmuckes riskiert und sein Vorgehen im Großen Rat unter allgemeinem Beifall gerechtfertigt.

Auch die noch im Entstehen begriffenen Malereien des Senatssaals und eventuell des Dozentenzimmers kamen unserm zurückgebliebenen, leider meist nur an den großen Künstlern und Schönheitskomödianten der Vorzeit geschulten Geschmack fast durchweg als Anzeichen eines allgemeinen Tiefstandes der gegenwärtigen Kunst vor. Zwei große Gemälde auf Leinwand in jenem Saale, die zu einem Zyklus der vier alten Fakultäten zu gehören scheinen, dünkten mich gut komponiert, aber in der äußerst verwischten Ausführung — obwohl mir das Gegenteil versichert ward — völlig unfertig, lediglich untermalt, und in diesem Zustande wertloser als das schöne gemaserte Eschenholz, über das sie hingespannt sind. In dem andern Gemach ist der breite Mauerstreif über dem Getäfel zum Glück erst mit Papier in nüchternster lotrechter und diagonaler Einteilung überklebt, woran in den Ecken und über der Tür die Vorschmäcke künftiger Kunstgenüsse aufgehängt sind. Dort in blauen Rundfeldchen unmögliche, geradlinig senkrecht schwebende menschliche Figürchen, an deren magern Leibchen sich magere Stämmlein und Zweiglein emporranken, — hier ein blaues schwindsüchtiges Mädchen hinter einem magern saubern Tischlein sitzend und mit den aufgestützten magern Händchen zwei magere Blümelein sich gerade vor das Gesicht haltend, — daneben auf die Flächen verstreut da und dort ein schülerhaft gezeichnetes Baumblättchen oder Fruchtschälchen... heiliger Albrecht Dürer! der du dich vor vierhundert Jahren so redlich bemüht hast um die edle deutsche Kunst des Zeichnens nach der Natur und um die Kenntnis der „menschlichen Proportion" und dein ganzes Leben lang weder von deiner Vaterstadt noch von deinem Kaiser einen Auftrag erhalten konntest wie hier diese jungen Schweizer Künstler! Für sie hast du vergeblich gelebt und deine Warnung erhoben: „Geh nicht ab von der Natur in deinem Gutdünken, dass du wolltest meinen, das Bessere aus dir selbst zu finden, denn du würdest verführt."

Der große Verführer unsrer Verführten aber soll hier erst noch zum Worte kommen: die gewaltige weiße Fläche, auf die in der einfach vornehmen Aula der graue Marmor der Wände bereits als wirkungsvoller Rahmen gestimmt erscheint, wird ein Riesengemälde Ferdinand Hodlers erhalten. Die rücksichtslose Kunst seiner großzügigen Charakteristik wird sich darin zweifellos ebenso wirksam bewähren, als seine Gleichgiltigkeit gegen die Natur wiederum einen ganzen Kometenschweif von Nachahmern hinter sich herziehen wird, die niemals — was er selbst früher doch konnte! — zeichnen gelernt oder dann ob dem Kennzeichnen das Zeichnen verlernt haben. Und die werden uns weiter in unsern Museen und Staatsgebäuden, neben den Praxiteles und Holbeins, den Kollers und Böcklins, im Zeitalter der Farbenphotographie und der Röntgenstrahlen menschliche und tierische Gestalten zu bieten wagen, ob denen die mit Feuerstein und Hirschhorn zeichnenden Höhlenmenschen vom Kesslerloch und vom Schweizersbild sich in ihren Gräbern umdrehen würden, wenn sie das angesichts unserer heutigen Menschen- und Kulturvernichtungsmaschinen nicht längst verlernt hätten.

Und darin sehen wir eine ernstliche Gefahr für unsre Jugend und unser Volk, eine künstlerische, ja auch eine soziale, eine politische Gefahr: die Gefahr der Entfremdung zwischen der Kunst und Wissenschaft unsrer hohen Lehranstalten und dem Volke, das diese Anstalten geschaffen und bisher unterhalten hat. Will man das arbeitsame und nüchterne, aber für große und schöne Dinge stets opferbereite Zürcher Volk durch solche gewagte Versuche mit der neuesten Kunst von seiner obersten Bildungsanstalt und deren lehrenden und lernenden Gliedern gewaltsam zurückschrecken, oder hofft man es mit dieser aus seinem Gelde bezahlten Ausstattung seiner Universität für diese neue Kunst zu gewinnen? Wir haben dieses Volk einst wohl gekannt bei seiner strengen Arbeit für Korn und für Wein, für Heu und für Holz zur Sommers- und zur Winterszeit, für Tisch und für Kleiderschrank das lange Jahr durch; wir sehen es heute mit gleichem Ernst und Fleiß sich mühen die Woche entlang am sausenden Webstuhl und in der dröhnenden Werkstatt, sehen es am Feiertag oder vaterländischen Erinnerungsfest einfacher Geselligkeit und bescheidener Kunstübung, frohen Wanderns und edlen Waffenspiels im schönen Heimatland und für die liebe Heimat sich erfreuen. Was soll dieses Volk mit der neuen Kunst anfangen, die bereits in unsern Kunsttempeln herrscht und die ihm nun auch an der höchsten Bildungsstätte seiner Jugend als die allein wahre und berechtigte geboten wird, — einer Kunst, die allem Heimatlichen, allem Vaterländischen sorgfältig aus dem Wege geht, alles dem Volke Verständliche, alles bisher für schön Gehaltene geflissentlich meidet und die dieses unser Volk doch aus seinen bescheidenen Mitteln nach seinen Begriffen hoch, bei den vielfachen Änderungen und Neubearbeitungen vielleicht doppelt und dreifach, bezahlen muss?

Sind wir einseitig und beschränkt, zurückgeblieben und altmodisch, wenn wir diese wurzel- und heimatlose Kunst, diese Kunst des bloßen Ausdrucks, der leeren Farben- und Linienwirkungen, des eigensinnigen Verzichtes auf Naturwahrheit und Verständlichkeit, nicht verstehen und für unsre öffentlichen Gebäude ablehnen? wenn wir hoffen, dass das furchtbare, aber auch reinigende Kriegsgewitter diese Kunst mit manchem ihr Verwandten, wie dem Wagnerschen Musikdrama und seiner Nachkommenschaft, als böse Dünste einer im Überfluss versumpften Gegenwart hinwegfegen werde?

Sei's drum: wir wollen gern, als böotische Verkenner neuer Limmatathenischer Kunst, durch Widerspruch, der ja bekanntlich ein tüchtiges ehrliches Streben nicht aufhält, sondern anspornt, die Pflege dieser Kunst gefördert haben, wenn etwas Gutes und Lebensfähiges an ihr ist. Das wird auch wohl der Fall sein, und wir sehen es vielleicht nur nicht ob all dem Verkehrten und Hässlichen, was jetzt noch damit verbunden ist und was wohl auch andere mit uns so empfinden, ohne dass sie es sagen.

Aber als wir, wieder vor der stolzen Burg der Wissenschaft stehend, die das Volk von Zürich sich zum Ehrenmal aufgebaut, über den See her im klaren Wintertag die schimmernden Schneeberge schauten; als wir heruntersteigend kräftige feldgraue Jünglinge den Bahnhof bewachen, einkehrend glänzende Mädchenaugen in der goldnen Abendsonne aufleuchten sahen: da hielten wir es doch wieder mit den Priestern und Kündern der Schönheit, die seit Jahrtausenden diese ihre hohe Göttin in der Natur und im Menschen gesucht und gefunden haben und sie zu schauen, wiederzuschaffen und zu preisen nicht müde geworden sind, hielten es wieder mit Heimat, Vaterland, Jugend, Schönheit, Schönheit! und mit allem was der gealterten Welt heute abgebraucht und altmodisch erscheint:

„Trinkt, o Augen, was die Wimper hält,
Von dem goldnen Überfluss der Welt!"

BERN, zu Neujahr 1916   F. VETTER

◻ ◻ ◻

WEGE ZUR KUNST

Die Ausführungen des Herrn Prof. F. Vetter in Bern über die Malereien im Zürcher Universitätsgebäude (*Wissen und Leben* vom 1. Febr. 1916) erheben gewiss keinen Anspruch auf Originalität und es ist deshalb begreiflich, dass die fachmännische Kritik ohne weiteres über sie hinweggeht. Aber gerade dass sie sich in Gedankengängen und Wendungen bewegen, die nachgerade stereotyp geworden sind, macht sie so ungemein charakteristisch. Und nicht weniger charakteristisch für die künstlerische Kultur unserer Tage ist es, dass sie mannigfache Zustimmungen gefunden haben. Deshalb sollen sie doch an dieser Stelle — wenn auch nur von einem Laien — erwidert werden.

Nach seinen Ausführungen ist es eine ernste Sorge, die Herrn Vetter die Feder in die Hand gedrückt hat, die Sorge um Volkskultur und Volkskunst. Er befürchtet eine Entfremdung zwischen der Kunst und dem Volke. Die Kunst soll dem Volke erhalten bleiben. Man liest's nicht ohne Erstaunen. Somit war unser Volk offenbar bis anhin im glücklichen Besitz der Kunst! Deshalb kann denn auch eine Kunst nicht gedeihen, die alles von ihm „bisher für schön gehaltene geflissentlich meidet". Wenn dem so wäre, liesse sich wohl das Kunstproblem unserer Zeit lösen durch die Besinnung auf das Schönheitsempfinden des Volkes. Aus diesem unversieglichen Born mag die Kunst trinken und sie wird gesunden.

In Wirklichkeit steht es ganz anders um dieses Kapitel: *Kunst und Volk*. Gewiss, es gab eine Zeit, wo die Verbindung zwischen den beiden die denkbar engste war. Das war in Zeiten geistiger, kultureller Homogenität des Volkes. In unsern mittelalterlichen Städten blühte ein Volkstum von geschlossener, durch fremdartige Einflüsse wenig beeinträchtigter Eigenart. Der geistige Besitz war ein ruhiger, gefestigter. Vor allem war es die gleiche Religion, welche die Volksgenossen verband, welche einen Fonds künstlerisch fruchtbarer Vorstellungen vermittelte und welche die Gemüter beherrschte. Wie Volk und Religion bildeten auch Volk und Kunst eine lebendige ursprüngliche Einheit. Der moderne Individualismus hat die Volksreligion zerrissen und an die Stelle der Masse die Persönlichkeit, an die Stelle des Volksglaubens die persönliche Überzeugung und Empfindung gesetzt, freilich damit vielfach auch eine *Entfremdung* zwischen weiten Schichten des Volkes und der Religion herbeigeführt. Mit der *Kunst* verhält es sich *genau ebenso*.

Nach allen Gesetzen geistiger Differenzierung musste die alte ursprüngliche Volkskunst entschwinden. Erst in der seitherigen Kunstgeschichte entfalteten sich die größten Künstlerindividualitäten. Aber jener innige Kontakt mit der breiten Masse ist dahin. So wenig wie es heute noch eine einzige Religion für alle Glieder des Volksganzen geben kann, so wenig eine Kunst, deren Verständnis sich allen unmittelbar erschlösse. Gewiss, auch für die Persönlichkeit des Künstlers liegen nach wie vor die starken Wurzeln ihrer Kraft in der Gemeinschaft, im Volke, in der Menschheit. Aber der Schaffende spricht nunmehr seine eigene Sprache, die ganz anders klingen kann als die Vulgärsprache und die nicht ohne weiteres von jedermann verstanden wird. Der Abstand der Persönlichkeiten, der gebenden und der nehmenden, wird immer größer. Dabei kann der Künstler nicht zu uns kommen. Er kann nur seinem *eigenen* Empfinden folgen. Sein Forum liegt allein in seiner Seele. Billigerweise werden wir uns bequemen müssen, zu ihm zu gehen. Unsere Aufgabe wird es sein, aufzulauschen, uns einzustellen auf die neuen Laute, Sinn und Geist in dankbarer Empfänglichkeit aufzuschließen.

Aber diese allgemeine, psychologisch notwendige Entwicklung hat in der Neuzeit und zumal im 19. Jahrhundert durch eine Reihe von besondern, zeitlich bedingten Faktoren, noch eine ganz besonders verhängnisvolle Wendung genommen. Schon die äußere Gestaltung des Lebens war geeignet, das Kunstverständnis im Volke zu verkümmern. Die wirtschaftlichen Verhältnisse zwangen die Mehrzahl der Menschen, in gemieteten Räumen zu wohnen, in Häusern, in Gassen, in Quartieren, in denen alles ästhetische Empfinden erlahmen musste. In diese Wohnungen mussten Fabrikmöbel gestellt werden — das Kunstgewerbe kapitulierte vor der Industrie. Den Wandschmuck bildeten schlechte Reproduktionen und Öldrucke — da musste auch die Kunst kapitulieren. Aber mehr noch als diese äußere Gestaltung war es der materialistische Geist der Zeit, die Machtgier, der Tanz ums goldene Kalb, die Veräußerlichung des Lebens, welche das naive Kunstempfinden erstickten. So führte denn die Entwicklung dazu, dass für alle künstlerischen Fragen das Volk in weitesten größten Teilen schließlich elendiglich auf den Hund gekommen ist.

Deshalb darf und kann die Kunst nicht auf das verwiesen werden, was das Volk „bisher für schön gehalten hat". Es kann aber auch nicht unsere Sorge sein, die Kunst dem Volke zu *erhalten,* sie muss vielmehr dahin gehen, sie ihm *wiederzugeben.* Aber wie? Ein eitles Beginnen wäre es, das Volk durch die Kunstgeschichte zur Kunst zurückführen zu wollen. Da helfen nun einmal alle die großen Schutzheiligen nicht, nicht Praxiteles und nicht Holbein, nicht Raffael und nicht Dürer. Denn trotz aller Ewigkeitswerte, die in den Werken dieser Meister liegen — auch die Größten sprechen die Sprache ihres Landes, ihres Volkes, ihrer Zeit, ihrer Stunde. Gerade die Kraft des Schöpferischen und Bildnerischen, das lebendige ursprüngliche Empfinden, das sich in der Tat auslöst, muss jede Zeit an sich selbst erleben, oder sie wird es ewig nie erleben. Deshalb kann eine wirkliche Anteilnahme des Volkes und eine künstlerische Gesundung des Volkes nur durch unsere eigene, junge Kunst herbeigeführt werden. Und wer nicht blind ist, erschaut das Wunder. Wir leben schon mitten drin. Man besinnt sich wieder auf seinen eigenen Geschmack und beginnt sich danach wieder wohnlich einzurichten. Schon wandern zahlreiche langweilige schlechte Reproduktionen ins Feuer und an ihre Stelle treten ausgesuchte Erzeugnisse der gegenwärtigen Kunst, über deren „allgemeinen Tiefstand" man sich so sehr beklagt. Bilder, Steindrucke und Holzschnitte von heute breiten einen Glanz junger Schönheit um sich aus. Schon ist Hodlers *Marignano* ein Künder neuer Schöpferkraft für alles Volk geworden. Freilich heute will gerade dieses Werk niemand mehr befehdet haben. Die meisten haben es „von Anfang an" schön gefunden — vor Tisch las man's anders! Vor allem beginnt unser Volk wieder in ganzen Scharen in unsere Kunsttempel zu pilgern, in denen bekanntermaßen ja „bereits die neue Kunst herrscht". Wie ganz anders nehmen sich doch die heutigen Besuchsziffern aus als diejenigen aus der guten alten Zeit vor einigen Dezennien, in welcher sich unsere Schönheitsprediger nicht über die moderne Kunst aufzuregen brauchten.

Wer es also mit der Kunst für das Volk ernst meint, sieht sich vor die Aufgabe und die Pflicht gestellt, *diese junge Ent-*

wicklung nach Kräften zu fördern. Unmöglich aber kann dies dadurch geschehen, dass jeweilen gerade die jüngste Kunst befehdet und den alten Schönheitsgöttern Weihrauch gestreut wird. Gewiss, die *Schönheit* ist der Bereich der Kunst. Aber ebenso gewiss ist, dass unter Berufung auf die Schönheit noch jede neue Kunstrichtung bekämpft worden ist. Im vornherein darf derjenige, der sich über die angeblichen Hässlichkeiten der heutigen Kunst empört und nach der „Schönheit" ruft, ganz sicher sein, dass dann ein jeder *die* Schönheit einsetzt, die *er* meint, und wär's eine noch so süßliche, hohle, verlogene, unwahre, unlebendige Schönheit. Freiheit, die ich meine! Für die Neubelebung der Kunst im Volke ist damit gar nichts gewonnen. Vielmehr droht diesen Rufern im Streite Gefahr, dass sie sich, ohne es zu wollen, in den Dienst der schwärzesten Kunstreaktion stellen. Genau das ist denn auch mit jenem Proteste der Zürcher Professoren vom 10. Januar 1913 geschehen. Es musste einem in der Seele wehtun, zu sehen, in welche Gesellschaft wir da geraten waren und wer alles sich nun mit Behagen auf uns berief. Wir haben in Zürich manch einen Künstler, den man gerne auch in der neuen Universität anträfe, und von dem wir bedauern, dass er nicht auch herangezogen werden konnte. Man kann auch ein Gefühl der Unzufriedenheit in diesem Kreise sehr wohl begreifen. Aber an der ganzen Protestbewegung haben sie alle sich doch nicht beteiligt oder sie haben sich doch sehr rasch wieder von ihr zurückgezogen — aus sehr begreiflichen Gründen. Sie wollten nicht in dem Ding sin. Denn auch sie sind Künstler von heute und es konnte ihnen nicht entgehen, dass hier sich Mächte regen, denen sie nicht Vorschub leisten durften, ohne nicht auch ihr eigenes Werk zu gefährden.

Aber noch weniger darf man glauben, dass die Verweisung auf das Schönheitsideal für die *Entwicklung der Kunst selbst* von irgendwelchem Belang wäre. Im vorneherein gibt es doch der Schönheitsideale unendlich viele. Selbst eine zeitlich und national geschlossene Entwicklungsperiode weist die verschiedensten Schönheitsvorstellungen auf. Die Geschichte der italienischen Renaissance ist die Geschichte von Wandlungen des Schönheitsempfindens dieser Zeit. Bekanntlich gab es auch in ihr eine Periode, welche eine Vorliebe für überschlanke, dünne und eckige Figuren hatte und alle Größe und Schönheit in der Einfalt und stillen Innerlichkeit suchte. Aber mit der Antike und der Renaissance ist es überhaupt nicht getan. In dem Aufsatz des Herrn Vetter haben noch Holbein und Dürer, Koller und Böcklin Gnade gefunden. Aber wo bleibt die Gotik mit ihren knorrigen, eckigen, in die Länge gezogenen, oft so „hässlichen" Gestalten? Und wo bleiben die Welten von Rembrandt und von Franz Hals und von Grünewald, Welten voller „Hässlichkeiten" — „mit gesuchter Vermeidung alles dessen, was gefällt und erfreulich ist" — und doch Welten von unendlichem Reichtum, von erschütternder Tiefe, von unerhörter „Schönheit". So hatte jede Zeit und jede Kultur ihr eigenes Schönheitsideal. Aber auch dieses wurde erst mit den Werken selbst geboren. Es steht fertig vor uns — den Epigonen. Die schöpferische Zeit aber hat nicht nach einem Schönheitskanon gearbeitet, sie hat diesen vielmehr immer wieder *zerbrochen*. Sie hat vielmehr dem Tiefsten, was in ihr lebte, den tiefsten Ausdruck verleihen wollen. Daraus entstand dann immer wieder ein neuer Stil, eine neue Schönheit. So lag die Schönheit für den Künstler, für den Schaffenden immer wieder *vor* ihm, nicht *hinter* ihm. Und heute sollte es anders sein, in einer Zeit, die ihre Nöte hat, ihre Gipfelpunkte und stolzen Höhen und — wie wir nunmehr zu unserer Beschämung wissen — mehr noch ihre abgründige Tiefe, wie nur irgend eine? Wirklich — heute nach all' den eindringlichen Lehren der lebendigen Menschheitsgeschichte wagt es der Mann der Wissenschaft und dazu noch der Vertreter einer historischen Disziplin den Künstlern die „Schönheit" zu predigen und erhofft davon Gutes für das lebendige Leben. „Wo es sich um das Leben handelt, ist der Begriff allein immer ein totes halbes Ding."

Gewiss, ein jeder mag seinem eigenen Schönheitsideal huldigen, wenn es nur erkämpft, persönlich errungen ist. Dann soll es gut sein und läge es noch so fern ab nach Zeit und Nation, wo es hergeholt wurde. Und dann mag dieses Ideal auch der Wertmesser für alles andere, für alles Neue abgeben. So mag sich jeder seine Welt und seinen Himmel bauen. Aber *das* muss diesen beati possidentes gesagt werden, dass sie nicht glauben dürfen, mit einem solchen Ideal einer Kunst gerecht zu werden, die nun einmal von andern Schönheitsvorstellungen ausgeht und ausgehen muss. Hodler erschließt sich nun einmal — dem Himmel sei's gedankt — nicht via Raffael. Wer aus der Kunst von heute nur ersehen will, was ihm die Kunst von vorgestern schon gesagt, der wird nicht auf seine Rechnung kommen, und gerade das wird das beste Zeichen für diese heutige Kunst sein. Aber — er findet nicht, was er gesucht, und dann beklagt er sich. Und ewig wiederholt sich der gleiche Vorgang: *„Und wie stets, wo einer aus innerer Notwendigkeit sein Leben formt, die andern um ihn treten und den Verstand der Dinge, der Gewohnheit und Gewöhnlichkeit ausspielen gegen die Vernunft der Eigenart, so geschah es auch hier."*

Die andere, ebenso stumpfe Waffe der Populärästhetik ist der Hinweis auf die *Natur*. Auch die „Natur" ist nicht eine Lösung, sondern ein Problem. Die Kunstgeschichte ist eine Geschichte des ewig wechselnden Verhältnisses des Künstlers zur Natur. Der Künstler gewinnt immer wieder ein neues Verhältnis zu ihr. Er vermittelt uns eine neue Art der künstlerischen Naturbetrachtung. Das trifft in höchstem Maße auch für die moderne Kunst zu, die vielleicht weniger als je eine vor ihr eine Atelierkunst ist. Es ist deshalb im vorneherein seltsam, gerade unserer jungen Künstlergeneration mangelnde Fühlung mit der Natur vorzuwerfen.

Manch einer ruft denn auch *diese* an und versteht darunter doch nur eine bestimmte Art der Naturbetrachtung, nämlich jene, welche der *Tafelmalerei* einer vorausgegangenen Kunstperiode zu Grunde liegt. Bald ist es die Formgebung (z. B. einer innerlich bewegten Frauenfigur bei Hodler), die nicht natürlich sein soll, bald die Färbung (so diejenige der Huber'schen Figuren). Dabei können beide sehr wohl von hoher Lebenswahrheit sein. Form und Farbe sind absolut nicht unwahr, nicht falsch — sie sind nur anders, als sie der Anhänger des Bisherigen erwartet. Seine Natur ist nicht die wirkliche Natur, sondern eine zur Konvention gewordene Art der Naturwiedergabe. So sind die Figuren auf dem Verkünderbilde bekanntlich nicht „sanft gerundet und seitlich erhellt" — da weiß jeder sofort, was für eine „Natur" gemeint ist.

Doch nein, wir leben ja in dem Zeitalter der „Farbenphotographie und der Röntgenstrahlen", und da darf man es den Kritikern der modernen Kunst schon glauben, dass sie wirklich und wahrhaftig der „Natur" zu ihrem Rechte verhelfen wollen — der Natur, deren Wunder uns die Naturwissenschaften erschließen. Unsere Naturbetrachtung ist nicht mehr eine ursprüngliche, sie ist eine naturwissenschaftlich-mechanistische geworden. Wir haben es so unendlich weit gebracht. Wir sind Fanatiker der naturwissenschaftlichen Wahrheit geworden. Wir haben die Gesetzlichkeit intronisiert. Die Gesetze der Natur beherrschen auch unsere Kunstbetrachtung. Es ist wahrhaft verblüffend, die Verheerung anzusehen, welche diese Betrachtungsweise immer wieder anrichtet. Das Bild, das uns der Maler unterbreitet, wird zuerst mit den kritischen Augen des Naturkenners angesehen, wie ob es eine Tabelle aus einem geographischen oder anatomischen oder zoologischen Lehrbuch wäre. Man ahnt nicht, wie damit alle Phantasie totgeschlagen und aller künstlerischen Betätigung und Empfindung der Boden unter den Füßen weggezogen wird. Wie ob die Kunst die Aufgabe hätte, die Natur zu kopieren! Das lässt sich in der Tat auf mechanischem Wege weit besser erreichen. Selbst die sogenannte Wiedergabe will gar nicht die Natur wiedergeben, wie sie ist, sondern nur wie sie scheint, wie wir sie empfinden. Außerdem darf aber der Künstler sich auch seine eigene Welt schaffen und darf in ihr mit den von der Natur gegebenen Elementen schalten mit innerer Freiheit. Er muss darin nicht den Gesetzen der Natur folgen (was hat nicht schon die Gotik für unwirkliche, unmögliche, herrliche Fabelwesen geschaffen!), sondern nur den Gesetzen der künstlerischen Empfindung, die nun einmal nicht die Gesetze der anorganischen oder organischen Chemie oder der Physik sind! Die Kunst ist nicht das Reich der Natur, sondern ein Reich des schönen Scheins, ein Reich der Phantasie, eine Weltschöpfung souveränen Künstlergeistes.

Nur diese phantasielose, sogenannte realistische Betrachtungsweise vermag in dem neuen Bodmer'schen Entwurfe für das Dozentenzimmer nur „unmögliche, menschliche Figürchen", nur „ein schwindsüchtiges Mädchen" etc. zu erblicken. Sie vermag nicht zu erkennen, dass der Künstler sich durchaus nur in den Schranken einer Freiheit bewegt, welche weit hinter uns liegende Kunstepochen, aber eben wirkliche Epochen lebendigen Kunstempfindens, wie etwa die Frührenaissance, dem Künstler unangefochten eingestanden haben.

Sie vermag nicht zu erkennen, dass in diesen Figuren das Motiv des menschlichen Körpers eine ganz feinsinnige, ornamentale Verwertung gefunden hat, und sie vermag vor allem nicht, die Stimmung nachzuempfinden, welche diese eigenartige Lösung der schwierigen Aufgabe, welche der ungünstig geformte Raum dem Künstler stellte, erfüllt.

Nein, mit alledem ist es nicht getan, nicht mit der „Schönheit" und nicht mit der „Natur"! Es gibt nur *einen* Weg — ein liebevolles sich Hineinversenken in die neue Kunst. Hier fehlt's: an der Liebe zur lebendigen Kunst und an der Achtung und Ehrfurcht vor einem ehrlichen und leidenschaftlichen, künstlerischen Ringen. So kommt es denn, dass Hunderte vor eine neuartige Schöpfung treten und gleich ihr Urteil fertig haben. So kommt es ferner, dass da manch einer nach einem flüchtigen Gang durch die Räume der neuen Universität das Recht zu haben glaubt, in einem vehementen Artikel über die ganze moderne Kunst den Stab brechen zu dürfen. So auch kommt es, dass man über der Kritik von Einzelheiten die Idee eines Bildes (die prächtige Verkünderidee, die nirgends so sehr am Platze ist, wie in einer Universität) oder den Stimmungsgehalt desselben (Bodmer) oder die Größe der Konzeption und die Kraft der Zusammenfassung (Altherr) überhaupt nicht sieht. Nur so ferner kann man ein fertiges Urteil auch über unfertige Werke über die Lippen bringen und nur so kann man den Mut finden, in künstlerischen Dingen, in denen nun doch die Beurteilung bekanntermaßen weit auseinander geht, unbesehen fremde Urteile zu übernehmen. Ist doch selbst in der Bundesversammlung das klassische Wort gefallen: ich habe die Bilder nicht gesehen, aber sie sollen scheußlich sein. Natürlich bildeten dann diese ungeschauten Hässlichkeiten die Grundlage für die trefflichsten Schlussfolgerungen.

Und doch ist es gerade heute allen denen, die guten Willens sind, so leicht gemacht, sich mit Liebe in die neue Kunst zu versenken, zumal in der Schweiz. Es wiederholt sich immer und immer wieder das gleiche, fatale Schauspiel: nie wird mehr über die Kunst geklagt und gejammert, als in Zeiten reicher eigener Kunstschöpfung. In der Tat erleben wir gerade heute in der Schweiz das Glück einer großen schweizerischen Malerei und zwar ist es wirklich eine nationale Kunst, die reiche Züge kräftiger, schweizerischer Eigenart aufweist. Dabei trifft es sich ganz besonders glücklich, dass diese Kunst in Ost und West blüht und dass sie bei allen Verschiedenheiten doch hüben und drüben den gleichen Grundcharakter aufweist. Diese Kunst ist voller Frische und Ursprünglichkeit, von starker Gestaltungskraft und herrlicher Licht- und Farbenfreudigkeit, ehrlich, wahrhaftig, herb und frisch, erfüllt von dem Sinn für das Wesentliche und getragen von einer starken Kraft künstlerischer Zusammenfassung. So ist es denn uns wieder vergönnt, eine eigene Kunst zu schauen und ein eigenes künstlerisches Schaffen mitzuerleben. Aber tragisch und ein wirklicher nationaler Schaden ist es, dass viele unserer Gebildeten in dieser Zeit nur Worte der Klage finden, dass sie keine Ahnung haben von all' diesem Reichtum, der sie umgibt. Einer jungen Kunst fehlt es wohl nie an Verirrungen. Aber es bleibt doch bei dem Urteil Weltis, das ich soeben lese: „Es ist doch etwas anderes, als die Kerle, die immer auf dem Alten hocken. Unsere junge Schweizerkunst ist bei allen Seitensprüngen gesund, und das ist die Hauptsache." Gewiss findet sich auch in der Universität Problematisches. Aber ich traue unsern Studenten die Echtheit und Unverdorbenheit jugendlichen Fühlens zu, das ihnen sagt, dass auch in diesen Bildern junge Männer zu ihnen sprechen, die strebende, ringende, kämpfende sind, wie sie selbst.

Deshalb kann nun auch im Ernste davon keine Rede sein, dass „das reinigende Kriegsgewitter (wirklich? dieser Krieg nur ein reinigendes Gewitter?) diese Kunst als böse Dünste einer im Überfluss versumpften Gegenwart" hinwegfegen werde. Wenn ein Beispiel für eine Kunst gegeben werden sollte, auf welche dieses Prädikat vielleicht zutreffen könnte, wäre wohl auf die Widerlichkeiten eines Stuck, die Perversitäten eines Gabriel Max, die Salonbauern eines Defregger, die Süßlichkeiten eines v. Keller (eines Schweizers!) hinzuweisen. Man braucht in der Tat nur einmal diesen Vergleich anzustellen, um so ganz zu erfassen, wie kerngesund unsere heutige Schweizerkunst ist. Sie ist geboren gerade aus einem tiefen Drang der Zeit zur Echtheit, Natürlichkeit, Aufrichtigkeit, aus einem Bedürfnis nach Strenge und Herbheit.

So entspringt die Formensprache unserer jungen Kunst nicht irgend einer ästhetischen Theorie, sondern einem Lebenszug unserer Zeit. Die furchtbaren Geschehnisse, die über uns hereingebrochen sind, werden aber gerade diesen Zug außerordentlich vertiefen und stärken. Die Not der Zeit wird der neuen Kunst die Wege ebnen und wird sie zu tiefster und nachhaltigster Wirkung führen.

ZÜRICH   A. EGGER

Kurzbiografien
Künstler, Architekten, Akteure

Heinrich Altherr (1878–1947)
1897–1901 Ausbildung zum Maler in privaten Institutionen, 1902 Aufenthalt in Rom, später Paris, 1906 Übersiedlung nach Karlsruhe. Bekanntschaft mit Karl Moser, der ihm zahlreiche Aufträge verschafft. Ab 1913 Professor an der Akademie der Bildenden Künste Stuttgart, 1919–1921 Direktor. 1938 wird eines seiner Gemälde aus der Stuttgarter Staatsgalerie als «entartet» entfernt, 1939 Aufgabe des Lehramtes und Rückkehr nach Zürich.

Literatur
Heinrich Altherr 1878–1947, Ausst.-Kat. Städtische Galerie Böblingen, 1994

Cuno Amiet (1868–1961)
Ausbildung zum Maler und Grafiker in München (1886–1888), wo er sich mit Giovanni Giacometti befreundet, Paris (1888–1892) und Pont-Aven (1892/93). Bezieht nach seiner Rückkehr in die Schweiz ein Atelierhaus auf der Oschwand, das zu einem Treffpunkt für Künstler und Kunstfreunde wird. Bekanntschaft mit Ferdinand Hodler und Giovanni Segantini. 1906 Mitglied der Dresdner Künstlergruppe *Die Brücke*, 1912 Beitritt zur Schweizer Künstlergruppe *Der Moderne Bund*. Neben Hodler und Giovanni Giacometti gilt Amiet als einer der wichtigsten Wegbereiter der Schweizer Moderne.

Literatur
Cuno Amiet. Von Pont-Aven zur «Brücke», Ausst.-Kat. Kunstmuseum Bern u.a., Mailand: Skira 1999

Otto Baumberger (1889–1961)
Ausbildung zum Lithografen in Zürich, 1908–1914 Studienaufenthalte in München, Berlin, Paris und London. Erfolgreiche Tätigkeit in sämtlichen angewandten Bereichen, wobei ihm vor allem seine Wandmalereien (*Schweizerische Landesausstellung* 1939) und seine Plakatgestaltung für diverse Schweizer Unternehmen (Globus, PKZ, Schweizer Tourismusbranche) Anerkennung bringen. Daneben schafft er mit seinem malerischen Werk einen zentralen Beitrag zum Expressionismus in der Schweiz. 1913 Ausmalung des Kunsthistorischen Seminars, ein Auftrag, den er mit allegorischen Darstellungen der Künste (Architektur, Plastik, Malerei) zur allgemeinen Zufriedenheit ausführt. Die Malereien sind heute noch im sogenannten Wölfflin-Zimmer zu besichtigen.

Literatur
Bettina Richter (Hrsg.), *Otto Baumberger*, Baden: Lars Müller 2008

Hugo Blümner (1844–1919)
Studium der klassischen Philologie in Breslau, Berlin und Bonn. Ab 1877 ordentlicher Professor für Archäologie und Klassische Philologie an der Universität Zürich, verantwortlich für die Archäologische Sammlung, 1888–1890 Rektor. 1896–1919 Vizepräsident des Lesezirkels Hottingen und Mitbegründer der kulturellen Zeitschrift *Die Schweiz*. Greift mit polarisierenden Voten in die Auseinandersetzung um die Wandbilder an der Universität Zürich ein und lehnt insbesondere die im Ausstellungsbereich vorgesehenen Wandbilder von Reinhold Kündig ab.

Alfred Friedrich Bluntschli (1842–1930)
Architekturstudium in Zürich bei Gottfried Semper und an der École des Beaux-Arts in Paris. Ab 1870 Ateliergemeinschaft mit Karl Jonas Mylius in Frankfurt am Main. Erfolgreiche Beteiligung an wichtigen Wettbewerben (u.a. erste Preise 1872 im ersten Wettbewerb für den Berliner Reichstag, 1899 Campus der Universität Berkeley). 1881–1915 Professor am Eidgenössischen Polytechnikum in Zürich. Wichtige Zürcher Bauten sind die Reformierte Kirche Enge sowie die Fabrikantenvillen Bleuler und Rieter. Sein 1906/07 entstandenes Vorprojekt für die Universität Zürich wird 1907 Grundlage des Wettbewerbsprogramms.

Literatur
Bernd Altmann, *Mein Motto fürs Leben bleibt Renaissance. Der Architekt Alfred Friedrich Bluntschli (1842–1930)*, Diss. Trier 2000

Paul Bodmer (1886–1983)
1903–1906 gemeinsam mit Reinhold Kündig Lehre als Theatermaler in Zürich. 1907–1910 in Berlin, Düsseldorf und anderen deutschen Städten als Bühnenmaler tätig. 1910 Rückkehr in die Schweiz; Versuch, sich als freier Künstler zu etablieren. Trotz seinen umstrittenen Arbeiten

für die Universität und das Schulhaus Letten in Zürich wird er 1917 Lehrer für dekoratives Malen an der Kunstgewerbeschule Zürich. Ab den 1920er-Jahren erfolgreich mit idealistisch-klassizistischen Entwürfen (Fraumünster-Kreuzgang in Zürich, Aula der Universität Zürich).

Literatur
Gottfried Wälchli, *Paul Bodmer. Monographie,* Zürich: Rascher 1954

Ernest Bovet (1870–1941)
Romanistikstudium in Zürich. 1901–1922 Professor für französische und italienische Literatur an der Universität Zürich. 1912–1918 Präsident des Schweizer Heimatschutzes. Gründer und 1907–1923 Direktor der Zeitschrift *Wissen und Leben,* in der die Debatte um die – von Bovet mehrheitlich abgelehnten – Wandbilder an der Universität Zürich und die Moderne Kunst im Allgemeinen ausgetragen wurde.

August Egger (1875–1954)
Rechtsstudium in München, Leipzig, Berlin und Bern. 1904 ausserordentlicher Professor, 1905–1944 ordentlicher Professor für Zivilrecht an der Universität Zürich, 1912–1914 Rektor. 1915 Heirat mit der Malerin Sophie Looser. Als Rektor verteidigt er den Juryentscheid zu den Wandgemälden im Universitätsneubau, lässt jedoch durchblicken, dass die Bilder nicht nach seinem Geschmack sind.

(Siehe im Quellentext, S. 371–379)

Werner Frey (1912–1989)
Architekturstudium an der ETH Zürich. Arbeit in Zürich bei Josef Schütz. Ab 1943 eigenes Architekturbüro in Zürich. 1948/49 Zusammenarbeit mit dem ehemaligen Bauhäusler Roman Clemens für das Kino Studio 4.

Literatur
Michael Hanak und Walter Zschokke (Hrsg.), *Nachkriegsmoderne Schweiz/Post-war modernity in Switzerland. Architektur von/Architecture by Werner Frey, Franz Füeg, Jacques Schader, Jakob Zweifel,* Basel: Birkhäuser Verlag 2003

Augusto Giacometti (1877–1947)
Geboren in Stampa, Cousin zweiten Grades des Malers Giovanni Giacometti. Ausbildung zum Zeichenlehrer, Schüler von Eugène Grasset. 1902–1915 in Florenz, danach Atelier in Zürich. Bedeutende Aufträge für Fresken und Glasmalereien in öffentlichen Gebäuden in Zürich (Amtshäuser I & V, Kunsthaus, Alte Börse, ETH, Fraumünster, Grossmünster); daneben entsteht ein umfangreiches malerisches Werk, das ihn als «Pionier der abstrakten Malerei» ausweist.

Literatur
Beat Stutzer (Hrsg.), *Augusto Giacometti – Wege zur Abstraktion,* Zürich: Scheidegger & Spiess 2003

Annette Gigon (geb. 1959) und Mike Guyer (geb. 1958)
Architekturstudium an der ETH Zürich. Arbeit in Zürich, Basel und Rotterdam. Seit 1989 gemeinsames Architekturbüro in Zürich. Frühe internationale Beachtung mit dem Kirchner Museum in Davos (1989–1992). Weitere Museen, zahlreiche Wohnbauten und Geschäftshäuser in der Schweiz und im Ausland, zuletzt u.a. Prime Tower in Zürich (2004–2011). Gastdozenturen an den ETH Lausanne und Zürich; seit 2012 Professur an der ETH Zürich.

Literatur
J. Christoph Bürkle (Hrsg.), *Gigon Guyer Architekten. Arbeiten 1989 bis 2000,* Sulgen: Niggli Verlag 2000
Annette Gigon und Mike Guyer (Hrsg.), *Gigon/Guyer Architekten. Arbeiten 2001–2011,* Baden: Lars Müller 2012

Ernst Gisel (geb. 1922)
Nach einer Bauzeichnerlehre Besuch der Kunstgewerbeschule Zürich. Arbeit in Zürich bei Alfred Roth. Seit 1945 eigenes Architekturbüro in Zürich. In hohem Mass eigenständige Position in der Schweizer Moderne. Umfangreiches und facettenreiches Werk in der Schweiz und im Ausland (u.a. Parktheater Grenchen, 1953–1955; Reformierte Kirche, Effretikon, 1958–1961; Wohnbauten Märkisches Viertel, Berlin, 1965–1969; World Trade Center, Zürich, 1991–1995). Ehrenmitglied des Bundes Deutscher Architekten. Lehraufträge an der ETH Zürich und an der TU Karlsruhe; Dr. h.c. der ETH Zürich. 1993 Auszeichnung der Ein- und Umbauten in der Universität Zürich mit dem *Architekturpreis Beton* sowie dem *Heimatschutzpreis.*

Literatur
Bruno Maurer und Werner Oechslin (Hrsg.), *Ernst Gisel Architekt,* 2., erw. Aufl., Zürich: gta Verlag 2010

Gustav Gull (1858–1942)
Architekturstudium am Zürcher Polytechnikum. Durchbruch mit dem Neubau des Schweizerischen Landesmuseums in Zürich (1892–1899). 1895–1900 Stadtbaumeister von Zürich; kann um 1900 grosse Teile des neuen Zürcher Verwaltungszentrums mit Uraniastrasse und Amtshäusern realisieren. 1900–1929 Professor für Architektur am Eidgenössischen Polytechnikum (seit 1911 ETH Zürich); für dieses nach gewonnenem Wettbewerb 1910 Erweiterung des Hauptgebäudes sowie zwei grosse Institutsneubauten.

Literatur
Cristina Gutbrod, *Gustav Gull (1858–1942). Architekt der Stadt Zürich 1890–1911 zwischen Vision und Baupolitik,* Diss. ETH Zürich 2009

Emil Guyer (1872–1946)
Ausgebildeter Lithograf. 1899–1937 Fotograf und Leiter der von Kantonsbaumeister Hermann Fietz begründeten Fotosammlung des Kantonalen Hochbauamts, Aufbau eines systematischen Archivs.

Hermann Haller (1880–1950)
Ausbildung zum Maler in Stuttgart, ab 1904 in Rom, Wechsel zur Bildhauerei; ab 1914 Atelier in Zürich. Erfolgreichster Plastiker seiner Zeit mit internationaler Ausstrahlung. Für das 1907–1910 von Karl Moser errichtete Kunsthaus schafft Haller fünf Nischenfiguren. Weitere plastische Arbeiten entstehen für den Eingangsbereich Künstlergasse der Universität Zürich.

Literatur
Maria Theresia Apel, *Hermann Haller. Leben und Werk, 1880–1950,* Münster: Lit-Verlag 1996

Ferdinand Hodler (1853–1918)
Ausbildung zum Maler in Thun (1868–1870) und Genf (1872–1877). Nach einer Phase naturalistischer Landschafts- und Bauernbilder seit den 1880er-Jahren allegorisch-symbolistische Figuren- und Landschaftsbilder; radikalisiert seinen Malstil durch Parallelismus und Frontalität der Figuren sowie Expressivität von Linie und Farbe; zunächst umstritten. 1897–1900 tobt der «Kampf» um die Ausführung der Marignano-Fresken im Schweizerischen Landesmuseum in Zürich. Zu Beginn des 20. Jahrhunderts avanciert Hodler zum «Schweizer Nationalmaler» und beeinflusst die jüngere Künstler-Generation nachhaltig.

Literatur
Ferdinand Hodler, Ausst.-Kat. Nationalgalerie Berlin u.a., Zürich: Kunsthaus Zürich 1983

Hermann Huber (1888–1967)
1904/05 Besuch der Kunstgewerbeschule Zürich. Begegnung mit Otto Meyer-Amden, mit dem er bis zu dessen Tod 1933 befreundet bleibt. 1906–1909 Wanderjahre in Deutschland und Italien, z.T. gemeinsam mit Reinhold Kündig und Paul Bodmer. 1911 Beitritt zur avantgardistischen Künstlergruppe *Der Moderne Bund.* 1911/12 Reise mit Albert Pfister und Eugen Meister nach Algerien. Malt in dieser Zeit im Geist des Fauvismus und Expressionismus, später adaptiert er die Malweise Renoirs. Ab 1918 Rückzug und Hinwendung zu mystisch-religiösen Themen.

Literatur
Heiny Widmer (Hrsg.), *Hermann Huber. Retrospektive,* Ausst.-Kat. Aargauer Kunsthaus Aarau, Aarau 1979

Karl Otto Hügin (1887–1963)
Lehre als Architekturzeichner in Basel, danach Tätigkeit als Karikaturist und Freskenmaler. In den 1930er- und 1940er-Jahren wird Hügin zum gefragten Entwerfer monumentaler Wanddekorationen; zahlreiche öffentliche Aufträge in der deutschen Schweiz (Kantonales Verwaltungsgebäude am Walcheplatz in Zürich, Kantonsschule Winterthur, *Schweizerische Landesausstellung* 1939).

Literatur
Silvia Volkert und Lukas Gloor, *Karl Hügin,* Zürich: Wolfsberg 1987

Otto Kappeler (1884–1949)
Ausbildung zum Bildhauer in Aarau und München. Seine umfangreichen bauplastischen Arbeiten am Zürcher Universitätsbau 1913–1919 machen Kappeler bekannt und führen zu Grossaufträgen in der ganzen Schweiz. Zusammenarbeit mit weiteren Schweizer Architekten, u.a. den Gebrüdern Bräm und den Gebrüdern Pfister in Zürich sowie Schäfer & Risch in Chur.

Literatur
Rolf Dürst, *Otto Kappeler im Zürcher Meyer-Amden Kreis. Spuren einer noch unerforschten Begegnung,* Zürich: Orell Füssli 1987

Reinhold Kündig (1888–1984)

Lehre als Theatermaler in Zürich, Berlin und Düsseldorf. Ab 1911 Mitglied der Künstlergruppe *Der Moderne Bund*. Intensive Reisetätigkeit in Europa, in den 1930er-Jahren Hinwendung zur Landschaftsmalerei mit kontinuierlicher Ausstellungsbeteiligung im regionalen Kontext.

Literatur
Peter Marxer und Peter Kienast, *Reinhold Kündig. Maler der Zürcher Landschaft,* Zürich: Wolfsberg 1982

Arnold Lang (1855–1914)

Biologiestudium in Genf und Jena, März 1876 Promotion und Mai 1876 Habilitation in Jena; Schüler des Evolutionsbiologen Ernst Haeckel. 1878–1885 Assistent an der Zoologischen Station in Neapel, 1886–1889 Professur in Jena, 1889–1914 Doppelprofessur für Zoologie an der Universität Zürich und am Eidgenössischen Polytechnikum (seit 1911 ETH Zürich). 1898–1900 Rektor der Universität. Als Mitglied der Hochschulbaukommission (1906–1914) massgeblich an der Planung und Realisation des Kollegiengebäudes und Biologischen Instituts beteiligt.

Literatur
Camillo Renato Amodio, *Der Zoologe Arnold Lang (1855–1914),* Dietikon: Juris Druck und Verlag 1997

Eugen Meister (1886–1968)

Steinhauerlehre, Studium an der Kunstgewerbeschule Zürich, als Maler Autodidakt. 1910/11 Studienreisen nach Italien und Nordafrika. Vertreter des Expressionismus in der Schweiz. Beteiligung am Auftritt der Schweiz an der XX. Biennale in Venedig 1936.

Literatur
Rudolf Frauenfelder, «Meister, Eugen», in: Eduard Plüss und Hans Christoph von Tavel (Hrsg.), *Künstlerlexikon der Schweiz. XX. Jahrhundert,* Frauenfeld: Huber 1963–1967, S. 626

Otto Meyer-Amden (1885–1933)

Steindruckerlehre, Ausbildung als Lithograf in Zürich. Studium in Stuttgart bei Adolf Hölzel zusammen mit Oskar Schlemmer und Willi Baumeister. Ab 1912 wohnhaft in Amden oberhalb des Walensees. Umfangreiche Briefwechsel mit Protagonisten des Kunstbetriebs in der Schweiz und in Deutschland. 1928–1932 Lehrer für Zeichnen an der Kunstgewerbeschule Zürich. Neben Hodler einer der einflussreichsten Künstler der Schweizer Moderne.

Literatur
Zwischentöne. Otto Meyer-Amden, 1885–1933, Ausst.-Kat. Ernst Barlach Haus, Hamburg, Bielefeld: Kerber 2010

Karl Moser (1860–1936)

Sohn des Badener Architekten Robert Moser. 1878–1882 Architekturstudium am Eidgenössischen Polytechnikum in Zürich, Diplom bei Alfred Friedrich Bluntschli. 1883/84 ergänzende Studien an der École des Beaux-Arts in Paris. Danach Mitarbeit im Wiesbadener Architekturbüro von Friedrich Lang, wo er Robert Curjel kennenlernt. Mit diesem 1888 Gründung eines Architekturbüros in Karlsruhe, das sich innerhalb weniger Jahre zu einem der führenden Büros in Südwestdeutschland und der Schweiz entwickelt. 1914 Annahme des Rufs an die ETH Zürich als Nachfolger von Bluntschli, 1915 Auflösung der Büropartnerschaft mit Curjel. An der ETH wird Moser zum prägenden Lehrer einer nach neuen Wegen suchenden Architektengeneration, darunter auch sein Sohn Werner M. Moser. Seine Offenheit gegenüber neuen Architekturströmungen findet ihren Niederschlag in wegweisenden Bauten wie der Antoniuskirche in Basel (1924–1927). Nach seinem Einsatz für Le Corbusier im Völkerbundpalast-Wettbewerb 1927 wird er 1928 zum ersten Präsidenten der Congrès Internationaux d'Architecture Moderne CIAM gewählt. Schon zu Lebzeiten als «Vater der Moderne» verehrt.

Literatur
Werner Oechslin und Sonja Hildebrand (Hrsg.), *Karl Moser. Architektur für eine neue Zeit, 1880 bis 1936,* 2 Bde., Zürich: gta Verlag 2010

Werner Max Moser (1896–1970)

Studium der Architektur an der ETH Zürich und der TH Stuttgart; 1921 Diplom in Zürich bei seinem Vater Karl. Danach Arbeit in Holland und in den USA (Frank Lloyd Wright). 1928 Büro in Zürich. Im selben Jahr Mitbegründer der Congrès Internationaux d'Architecture Moderne CIAM. Zusammen mit weiteren Architekten («Neubühl-Gruppe») Planung und Bau der Werkbundsiedlung Neubühl in Zürich (1928–1931). Ab 1937 Bürogemeinschaft Haefeli Moser

Steiger, mit dieser bedeutende Bauten der Schweizer Moderne (u.a. Kongresshaus Zürich, 1936–1939; Kantonsspital Zürich, 1938–1953; Hochhaus zur Palme, Zürich, 1955–1964). 1958–1963 Professor an der ETH Zürich.

Literatur
Sonja Hildebrand, Bruno Maurer und Werner Oechslin (Hrsg.), *Haefeli Moser Steiger. Die Architekten der Schweizer Moderne,* Zürich: gta Verlag 2007

Paul Osswald (1883–1952)
Bildhauer und Maler; Studienaufenthalt in Florenz und Rom. Mitwirkung an der bauplastischen Ausstattung des Kunsthauses Zürich (Karl Moser, 1903–1910); 1914 von Moser an der Abteilung «Kirchliche Kunst» der Landesausstellung in Bern beteiligt. Zusammen mit seiner Frau, der Künstlerin Margherita Osswald-Toppi, schafft er zahlreiche Reliefarbeiten für Fassade und Innenbereich der Universität Zürich.

Literatur
Elka Spoerri, «Osswald, Paul», in: Eduard Plüss und Hans Christoph von Tavel (Hrsg.), *Künstlerlexikon der Schweiz. XX. Jahrhundert,* Frauenfeld: Huber 1963–1967, S. 711 f.

Margherita Osswald-Toppi (1897–1971)
Geboren in Rom, 1913–1927 verheiratet mit dem Bildhauer Paul Osswald. Als künstlerische Autodidaktin zunächst Mitarbeiterin ihres Mannes, später eigenständige Arbeit als Bildhauerin (Bahnhof Chiasso, 1932) und Malerin, u.a. für die Architektin Lux Guyer (Haus zur Münz Zürich, 1941).

Literatur
Elka Spoerri, «Osswald(-Toppi), Margherita», in: Eduard Plüss und Hans Christoph von Tavel (Hrsg.), *Künstlerlexikon der Schweiz. XX. Jahrhundert,* Frauenfeld: Huber, 1963–1967, S. 710 f.

Albert Pfister (1884–1978)
Ausbildung zum Maler an der Kunstgewerbeschule Zürich, 1905–1910 Weiterbildung an der École des Beaux-Arts und an der Académie Julian in Paris. 1910–1913 Studienreisen in Nordafrika; Beitritt zur Künstlergruppe *Der Moderne Bund.* Früher gesellschaftlicher Rückzug, bleibt aber im deutschschweizerischen Raum zeitlebens ein geschätzter Landschaftsmaler.

Literatur: *A. Pfister,* Ausst.-Kat. im Erlengut, Erlenbach, 1989

Robert Rittmeyer (1868–1960)
Nach Praktikum in Budapest Architekturstudium an der Technischen Hochschule in Stuttgart. 1905–1933 Architekturbüro in Winterthur zusammen mit Walter Furrer. Wichtigste Bauten sind das Museums- und Bibliotheksgebäude sowie das Geschäftshaus der Firma Gebrüder Volkart in Winterthur.

Literatur
Luzi Dosch (Hrsg.), *Rittmeyer & Furrer. Eine Architektengemeinschaft zwischen Jugendstil und Neuem Bauen,* Winterthur: Verlag der Heimatschutzgesellschaft Winterthur 1986

Wilhelm Schwerzmann (1877–1966)
Ausbildung zum Bildhauer an der Kunstgewerbeschule Luzern. Bekannter Brunnengestalter (Schwerzmann-Brunnen St. Gallen, Bubenbrunnen Davos); zahlreiche bauplastische Arbeiten figürlicher oder ornamentaler Natur in Zementguss und Sandstein (Quaderschulhaus Chur, Rathaussaal Davos, Waldfriedhof Davos, Peterhof und St. Annahof, Zürich). An der *Schweizerischen Landesausstellung* 1914 in der Abteilung «Kirchliche Kunst» vertreten. Lebt ab 1915 in Minusio, Mitglied des George-Kreises.

Literatur
«Schwerzmann, Johann Jakob Wilhelm», in: Eduard Plüss und Hans Christoph von Tavel (Hrsg.), *Künstlerlexikon der Schweiz. XX. Jahrhundert,* Frauenfeld: Huber 1963–1967, S. 884

Gottfried Semper (1803–1879)
Wechselvolle Lehr- und Studienzeit, eigentliches Architekturstudium 1826–1830 an der privaten Schule von Franz Christian Gau in Paris. 1830–1833 Italien- und Griechenlandreise, Beginn der historisch-theoretischen Arbeit. Ab 1834 Professor für Baukunst an der Kunstakademie in Dresden. In der Folge dort bedeutende Monumentalbauten, darunter das Erste Hoftheater (1835–1841) und die Gemäldegalerie (1838–1855). Nach Teilnahme an der Dresdner Mairevolution 1849–1855 Exil in Paris und London. 1855 Berufung an das neu gegründete Eidgenössische Polytechnikum in Zürich, dessen auch von der Universität genutztes Hauptgebäude er 1858–1865 plant und ausführt. 1871 Wechsel nach Wien für den Bau des Kaiserforums. Die praktische Arbeit und die Lehrtätigkeit begleitet eine lebenslange

Beschäftigung mit den weit gefassten theoretischen Grundlagen der Architektur.

Literatur
Harry Francis Mallgrave, *Gottfried Semper. Ein Architekt des 19. Jahrhunderts,* Zürich: gta Verlag 2001
Winfried Nerdinger und Werner Oechslin (Hrsg.), *Gottfried Semper 1803 bis 1879. Architektur und Wissenschaft,* München/Zürich: Prestel Verlag/gta Verlag 2003

Ferdinand Vetter (1847–1924)
Studium der Germanistik und Kunstgeschichte in Basel, Berlin und Göttingen. 1874 Privatdozent an der Universität Zürich. 1876 ausserordentlicher, 1886–1921 ordentlicher Professor für germanistische Philologie an der Universität Bern, 1897/98 Dekan, 1909/10 Rektor. 1891–1897 redigiert er die *Schweizerische Rundschau.* Widmet sich zunehmend der Kunstgeschichte und Denkmalpflege. Als Gegner der Moderne und damit auch der Wandgemälde von Bodmer und Huber beteiligt er sich an der Diskussion um die Dekorationen an der Universität Zürich. Sein Bruder Theodor Vetter, Professor für Anglistik an der Universität Zürich, setzt sich für die Entfernung der Wandbilder von Reinhold Kündig aus seinem Seminar ein.

(Siehe im Quellentext, S. 363–370)

Rolf Wolfensberger (geb. 1954)
Architekturstudium an der FH Winterthur, übernimmt 1987 das Büro von Hans Howald in Zürich. Spezialisierung auf Sanierungen und ökologisches Bauen. Für die Erneuerung des Kollegiengebäudes erhält er 1996 den SIA-Preis für nachhaltiges Bauen.

Stefan Zwicky (geb. 1952)
Studium an der Fachklasse für Innenarchitektur der Kunstgewerbeschule Zürich bei Willy Guhl, Arbeit in Zürich (Trix und Robert Haussmann) und Mailand (Studio Olivetti). Seit 1983 Architekturbüro in Zürich. Zudem Tätigkeit als Publizist *(Schweizer Möbel Lexikon,* 2005) und Ausstellungsmacher *(Neue Räume,* seit 2001).

Daten zur Baugeschichte

zusammengestellt von Thomas Gnägi
und Arthur Rüegg

1833
Gründung der Universität, zuerst in den Gebäuden der Fraumünsterabtei untergebracht, seit 1838 im Hinteramt (ehemaliges Augustinerkloster)

1864
Bezug des Südflügels des vom Kanton errichteten Eidgenössischen Polytechnikums (ab 1911 Eidgenössische Technische Hochschule)

1895
Bestrebungen der Universität zu eigenem Neubau und Evaluierung verschiedener Standorte (Wässerwiese neben dem Kantonsspital und Stockargut oberhalb des Hirschengrabens)

1896
Erwerb des Stockarguts durch den Kanton

1898
Memorial über die Erweiterung der Universitätsanstalten im Auftrage der h. Direktion des Erziehungswesens und der öffentlichen Arbeiten verfasst vom Rektorat
Kommission für Projektstudien zur Erweiterung der Hochschule
Projekt für einen Neubau der Gebrüder Reutlinger für den Standort Wässerwiese

1899
Kanton kauft das Gebäude Zum Rechberg zur Abhaltung von Seminarien und Vorlesungen

1902
Neubau der Zentralbibliothek wird in die Planungen mit einbezogen

1905
Projektierung der Zentralbibliothek auf dem Geländerücken oberhalb des Hirschengrabens wird von der Baudirektion abgelehnt, um zukünftigen Bauplatz für Universitätsneubau zu erhalten

28. Dezember
Aussonderungsvertrag zwischen Bund und Kanton bezüglich rechtsgültiger Trennung und Neuordnung der zuvor gemeinsam betriebenen Räumlichkeiten sowie der Sammlungsbestände

1906
12. Januar
Gründung akademische Baukommission unter dem Vorsitz des Zoologen Arnold Lang mit Architekturprofessor Alfred Friedrich Bluntschli und Kantonsbaumeister Hermann Fietz als Experten; erste Skizzen Bluntschlis

12. Mai
Bauprogramm mit Kollegiengebäude und Institut für Zoologie mit biologischer Sammlung

Juni bis Oktober
Projektentwürfe von Bluntschli

28. November
Bestellung einer erweiterten Baukommission mit Arnold Lang, Gustav Gull, Georg Lasius, Albin Müller, Robert Rittmeyer und Paul Ulrich; Kritik an Projekt Bluntschlis

1907
19. Juli
Bewilligung des Bauprogramms durch den Regierungsrat

29. Juli
Unter Schweizer und in der Schweiz niedergelassenen Architekten öffentlich ausgeschriebener Wettbewerb, Jury ist die bisherige Baukommission

1908

31. Januar
Eingang von 34 Projekten; Siegerprojekt: *Künstlergut* von Curjel & Moser (Karlsruhe und St. Gallen), 2. Preis: *Akropolis* von Bracher, Widmer & Daxelhofer (Bern), 3. Preis: *Hohe Schule* von Georges Epitaux & Joseph Austermeyer (Lausanne)

15. März
Volksbeschluss der Stadt Zürich über einen Kredit von 1,25 Mio. Franken an die Hochschulbauten

26. April
Volksbeschluss über die Genehmigung des Aussonderungsvertrags (siehe 1905) und eines Kredits für den Neubau von 2,5 Mio. Franken

Juni
Konstituierung der Hochschulbaukommission mit den Professoren Arnold Lang und Gustav Gull, dem Stadtpräsidenten Hans Pestalozzi, den Regierungsräten Conrad Bleuler-Hüni und Paul Ernst.

1909

4. Februar
Planungsauftrag an Curjel & Moser

Juni
Projektskizzen für einen höheren Turm durch die Baukommission abgelehnt

1910

13. Juli
Stadtrat bewilligt «Überschreitung der zulässigen Zahl der Stockwerke»

20. Juli
Bauausführung wird vertraglich dem Büro Curjel & Moser übertragen

Sommer
Baureife des umgearbeiteten Projekts
Abbruch des Künstlerguts mit Gemäldegalerie sowie der Blinden- und Taubstummenanstalt

1911

2. Januar
Baubeginn
Volksbeschluss für einen Nachtragskredit von 1,86 Mio. Franken
Aufrichte Biologisches Institut

1912

Ausbau Biologisches Institut
Kollegiengebäude im Rohbau vollendet

August
Turm in Form, Konstruktion und Material von Baukommission bewilligt

1913

Vollendung Turm und Ausbau Kollegiengebäude

Oktober
Fertigstellung und Bezug Biologisches Institut

1914

Vollendung gesamter Bau

18. April
Universitätsweihe mit Festprogramm
Bezug Kollegiengebäude und Unterrichtsbeginn mit dem Sommersemester

1914/15
Künstlerische Ausstattung (u.a. Wandmalereien, die wieder übermalt werden müssen)
Erste Erweiterungsideen von Karl Moser mit axialsymmetrischer Verdoppelung

1916–1918
Erweiterungsstudien von Moser zur Vergrösserung des Raumangebots und zur Unterbringung der Kantonalen Verwaltung mit der axialsymmetrischen Verdoppelung des Hauptgebäudes, Anfertigung eines aufwendigen Modells

1930
Abklärungen Karl Mosers zum Einbau einer Aula Magna im Lichthof des Biologischen Instituts (jetzt Kollegiengebäude II)

1930/31
Erweiterungsprojekte Karl Mosers zur Aufstockung des Kollegiengebäudes und zu einem gestaffelten Anbau entlang der Hangkante oberhalb der Künstlergasse

1944–1949
Studien von Werner M. Moser zu einer Umgestaltung des Lichthofs zu einer Aula Magna und zum Einbau weiterer Hörsäle

um 1960
Abdeckung des Glasdachs über dem Lichthof des Kollegiengebäudes II (ehemaliges Biologisches Institut)

1968/69
Anbau einer Mensa mit 600 Plätzen in der Fortsetzung der talseitigen Terrasse durch Werner Frey, davor Skulptur von Carlo Vivarelli

1984–1991
Einbau eines Hörsaals für 400 Personen, einer Bibliothek und weiterer Räume des Historischen Seminars in den Lichthof des Kollegiengebäudes II sowie Neugestaltung des Zoologischen Museums durch Ernst Gisel

1991–2006
Totalsanierung des Kollegiengebäudes und Einbau zahlreicher neuer Nutzungseinheiten durch Rolf Wolfensberger
Einbau des Restaurants *uniTURM* auf zwei Geschossen des Turms durch Stefan Zwicky

1996–2002
Einbau eines Hörsaals mit 500 Sitzplätzen in die talseitige Terrasse durch Gigon/Guyer Architekten zusammen mit dem Künstler Adrian Schiess (Farbgestaltung)

Kurzbiografien Autorinnen und Autoren

Silvia Bolliger
(*1974, lebt in Zürich), Studium der Allgemeinen Geschichte und Betriebswirtschaftslehre an der Universität Zürich sowie Master of Advanced Studies in Archival, Library and Information Science (MAS ALIS) an den Universitäten Bern und Lausanne. Tätig als wissenschaftliche Archivarin, seit 2007 Leiterin des Universitätsarchivs Zürich, forscht und publiziert v.a. zur Zürcher Universitätsgeschichte sowie zu archivspezifischen Themen.

René Burri
(*1933, lebt in Paris), 1949–1953 Studium an der Kunstgewerbeschule Zürich, dort Vorkurs bei Johannes Itten, danach Fachklasse für Fotografie bei Hans Finsler. Ab 1956 Arbeit für die Fotoagentur Magnum, 1982 Präsident von Magnum Paris. Internationale Tätigkeit als Fotojournalist, weltbekannte Aufnahmen u.a. von Che Guevara (1963) und zu Le Corbusier. Publikation zahlreicher Fotobücher, Einzel- und Gruppenausstellungen in Europa, Amerika und Asien. Preise u.a. 1998 Dr.-Erich-Salomon-Preis der Deutschen Gesellschaft für Photographie, 2011 Swiss Press Photo Life Time Achievement Award, 2013 Leica Hall of Fame Award.

Thomas Gnägi
(*1971, lebt in Zürich), Studium der Kunstgeschichte, Mittelalterarchäologie und Informatik an der Universität Zürich. 2012 Promotion zur Freihandskizze im Architekturentwurf Karl Mosers an der Universität Bern. Bis 2010 wissenschaftlicher Mitarbeiter am Institut gta der ETH Zürich, bis 2013 Dozent für Architekturgeschichte an der Zürcher Hochschule angewandter Wissenschaften ZHAW (vormals HSZ-T). Forschungen und Ausstellungsprojekte im Bereich der Architektur- und Designgeschichte des 19. und 20. Jahrhunderts.

Sonja Hildebrand
(*1967, lebt und arbeitet in Herrliberg und Mendrisio/Lugano), Studium der Kunstgeschichte, Publizistik und Klassischen Archäologie in München und Berlin. 1997 Promotion, 2008 Habilitation an der TU München. Wissenschaftliche Mitarbeit am Architekturmuseum der TU München 1997–2000 und am Institut gta der ETH Zürich 2001–2011, 2010 dort Vertretungsprofessur. Seit 2011 Professorin für Architekturgeschichte der Moderne an der Accademia di architettura Mendrisio, Università della Svizzera italiana. Zahlreiche Publikationen sowie Ausstellungen zur Geschichte und Theorie der Architektur des 19.–21. Jahrhunderts.

Verena Huber Nievergelt
(*1971, lebt in Zürich), Studium der Kunstgeschichte, Filmwissenschaften und populäre Kulturen in Zürich, zuvor Lehrdiplom für den Fachbereich Gestalten. 2011 Promotion an der Universität Zürich. Lehraufträge im Bereich Geschichte und Theorie der Fotografie an den Hochschulen der Künste in Basel und Zürich, an der F+F Schule für Kunst und Mediendesign Zürich sowie an der Universität Zürich. Seit 2012 Dozentin im Fachbereich Gestalten an der Pädagogischen Hochschule Bern.

Mario Lüscher
(*1976, lebt in Zürich), Studium der Kunstgeschichte sowie der Deutschen und der Russischen Literatur. 2007–2009 Redaktor bei SIKART Lexikon zur Kunst in der Schweiz. 2010–2012 wissenschaftlicher Mitarbeiter an der Universität Lausanne. Seit 2012 Fachreferent der Bibliothek des Schweizerischen Instituts für Kunstwissenschaft SIK-ISEA.

Peter von Matt
(*1937, lebt in Dübendorf bei Zürich), Studium der Germanistik, Anglistik und Kunstgeschichte in Zürich, Nottingham und London. 1976–2002 Ordinarius für Neuere Deutsche Literatur an der Universität Zürich. Gastprofessuren in Basel, Bern und Stanford California. 1992/93 am Wissenschaftskolleg zu Berlin. Literatur- und kulturhistorische Bücher u.a. *Liebesverrat, Verkommene Söhne, missratene Töchter* und *Die Intrige* sowie über die literarische und politische Schweiz. Mitglied u.a. Deutsche Akademie für Sprache und Dichtung, Akademie der Künste Berlin. Preise u.a. Kunstpreis der Stadt Zürich,

Johann-Peter-Hebel-Preis, Heinrich-Mann-Preis, Brüder-Grimm-Preis der Universität Marburg. Breite publizistische und editorische Tätigkeit.

Stanislaus von Moos
(* 1940, lebt in Zürich), 1983–2005 Professor für moderne und zeitgenössische Kunst an der Universität Zürich, seit 2010 Gastprofessor an der Yale School of Architecture. Verfasser von Monografien über Le Corbusier (1968; 2009), italienische Architektur der Renaissance (*Turm und Bollwerk*, 1976), die Architektur von Venturi, Scott Brown & Associates (1987; 1999) und zur Designgeschichte der Schweiz (*Industrieästhetik*, 1992).

Franz Müller
(*1962, lebt in Zürich), Studium der Kunstgeschichte und neueren deutschen Literatur in Zürich, 1994–1998 Redaktor des *Biografischen Lexikons der Schweizer Kunst* und Kunstkritiker für verschiedene Deutschschweizer Zeitungen, 1998–2000 Assistent am Kunstmuseum Solothurn, seit 2000 wissenschaftlicher Mitarbeiter des Schweizerischen Instituts für Kunstwissenschaft SIK-ISEA, Zürich. Herausgeber der Web-Dokumen-tation www.martin-disler.ch und einer Monografie über Martin Disler, Leiter des Projekts «Werkkatalog der Gemälde von Cuno Amiet» am SIK.

Vaclav Pozarek
(*1940, lebt in Bern), 1965/66 Studium der Filmregie an der Prager Filmakademie. 1968 Übersiedlung in die Schweiz. 1969–1971 Studium an der Hochschule für Bildende Künste in Hamburg, 1971–1973 an der St. Martin's School of Art in London bei Anthony Caro. Danach Rückkehr in die Schweiz. Arbeit als Plastiker, Grafiker, Konzeptkünstler, ausserdem Buch- und Ausstellungsgestaltungen. Zahlreiche Gruppen- und Einzelausstellungen, u.a. 1995 im Aargauer Kunsthaus Aarau, 2004 im Kunstmuseum Winterthur und 2012 im Bündner Kunstmuseum Chur. U.a. DAAD-Berlin, Stipendiat 1992, und Prix Meret Oppenheim 2005.

Pipilotti Rist
(*1962, lebt in Zürich), 1981–1985 Studium der Gebrauchs-, Illustrations- und Fotografik an der Hochschule für Angewandte Kunst in Wien, 1986–1988 Klasse für audiovisuelle Gestaltung (René Pulfer) an der Schule für Gestaltung Basel. 1997/98 künstlerische Direktorin der schweizerischen Landesausstellung *Expo.02*. 2002/03 Gastprofessorin an der University of California, Los Angeles, 2003 Professorentitel von der Universität der Künste Berlin. Zahlreiche Performances, Video- und Filmpräsentationen sowie Musikaufführungen, internationale Einzel- und Gruppenausstellungen. U.a. 2001 Kunstpreis der Stadt Zürich, 2007 St. Galler Kulturpreis.

Arthur Rüegg
(*1942, lebt in Zürich). Architekturstudium an der ETH Zürich, Diplom 1967. Arbeit in Zürich, Paris, Boston, eigenes Büro seit 1971 (bis 1998 gemeinsam mit Ueli Marbach). Diverse Lehrtätigkeiten, 1991–2007 Professor für Architektur und Konstruktion an der ETH Zürich. Schreibt und forscht über neuere Schweizer Architektur sowie über Konstruktion, Farbe und Design in der Moderne; Co-Kurator vieler Ausstellungen im In- und Ausland (2014: *100 Jahre Schweizer Design* im Museum für Gestaltung Zürich).

Adrian Schiess
(*1959, lebt in Zürich und Le Locle), 1975/76 Vorkurs an der Schule für Gestaltung Zürich, 1976–1980 Grafikerlehre. Neben autonomen Arbeiten als Maler, Fotograf und Videokünstler zahlreiche architekturbezogene Werke (Farbkonzepte) für Bauten u.a. von Herzog & de Meuron, Gigon/Guyer Architekten und Santiago Calatrava. U.a. Eidgenössisches Kunststipendium 1981, 1985 und 1988, 1996 Preis der Stiftung für die Graphische Kunst in der Schweiz. Zahlreiche Ausstellungsbeteiligungen, u.a 1990 *Biennale di Venezia* (Kirche San Staë), 1992 *documenta IX* in Kassel, 2007 Indianapolis Museum of Art.

Philip Ursprung
(*1963, lebt in Zürich), 1993 Promotion an der FU Berlin, 1999 Habilitation an der ETH Zürich. Danach Lehrtätigkeit u.a. an der HdK Berlin, der Graduate School of Architecture, Planning and Preservation der Columbia University New York, und dem Barcelona Institute of Architecture. 2005–2011 Professor für Moderne und zeitgenössische Kunst an der Universität Zürich, seit 2011 Professor für Kunst- und Architekturgeschichte an der ETH Zürich. Herausgeber von *Herzog & de Meuron: Naturgeschichte* (2002) und *Caruso St John: Almost Everything* (2008); zuletzt erschienen von ihm *Die Kunst der Gegenwart: 1960s bis heute* (2010) und *Allan Kaprow, Robert Smithson, and the Limits to Art* (2013).

Matthias Vogel
(*1955, lebt und arbeitet in Zürich und Berlin), Studium der Kunstgeschichte, Anthropologie, Philosophie und Literaturkritik in Zürich, München und Berlin, 1986 Promotion in Zürich. 1997 Habilitation an der Universität Basel. Tätigkeit als Publizist und Kurator. Dozent v.a. an der Universität Basel und an der Zürcher Hochschule der Künste (ZHdK), dort Projektleiter zur Forschung über Bildtheorie und -praxis, besonders am Beispiel der Fotografie.

Katherine York
(*1976, lebt in Berlin), Architektur- und Landschaftsfotografin, arbeitet mit analogen Grossformat- und mit Digitalkameras. Ihre Fotografie zielt auf eine zeitlose Erscheinung der Motive. Katherine York widmet sich eigenen Projekten und arbeitet mit international renommierten Architekten und Institutionen zusammen.

Das Buchprojekt wurde grosszügig unterstützt durch

Kantonale Denkmalpflege Zürich
Paul Moser, Zürich
Elias Moser, New York
Weitere Nachfahren von Karl Moser
Swiss Life, Zürich
UBS Kulturstiftung

Für vielfältigen Rat und Hilfe danken wir

Silvia Bolliger, Universitätsarchiv Zürich
Martin Bürge, Archäologisches Institut, Universität Zürich
Sylvia Claus, Institut gta, ETH Zürich
Roger Fayet, Schweizerisches Institut für Kunstwissenschaft SIK-ISEA, Zürich
Annia Haselbach-Moser, Lully
Nina Hüppi, Kantonale Denkmalpflege Zürich
Erika Löffler, Kantonale Denkmalpflege Zürich
Mario Lüscher, Schweizerisches Institut für Kunstwissenschaft SIK-ISEA, Zürich
Thomas Manetsch, Zürich
Peter von Matt, Dübendorf
Irène von Moos, Zürich
Elias Moser, New York
Inge Moser, Universitätsarchiv Zürich
Paul Moser, Zürich
Philippe Mouthon, gta Verlag, ETH Zürich
Christoph Riedweg, Klassisch-Philologisches Seminar, Universität Zürich
Arthur Rüegg, Zürich
Thomas Tschümperlin, Universität Zürich
Filine Wagner, gta Archiv, ETH Zürich
Dieter Weidmann, ETH Zürich/Accademia di architettura Mendrisio, Università della Svizzera italiana
Daniel Weiss, gta Archiv, ETH Zürich

Index der Personen

Altherr, Heinrich   138–140, 264, 291, 292, 381, 378
Amiet, Cuno   128, 137, 140, 186, 276, 279, 281, 292, 381, 357
Ammann, Lukas   342
Apel, Maria Theresia   299, 302, 306
Asplund, Gunnar   14

Baechtold, Jakob   277, 366
Bätschmann, Oskar   157, 158, 270
Baltzer, Nanni   133
Baumberger, Otto   129, 264, 272, 288, 364, 381
Baumeister, Willi   131
Baur, Albert   125, 139, 149, 172, 181, 185, 196, 212, 226, 227, 229, 236, 279, 280, 299, 306, 314, 316
Baur, Emil   207
Behrens, Peter   13, 252
Bentham, Jeremy   234
Benton, Tim   166
Berlage, Hendrik Petrus   13, 14, 126, 152, 248–252
Bestelmeyer, German   223, 225, 226
Bill, Max   248
Billing, Hermann   220, 221
Birchler, Linus   127, 266, 292
Bleuler, Hermann   205
Bleuler-Hüni, Conrad   198, 388
Bloesch, Hans   136, 140, 296
Blümner, Hugo   123, 137, 244, 247, 257, 258, 266, 291, 381
Bluntschli, Alfred Friedrich   176, 178, 204, 206, 208–, 213, 220, 381, 387
Böcklin, Arnold   368, 375
Bode, Wilhelm von   247
Bodmer, Paul   22, 127–129, 131–134, 137, 140, 141, 186, 227, 231, 264, 266, 271–275, 280–288, 290–292, 305, 307, 309, 311, 356, 360, 362, 364, 377, 378, 381
Boissonas, Frédéric   255–257
Bovet, Ernest   134, 280, 382
Bracher, Widmer & Daxelhofer   210, 388
Bräm, Adolf   siehe Gebrüder Bräm, Architekten
Bräm, Heinrich   siehe Gebrüder Bräm, Architekten
Brandenberger, Hans   20

Brun, Carl   285
Büro Atelier Girot/VUES SA   193
Burckhardt, Carl   255, 257, 259, 263, 296, 297
Burckhardt, Jacob   202, 244
Bürgi, Regine   138
Buri, Max   276, 279
Burri, René   18, 342

Candilis/Josic/Woods   316
Cardinaux, Emile   276, 278
Carl, Bruno   14, 241
Cato   siehe Wolff, Felix
Cézanne, Paul   158
Christen, Gabriela   128, 262
Churchill, Winston   142
Claussen, Peter Cornelius   232
Correggio, Antonio da   358
Courbet, Gustave   270
Crameri, Marco   14, 120
Curjel & Moser   14, 120, 125, 151, 153–155, 161, 209, 216, 218, 226, 240, 241, 253–255, 265, 384, 388
Curjel, Hans   156, 241, 243
Curjel, Robert   siehe Curjel & Moser
Czerpien, Karl   121, 139

Darwin, Charles   126, 240
Defregger, Franz   379
Detel, Wolfgang   201
Dilthey, Karl   244
Distel, Hermann   217, 221
Domènech i Montaner, Lluís   14
Dorner, Alexander   247
Duban, Félix   242
Dürer, Albrecht   368, 373, 375
Dunger, Gustav   175, 177
Dürst, Rolf   142

Eaton, Leonard K.   14
Egger, August   17, 133, 227, 228, 280, 281, 285, 289–291, 357, 371, 382
Engels, Friedrich   132
Ernst Ludwig, Grossherzog von Hessen bei Rhein   152
Ernst, Paul   388
Escher, Alfred   243

Fietz, Hermann   206–208, 220, 222, 245, 293, 383, 387
Fischer, Matthias   130

Fischer, Theodor   217, 219, 220, 221, 223
Frankl, Paul   229
Frey, Adolf   129
Frey, Werner   190, 322, 325, 382, 389
Frisch, Max   167–169, 171
Fröhlich, Gustav   175, 177

Gandy, Joseph Michael   242
Gantner, Joseph   14, 250
Garnier, Charles   236
Gauchat, Louis   133
Gaudí, Antoni   14, 126, 156, 254
Gebrüder Bräm, Architekten   296, 305, 309, 383
Gebrüder Pfister, Architekten   296, 383
Gebrüder Reutlinger, Architekten   207, 387
Gehry, Frank   263
Geiser, Karl   305, 310
George, Stefan   311, 385
Georges Epitaux & Joseph Austermeyer, architectes   210, 388
Giacometti, Augusto   123, 124, 133, 264, 291, 382
Giacometti, Giovanni   276, 381, 382
Gibbs and Canning   240
Giedion, Sigfried   241
Gigon, Annette   siehe Gigon/Guyer Architekten
Gigon/Guyer Architekten   130, 322, 325–329, 331, 332, 382, 389
Gilbert, Cass   180
Gilgen, Alfred   132, 143
Gisel, Ernst   144, 322–324, 327, 382, 389
Gloor, Lukas   130, 157, 382
Gnägi, Thomas   120, 152, 161, 232
Godé-Darel, Valentine   128
Godin, Jean-Baptiste   234
Göller, Adolf   228
Graber, Hans   277
Grisebach, Eberhard   219
Gropius, Walter   253
Grubitz, August   217, 221
Grünewald, Matthias   375
Gull, Gustav   121, 164, 168, 170, 174–177, 181, 205, 209, 220, 222, 224, 226, 236, 242, 244–247, 250, 383, 387, 388
Gurlitt, Cornelius   241
Guyer, Emil   125, 185, 188, 189, 383
Guyer, Lux   385
Guyer, Mike   Gigon/Guyer Architekten

Hablik, Wenzel 156
Hadid, Zaha 262
Haeckel, Ernst 125, 126, 198–200, 227, 239, 240, 241, 263, 308, 311, 384
Haefeli Moser Steiger 385
Haefeli, Max Ernst 321
Hagenbuch, Franz 202, 222
Haller, Hermann 124, 138, 263, 296, 298, 299, 301, 302, 304, 306, 383
Hals, Frans 375
Hassler, Uta 125, 156, 250, 252
Haussmann, Georges-Eugène 161
Hegemann, Werner 161
Herter, Hermann 15, 148, 151, 165, 166, 170
Hescheler, Karl 125, 144, 239
Hesse, Hermann 22
Hildebrand, Adolf von 262, 263, 300, 304, 306
Hitzig, Friedrich 224, 284
Hodler, Berthe 128
Hodler, Ferdinand 20, 21, 121, 124, 127, 128, 130, 132, 133, 137, 140, 141, 156–160, 212, 219, 256, 258–260, 262, 264, 266, 276–282, 286, 287, 291, 357, 359, 368, 373, 375, 376, 381, 383
Hoepli, Ulrico 138
Hoffmann, Josef 14
Holbein, Hans 368, 373, 375
Horta, Victor 126
Hubacher, Hermann 305, 310
Huber, Hermann 129, 130, 139–141, 227, 264, 273, 280–293, 305, 307, 309, 356, 361, 362, 364, 376, 383, 386
Hügin, Karl 129, 130, 141, 272, 284, 383
Hünerwadel, Arnold 255, 260

Ingold, Otto 139

Jansen, Hermann 166
Janssen, Jörn 141
Jeanneret, Pierre 142
Jedlicka, Gotthard 141, 142
Jefferson, Thomas 246
Jehle-Schulte Strathaus, Ulrike 14, 255, 262

Kafka, Franz 22
Kandinsky, Wassily 131
Kappeler, Otto 121, 123, 127, 131, 137, 141, 264, 265, 294, 296–298, 300, 303, 305–311, 383

Karrer, Paul 142
Keller, Albert von 379
Keller, Gottfried 258
Keller, Gustav 272, 280–282, 286, 357
Kempin-Spyri, Emilie 22, 122, 123, 334–337, 339
Kienzle, Wilhelm 238, 241
Kinkel, Gottfried 244
Klimt, Gustav 271
Kolbe, Georg 304, 306
Koller, Rudolf 368, 375
Kreis, Wilhelm 174
Kündig, Reinhold 131, 135–137, 141, 264, 272, 273, 284, 305, 307, 381, 383, 384, 386

Laban, Rudolf von 20
Labrouste, Henri 252
Lampugnani, Vittorio Magnago 161
Lang, Arnold 121, 125, 126, 144, 164, 197, 198, 207, 208, 212, 213, 237, 239, 241, 249, 296, 297, 311, 318, 384, 387, 388
Langbehn, Julius 12
Lasius, Georg 387
Le Corbusier (Charles-Edouard Jeanneret) 13, 142, 166, 167, 250, 254, 263, 384
Lenin, Wladimir Iljitsch 132
Lenoir, Richard 246
Lienhard, Marie-Louise 266
Loderer, Benedikt 169, 170
Loetz, Francisca 125, 239
Lord Elgin (Thomas Bruce, 7. Earl of Elgin) 257
Loup, Arnold 281, 361

Maillart, Robert 250
Mallgrave, Harry Francis 385
Mao Tse-tung 132
Martinez, Carlos 336, 337
Marx, Karl 132
Maurer, Bruno 203
Maurer, Emil 14, 135, 201, 294, 295
Max, Gabriel von 379
Meili, Armin 153
Meister, Eugen 134, 135, 141, 264, 272, 296, 383, 384
Meyer von Knonau, Gerold 129, 272
Meyer, Arnold 285
Meyer, Peter 133, 243

Meyer-Amden, Otto 127, 131, 132, 141, 274, 284, 300, 307, 309, 383, 384
Meyer-Ochsner, Heinrich 243
Michel, André 238
Michelangelo 358
Möhring, Bruno 166
Monet, Claude 190
Montag, Carl 142
Moser, Werner M. 139, 250–252, 318–322, 324, 384, 389
Mousson, Heinrich 133, 287
Müller, Albin 387

Naegeli, Harald 124, 330
Neher, Ludwig 229, 230
Nerdinger, Winfried 203, 385
Nicolai, Bernd 155, 212, 217
Nietzsche, Friedrich 156, 252, 253, 366
Noseda, Irma 324

Obrist, Hermann 154, 156, 254
Oechsli, Wilhelm 129, 272
Oechslin, Werner 15, 148, 153, 162–165, 193, 204, 241, 243
Oestberg, Ragnar 14
Olbrich, Joseph Maria 14, 152, 156, 254
Oldenburg, Claes 260, 261
Osborn, Max 217
Osswald, Paul 124, 126, 128, 137, 139, 260, 263, 264, 295–302, 306, 309, 311, 385
Osswald-Toppi, Margherita 128, 137, 296, 299, 385

Perret, Auguste 14, 166, 249–251
Perret, Gustave 14, 249–251
Pestalozzi, Hans 388
Peter, Heinrich 318
Pfister, Albert 128, 129, 264, 272, 284, 296, 364, 383, 385
Pfister, Otto siehe Gebrüder Pfister, Architekten
Pfister, Werner siehe Gebrüder Pfister, Architekten
Plečnik, Jose 14
Praxiteles 368, 373
Puvis de Chavannes, Pierre 158

Raffael 291, 358, 366, 373, 375
Rahn, Rudolf 130, 277, 366
Rebsamen, Hanspeter 149, 155, 156, 165
Recordon, Benjamin 204

Reinhart, Theodor 302
Reinle, Adolf 14
Rembrandt 375
Richardson, Henry Hobson 14
Riemerschmid, Richard 131
Righini, Sigismund 276, 296
Rist, Pipilotti 13, 22, 122, 123, 260, 334, 335, 336
Rittmeyer, Robert 176, 385, 387
Rodin, Auguste 256, 259, 304
Rossi, Aldo 232–234
Rößling, Wilfried 14
Roth, Alfred 13, 142, 382
Rothschild, Berthold 141
Rückwardt, Hermann 224

Saarinen, Eliel 14
Salis, C. G. 139
Salvisberg, Otto Rudolf 149, 168, 170, 171, 226
Scheffler, Karl 252, 253, 264
Schiess, Adrian 130, 326, 327, 329, 331, 389
Schiller, Friedrich 366
Schindler-Escher, Martin 123
Schlemmer, Oskar 127, 131, 384
Schlöth, Ferdinand 276
Schmitz, Bruno 166
Schneider/Spieker/Scholl, Architekten 316
Schuh, Gotthard 123
Schuitema, Paul 121
Schulze, Karl Emil 137
Schwarz, Martin 324
Schweizer, Paul 129, 272
Schwerzmann, Wilhelm 126, 137, 198, 240, 263, 264, 296, 298, 310, 311, 385
Semper, Gottfried 15, 121, 126, 148, 151, 163, 164, 170, 172, 176, 178, 185, 202–206, 208, 210, 212, 222, 228, 242, 244, 248–250, 252, 253, 363, 381, 385
Séquin, Otto 281, 361
Siegwart, Hugo 301
Sitte, Camillo 162, 210
Sonck, Lars 14
Stadler, Peter 132, 141, 142, 193
Steinbrecher, Aline 125, 239
Steiner, Rudolf 22
Stiefel, Eduard 281, 361
Stieglitz, Alfred 188, 189
Strasser, Charlot 124
Strasser, Vera 124

Strebel, Ernst 15
Studer, Jakob Friedrich 151
Suter, August 304, 320
Szeemann, Harald 264
Tanner, Jakob 335
Taut, Bruno 15, 148–150, 152–155, 158
Tessenow, Heinrich 13
Tièche, Adolphe 204, 206, 207, 242, 244
Tizian 358
Toennesmann, Andreas 164
Trog, Hans 140, 279, 283, 284
Trudel, Hans 281

Ulrich, Paul 387
Unwin, Raymond 162

Valentiner, Wilhelm 247
van de Velde, Henry 156, 254
Vetter, Ferdinand 129, 130, 135, 140, 289, 290, 303, 363, 371, 375, 386
Vetter, Theodor 123, 128, 135, 272
Viollet-le-Duc, Eugène 157–159
Visconti, Louis 251
Vivarelli, Carlo 190, 325, 389
Vogt, Carl 157

Waldkirch, Bernhard von 128, 262
Wälchli, Gottfried 141, 142, 264, 285, 292
Wagner, Otto 13, 14
Wagner, Richard 369
Wallot, Paul 174
Waser, Otto 129, 256, 258, 259, 266
Weber, Otto 204
Weder, Hans 122
Wehrli, Max 132
Welti, Albert 379
Wigman, Mary 20
Winkler, Johann 277
Wittgenstein, Ludwig 330
Wolfensberger, Rolf 139, 223, 318, 325, 386, 389
Wolff, Conrad 121, 163
Wolff, Felix 277
Wolff, Johann Caspar 222
Wölfflin, Heinrich 10, 133, 229, 241, 288, 305, 310, 316, 321, 381
Woolworth, Franklin W. 180
Würtenberger, Ernst 281, 296

Zeller, Eugen 141, 303
Zemp, Josef 272, 285
Zola, Émile 180

Zschokke, Alex 231
Zurfluh, Lukas 125, 156, 250, 252
Zweifel, Jakob 316
Zweig, Stefan 23
Zwicky, Stefan 321, 322, 327, 386, 389

Index der Orte und Bauten

Aarau, Ersparniskasse 296
Amsterdam, Börse 248, 249, 251, 252
Ascona, Monte Verità 20, 21
Athen, Parthenon 255, 256

Bamberg, Rathaus 177, 178
Barcelona, Casa Battló 156
Basel, Badischer Bahnhof 263
Basel, Ev.-ref. Pauluskirche 138, 161, 254, 255
Basel, Kath. Kirche St. Anton 23, 250, 251, 384
Basel, Schulbau De-Wette-Strasse 216
Berlin 223
Berlin, Freie Universität 316
Berlin, Schloss 240
Berlin, Technische Hochschule 224
Berlin, Wettbewerb Gross-Berlin 166, 181, 182
Bern, Eidgenössisches Bundesratshaus (urspr. Amtssitz des Bundesrates) 121, 151, 163
Bern, Gymnasium Kirchenfeld 305, 310
Bern, Schweizerische Landesausstellung 1914 137, 139, 140, 278, 296
Bern, Universität 128, 186, 201, 216, 218, 219
Bologna, Universität 234
Brescia, Palazzo della Ragione 236
Bruchsal, fürstbischöfliche Residenz 241
Bruchsal, Reichsbankzweigstelle 152

Cambridge, Corpus Christi College 234, 235
Caprarola, Villa Farnese 320
Charlottesville, VA, University of Virginia 246
Coimbra, Universität 234

Darmstadt, Mathildenhöhe 21, 152, 156
Dornach, Goetheanum 21
Dresden, Altstadt 174
Dresden, Friedrich-August-Brücke 174, 175
Dresden, Gartenstadt Hellerau 21
Dresden, Georgentor 174
Dresden, Ständehaus 174
Dresden, Theaterplatz 174

Einsiedeln, Klosterkirche 236, 237

Ferrara 233
Florenz, Palazzo Pitti 320
Florenz, Palazzo Strozzi 320
Florenz, Uffizien 359
Frankfurt am Main 219
Frankfurt am Main, Senckenbergmuseum 229, 230
Freiburg im Breisgau, Universität, Kollegienhaus / Kollegiengebäude 216, 218, 220, 221, 223

Genf, Völkerbundpalast 142
Genua, Universität 234
Guise, Familistère 234

Hamburg, Universität, Vorlesungsgebäude 217, 221
Hannover, Rathaus 256, 259, 277

Jena 198, 199
Jena, Altes Schloss
Jena, Phyletisches Museum 125, 239
Jena, Universität 20, 198, 217, 219, 220, 221, 223, 277
Karlsruhe 14, 120, 138, 217, 219, 220, 241
Karlsruhe, Lutherkirche 161
Köln, Werkbundausstellung, «Glashaus» 158

Lausanne, École Polytechnique Federale 316
Le Raincy, Nôtre-Dame du Raincy 249, 250
London, Natural History Museum 239, 240
London, Picadilly Circus 260, 261
London, St. Pancras Station 234
Lucca, San Giovanni, Baptisterium 179
Luzern, Jesuitenkirche 236
Luzern, Kath. Kirche St. Paul 154, 155, 161

Madrid 234
Marburg, Philipps-Universität 316
München 10, 219, 263, 277
München, Internationale Kunstausstellung 1913 278
München, Ludwig-Maximilians-Universität, Erweiterungsbau Hauptgebäude 225

New Haven, CT, Yale Universität 234, 246
New York, City Hall Park
New York, Flatiron Building 188, 189
New York, Municipal Building 182
New York, Woolworth Building 152

Oxford 234

Padua, Salone 236
Paris 161, 180, 223, 234, 301, 302
Paris, Bibliothèque Ste. Geneviève 252
Paris, Couvent des Petits-Augustins 235, 246
Paris, Dôme des Invalides 251
Paris, École des Beaux-Arts 129, 135, 241, 242, 243, 299
Paris, Musée des Monuments Français 246
Paris, Opéra 236
Paris, Théatre des Champs Elysées 251
Princeton, NJ, Universität 234, 246

Rom, Piazza del Campidoglio 300

Sevilla 233
Solothurn, Jesuitenkirche 236
Stans, Winkelried-Denkmal 276
Stockholm, Königlicher Palast 320
Strassburg 223

Venedig 174
Venedig, Markuskirche 358
Verona, Palazzo della Ragione (mit Scala della Ragione) 319, 320
Vicenza, Basilica 236

Washington, DC 160
Wien, Universität 271
Worpswede, Künstlerkolonie 131
Würzburg, Residenz 236

Zürich:
Altstadt / Niederdorf 16, 120, 148, 149, 164, 165, 174, 176, 202, 208, 212, 220, 309
Augenklinik 122, 204, 259
Augustinerkloster und -kirche, Hinteramt 125, 201, 244, 287
Blinden- und Taubstummenanstalt 212, 388
Bürkliterrasse 305, 310

Eidgenössische Technische Hochschule, ETH Zentrum (ehem. Eidgenössisches Polytechnikum   15, 23, 121, 123, 124, 137, 148, 150, 151, 163–165, 168, 170–172, 174–176, 178, 179, 185, 198, 202–209, 222, 228, 239, 242, 244, 247, 353, 363
Eidgenössisch Technische Hochschule, Fernheizzentrale   149, 168
Eidgenössisch Technische Hochschule, LEE-Gebäude   171
Eidgenössisch Technische Hochschule, Maschinenlaboratorium   226
Eidgenössisch Technische Hochschule, Naturwissenschaftliches Institut   205, 224, 226, 250
Eidgenössisches Physikgebäude   208
Fraumünster   133, 236, 387
Haus zum Rechberg   150, 192, 208, 213, 214, 216, 353, 387
Hochschulquartier   121, 148, 151, 163, 170, 187, 193, 207, 208
Kantonsspital   siehe Universitätsspital
Kirche Altstetten   318
Kirche Fluntern / Überbauung mit Wohnhäusern   160, 162
Kongresshaus   318
Künstlergut   150, 178, 190, 191, 213, 214, 244, 353, 354, 388
Kunsthaus   127, 132, 137, 162, 213, 233, 238, 255–257, 259–262, 277, 279, 295–298, 304, 306
Landesmuseum   127, 174, 242, 246, 247, 276, 277
Lindenhof   172, 174
Neue Kantonsschule   184, 206, 207, 317
Oetenbachkloster   164
Opernhaus   148
Predigerkirche   174, 321
Schauspielhaus   148
Schulhaus Letten   136, 285
Spitalwiese   siehe Wässerwiese
Stadthausanlage / Stadthaus   121, 174, 175, 177, 181, 222
Sternwarte   165
Stockargut   150, 205, 353, 387

Universitat Zürich Irchel   122, 143, 168, 169, 234
Universität, Archäologisches Institut   16, 122, 123, 129, 130, 134, 137, 202, 204, 205, 207, 213, 220, 222, 230, 237, 244, 245, 247, 257, 259, 261, 318, 326
Universität, Chemisches Institut   207
Universität, Deutsches Seminar   129, 167, 272, 366
Universität, Englisches Seminar   129, 135, 136, 272, 367
Universität, Fechtsaal   164, 321
Universität, Historisches Seminar   128, 129, 144, 272, 322–324, 367, 389
Universität, Institut für Hygiene und Pharmakologie   208
Universität, Kunsthistorisches Seminar   272, 288, 365
Universität, Physikgebäude   167–169, 204, 317
Universität, Romanisches Seminar   134, 135, 272, 367
Universität, Turmrestaurant   164, 342
Universitätsspital   121, 184, 205, 207, 387
Volkshaus   148
Wasserkirche   125, 220
Wässerwiese   205–207, 387
Zentralbibliothek   174, 208, 209, 387
Zürichberg   155, 165, 170, 181, 185, 205, 210
Zwinglihaus   305, 309

Abkürzungen

BAZ
  Baugeschichtliches Archiv Zürich
EKK
  Eidgenössischen Kunstkommission
GSMBA
  Gesellschaft der Schweizer Maler, Bildhauer und Architekten
NZZ
  Neue Zürcher Zeitung
SBZ
  Schweizerische Bauzeitung
SIK-ISEA
  Schweizeriches Institut für Kunstwissenschaft, Zürich
StAZ
  Staatsarchiv des Kanton Zürich
UAZ
  Universitätsarchiv Zürich
ZB
  Zentralbibliothek Zürich

Bildnachweis

Architekturmuseum TU Berlin, Inv. Nr. 45636: Seite 224 Abb. 26

Archiv Gigon/Guyer Architekten: Seite 322 Abb. 10, Seite 322 Abb. 12

Baubibliothek, ETH Zürich: Atlas 4

Baugeschichtliches Archiv, Zürich: Seite 151 Abb. 3 (BAZ 2511) und Abb. 5, Seite 211 Abb. 11 (Originalvorlage für *Zürcher Kalender* 1909, S. 27)

© Bildarchiv Foto Marburg: Seite 221 Abb. 21 und Abb. 24, Seite 225 Abb. 28, Seite 300 Abb. 7

© René Burri / Magnum Photos: Seite 343–348

© Gertrud Dübi-Müller/Fotostiftung Schweiz: Atlas 37

© Eredi Aldo Rossi, Milano: Seite 233 Abb. 1

ETH-Bibliothek Zürich, Bildarchiv: Atlas 10 (PK_001454), Seite 185 Abb. 1 (Ans_03098), Seite 191 Abb. 7 (Fel_008523-RE) und Abb. 8 (Fel_008489-RE), Seite 231 Abb. 36 (PK_001267)

Generallandesarchiv Karlsruhe: Seite 218 Abb. 19 (G Freiburg 75) und Abb. 20 (G Freiburg 80)

© Georgia O'Keeffe Museum / 2014, ProLitteris, Zurich, Collection The Metropolitan Museum of Art, New York / bpk / The Metropolitan Museum of Art / Alfred Stieglitz: Seite 188 Abb. 5

© Georgia O'Keeffe Museum / 2014, ProLitteris, Zurich, Collection SFMOMA, San Francisco, Alfred Stieglitz Collection, Gift of Georgia O'Keeffe: Seite 188 Abb. 6

© Gigon / Guyer Architekten, Zürich: Seite 329 Abb. 1 (© 2014, ProLitteris, Zurich)

Marius Grootveld, Amsterdam: Seite 251 Abb. 19

gta Archiv / ETH Zürich: Atlas 14, 88 (© FLC / 2014, ProLitteris, Zurich), 94

gta Archiv / ETH Zürich (Bestand ETH Bauten): Seite 242 Abb. 11

gta Archiv / ETH Zürich (Nachlass Alfred Friedrich Bluntschli): Seite 178 Abb. 5

gta Archiv / ETH Zürich (Nachlass Gustav Gull): Seite 224 Abb. 27 (Foto Ernst Linck)

gta Archiv / ETH Zürich (Nachlass Haefeli Moser Steiger): Seite 251 Abb. 17, Seite 322 Abb. 7

gta Archiv / ETH Zürich (Nachlass Karl Moser): Seite 11 Abb. 1, Atlas 1, 2, 7 oben, 8, 15, 16, 18, 23, 26 (© Kantonale Denkmalpflege), 32, 34, 36, 41 (© Yvonne Kunz, Erlenbach), 47, 49, 58, 66 (© Hedwig Alther, Hirzel), 67, 68, 70, 71, 76, Seite 151 Abb. 5, Seite 159 Abb. 11, Seite 160 Abb. 15 und Abb. 16, Seite 173 Abb. 1, Seite 178 Abb. 6, Abb. 7, Abb. 8 und Abb. 9, Seite 183 Abb. 11, Abb. 12 und Abb. 13, Seite 197 Abb. 1, Seite 199 Abb. 3, Seite 218 Abb. 18, Seite 221 Abb. 23, Seite 225 Abb. 29 und Abb. 31, Seite 237 Abb. 7, Seite 297 Abb. 5, Seite 319 Abb. 2 und Abb. 3

gta Archiv / ETH Zürich (Nachlass Werner M. Moser): Seite 319 Abb. 5

gta Archiv / ETH Zürich (Nachlass Gottfried Semper): Seite 206 Abb. 6

gta Archiv / ETH Zürich (Plansammlung): Seite 206 Abb. 7, Seite 242 Abb. 12

gta Archiv / ETH Zürich (Vorlass Ernst Gisel): Atlas 91 (Foto © Eduard Hueber)

© Heinrich Helfenstein, Zürich: Seite 331 Abb. 3 (© 2014, ProLitteris, Zurich) und Abb. 4 (© 2014, ProLitteris, Zurich)

Sonja Hildebrand, Herrliberg: Seite 225 Abb. 30

Kaiser Wilhelm Museum Krefeld: Seite 221 Abb. 22

Kantonale Denkmalpflege Zürich: Atlas 44 oben und unten, 57, 59, 62, 63 (© Hedwig Alther, Hirzel), 73, Seite 206 Abb. 8 (Foto Emil Guyer), Seite 271 Abb. 2, Seite 275 Abb. 3, Abb. 4, Abb. 5, Abb. 6 und Abb. 7, Seite 288 Abb. 8 (© 2014, ProLitteris, Zurich), Seite 297 Abb. 6

KEYSTONE/Roger Viollet: Seite 235 Abb. 4

Kunsthaus Zürich: Seite 159 Abb. 10, Seite 256 Abb. 24 (Geschenk Alfred Rütschi, 1919), Seite 261 Abb. 28 (Foto SIK-ISEA Zürich), Seite 300 Abb. 9

Kunsthaus Zürich, Graphische Sammlung, Inv. 1090: Atlas 54

Kunstmuseum Basel, Kupferstichkabinett; Foto Kunstmuseum Basel, Martin P. Bühler: Atlas 35 (Inv. 2008.137), 51 (Inv. 2008.314)

Kunstmuseum Basel, Öffentliche Kunstsammlung; Foto Martin P. Bühler: Seite 160 Abb. 14

Irène von Moos, Zürich: Atlas 24

Stanislaus von Moos, Zürich: Atlas 21, Seite 251 Abb. 15 und Abb. 18, Seite 261 Abb. 26 und Abb. 27, Seite 265 Abb. 29, Abb. 30 und Abb. 31

© Musée d'art et d'histoire, Ville de Genève: Atlas 38

Museum für Kommunikation, Bern: Seite 151 Abb. 4

Privatarchiv Stanislaus von Moos, Zürich: Seite 169 Abb. 19, Seite 235 Abb. 5

Privatbesitz Thomas Gnägi, Zürich: Seite 175 Abb. 4

Arthur Rüegg, Zürich: Seite 315 Abb. 1

Schweizerisches Institut für Kunstwissenschaft SIK-ISEA Zürich: Atlas 39 (© M. & D. Thalmann, Herzogenbuchsee), Seite 305 Abb. 13

Schweizerisches Institut für Kunstwissenschaft SIK-ISEA, Schweizerisches Kunstarchiv: Seite 231 Abb. 34

Schweizerisches Institut für Kunstwissenschaft SIK-ISEA Zürich; Foto Philipp Hitz, 2013: Atlas 17, 19, 30, 39, 50, 52, 56, 64 (© Hedwig Alther, Hirzel), 65 (© Hedwig Alther, Hirzel), 74 (© 2014, ProLitteris, Zurich), 75 (© 2014, ProLitteris, Zurich), 83 (© Ferdinand Hofmann, Hirzel), 86, Seite 211 Abb. 12 (Privatbesitz), Seite 288 Abb. 9 (© Ferdinand Hofmann, Hirzel) und Abb. 11, Seite 297 Abb. 4, Seite 300 Abb. 10

Schweizerisches Institut für Kunstwissenschaft SIK-ISEA Zürich; Foto Philipp Hitz, 2014: Seite 295 Abb. 1, Seite 308 Abb. 15, Abb. 16 und Abb. 18

Staatsarchiv des Kantons Zürich StAZ: Atlas 5 (U 710.3), 7 unten, 53 (U 710.3), 81 oben, 81 unten, Seite 267 Abb. 32 (Z 7a 2113), Seite 271 Abb. 1 (VII 15.a 6), Seite 288 Abb. 10 (V II 15 a.7)

Universitätsarchiv Zürich UAZ: Atlas 6 (AC 2.2.3, M6), 9 (PA 001.221), 11 (ABL 2008.041), 12 (E.6.1.142; © David Werner / HAUSER & WIRTH), 42 (AC 2.2.1, M25), 55 (E.5.2.37), 61 (AC 2.2.1, M43), 77 (AC 2.1.1, M23), 79 (AC 2.1.1, M24), Atlas 84 (E.5.2.21; Foto Uni Pressedienst), 85 (E.7.1.206), 87 (E.7.1.187), 89 (E.1.5.2.11, 001), 90 (DUG CA.8), Seite 175 Abb. 2 (AC 2.2.3, M6), Seite 188 Abb. 2, Seite 191 Abb. 9 (AC 2.2.1, M17 / © Photoglob AG, Zürich), Abb. 10 (E5.2.18), Abb. 11 (AC 2.2.1, M26 / © Photoglob AG, Zürich) und Abb. 12 (E5.2.17; Foto Uni Pressedienst), Seite 214 Abb. 13 (AC 2.2.2, M2) und Abb. 14 (AC 2.2.2, M1), Seite 319 Abb. 4 (AC 2.1.1, M15) und Abb. 6 (AC 2.2.1, M24), Seite 335 Abb. 1 (E.6.1.142; Foto © David Werner / HAUSER & WIRTH), Seite 336 Abb. 4 (E.6.1.142; Foto © Frank Brüderli, Stallikon / HAUSER & WIRTH)

© Heinz Unger, Schlieren: Seite 322 Abb. 9

© Verlag Werk AG, Zürich: Atlas 40 (1, 1914, H. 4, S. 17), 80 (4, 1914 H. 4, S. 19), 82 (1, 1914 H. 10, S. 8 / © Ferdinand Hofmann, Hirzel), Seite 188 Abb. 4 (1, 1914, H. 4, S. 8 / © Kantonale Denkmalpflege Zürich), Seite 237 Abb. 6 (41, 1944, Beilage 9, H. 9 / Privatbesitz), Seite 305 Abb. 11a (12, 1925, S. 282; Foto Ernst Linck / © Ferdinand Hofmann, Hirzel), Abb. 11b (12, 1925, S. 288; Foto Ernst Linck / © Hedwig Althaus, Hirzel) und Abb. 11c (12, 1925, S. 288; Foto Ernst Linck), Seite 322 Abb. 11 (57, 1970, S. LXXXII)

© Marc Wetli, Zürich / HAUSER & WIRTH: Seite 336 Abb. 2 und Abb. 3

www.zueri-graffiti.ch, 2013: Atlas 20 (SIK-ISEA, Zürich; Foto Philipp Hitz, 2013)

© Katherine York, Berlin: Atlas 13 (© 2014, ProLitteris, Zurich), 25, 33, 45 (© Ferdinand Hofmann, Hirzel), 48 (© 2014, Pro-Litteris, Zurich), 72, 78, 93, Seite 231 Abb. 35, Seite 231 Abb. 37, Seite 237 Abb. 8, Seite 331 Abb. 2 (© 2014, ProLitteris, Zurich)

Zentralbibliothek Luzern: Seite 154 Abb. 8

Zentralbibliothek Zürich, Graphische Sammlung und Fotoarchiv: Atlas 3, Seite 297 Abb. 2

Architekturpreis Beton 93, Zürich: VSZKGF 1993, S. 14: Seite 322 Abb. 8

Auguste Rodin. Die Bürger von Calais – Werk und Wirkung, Josef Adolf Schmoll gen. Eisenwerth u.a. (Hrsg.), Marl/Stuttgart: Skulpturenmuseum Glaskasten/Hatje 1997: Seite 256 Abb. 22

Macime Collignon und Frédéric Boissonas, *Le Parthénon. L'histoire, l'architecture, et la sculpture,* Genève, Librairie centrale d'art et d'architecture, o.J. (1914): Seite 256 Abb. 20

Hanspeter Draeyer, *Das Schweizerische Landesmuseum in Zürich,* Zürich: Schweizerisches Landesmuseum 1999: Seite 242 Abb. 14

Sigrid Esche-Braunfels, *Adolf von Hildebrand (1847–1921),* Berlin: Deutscher Verlag für Kunstwissenschaft 1993, S. 64: Seite 300 Abb. 8

Gail Fenske, *The Skyscraper and the City. The Woolworth Building and the Making of Modern New York,* Chicago/London: The University of Chicago Press 2008, S. 276: Seite 182 Abb. 10

Festgabe zur Einweihung der Neubauten, 18. April 1914, Universität Zürich, Zürich: Schulthess 1914: Atlas 92

Festschrift zur Erinnerung an die Eröffnung des neuerbauten Museums der Senckenbergischen Naturforschenden Gesellschaft zu Frankfurt am Main am 13. Oktober 1907, Frankfurt a.M.: Gebrüder Knauer 1907, Tafel II: Seite 230 Abb. 32 (Zentralbibliothek Zürich)

Georges-Bloch-Jahrbuch des Kunsthistorischen Instituts der Universität Zürich, Wolfgang Kersten (Hrsg.), Zürich: Kunsthistorisches Institut 1998: Seite 305 Abb. 14

Lukas Gloor, *Venus, Carl Burckhardt und das Kunsthaus Zürich,* Zürich: Scheidegger & Spiess 2013, S. 68: Seite 297 Abb. 3

Ernst Haeckel, *Kristallseelen,* Leipzig: Alfred Kröner 1917: Seite 199 Abb. 4 (S. 135) und Abb. 5 (Umschlag)

Ernst Haeckel, *Kunstformen der Natur,* Leipzig/Wien: Bibliographisches Institut 1898–1904: Atlas 28 (Tafel 41), 29 (Tafel 29), 31 (Umschlag), Seite 308 Abb. 17 (Tafel 10)

Petra Hagen, *Städtebau im Kreuzverhör,* Baden: LIT Verlag 1986: Seite 169 Abb. 20 (© Max Frisch-Archiv, Zürich)

Hermann Obrist. Skulptur, Raum, Abstraktion um 1900, Eva Afuhs und Andreas Strobl (Hrsg.), Zürich: Scheidegger & Spiess, 2009, S. 230 unten: Seite 154 Abb. 9

Ulrike Jehle-Schulte Strathaus, *Das Zürcher Kunsthaus, ein Museumsbau von Karl Moser,* Basel u.a.: Birkhäuser 1982: Seite 256 Abb. 21

Arnold Lang, *Lehrbuch der vergleichenden Anatomie der wirbellosen Thiere,* Jena: Fischer 1900/01, S. 31: Seite 237 Abb. 9

Vittorio Magnago Lampugnani, *L'avventura delle idee nell'architettura 1750–1980,* Mailand: Electa 1985, S. 85: Seite 242 Abb. 10

Robin Middleton, *The Beaux-Arts and Nineteenth Century French Architecture,* London: Thames & Hudson 1982: Seite 235 Abb. 12 (S. 104), Seite 242 Abb. 13 (S. 136)

Der neue Postillon. Humoristisch-satirisches Halbmonatsblatt der schweizerischen Arbeiterschaft 19, Nr. 1, 2. Januar 1914: Atlas 46

Die neue Universität Zürich. Photographische Aufnahmen des kantonalen Hochbauamtes, mit einer Einführung von Albert Baur, Zürich: Orell Füssli 1914: Atlas 27 (UAZ, BC 49A), Seite 199 Abb. 2 (UAZ, BC 49A)

Neujahrsblatt auf das Jahr 1935 zum Besten des Waisenhauses in Zürich, 1935, S. 43: Seite 256 Abb. 23

L'Œuvre, Paris: Seite 167 Abb. 18 (2, 1914, S. 35; Bibliothèque de la Ville de La Chaux-de-Fonds / © FLC / 2014, ProLitteris, Zurich), Seite 251 Abb. 16 (2, 1914, S. 33; © FLC / 2014, ProLitteris, Zurich)

Claes Oldenburg, *Proposals for Monuments and Buildings 1965–1969,* Chicago: Big Table Publishing Company 1969: Seite 261 Abb. 25 (Courtesy Oldenburg van Bruggen Studio)

John W. Reps, *Washington on View. The Nation's Capital since 1790,* Chapel Hill/London: The University of North Carolina Press 1991: Seite 160 Abb. 17

Matthias Schirren, *Bruno Taut. Alpine Architektur*, München/Berlin/London/New York: Prestel 2004: Seite 154 Abb. 7

Schweizerische Bauzeitung, Zürich: Seite 175 Abb. 3 (46, 1905, S. 51), Seite 188 Abb. 3 (63, 1914, H. 16, S. 223, Tafel 44 unten / © Kantonale Denkmalpflege Zürich), Seite 206 Abb. 9 (50, 1907, S. 97), Seite 211 Abb. 10 (51, 1908, S. 145), Seite 215 Abb. 16 (63, 1914, S. 360) und Abb. 17 (63, 1914, S. 359), Seite 149 Abb. 2 (Roland Rohn, «Umbau und Erweiterung des Maschinen-Laboratoriums der E.T.H.», in: *Das Maschinenlaboratorium der Eidg. Technischen Hochschule Zürich. Seine Anlagen und Institute* (Sonderdruck 1934/1939), S. 1), Seite 224 Abb. 25 (51, 1908, S. 149), Seite 230 Abb. 33 (63, 1914, Tafel 62 unten)

David Streiff, *Karl Geiser. Fotografien,* Zürich: Limmat Verlag 2007, S. 46: Seite 305 Abb. 12 (Fotostiftung Schweiz, Nachlass Karl Geiser / Jan Morgenthaler, Zürich)

Bruno Taut, *Die Stadtkrone,* Jena: Eugen Diederichs 1919: Seite 149 Abb. 1

Universität Zürich. Festschrift des Regierungsrates zu Einweihung der Neubauten 18. April 1914, Zürich: Orell Füssli 1914: Atlas 22, 43, 69, Seite 214 Abb. 15

Paul Venable Turner, *Campus. An American Planning Tradition,* New York/ Cambridge MA: The Architectural History Foundation/MIT Press 1984, S. 10: Seite 235 Abb. 3

Eugène Viollet-le-Duc, *Histoire d'une maison,* Paris: Topographie Lahure, 1874: Seite 159 Abb. 12

Eugène Viollet-le-Duc, *Le Massif du Mont-Blanc,* Paris, J. Baudry 1877: Seite 159 Abb. 13

Zürcher Illustrierte 7, Nr. 45, 6. November 1931: Atlas 60

In einigen Fällen konnten die Urheber- und Abdruckrechte trotz umfangreicher Recherche nicht ermittelt werden. Berechtigte Ansprüche werden bei entsprechendem Nachweis im Rahmen der üblichen Honorarvereinbarungen abgegolten.

Impressum

Gestaltung: Vaclav Pozarek, Bern
Layout und Satz: Guido Widmer, Zürich
Korrektorat: Grazia Annen, Arth
Druck und Bindung: DZA Druckerei zu Altenburg GmbH

Umschlaggestaltung: Vaclav Pozarek, Bern

Copyright © der Texte: bei den Autorinnen und Autoren
Copyright © der Bilder: siehe Bildnachweis Seite 397

Copyright © 2014
Universität Zürich und Verlag Scheidegger & Spiess AG, Zürich

Verlag Scheidegger & Spiess AG
Niederdorfstrasse 54
CH-8001 Zürich
Schweiz

Alle Rechte vorbehalten; kein Teil dieses Werks darf in irgendeiner Form ohne vorherige schriftliche Genehmigung des Verlags reproduziert oder unter Verwendung elektronischer Systeme verarbeitet, vervielfältigt oder verbreitet werden.

ISBN 978-3-85881-422-7

www.scheidegger-spiess.ch